शेष प्रश्न

शेष प्रश्न

शरतचन्द्र चट्टोपाध्याय

वाणी प्रकाशन

वाणी प्रकाशन
ज्ञान के विविध आयामों के प्रकाशक

वाणी प्रकाशन का 'लोगो' विख्यात चित्रकार मक़बूल फ़िदा हुसेन की कूची से

वाणी प्रकाशन, 4695, 21-ए, दरियागंज, नयी दिल्ली-110002
वाणी प्रकाशन, अशोक राजपथ (पटना कॉलेज के सामने), पटना (बिहार)

SHESH PRASHN

by Sharatchandra Chattopadhyay

Novel

ISBN : 978-93-5000-099-1

प्रथम संस्करण

मूल्य : 100/-

वाणी प्रकाशन
फोन : 0091#11#23273167, 23275710

फैक्स : 0091#11#23275710

वेबसाइट : www.vaniprakashan.in

ई-मेल : vaniprakashan@gmail.com

vani_prakashan@yahoo.com

आर.टेक ऑफसेट प्रिंटर्स द्वारा दिल्ली-110095 में मुद्रित

1

युक्त प्रांत के शहर आगरा में विभिन्न राजसत्ताओं के दौरान अनेक बंगाली परिवार विभिन्न कामों से आए और आकर यहीं बस गये। यहाँ के बंगाली परिवारों के कई लोग तो पिछली कई पीढ़ियों से यहीं के वाशिंदे रहे हैं और कई हाल ही में आये हैं। सामाजिक दृष्टि से यहाँ इनका जीवन निर्विघ्न ही रहा है, अलबत्ता चेचक और प्लेग जैसी महामारियों ने जितना औरों को सताया, उतना ही इन्हें भी।

ये लोग न जाने कितनी बार बादशाही जमाने के किले और इमारते देख चुके हैं। इन्हें यह भी कंठस्थ हो चुका है कि शहर में कहाँ और किस अमीर-उमराव की छोटी, बड़ी, मझोली, टूटी या फिर अधूरी कब्र है। इनका आलम तो यह है कि अब इन्हें जगत-विख्यात ताजमहल में भी कोई नया आकर्षण नजर नहीं आता। उसका सौंदर्य या स्थापत्य भी इन्हें अपनी ओर नहीं लुभा पाता।

साँझ ढले उदार और सजल नेत्रों को खोलकर, चाँदनी रात में अर्द्ध-निमीलित नेत्रों से देखकर, अँधेरी रात में आँखें फाड़-फाड़कर जमुना के इस पार और उस पार से ताजमहल का सौंदर्य निरखने के जितने भी किस्म के प्रचलित प्रवाद और तरकीबें हैं, उन सबको ये लोग आजमा कर निचोड़ चुके हैं।

ताजमहल देखकर किस बड़े आदमी ने कब क्या कहा है, किस-किस ने कविताएँ लिखी हैं, भावुकता के उच्छ्वास में सामने खड़े होकर किस-किसने गले में फाँसी डालकर मर जाने की कोशिश की है, इन्हें सब मालूम है। इतिहास की जानकारी की तरफ से भी इनमें रंचमात्र त्रुटि नहीं पायी जाती। इनके नन्हे-मुन्ने मुन्ना-मुन्नी तक ने यह जान लिया है कि किस बेगम की कहाँ सौरी थी, कौन-सा जाट-सरदार कहाँ रोटी बनाकर खाता था और वहाँ लगी हुई कालिख कितनी प्राचीन है। किस डाकू ने कितने हीरे माणिक लूटे थे और उन हीरों की उस जमाने में क्या कीमत थी और आज के हिसाब से वे कितने के होते। कहने का आशय यह है कि इस शहर का ऐसा कोई ज्ञात, अज्ञात, प्रसिद्ध, प्राचीन तथ्य नहीं है जो इनसे छुपा हो।

बंगाली समाज के इस ज्ञान और परम बेफिक्री के बीच सहसा एक दिन एक व्यवधान आया या कहिए नई हरकत दिखाई दी। यों तो इस शहर में रोजाना ही झुंड के झुंड मुसाफिर आते-जाते ही रहते हैं। अमेरिकन टूरिस्टों से लेकर वृंदावन से लौटे हुए वैष्णवों तक की भीड़ बनी ही रहती है। इनके आने-जाने को लेकर कभी किसी

को कोई उत्सुकता नहीं होती। सब अपने-अपने काम-धंधों में उलझे रहते हैं। लेकिन उस दिन ऐसा नहीं हुआ। उस दिन हुआ यह कि एक प्रौढ़ता की ओर बढ़ रहे एक बंगाली-महाशय अपनी पढ़ी-लिखी, बेहद सुंदर और नवयौवना कन्या के साथ यहाँ आये, और स्वास्थ्य-लाभ के निमित्त शहर के एक किनारे हवेलीनुमा मकान किराये पर लेकर रहने लगे। उनके साथ बैरा, बावरची, दरबान आये; नौकर-नौकरानी, ब्राह्मण-रसोइया, गाड़ी-घोड़े, मोटर, शोफर, साईस, कोचवान वगैरह सभी आये, और देखते ही देखते वर्षों से खाली पड़ा वह हवेलीनुमा मकान जैसे जादू कर दिया गया हो, इस तरह रातों-रात आबाद हो गया।

उन महाशय का नाम था आशुतोष गुप्त और उनकी कन्या का मनोरमा। उनकी गृहस्थी और सेवकों की तादाद देखकर कोई भी यह आसानी से समझ ही सकता था कि आशुतोष बाबू रईस आदमी हैं। फिर भी जिस हलचल की ओर पहले संकेत किया जा चुका है, वह इनकी धन-संपत्ति के परिणाम की कल्पना करके या मनोरमा की शिक्षा और रूप की ख्याति के कारण इतनी नहीं हुई, जितनी कि आशु बाबू के निरभिमान, सरल और शिष्ट आचरण के कारण।

वे स्वयं अपनी बेटी को साथ लेकर शहर भर में घूमे और खोज-खोज कर प्रत्येक बंगाली परिवार से मुलाकात की। उन्हें अपना परिचय दिया और उनका परिचय पाया। प्राय: सभी को बताया कि "हम बीमार आदमी हैं, आप लोगों के भरोसे ही यहाँ स्वास्थ्य लाभ के लिए आए हैं। यदि आप लोग उदारतापूर्वक हम प्रवासियों को कृपा करके अपने दल में शामिल नहीं करेंगे तो हमारे लिए यह निर्वासनकाल काटना एक तरह से दूभर और असंभव हो जायेगा।"

आशुतोष बाबू जब बैठक में पुरुषों से यह आग्रह कर रहे होते इस बीच मनोरमा घरों के भीतर जा-जाकर स्त्रियों से परिचय कर आयी। उसने भी अस्वस्थ पिता की तरफ से निवेदन किया कि आप लोग हमें गैर न समझें। उसने इसी तरह की और भी बहुत-सी रुचिकर मीठी बातें कहीं जिन्हें सुनकर सब ही खुश हुए।

इसके बाद हुआ यह कि आशु बाबू की गाड़ी और मोटर जब-तब और जिस-तिस के घर खड़ी दिखाई देने लगी। जरूरतमंदों को घर से लाने और घर पहुँचाने लगी। बातचीत, हँसी-मजाक, गाना-बजाना और देखने लायक चीजें बार-बार देखने की दिलचस्पी ऐसी जमने लगी कि इस बात को भूलने में किसी को भी एक सप्ताह से ज्यादा समय नहीं लगा कि ये लोग परदेशी या बहुत बड़े आदमी हैं।

मगर एक बात, शायद कुछ संकोचवश और कुछ उस बात को ही व्यर्थ समझकर किसी ने साफतौर पर पूछना जरूरी नहीं समझा कि आप लोग सनातनी हैं या ब्रह्मसमाजी। यों परदेश में, यह जानना उतना अहम भी नहीं था। फिर भी उनके

आचार-व्यवहार से जितना अनुमान लगाया जा सकता था, सबने एक तरह से लगा लिया था और मन ही मन यह मान लिया था कि ये चाहे किसी भी समाज के क्यों न हों, पर अधिकांश उच्च-शिक्षित, उच्च बंगाली परिवारों की तरह इन्हें भी खान-पान के मामले में किसी से भी कैसा भी भेदभाव या परहेज नहीं है। हालाँकि अब तक किसी को भी यह मालूम नहीं था कि उनके घर में जो बावर्ची है वह जाति का मुसलमान है, इतना तो सब समझ ही गये कि जिन्होंने इतनी उम्र तक लड़की को कुँआरी रखकर कालेज में पढ़ाया है, वे असल में किसी भी समाज के क्यों न हों, कई किस्म की संकीर्णताओं से छुटकारा पा चुके हैं।

अविनाश मुखर्जी कालेज में पढ़ाता है। विधुर है। उसकी पत्नी का देहांत हुए एक अरसा बीत चुका है, फिर भी उसने पुनः विवाह नहीं किया। घर में दस साल का एक लड़का है। अविनाश कालेज में पढ़ाता है और मित्र-दोस्तों के साथ आनंद करता फिरता है। आर्थिक स्थिति अच्छी है, निश्चित और निरुपद्रव जीवन है। दो साल पहले उसकी विधवा साली मलेरिया की चपेट में आ गई थी। इलाज और आब-हवा बदलने के लिए बहनोई के घर आई थी। बुखार ने तो कुछ ही दिनों में उसका पीछा छोड़ दिया था, पर बहनोई ने उसका साथ नहीं छोड़ा। फिलहाल वही घर की मालकिन है। लड़के की देख-भाल करती है, घर-गृहस्थी सँभालती है। मित्र लोग उनके रिश्ते की आलोचना करके मजाक उड़ाते हैं।

अविनाश उनकी बात को हँसी में उड़ाते हुए जवाब देता है, ''भाई व्यर्थ में शर्मिंदा करके अब तो न जलाया करो। यह सब तकदीर का खेल है वरना मैंने तो उसका घर फिर से बसाने की कोशिश करने में कोई कसर नहीं छोड़ी। अब सोचता हूँ, धन के लालच में डकैत घर लूट ले जाएँ या मुझे मार डालें, इससे तो कहीं अच्छा है घर की देखभाल होती रहे।''

अविनाश अपनी पत्नी को बेहद प्यार करता था। आज भी उसके घर में पत्नी के विभिन्न मुद्राओं में, विभिन्न अवसरों के अनुरूप भंगिमाओं के फोटोग्राफ टँगे हुए हैं। सोने के कमरे में एक बड़ी तस्वीर टँगी हुई है। कीमती फ्रेम में मढ़ा हुआ तैल चित्र है। अविनाश हर बुधवार की सुबह उस पर माला लटका देता है। इस दिन उसकी मृत्यु हुई थी।

अविनाश हर हाल में खुश रहने वाला आदमी है। ताश-चौपड़ का बेहद शौकीन है। शहर में इस व्यसन के शौकीनों की कमी नहीं है। छुट्टी के दिन अविनाश के घर ऐसे लोगों का ताँता लगा ही रहता है। आज किसी स्थानीय त्योहार के चलते कालेज-कचहरी बंद हैं। खाने-पीने के बद प्रोफेसरों का झुंड आ धमका

है। दो आदमी नीचे गदेले पर शतरंज बिछाकर बैठ चुके हैं, दो औंधे लेटकर उसे देख रहे हैं; शेष जो हैं वे इस बहस में उलझे हुए हैं कि सरकार जो है वह विवेकहीनों के हाथ में है। इसी का यह परिणाम है कि डिप्टी और मुंसिफ जैसे लोग अपनी बुद्धि के अनुपात में कहीं ज्यादा वेतन कूट रहे हैं। बहसियों का स्वर धीरे-धीरे कोलाहल में बदलता जा रहा है। वे गवर्नमेण्ट के प्रति 'राइचुअस इण्डिग्नेशन' और अश्रद्धा प्रकट करने में लगे हुए हैं।

इतने में एक भारी-भरकम मोटरकार दरवाजे पर आ लगी। दूसरे ही क्षण आशु बाबू अपनी सुकन्या के साथ घर में दाखिल हुए। उनके आते ही सबने सम्मान के साथ उनका स्वागत किया। 'राइचुअस इण्डिग्नेशन' पर पानी फिर गया। शतरंज का खेल फिलहाल स्थगित कर दिया गया। अविनाश ने हाथ जोड़कर कहा, "मेरा परम सौभाग्य है कि आपके चरणों की धूल मेरे घर आँगन में पड़ी। फिर भी, अचानक असमय कैसे आना हुआ?" अपनी बात पूरी करते न करते अविनाश ने मनोरमा के लिए एक कुरसी आगे बढ़ा दी।

इस बीच आशु बाबू अपने शरीर का विपुल भार एक आराम-कुरसी के हवाले कर चुके थे। यकायक उनके मुख से उच्च हास्य फूटा जिससे पूरा कमरा गुंजायमान हो गया। वे बंगालियों की एक जाति विशेष का उल्लेख करते हुए बोले, "आशु वैद्य के लिए असमय? मेरी ऐसी बदनामी तो मेरे छोटे चाचा भी नहीं कर सके अविनाश बाबू!"

आशु बाबू का तर्क सुनकर मनोरमा को हँसी आ गई। वह हँसती हुई सिर झुकाकर बोली, "कह क्या रहे हो पिताजी?"

आशु बाबू आगे जो कहना चाहते रहे होंगे संभवत: उसे न कहने का मन बनाते हुए बोले, "तो जाने दो छोटे चाचा की बात। कन्या को आपत्ति है, लेकिन मेरी लाचारी यह है कि इससे बढ़कर कोई सटीक उदाहरण देने की ताकत इस बिटिया के बाप के पास नहीं है।"

इन शब्दों में अपनी विवशता जाहिर करने साथ ही उन्होंने अपनी रसिकता से आनंदोच्छ्वास के द्वारा फिर छत फाड़ हास्य बिखेरने की तैयारी की। हँसी रुकने पर बोले, "मगर क्या कहूँ साहब, गठिया ने मुझे पंगु कर दिया है। वरना जिन चरणों की धूल का आपने इतना गौरव बढ़ा दिया है, आशु गुप्त के उन्हीं पाँवों की धूल बुहारने के लिए आपको एक नौकर रखना पड़ता अविनाश बाबू! लेकिन आज बैठने का वक्त नहीं, अभी जाना होगा।"

उनके पास ठहरने के लिए समय का अकाल है, इस सूचना ने सबको मायूस कर दिया। सभी उनका मुँह जोहने लगे।

आशु बाबू ने कहा, ''एक निवेदन है। वही स्वीकृत कराने के लिए बिटिया तक को घसीट लाया हूँ। कल भी छुट्टी का दिन है। शाम ढले अपने घर में कुछ गाने-बजाने का आयोजन किया है। आप सबको उसमें सपरिवार पधारना होगा। उसके बाद जरा मीठा मुँह...''

फिर मनोरमा से बोले, ''मणि बिटिया, तुम भीतर जाकर जल्दी से जाने की इजाजत तो ले आओ। देर करने से काम न चलेगा। एक बात और है भाई, यंग फ्रेण्ड्स, स्त्रियों के लिए न सही, हम मरदों के लिए दोनों तरह के खाने-पीने की व्यवस्था की गई है, यानी समझिए, अगर दकियानूसी न हों तो, समझ गये न?''

सभी समझ गये, और एक स्वर से सभी ने प्रकट कर दिया कि उन लोगों में से कोई जरा भी दकियानूसी नहीं है।

आशु बाबू ने खुश होकर कहा, ''नहीं ही होना चाहिए।'' फिर अपनी लड़की से बोले, ''मणि, खाने के संबंध में माँ-लक्ष्मियों से राय लेना मत भूलना। तुम जानती तो हो ही कि अभी हमें इतने घरों में न्यौता देना है और उनकी अभिरुचि जाननी है कि इसी सब में शाम हो जाएगी और अपने घर शाम ढले ही पहुँचना हो पाएगा। इसलिए जरा जल्दी काम खतम कर आओ बेटी।''

मनोरमा भीतर जाने के लिए उठना ही चाहती थी कि अविनाश कह उठे, ''हमारा घर तो, बहुत दिन हुए; सूना हो गया। मेरी साली हैं, पर वे विधवा हैं, गाना सुनने का शौक काफी है, इसलिए जायेंगी जरूर। लेकिन खाना...''

आशु बाबू झट से बोल उठे, ''उसकी भी कमी न होगी अविनाश बाबू, हमारी मणि जो है। मांस-मछली, प्याज-लहसुन तो यह छूती तक नहीं।''

अविनाश ने आश्चर्य के साथ पूछा, ''ये मांस-मछली नहीं खातीं?''

आशु बाबू ने बताया, ''खाती सब-कुछ थी, लेकिन दामाद साहब की इच्छा नहीं, वे जरा कुछ संन्यासी ढंग के आदमी हैं...''

क्षण भर में मरोरमा का चेहरा सुर्ख हो उठा। उसने पिता को अपना वाक्य पूरा करने की भी मोहलत नहीं दी। उनका वाक्य पूरा होने से पहले ही बोली, ''तुम यह सब क्या कहे जा रहे हो बाबूजी!''

पिता अप्रतिभ-से हो गये, पर कन्या के कंठ-स्वर की स्वाभाविक मृदुता उसके भीतर की तिक्तता को छिपा न सकी।

इसके बाद फिर बातचीत जमी नहीं; और भी दो-चार मिनट जो ये लोग बैठे रहे, उस बीच आशु बाबू तो बात करते रहे, पर मनोरमा कुछ अन्यमनस्का ही रही। इन दोनों के चले जाने पर कुछ देर के लिए सभी के मन के ऊपर जैसे एक अप्रिय विषाद का भार लदा रहा।

मित्रों में से किसी से किसी ने भी स्पष्ट कुछ नहीं कहा, मगर सभी सोचने लगे कि सहसा एक दामाद साहब कहाँ से आ धमके? आशु बाबू के कोई लड़का नहीं, मनोरमा ही एक-मात्र सन्तान है; यह तो सभी जानते थे। मनोरमा आज तक कुँआरी है, विवाहिता या सधवा का कोई चिह्न उसमें मौजूद नहीं है। बात स्पष्ट तौर से पूछकर किसी ने जान लेना नहीं चाहा था, पर इस विषमय संशय की हवा भी तो किसी के मन तक नहीं फटकी थी। तो फिर ?

मगर फिर भी, ये संन्यासी ढंग के दामाद साहब चाहे जो हों और चाहे जहाँ हों, मामूली आदमी नहीं हैं। कारण, उनकी मनाही नहीं, सिर्फ अनिच्छा के जोर से ही इतने बड़े विलासी और ऐश्वर्यशाली व्यक्ति की एकमात्र शिक्षिता कन्या का मांस-मछली और प्याज-लहसुन खाना एक बारगी ही बंद हो गया है।

इसमें शरमाने और छिपाने की कौन-सी बात है ? पिता मारे संकोच के जड़ हो गये, कन्या चेहरा सुर्ख करके स्तब्ध हो रही, सारा मामला सबके मन में मानो एक अवांछित और अप्रिय रहस्य की तरह चुभकर रह गया और आगंतुक परिवार के साथ मिलने-जुलने की जो सहज और स्वच्छंद धारा बह रही थी, मानो उसमें अकस्मात् एक बाधा-सी आ पड़ी।

2

आशु बाबू जिस उत्साह से निमंत्रित करने की मुहिम में जुटे थे उससे तो ऐसा आभास मिला था गोया शहर का कोई भी बंगाली परिवार ऐसा न होगा जो शाम को उनके निवास पर दिखाई न दे, लेकिन देखा गया कि बंगालियों में जो विशिष्ट लोग हैं, वे ही निमंत्रित हुए हैं। प्रोफेसरों का दल गिरोह बाँधकर आ पहुँचा और उनके घर की स्त्रियों को पहले से ही मोटर भेजकर बुला लिया गया है।

एक बड़े कमरे के फर्श पर लंबा-चौड़ा कीमती कार्पेट बिछाकर लोगों के बैठने के लिए जगह की गयी है। उस पर दो-तीन देशी उस्ताद बैठे साज का स्वर बाँध रहे हैं। बहुत से बच्चे उन्हें घेरे बैठे हैं। घर के मालिक साहब अन्यत्र कहीं थे, खबर पाते ही दौड़े-दौड़े आये, और दोनों हाथ उठाकर थियोट्रिकल ढंग से बोले, ''स्वागत सज्जनगण! मोस्ट वेलकम्!''

फिर उस्तादों को इशारे से दिखलाकर और आँख मिचकाकर धीमे स्वर से बोले, ''डरने की कोई बात नहीं। सिर्फ इन्हीं लोगों की म्याँऊँ-म्याँऊँ सुनने के लिए ही आप लोगों को निमंत्रण देकर नहीं बुलाया है। ऐसा गाना सुनायेंगे कि मुझे आप

लोग आशीर्वाद देते हुए घर लौटेंगे।''

सुनकर सभी खुश हुए। सदा-प्रसन्न अविनाश बाबू का चेहरा आनंद से चमक उठा। बोले, ''कहते क्या हैं आशु बाबू? इस अभागे देश के तो सभी लोगों को मैं जानता हूँ, अकस्मात् यह रत्न पा कहाँ से गये?''

''आविष्कार किया है साहब आविष्कार किया है। आप लोग भी बिलकुल ही न पहचानते हों, सो बात नहीं है, अब शायद भूल गये होंगे। चलिए, दिखाता हूँ।''

बैठक का परदा हटाकर सबको वे एक तरह से ढकेलते हुए ही भीतर ले गये।

आदमी तो कुछ साँवले रंग का है, पर रूप का अंत नहीं। जैसा लंबा छरहरा शरीर, वैसा ही सारे अवयवों का निर्दोष गठन। नाक, आँखें, भौंहें, ललाट, अधरों की तिरछी रेखा तक सारी विशेषताएँ एक ही मानव-शरीर में सुविन्यस्त हो चुकने पर वह कैसी विस्मय की वस्तु हो जाती है, यह बात उस आदमी को बगैर देखे कल्पना नहीं की जा सकती। देखते ही सहसा दंग रह जाना पड़ता है। उमर शायद बत्तीस के आस-पास पहुँची होगी, मगर पहले वह और भी कम मालूम होती है। सामने के सोफे पर बैठे वे मनोरमा से बात कर रहे थे, अब सीधे होकर बैठ गये और मुसकराकर बोले, ''आइए।''

मनोरमा ने उठकर आगंतुक अतिथियों को नमस्कार किया परन्तु अकस्मात् सब ऐसे विचलित हो उठे कि प्रति नमस्कार की बात भी किसी के मन में न आयी।

अविनाश बाबू उमर में भी बड़े थे और कालेज के लिहाज से पद-गौरव में भी सबसे श्रेष्ठ थे। सबसे पहले उन्होंने बात की। बोले, ''आगरे कब लौटे शिवनाथ बाबू? बहरहाल, हम लोगों को तो खबर भी नहीं लगी।''

शिवनाथ ने कहा, ''नहीं मिली? आश्चर्य है!'' और फिर मुसकराकर बोले, ''मैं नहीं समझता था अविनाश बाबू कि मेरे आने की बाट देखते हुए आप लोग इतने उद्विग्न हो रहे थे।''

उत्तर सुनकर अविनाश बाबू ने यद्यपि हँसने की कोशिश की, किंतु उनके सहयोगियों के चेहरे, क्रोध से भीषण हो उठे। किसी भी कारण से हो, ये लोग पहले से ही इस प्रियदर्शन गुणी व्यक्ति से प्रसन्न नहीं हैं। यह बात आभास से मालूम होने पर भी एक की इस वक्रोक्ति के भीतर से और सबकी कठिन मुखच्छवि की व्यंजना से इतनी कटु, अप्रिय और स्पष्ट हो उठी कि सिर्फ मनोरमा और उसके पिता ही नहीं बल्कि सदानंद-प्रकृति के अविनाश तक लज्जित हो गये।

परंतु मामला आगे नहीं बढ़ पाया, यहीं रुक गया।

बगल के कमरे से उस्तादजी की आवाज सुनाई दी और दूसरे ही क्षण घर के गुमाश्ते ने आकर विनय के साथ, ''सब तैयार है, सिर्फ आप लोगों के पहुँचने भर की देर है।''

पेशेवर उस्तादों का संगीत साधारणत: जैसा हुआ करता है, यहाँ भी वैसा ही हुआ, विशेषताहीन मामूली। मगर कुछ देर बाद इस छोटी-सी संगीत-सभा में थोड़े-से श्रोताओं के बीच शिवनाथ का गाना सचमुच ही अपूर्व सुनाई दिया। सिर्फ उसका अतुलित, अनवद्य कंठस्वर नहीं, वास्तव में वह इस विद्या में असाधारण सुशिक्षित और पारदर्शी है। उसके गाने का आडंबर-शून्य संयत ढंग, स्वर की स्वच्छंद सरल गति, चेहरे पर अदृष्टपूर्व भावों की छाया, आँखों की अभिभूत उदासीन दृष्टि, सब ओर से एक ही समय में केंद्रीभूत होकर सर्वांगीण लय और तान से परिशुद्ध।

जब उसने संगीत समाप्त किया तब मालूम हुआ कि श्वेतभुजा ने अपने दोनों हाथ खाली करके सारा का सारा आशीर्वाद इस साधक के माथे पर उड़ेल दिया है।

कुछ देर तक सभी लोग वाक्यहीन स्तब्ध हो रहे, सिर्फ वृद्ध अमीर खाँ ने धीरे से कहा, ''ऐसा कभी नहीं सुना!''

मनोरमा को बचपन से ही गाने-बजाने का शौक है। संगीत में वह अपटु नहीं थी। अपने छोटे से जीवन में उसने बहुत-कुछ सुना है, लेकिन यह बात उसे नहीं मालूम थी कि संसार में ऐसी चीज भी मौजूद है और संगीत के छंद-छंद की कसक हृदय के भीतर इस तरह भी उठ सकती है। उसकी दोनों आँखें भर आयीं और उन्हें सबकी नजरों से छिपाने के लिए मुँह फेरकर वह चुपचाप उठकर चली गयी।

अविनाश ने कहा, ''शिवनाथ गाने को जल्दी तैयार नहीं होता; उसका गाना हम लोगों ने पहले भी सुना है लेकिन उसकी इससे कोई तुलना ही नहीं हो सकती। इस साल-भर के अंदर तो उसने 'इनफिनिट्ली इम्प्रूव' किया है।''

हरेंद्र ने अविनाश के कथन से सहमति जताते हुए हामी भरी, ''हाँ।''

अक्षय इतिहास के अध्यापक हैं। कठोर सच्चे आदमी के रूप में मित्र-मंडली में उनकी ख्याति है। गाना-बजाना अच्छा लगना उनके मत से मन की कमजोरी है। वे निष्कलंक साधु आदमी हैं। इसी से सिर्फ अपनी ही नहीं, दूसरों की चरित्र-संबंधी पवित्रता के प्रति भी उनकी अत्यंत सजग तीक्ष्ण दृष्टि है। शिवनाथ के अकस्मात् वापस लौट आने के कारण शहर की आबोहवा फिर से कलुषित न हो जाय, इस आशंका से उनकी गंभीर शांति क्षुब्ध हो गयी। खासकर इस बात की संभावना से उनका मन बहुत उद्विग्न हो उठा कि घर में औरतें आ गयी हैं, वे भी परदे की ओट से गाना सुनेंगी, चेहरा देखेंगी, और वह उन्हें भी प्रीतिकर लगेगा। वे बोले, ''गाना तो सुना था मधु बाबू का! यह गाना आप लोगों को चाहे जितना भी मीठा लगा हो, पर इसमें प्राण नहीं है!''

सब चुप रहे। कारण एक तो अज्ञात मधु बाबू का गाना किसी ने सुना नहीं था और दूसरे गाने में प्राण रहने न रहने की सुनिर्दिष्ट धारणा अक्षय की तरह और किसी

के निकट स्पष्ट नहीं थी। गुण-मुग्ध आशु बाबू उत्तेजनावश तर्क करने को तैयार थे, पर अविनाश ने आँखों के इशारे से उन्हें रोक दिया।

संगीत ही के विषय में आलोचना होने लगी। कब, किसने, कहाँ, कैसा गाना सुना था, उसकी व्याख्या और वर्णन किया जाने लगा। बातों ही बातें में रात गहराने लगी। भीतर से खबर आयी कि औरतें सब भोजन कर चुकीं, और उन्हें घर भेजा जा रहा है। वृद्ध सब-जज साहब रात हो जाने की वजह से घर चल दिये और अजीर्ण रोगग्रस्त मुंसिफ साहब भी जल और पान-मात्र मुँह में देकर उनके साथी हुए। रह गया सिर्फ प्रोफेसर-दल। क्रमशः उनकी भी भोजन के लिए बुलाहट हुई। ऊपर के खुले बरामदे में आसन बिछाकर पत्तलें लगायी गयी हैं, सबके साथ आशु बाबू भी बैठ गये। मनोरमा औरतों की तरफ से छुट्टी पाकर देख-रेख के लिए आ पहुँची।

शिवनाथ को भूख भले ही हो, पर खाने में रुचि नहीं थी। वह बिना खाये ही घर लौटने को तैयार था; मगर मनोरमा ने किसी भी तरह उसे छोड़ा नहीं, कह-सुनकर सबके साथ बिठा दिया।

आयोजन बड़े आदमियों जैसा ही था। इस बात का विस्तार के साथ वर्णन करके कि रेल में आते वक्त टूंडला में शिवनाथ के साथ कैसे आशु बाबू का परिचय हुआ और मात्र दो दिन की बातचीत से कैसे वह परिचय घनिष्ठ आत्मीयता में परिणत हो गया, आशु बाबू ने अपना कृतित्व प्रमाणित करने के लिए कहा, "और, सबसे बढ़कर खूबी है मेरे कानों की। इनके गले की अस्फुट मामूली-सी गुंजन-ध्वनि से ही मैं निश्चित समझ गया कि कोई गुणी पुरुष, असाधारण व्यक्ति हैं।"

इतना कहकर उन्होंने कन्या को साक्षी के तौर पर बुलाकर कहा, "क्यों बेटी, कहा नहीं था तुमसे, शिवनाथ बाबू भारी गुणी आदमी हैं? कहा नहीं था मणि, इनके साथ जान-पहचान होना जीवन में एक सौभाग्य की बात है?"

लड़की का चेहरा मारे आनंद के दीप्त हो उठा, बोली, "हाँ बाबूजी, तुमने कहा था। तुमने गाड़ी से उतरते ही मुझे बताया था कि..."

"मगर देखिए आशु बाबू..."

वक्ता थे अक्षय। सब चकित हो गये। अविनाश ने व्यग्र होकर रोकने की कोशिश की, "ओ हो, रहने दो अक्षय। रहने दो आज यह सब चर्चा..."

अक्षय ने आँखें मींचकर आँखों के लिहाज की बला टालकर कई बार सिर हिलाया और कहा, "नहीं अविनाश बाबू, दबाने से काम नहीं चलेगा। शिवनाथ बाबू की सारी बातें प्रकट कर देना मैं अपना कर्तव्य समझता हूँ। आप..."

"ओ हो हो..., करते क्या हो अक्षय, कर्तव्य का ज्ञान तो हम लोगों को भी है साहब, और किसी दिन देखा जायेगा..." इतना कहकर अविनाश ने उसे एक धक्का

देकर रोकने की कोशिश की पर सफलता नहीं मिली।

धक्के से अक्षय का शरीर हिल गया, पर कर्तव्यनिष्ठा नहीं हिली। बोले, "आप लोग जानते हैं कि मुझमें व्यर्थ का संकोच नहीं है। अनीति को प्रश्रय मैं दे ही नहीं सकता।"

असहिष्णु हरेंद्र बोल उठा, "अरे, सो क्या हम भी प्रश्रय देना चाहते हैं? लेकिन उसके लिए क्या कोई स्थान-काल नहीं?"

अक्षय ने कहा, "नहीं। ये अगर इस शहर में फिर से न आते, अगर उच्च परिवार से घनिष्ठता बढ़ाने की कोशिश न करते, खासकर कुमारी मनोरमा का अगर कोई संबंध न होता..."

उद्वेग के कारण आशु बाबू व्याकुल हो उठे और अज्ञात आशंका से मनोरमा का चेहरा फीका पड़ गया।

हरेंद्र ने कहा, "इट इज टू मच!"

अक्षय ने जोर के साथ प्रतिवाद किया, "नो, इट इज नॉट!"

अविनाश बोल उठे, "ओ हो, कर क्या रहे हो तुम लोग!"

अक्षय ने किसी बात पर ध्यान ही नहीं दिया। बोले, "इसी आगरा शहर में ये भी कभी प्रोफेसर थे। इन्हें स्वयं ही आशु बाबू को बतलाना चाहिए था कि इनकी वह नौकरी कैसे छूटी।"

हरेंद्र ने कहा, "अपनी इच्छा से छोड़ दी। पत्थर का कारोबार करने के लिए।"

अक्षय ने खंडन किया, "झूठी बात है।"

शिवनाथ चुपचाप भोजन कर रहा था, मानो इस तमाम वितंडावाद से उसका कोई संबंध ही न हो। अब उसने मुँह उठाकर देखा और अत्यंत स्वाभाविक भाव से कहा, "बात तो झूठी ही है। कारण, प्रोफेसर अपनी इच्छा से नहीं छोड़ता तो दूसरों की यानी आप लोगों की इच्छा से छोड़नी पड़ती। और सो ही हुआ।"

आशु बाबू ने आश्चर्य के साथ पूछा, "क्यों?"

शिवनाथ ने कहा, "शराब पीने की वजह से।"

अक्षय ने प्रतिवाद किया, "नहीं, शराब पीने के कसूर से नहीं, मतवाले होने के कसूर से।"

शिवनाथ ने कहा, "जो शराब पीता है, वही तो कभी-न-कभी मतवाला होता है। जो नहीं होता, वह या तो झूठ बोलता है, या शराब के बदले पानी पीता है।" कहकर वह हँसने लगा।

अक्षय मारे क्रोध के कठोर हो उठा। बोला, "निर्लज्ज की तरह आप हँसना चाहें तो हँस सकते हैं। मगर इस कसूर को हम लोग माफ नहीं कर सकते।"

शिवनाथ ने कहा, "आप माफ कर सकते है। ऐसा दोष मैं लगा नहीं सकता। इस सत्य को मैं स्वीकार करता हूँ कि स्वेच्छा से मुझसे नौकरी छुड़ाने के लिए आप लोगों ने स्वेच्छा से काफी परिश्रम किया था।"

अक्षय ने कहा, "तो आशा है कि आप इसी तरह एक और सचाई स्वीकार कर लेंगे। आपको शायद मालूम नहीं कि हम लोग आपकी बहुत-सी बातें जानते हैं।"

शिवनाथ ने गरदन हिलाकर कहा, "नहीं, मुझे नहीं मालूम। फिर भी इतना अवश्य जानता हूँ कि औरों के विषय में आपका कुतूहल जैसा अपरिसीम है, दूसरों की बात जानने का अध्यवसाय भी वैसा ही विपुल है। फिर भी मुझे और क्या स्वीकार करना होगा, फरमाइए?"

अक्षय ने कहा, "आपकी पत्नी मौजूद है। उसे छोड़कर आपने फिर ब्याह किया है। सच है या नहीं?"

यकायक आशु बाबू गुस्से में आ गए, "आप यह सब क्या कह रहे हैं अक्षय बाबू? ऐसा भी कहीं हुआ है या हो सकता है?"

शिवनाथ खुद ही बीच में टोककर बोले, "पर ऐसा ही हुआ है आशु बाबू। उन्हें छोड़कर, मैंने फिर से ब्याह किया है।"

"कहते क्या हैं? ऐसा क्या हुआ था?"

शिवनाथ ने कहा, "विशेष बात नहीं। वे हमेशा बीमार रहती हैं, उमर भी तीस हो चली। औरतों के लिए इतना ही काफी है। उस पर लगातार बीमारी भुगतने के कारण दाँत गिर गये, बाल पक गये, बिलकुल बूढ़ी हो गयी हैं। इसीलिए उन्हें छोड़कर दूसरा ब्याह करना पड़ा।"

आशु बाबू विह्वल दृष्टि से उसके चेहरे की तरफ देखते रह गये, "ऐं! सिर्फ इसीलिए? उनका और कोई अपराध नहीं?"

शिवनाथ ने कहा, "नहीं। कोई झूठा दोष लगाने से लाभ ही क्या है आशु बाबू?" उसकी इस निर्मल सत्यवादिता से अविनाश मानो पागल हो उठा, "लाभ ही क्या है आशु बाबू! पाखंडी कहीं के! तुम्हारा लाभ-नुकसान चूल्हे में जाय, एक बार झूठ ही बोल जाते कि उसने गंभीर अपराध किया था, इसी से उसे छोड़ दिया है। एक झूठ से तुम्हारा पाप नहीं बढ़ जाता!"

शिवनाथ गुस्सा नहीं हुआ। सिर्फ इतना ही बोला, "मगर इस तरह की गलत बात मैं नहीं कह सकता।"

हरेंद्र सहसा जल-भुन गया, बोला, "विवेक जैसी चीज क्या आपके अंदर है ही नहीं शिवनाथ बाबू?"

शिवनाथ ने शांत भाव से ही कहा, "ऐसा विवेक अर्थहीन है। झूठे विवेक की

जंजीर पैरों में डालकर अपने को पंगु बना डालने का हिमायती मैं नहीं हूँ। हमेशा दुख भोगते चलना ही तो जीवन-धारण का उद्देश्य नहीं है?"

आशु बाबू इस गंभीर व्यथा से आहत होकर बोले, "मगर अपनी पत्नी का दुख तो जरा सोच देखिए। उनका रोगी रहना परिताप का विषय हो सकता है, लेकिन सिर्फ इसलिए...बीमार रहना तो कोई कसूर नहीं शिवनाथ बाबू! बिना किसी दोष!"

"बिना किसी दोष के मैं ही भला दुख क्यों सहता रहूँ? ऐसा विश्वास मेरा नहीं है कि एक का दुख और किसी के सिर पर लाद देने से न्याय होता है।"

आशु बाबू ने आगे बहस नहीं की। वे सिर्फ एक गहरी साँस लेकर चुप हो रहे।

हरेंद्र ने पूछा, "यह ब्याह हुआ कहाँ?"

"गाँव ही में।"

"सौत के होते हुए लड़की दे दी!"

शिवनाथ ने कहा, "नहीं। हमारे यहाँ की नौकरानी की विधवा लड़की है।"

"किस जाति से है?"

"ठीक नहीं मालूम। शायद जुलाहिन-उलाहिन होगी।"

अक्षय बहुत देर से बोला नहीं था, अब पूछ उठा, "उसको अक्षर-बोध भी नहीं होगा शायद?"

शिवनाथ ने कहा, "अक्षय-बोध के लोभ से तो ब्याह किया नहीं, किया है रूप के लिए। और इस चीज का शायद उसमें अभाव नहीं है।"

इस उक्ति के बाद मनोरमा ने फिर एक बार उठने की कोशिश की, परंतु इस बार भी उसके पाँव पत्थर की तरह भारी हो रहे। कुतूहल और उत्तेजनावश किसी ने उसकी तरफ देखा नहीं। देखते तो शायद डर जाते।

हरेंद्र ने कहा, "तो, यह शायद सिविल ब्याह ही हुआ?"

शिवनाथ ने गरदन हिलाकर जवाब दिया, "नहीं, ब्याह हुआ शैवमत से।"

अविनाश ने कहा, "यानी धोखा देने का रास्ता दसों दिशाओं से खुला रखा, क्यों शिवनाथ?"

शिवनाथ ने हँसकर कहा, "यह तो क्रोध की बात है अविनाश बाबू! नहीं तो, पिताजी खुद अपनी मौजूदगी में मेरा जो ब्याह कर गये हैं, उसमें तो कोई धोखेबाजी नहीं थी। मगर फिर भी धोखा तो रह ही गया था। उसे ढूँढ़ निकालने की आँखें होनी चाहिए।"

अविनाश से कोई उत्तर देते न बन पड़ा। सिर्फ उसका चेहरा मारे क्रोध के सुर्ख हो गया।

आशु बाबू चुपचाप सिर झुकाये सोचने लगे—यह क्या हुआ! यह क्या हुआ!

दो-तीन मिनट तक किसी के भी मुँह से कोई बात नहीं निकली, निरामंद और कलह की घुटती हुई हवा से घर भर गया। बाहर से एक जोर का हवा का झोंका आये बिना बेचैनी दूर नहीं हो सकती, ऐसा ही कुछ मनोभाव लिए हुए अविनाश बाबू अकस्मात् बोल उठे, "जाने दो ये सब बातें। हाँ, तो शिवनाथ अब वही पत्थर का काम कर रहे हो क्या!"

शिवनाथ ने कहा, "हाँ।"

"तुम्हारे मित्र के नाबालिग बच्चों का इंतजाम तो तुम्हीं को करना पड़ता होगा? उनकी माँ है न? हालत कैसी है? उतनी अच्छी तो नहीं है शायद?"

"नहीं बहुत ही खराब है।"

अविनाश ने कहा, "उफ्, अचानक मर गये... हम लोगों ने सोचा था कि रुपया-पैसा कुछ छोड़ गये होंगे। लेकिन हाँ, तुम्हारे मित्र जरूर थे। थे अकृत्रिम, सुहृद, जिगरी दोस्त!"

शिवनाथ ने गर्दन हिलाकर कहा, "हाँ, हम दोनों पाठशाला में एक साथ ही पढ़े थे।"

अविनाश ने कहा, "इसी से उस समय वे तुम्हारे लिए इतना कर सके थे।"

जरा ठहरकर कहा, "लेकिन खैर, जो भी कुछ हो शिवनाथ, अब अकेले तुम्हीं को जब सारा कारोबार देखना पड़ेगा तो इसमें अपना कुछ हिस्सा रखने का क्यों नहीं दावा करते? तनखाह की तरह..."

शिवनाथ ने बात खत्म नहीं होने दी। बोला, "हिस्सा काहे का? कारोबार तो मेरा अकेले का है।"

प्रोफेसरों का दल मानो आसमान से गिर पड़ा।

अक्षय ने कहा, "पत्थर का कारोबार अचानक आपका हो कैसे गया?"

शिवनाथ ने गंभीर होकर जवाब दिया, "मेरा तो है ही।"

अक्षय ने कहा, "किसी तरह नहीं। हम सभी जानते हैं, योगींद्र बाबू का है।"

शिवनाथ ने जवाब दिया, "जानते हैं तो अदालत में जाकर गवाही क्यों नहीं दे आये? कोई डाकुमेंट था? सुना था?"

अविनाश ने चौंककर प्रश्न किया, "नहीं, सुना तो कुछ भी नहीं। लेकिन मामला क्या अदालत तक पहुँच गया था?"

शिवनाथ ने कहा, "हाँ। योगींद्र के साले ने नालिश की थी। डिक्री मुझको ही मिली है।"

अविनाश साँस छोड़कर बोला, "अच्छा हुआ। आखिरकार विधवा को कुछ देना नहीं पड़ा।"

शिवनाथ ने कहा, "नहीं। खालिम ने 'चाप' तो खूब बनाये हैं भई। और भी दो-एक ले आओ।"

आशु बाबू भावविष्ट की भाँति बैठे थे, चौंककर बोले, "यह क्या, आप लोग तो कुछ भी नहीं खा रहे हैं?"

भोजन की रुचि और भूख सभी की गायब हो चुकी थी। मनोरमा चुपके से उठकर जा रही थी, शिवनाथ ने बुलाकर कहा, "वाह, हम लोगों का खाना खतम नहीं हुआ और आप चली जा रही हैं?"

मनोरमा ने इस बात का उत्तर नहीं दिया, मुड़कर देखा तक नहीं, मारे घृणा के उसके सारे शरीर में काँटे उठ आये।

3

उस घटना को बीते एक सप्ताह हो चुका। दो दिन से असमय में बादल घिर-घिर आते हैं और वर्षा शुरू हो जाती है; आज भी सबेरे से बीच-बीच में पानी पड़ रहा है। दोपहर को कुछ देर रुका रहा, मगर बादल हटे नहीं। आकाश की हालत ऐसी है कि किसी समय वर्षा शुरू हो सकती है; इतने में मनोरमा घूमने के लिए तैयार होकर अपने पिता के कमरे में जा पहुँची। आशु बाबू मोटी-सी एक चादर ओढ़े आराम कुरसी पर बैठे थे, उनके हाथ में एक किताब थी।

लड़की ने आश्चर्य के साथ पूछा, "वाह पिताजी, तुम अभी तक तैयार ही नहीं हुए। आज तो हम लोगों की इतवारी खाँ की कब्र देखने जाने की बात थी।"

"बात तो थी बेटी, लेकिन आज मेरी कमर में बात का दर्द..."

"तो मोटर वापस ले जाने के लिए कह दूँ? फिर कल ही चले चलेंगे, क्यों ठीक है न पिताजी?"

पिता ने टोकते हुए कहा, "नहीं, नहीं, न घूमने से तेरा सिर दुखने लगेगा। तू न हो तो, थोड़ा घूम-फिर आ। मैं तब तक यह मासिक-पत्रिका देख लूँ। कहानी लिखी अच्छी है।"

"अच्छा, मैं जाती हूँ। पर लौटने में मुझे देर नहीं होगी। आकर तुमसे कहानी सुनूँगी, सो अभी कहे जाती हूँ।" यह कहकर वह अकेली ही घूमने निकल गयी।

घंटे-भर के अंदर ही मनोरमा घर लौट आयी और पिता के कमरे में घुसते ही बोली, "कैसी कहानी है पिताजी? खतम हो गयी? किसने लिखी है?"

मगर बात मुँह से निकलने के बाद ही वह चौंक पड़ी, देखा कि कमरे में पिता

अकेले नहीं हैं, सामने शिवनाथ बैठा है।

शिवनाथ ने उठकर नमस्कार किया और कहा, "कहाँ तक घूम आयीं?"

मनोरमा ने जवाब नहीं दिया; सिर्फ नमस्कार के बदले में जरा-सा सिर हिलाकर उनकी तरफ पूरी तरह से पीठ करके पिता से कहा, "पूरी पढ़ चुके पिताजी? कैसी लगी?"

आशु बाबू ने इतना ही कहा, "नहीं।"

कन्या ने कहा, "तो मैं ले जाऊँ, पढ़कर अभी तुम्हें वापस दे जाऊँगी।" इतना कहकर वह पत्रिका हाथ में लेकर चल दी। परंतु अपने सोने के कमरे में आकर वह चुपचाप बैठी रही। कपड़े बदलना, हाथ-मुँह धोना वगैरह सब काम पड़ा रहा, पत्रिका एक बार खोलकर देखी तक नहीं कि कौन-सी कहानी है, किसने लिखी है अथवा कैसी लिखी है।

इस तरह बैठी-बैठी वह क्या सोचने लगी, कोई ठिकाना नहीं। कुछ देर बाद नौकर को सामने से जाते देख उसने पूछा, "अरे, पिताजी के कमरे से वह आदमी चला गया?"

नौकर ने कहा, "जी हाँ।"

"कब गया?"

"पानी पड़ने से पहले ही।"

मनोरमा ने खिड़की का परदा हटाकर देखा, बात ठीक है। फिर वर्षा शुरू हो गयी है, पर ज्यादा नहीं। ऊपर की ओर देखा, पश्चिम के आकाश में बादल घनघोर होते आ रहे हैं और इस बात की सूचना दे रहे हैं कि रात को मूसलाधार पानी पड़ेगा। पत्रिका हाथ में लिये पिता की बैठक में जाकर देखा कि वे चुपचाप बैठे हैं। पत्रिका उनकी आराम कुरसी के हाथे पर धीरे से रखकर बोली, "तुम तो जानते हो, यह सब मुझे अच्छा नहीं लगता।" इतना कहकर वह पास की चौकी पर बैठ गयी।

आशु बाबू ने मुँह उठाकर कहा, "क्या सब बेटी?"

मनोरमा ने कहा, "तुम अच्छी तरह समझ रहे हो कि मैं क्या कर रही हूँ। गुणी का आदर करना मैं भी समझती हूँ बाबूजी, लेकिन शिवनाथ बाबू जैसे एक दुष्ट, दुश्चरित्र शराबी को क्या समझकर प्रश्रय दे रहे हो?"

आशु बाबू मारे शरम और संकोच के एक बारगी पीले पड़ गये। कमरे के एक कोने में टेबिल पर बहुत-सी पुस्तकों का ढेर पड़ा था, मनोरमा समय के अभाव से उन्हें यथास्थान सजाकर अब तक रख नहीं सकी थी। उस तरफ आँख का इशारा करके वे सिर्फ इतना कह सके, "वे हैं न अभी..."

मनोरमा ने भय के साथ उधर मुँह फेरकर देखा, शिवनाथ टेबिल के पास खड़ा

हुआ कोई किताब ढूँढ़ रहा है। नौकर ने उसे गलत खबर दी थी। मनोरमा मारे शरम के मानो जमीन में धँसने लगी। शिवनाथ के पास आकर खड़े होने पर वह ऊपर मुँह उठाकर देख न सकी।

शिवनाथ ने कहा, ''किताब मुझे मिली नहीं आशु बाबू। तो अब चला।''

आशु बाबू से और कुछ कहा नहीं गया, सिर्फ इतना ही कहा, ''बाहर पानी बरस रहा है।''

शिवनाथ ने कहा, ''बरसने दीजिए। ज्यादा नहीं है।'' इतना कहकर वह जा ही रहा था कि अकस्मात् ठिठककर खड़ा हो गया। मनोरमा को लक्ष्य करके बोला, ''मैंने दैवात् जो सुन लिया है वह मेरा दुर्भाग्य भी है और सौभाग्य भी। इसके लिए आप लज्जित न हों। ऐसी बातें अक्सर सुननी पड़ती हैं। फिर भी यह मैं निश्चित जानता हूँ कि बातें मेरे संबंध में कही जाने पर भी मुझे सुनाकर नहीं कही गयीं। इतनी निर्दय आप हरगिज नहीं हैं।''

फिर जरा ठहरकर कहा, ''मगर मेरी और एक शिकायत है। उस दिन अक्षय बाबू वगैरह प्रोफेसरों के गुट ने मेरे विरुद्ध इशारा किया था कि मानो मैं किसी खास मतलब को लेकर इस घर से घनिष्ठता बढ़ाने की कोशिश कर रहा हूँ। पर एक तो सब लोगों के औचित्य की धारणा एक-सी नहीं होती, दूसरे बाहर से कोई एक घटना जैसी दिखाई देती है, वह उसका पूर्ण रूप नहीं होता। पर बात जो भी हो, आप लोगों में घुलने-मिलने की कोई गूढ़ दुरभिसंधि उस दिन भी मेरे अंदर नहीं थी और आज भी नहीं है।''

फिर सहसा आशु बाबू को लक्ष्य करके कहा, ''मेरा गाना सुनना आपको अच्छा लगता है सो मेरा घर ज्यादा दूर नहीं, अगर किसी दिन सुनने की तबीयत हो जाय तो वहाँ चरण-रज दीजिएगा, मुझे खुशी ही होगी।''

इतना कहकर फिर से नमस्कार करके शिवनाथ बाहर चला गया। पिता या कन्या दोनों में से कोई एक भी बात का जवाब न दे सका। आशु बाबू के हृदय में से बहुत-सी बातें एक साथ निकलने को धक्का-मुक्की करने लगीं, किंतु निकल न सकीं। बाहर तब वर्षा जोर की हो रही थी, यह बात भी उनके मुँह से न निकली कि शिवनाथ बाबू, जरा ठहरकर जाइएगा।

नौकर चाय का सामान लेकर हाजिर हुआ।

मनोरमा ने पूछा, ''तुम्हारी चाय क्या यहीं बना दूँ पिताजी?''

पिता बोले, ''मेरे लिए नहीं, शिवनाथ बाबू ने चाय कम पीने को कहा है।''

मनोरमा ने नौकर को चाय वापस ले जाने के लिए इशारा किया। मन की चंचलता के कारण आशु बाबू कमर में दर्द होते हुए भी चौकी से उठकर कमरे में

चहलकदमी करने लगे।

सहसा खिड़की के पास ठिठककर खड़े हो गये और क्षण-भर गौर से देखकर बोले, "उस पेड़ के नीचे जो खड़ा है सो शिवनाथ ही है न? जा नहीं सका है, भीग रहा है।"

फिर दूसरे ही क्षण बोल उठे, "साथ में कोई स्त्री भी खड़ी है। बंगालियों के जैसे कपड़े पहने, वह बेचारी और भी भीगी जा रही है?"

इसके बाद तुरंत उन्होंने नौकर को बुलाया और कहा, "यदु, देख तो आ, गेट के पास पेड़ के नीचे खड़े भीग कौन रहे हैं? जो बाबू अभी-अभी यहाँ से गये हैं, वही हैं क्या? लेकिन, ठहर-ठहर..."

बात उनकी बीच में ही रुक गयी, अकस्मात् मन में भयानक संदेह उठा, वह औरत शिवनाथ की वही स्त्री तो नहीं है?

मनोरमा ने कहा, "ठहरेगा क्यों पिताजी, जाकर शिवनाथ बाबू को बुला ही लावे न।" वह स्वयं भी उठकर खुली खिड़की के किनारे पिता के पास जा खड़ी हुई और बोली, "वह चाय पीना चाहता था, अगर जानती तो मैं हरगिज उसे जाने नहीं देती।"

लड़की की बात के जवाब में आशु बाबू धीरे से बोले, "सो तो ठीक है मणि, मगर, मुझे डर है कि वह स्त्री जो साथ खड़ी है, शायद उसकी वही स्त्री हो। साथ लाने की हिम्मत नहीं पड़ी। अभी तक वह बाहर खड़ी-खड़ी बाट देख रही थी।"

बात सुनकर मनोरमा को निश्चित मालूम हुआ कि वह वही स्त्री है। एक बार उनके मन में दुविधा आयी कि इस घर में उसे किसी बहाने से बुलाया जा सकता है या नहीं, पर पिता के मुँह की तरफ देखकर उसने वह संकोच दूर कर दिया।

नौकर से कहा, "यदु, जाकर उन दोनों को ही बुला लाओ। शिवनाथ बाबू अगर पूछें कि किसने बुलाया है तो मेरा नाम बता देना।"

नौकर चला गया। आशु बाबू का जी उत्कंठा से भर उठा। बोले, "मणि, यह काम शायद ठीक नहीं हुआ।"

"क्यों पिताजी?"

आशु बाबू ने कहा, "शिवनाथ यों चाहे जैसा हो, पर आखिर एक उच्च शिक्षित और शरीफ आदमी है, उसकी बात और है। पर उसके सिलसिले में इस औरत से भी परिचय करना क्या ठीक हो सकता है? जाति की ऊँचता-नीचता हम लोग भले ही उतनी न मानते हों, पर भेद तो है ही। नौकर-नौकरानियों के साथ बंधुत्व नहीं किया जा सकता बेटी!"

मनोरमा ने कहा, "बंधुत्व करने की जरूरत नहीं बापूजी। विपत्ति के समय

रास्ते के राहगीर को भी कुछ घंटों के लिए आश्रय दिया जाता है। हम लोग सिर्फ उतना ही करेंगे।''

आशु बाबू के मन की दुविधा नहीं मिटी। कई बार सिर हिलाकर बोले, ''बात ठीक इतनी ही नहीं है। मेरी समझ में यह भी तो नहीं आ रहा है कि उस स्त्री के आ जाने पर तुम उसके साथ कैसा व्यवहार करोगी।''

मनोरमा ने कहा, ''मेरे ऊपर क्या तुम्हारा विश्वास नहीं है पिताजी?''

आशु बाबू जरा सूखी हँसी हँसकर बोले, ''सो तो है। फिर भी बात जरा ठीक से समझ में नहीं आ रही है। तुम जानती हो, जो तुम्हारी बराबर की श्रेणी के हैं, उनके साथ कैसा व्यवहार किया जाता है, और इतना बहुत कम लड़कियाँ ही जानती होंगी। नौकर-नौकरानियों के प्रति व्यवहार भी तुम्हारा निर्दोष है, मगर यह जरा और बात है। समझीं बेटी, शिवनाथ पर मैं स्नेह करता हूँ, मैं उसके गुणों का अनुरागी हूँ, दैव की विडंबना से आज बिना कारण वह बहुत कुछ लांछन सह गया है, अब फिर घर में बुलाकर मैं उसे और सताना नहीं चाहता।''

मनोरमा ने समझा कि यह उसी के प्रति शिकायत है। उसने कहा, ''अच्छा पिताजी, वैसा ही होगा।''

आशु बाबू ने हँसकर कहा, ''होना क्या आसान है बेटी? कारण, मैं स्वयं भी तय नहीं कर पा रहा हूँ कि उसके साथ क्या व्यवहार होना उचित है। सिर्फ यही खयाल आ रहा है कि शिवनाथ को अब हमारे घर और कष्ट न मिले।''

मनोरमा कुछ कहना ही चाहती थी कि अचानक चौंककर बोली, ''हाँ, लो, ये आ ही तो गये।''

आशु बाबू व्यक्स्त-से होकर बाहर आ गये। बोले, ''खूब शिवनाथ बाबू, भीगकर तो बिल्कुल...''

शिवनाथ ने कहा, ''हाँ, अचानक पानी जोर का पड़ने लगा, सो मुझसे भी बहुत ज्यादा ये भीगी हैं।'' कहते हुए साथ की स्त्री को दिखा दिया। मगर कौन है, यह परिचय न तो उन्होंने ही साफ दिया और न इन्हीं लोगों ने साफ पूछा।

वस्तुतः उस स्त्री की देह पर सूखा कहने लायक कहीं भी कुछ नहीं बचा था। सबके सब कपड़े भीगकर भारी हो गये हैं। माथे के घने काले बालों से पानी की धारा गालों पर से बह रही है। पिता और पुत्री इस नवागता रमणी के चेहरे की तरफ देखकर असीम विस्मय से निर्वाक् हो गये। आशु बाबू खुद कवि नहीं हैं, किंतु वहाँ देखते ही लगा कि ऐसे ही नारी-रूप की शायद प्राचीन काल से कवि 'शिशिर में धुले पद्म' के साथ तुलना कर गये हैं, एवं जगत में इतनी अधिक सच्ची तुलना भी शायद और नहीं है।

उस दिन जब अक्षय के नाना तरह के प्रश्नों के उत्तर में शिवनाथ ने अस्थिर होकर यह जवाब दिया था कि उन्होंने शिक्षिता होने की वजह से नहीं, रूप के लिए ब्याह किया है, तब किसी ने नहीं सोचा था कि यह बात कितनी ज्यादा सच है। पर अब स्तब्ध होकर आशु बाबू शिवनाथ की उस बात को बार-बार याद करने लगे। उन्हें सचमुच ही ऐसा जान पड़ा कि इनकी जीवन-यात्रा की प्रणाली शिष्ट और नीति-सम्मत भले ही न हो, पति-पत्नी संबंध की पवित्रता भी इनके बीच भले ही न हो, मगर इस नश्वर जगत् में नर-नारी के नश्वर शरीरों का ही आश्रय लेकर सृष्टि का यह कैसा अविनश्वर सत्य प्रस्फुटित हुआ है। परम आश्चर्य की बात है यह कि जिस देश में रूप चुन लेने का कोई विशिष्ट मार्ग नहीं, जिस देश में अपनी आँखों को बंद करके औरों की आँखों पर ही निर्भर रहना पड़ता है, ऐसे अंधकार में इन दोनों को परस्पर एक-दूसरे की खबर लग कैसे गयी?

इस मोहाच्छन्न भाव को काट फेंकने में उन्हें एक क्षण से ज्यादा समय नहीं लगा। व्यस्त होकर बोले, "शिवनाथ बाबू, भीगे कपड़े तो बदल लीजिए। यदु, बाबू को हमारे बाथ-रूम में ले जा।"

नौकर के साथ शिवनाथ चला गया। मुश्किल आयी अब मनोरमा की। युवती की उमर लगभग मनोरमा के बराबर होगी, और भीगे कपड़े बदल डालने की उसे भी सख्त जरूरत थी। परंतु उसके वंश और जन्म का जो परिचय उस दिन शिवनाथ के मुँह से सुना है, उससे मनोरमा की कुछ समझ में न आया कि वह क्या कहकर इसको संबोधित करे। रूप इसमें चाहे कितना ही क्यों न हो, शिक्षा संस्कारहीन निम्न-जातीय इस दासी-कन्या को 'आओ' कहकर बुलाने में भी पिता के सामने उसे संकोच मालूम हुआ, और 'आइए' कहकर सम्मान के साथ अपने कमरे में ले जाने में तो उसे और भी घृणा मालूम होने लगी। किन्तु सहसा इस समस्या की मीमांसा कर दी स्वयं उस युवती ने।

मनोरमा की तरफ देखकर उसने कहा, "मेरा भी सब कुछ भीग गया है, मेरे लिए भी एक धोती मँगा देनी पड़ेगी।"

"देती हूँ।" कहकर मनोरमा उसे भीतर ले गयी, और महरी को बुलाकर बोली कि इन्हें नहान-घर में ले जाकर जो कुछ चाहिए सो सब दे दे।

उस स्त्री ने मनोरमा को ऊपर से नीचे तक बार-बार देखकर कहा, "मुझे एक साफ धोबी की धुली धोती देने के लिए कह दीजिए।"

मनोरमा ने कहा, "वह दे देगी।"

स्त्री ने महरी से पूछा, "उस घर में साबुन है न?"

महरी ने कहा, "है।"

"लेकिन मैं किसी का लगाया हुआ साबुन नहीं लगाती, महरी।"

इस अपरिचित स्त्री का मंतव्य सुनकर पहले तो महरी को आश्चर्य हुआ, फिर वह बोली, "वहाँ नये साबुनों का बॉक्स पड़ा हुआ है। लेकिन, वह दीदी रानी का अपना नहान-घर है। उनका साबुन लगाने में क्या बुराई है?"

स्त्री ने ओंठ सिकोड़कर कहा, "नहीं, यह मुझसे नहीं होता, मुझे बड़ी नफरत मालूम होती है। फिर हर एक का साबुन लागने से बीमारी हो जाती है।"

मनोरमा का चेहरा क्रोध से सुर्ख हो उठा, पर एक क्षण के लिए ही। दूसरे ही क्षण निर्मल हँसी की छटा से उसकी दोनों आँखें चमकने लगीं। उसके मन पर से मानो एक मेघ दूर हो गया। हँसकर पूछा, "यह बात तुमने सीखी किससे?"

स्त्री ने कहा, "सीखूँगी किससे? मैं खुद ही सब जानती हूँ।"

मनोरमा ने कहा। 'सच? तो जरा हमारी इस महरी को भी कुछ अच्छी बातें सिखा देना। यह बिलकुल ही मूरख है।" कहते-कहते उसे फिर हँसी आ गयी।

महरी भी हँस दी। बोली, "चलो पंडितानीजी, साबुन-आबुन लगाकर पहले तैयार हो लो, फिर तुम्हारे पास बैठकर बहुत-सी अच्छी-अच्छी बातें सीख लूँगी। दीदी रानी कौन हैं ये?"

मनोरमा हँसी दबाने के लिए अगर दूसरी तरफ मुँह न फेर लेती तो संभव है कि वह इस अपरिचित अशिक्षित स्त्री के मुँह पर कौतुक और प्रच्छन्न उपहास का भाव ताड़ जाती।

4

मनोरमा आशु बाबू की सिर्फ लड़की ही है, सो बात नहीं। वह उनकी साथी, संगी, मंत्री, मित्र, एक साथ सब-कुछ थी। इसी से पिता के सम्मान रक्षार्थ, भारतीय समाज में जो संकोच रहित दूरत्व संतान के लिए अवश्य पालनीय माना जाता है, अधिकांश मौकों पर उसकी रक्षा नहीं हो पाती थी। बीच-बीच में ऐसी आलोचनाएँ दोनों में होने लगती थीं जो बहुत से पिताओं को खटकेंगी, पर इनके कानों में नहीं खटकती थीं। लड़की को आशु बाबू इतना प्यार करते हैं कि इसकी सीमा नहीं। वे स्त्री-वियोग के बाद फिर से ब्याह करने की मन में कल्पना भी नहीं कर सके, इसका भी एकमात्र कारण एक लड़की ही है। मगर मित्र मंडली में बात छिड़ने पर खेद के साथ वे कहते, "एक तो साढ़े तीन मन का यह भारी शरीर और सो भी वात-रोग के कारण पंगु। अब और क्यों इसके लिए एक लड़की का सर्वनाश किया जाय भाई।

जो दुख सिर पर लेकर मणि की माँ स्वर्ग सिधार गयी है, सो मुझे मालूम है। इस आशु के लिए वही काफी है।''

मनोरमा यह बात सुनती तो घोर आपत्ति करती। कहती, ''पिताजी, तुम्हारी यह बात मुझे नहीं सुहाती। यहाँ ताजमहल देखकर कितने आदमियों को न जाने क्या-क्या याद आता है, पर मुझे याद आती है तुम्हारी और माँ की। मेरी माँ स्वर्ग में क्या दुख सहकर गयी है?''

आशु बाबू कहते, ''तू तो तब कुल दस-बारह साल की बच्ची थी, तू तो सब जानती है। एक के गले में दूसरे की माला गिरने का जो किस्सा है सो सिर्फ मैं ही जानता हूँ बिटिया।'' कहते-कहते उनकी आँखें डबडबा आतीं।

आगरे में आकर वे बिना किसी संकोच के सबके साथ हिल-मिल तो गये मगर उनकी हार्दिक मैत्री हुई है अविनाश बाबू के साथ। अविनाश सहिष्णु और संयत प्रकृति का आदमी है। उसके चित्त में ऐसी एक स्वाभाविक शांति और प्रसन्नता थी कि वह सहज ही सबकी श्रद्धा आकर्षित कर लेता। मगर आशु बाबू मुग्ध हुए थे कुछ और ही कारण से। उनकी तरह उसने भी दूसरी बार ब्याह नहीं किया था और पत्नी-प्रेम के निदर्शन के लिए घर में सर्वत्र अपनी स्त्री के चित्र लगा रखे थे।

आशु बाबू उससे कहते, ''अविनाश बाबू, लोग हमारी प्रशंसा करते हैं। सोचते हैं हम लोगों का कैसा आत्मसंयम है, मानो हम लोगों ने कोई बहुत बड़ा कठिन काम कर डाला हो। पर, मैं सोचता हूँ कि यह प्रश्न उठता ही कैसे है? जो लोग दूसरी बार ब्याह करते हैं, वे कर सकते हैं इसीलिए करते हैं। उन्हें मैं दोष भी नहीं देता, न ओछा मानता हूँ। मैं सोचता हूँ कि मैं कर नहीं सकता। सिर्फ इतना ही जानता हूँ कि मणि की माँ की जगह और किसी को स्त्री के रूप में ग्रहण करना मेरे लिए सिर्फ कठिन ही नहीं, असंभव भी है। पर इसकी उन्हें क्या खबर? बात ऐसी ही है न अविनाश बाबू? अपने मन से पूछ देखिए जरा, ठीक कहता हूँ या नहीं।''

अविनाश हँस देता। कहता, ''लेकिन मैं तो जुटा नहीं सका हूँ आशु बाबू। मास्टरी करके गुजर करता हूँ, वक्त भी नहीं मिलता और उमर भी हो चुकी है, लड़की देगा कौन?''

आशु बाबू खुश होकर कहते, ''ठीक यही बात है अविनाश बाबू, यही बात है। मैं भी सबको कहता फिरता हूँ कि देह का वजन साढ़े तीन मन है, वात रोग के चलते पंगु हूँ, कब कहाँ चलते-फिरते हार्ट फेल हो जाय कोई ठिकाना नहीं, लड़की देगा कौन? लेकिन जानता हूँ कि लड़की देने वालों की कमी नहीं है, सिर्फ लेने वाला मनुष्य ही मर गया है। हः हः हः हः। अविनाश भी मर चुका और आशु भी, हः हः हः हः।'' कहकर ठहाका मारकर ऐसे जोर से हँसते कि घर की

खिड़कियाँ और उनके शीशे तक काँप उठते।

रोज शाम को आशु बाबू अपनी कन्या के साथ घूमने निकलते, पर अविनाश के मकान के सामने आकर कार से उतर पड़ते और कहते, "अब शाम की ठंडी हवा लगना मेरे लिये ठीक नहीं बेटी, सो तुम लेटते वक्त मुझे अपने साथ ले जाना।"

मनोरमा हँसकर कहती, "ठंडी कहाँ है पिताजी, आज तो काफी गरमी है।"

पिताजी कहते, "सो भी तो अच्छा नहीं बेटी, बूढ़ों के स्वास्थ्य के लिए गरम हवा भी तो हानिकारक है। तुम जरा घूम-फिर आओ, हम दोनों बूढ़े मिलकर तब तक दो-चार बातें ही करें।"

मनोरमा हँसकर कहती, "बातें तुम लोग दो-चार छोड़ दो-चार सौ करते रहो, मुझे उसमें कोई एतराज नहीं। लेकिन, तुम दोनों में से कोई अभी बूढ़ा नहीं हुआ, सो मैं याद दिलाये जाती हूँ।" इतना कहकर वह चली जाती।

वात की वजह से जिस दिन आशु बाबू किसी भी तरह नहीं आ पाते, उस दिन अविनाश को उनके घर जाना पड़ता। गाड़ी भेजकर, आदमी भेजकर, चाय का निमंत्रण देकर—जैसे भी बनता आशु बाबू का अनिवार्य अनुरोध उनके पास आ पहुँचता और उसे वे किसी भी तरह टाल नहीं पाते।

दोनों के इकट्ठे होने पर और-और बातों के साथ शिवनाथ का भी अकसर जिक्र छिड़ जाता। उसकी वेदना आशु बाबू के मन से दूर नहीं होती थी कि उस दिन उसे निमंत्रण देकर घर बुलाया और सभी ने मिलकर अपमानित करके उसे विदा कर दिया। शिवनाथ विद्वान् आदमी है, गुणी है, उसका सारा शरीर यौवन, स्वास्थ्य और सौंदर्य से भरा हुआ है, यह सब क्या कुछ भी नहीं? तो फिर किसलिए इतनी संपदा भगवान ने उसे दोनों हाथों से उठाकर दे दी है? क्या इसलिए कि मनुष्य समाज से उसे उठाकर दूर फेंक दिया जाय? शराबी हो गया है तो इससे क्या? शराब पीकर मतवाले तो बहुतेरे हो जाया करते हैं। यौवन में यह कसूर तो उनसे भी बन पड़ा है, इसके लिए किसने उन्हें त्याग दिया है?

आदमी की त्रुटियों, आदमी के अपराधों पर गौर करने की अपेक्षा उसे क्षमा करने की तरफ उनके हृदय का झुकाव बहुत ज्यादा होता जाता था, इसीलिए वे अविनाश के साथ अकसर इस विषय की बहस किया करते थे। प्रकट रूप से शिवनाथ को निमंत्रण देने का अब उन्हें साहस नहीं होता, किंतु मन उनका हमेशा उसकी संगत के लिए तड़पा करता। अविनाश की सिर्फ एक बात का उनसे कोई जवाब देते नहीं बनता, कि "वह जो एक बीमार स्त्री को छोड़कर दूसरी स्त्री घर में ले आया है, सो यह क्या है?"

आशु बाबू लज्जित होकर कहते, "यही तो सोचता हूँ कि शिवनाथ जैसा

आदमी यह काम कर कैसे सका? लेकिन क्या जानें अविनाश बाबू, शायद, भीतर कोई रहस्य हो, हो सकता है, और सभी बातें क्या सबके आगे कही जा सकती हैं, या कहना उचित है?"

अविनाश कहता, "मगर उसकी स्त्री निर्दोष थी, यह तो उसने अपने ही जवाब से कबूल किया था?"

आशु बाबू परास्त होकर गरदन हिलाते हुए कहते, "सो तो किया ही था।"

अविनाश ने कहा, "और यह जो मरे हुए मित्र की विधवा को धोखा देना, सारे रोजगार को अपना बनाकर उस पर दखल कर लेना, यह क्या था?"

आशु बाबू मारे शरम के जमीन में गड़ जाते, जैसे खुद उन्होंने यह दुष्कार्य कर डाला हो। फिर अपराधी की तरह धीरे से कहते, "लेकिन बात यह है न अविनाश बाबू, शायद भीतर कोई रहस्य हो, अच्छा फिर अदालत ने क्या समझकर उन्हें डिग्री दे दी? उसने क्या कुछ भी विचार नहीं किया होगा?"

अविनाश कहता, "अंग्रेजी अदालत की बात छोड़ दीजिए आशु बाबू। आप खुद भी जमींदार हैं, वहाँ सबल के आगे दुर्बल कब विजयी हो सका है, बता सकते हैं मुझे?"

आशु बाबू कहते, "नहीं-नहीं, यह ठीक बात नहीं। मगर हाँ, यह भी नहीं कह सकता कि आपकी बात झूठ है। लेकिन बात यह है न..."

अचानक मनोरमा आकर हँसते हुए कहती, "बात जो है सो सभी जानते हैं। पिताजी, तुम भी मन ही मन जानते हो कि अविनाश बाबू मिथ्या तर्क नहीं करते।"

इसके बाद आशु बाबू के मुँह से फिर कोई बात नहीं निकलती।

शिवनाथ के विषय में मनोरमा की ही विमुखता मानो सबसे ज्यादा थी। मुँह से वह ज्यादा कुछ नहीं कहती थी, पर पिता सबसे ज्यादा डरते थे उसी से।

जिस दिन शाम को शिवनाथ और उसकी स्त्री पानी में भीगकर इस घर में आश्रय लेने को बाध्य हुए थे उसके बाद दो दिन तक आशु बाबू वात के प्रकोप से एकदम खाट पर पड़े रहे। न तो वे खुद ही कहीं जा सके और न अविनाश ही काम की झंझट की वजह से उनके पास आ सके। परंतु उनके आते ही आशु बाबू वात के असह्य दर्द को भूलकर आराम कुरसी पर सीधे होकर बैठ गये और बोले, "अजी अविनाश बाबू, शिवनाथ की स्त्री के साथ तो हम लोगों का परिचय हो गया। लड़की है बिलकुल लक्ष्मी की मूर्ति, ऐसा रूप कभी नहीं देखा भाई। मालूम हुआ, जैसे उन दोनों को भगवान् ने किसी उद्देश्य से ही मिलाया है।"

"कहते क्या हैं?"

"हाँ, हाँ। दोनों को अगल-बगल खड़ा कर दो, तो देखते ही रह जाना पड़ता

है। आप आँखें हटा ही नहीं सकते, इतना मैं कहे देता हूँ अविनाश बाबू।''

अविनाश ने हँसते हुए कहा, ''हो सकता है। लेकिन आप प्रशंसा करने लगते हैं तो उसकी सीमा नहीं रखते।''

आशु बाबू क्षण-भर उनके मुँह की ओर देखते रहे, फिर बोले, ''यह दोष मुझमें है। सीमा से बाहर जा सकता होता तो इस मामले में भी जरूर जाता, मगर शक्ति नहीं है। इन दोनों के बारे में कितना ही क्यों न कहा जाय, सब सीमा की बायीं तरफ ही रहेगा, दाहिनी तरफ नहीं पहुँचने का।''

अविनाश ने इस पर पूरा विश्वास कर लिया हो सो बात नहीं, परंतु पहले का परिहास का ढंग भी अब न रहा। बोले, ''तो फिर उस दिन शिवनाथ ने अकारण दंभ नहीं किया, क्यों? मगर परिचय हुआ किस तरह?''

आशु बाबू ने बताया, ''बिलकुल दैवी घटना हुई। शिवनाथ को काम था मुझसे। पत्नी साथ थी, पर मकान के अंदर लाने की हिम्मत नहीं हुई, बाहर ही एक पेड़ के नीचे उसे खड़ा कर आया। लेकिन दैव टेढ़ा हो तो आदमी की चतुराई काम नहीं देती, असंभव बात भी संभव हो जाती है। हुआ वही।''

इतना कहकर उन्होंने उस दिन की आंधी-पानी की सारी की सारी घटना विस्तार के साथ कह सुनाई; फिर कहा, ''हमारी मणि लेकिन खुश नहीं हो सकी। उसकी कम-उम्र ही थी, शायद कुछ बड़ी भी हो, मगर मणि का कहना है कि उस दिन शिवनाथ बाबू ने सच्ची बात ही कही थी, लड़की वास्तव में अशिक्षित, किसी दासी की लड़की है। कम से कम हमारे शिष्ट समाज की तो नहीं है, इसमें कोई संदेह नहीं।''

अविनाश को कुतूहल हुआ, ''सो कैसे जाना?''

आशु बाबू ने कहा, ''उसने शायद भीगी धोती के बदले साफ धुली धोती माँगी थी, और कहा था कि मैं किसी का इस्तेमाल किया हुआ साबुन नहीं लगा सकती, मुझे नफरत मालूम होती है।''

अविनाश समझ नहीं सके कि इसमें शिष्ट-समाज के नियमों के बाहर की कौन-सी बात है।

आशु बाबू ने भी ठीक यही बात कही, ''इसमें असंगत कौन-सी बात हुई, मैं अब तक नहीं समझ सका। मगर मणि कहती है, बात में नहीं पिताजी, कहने के ढंग में एक ऐसी बात थी जो बिना सुने नहीं जानी जा सकती। इसके सिवा, स्त्रियों की आँखों और कानों को धोखा नहीं दिया जा सकता। हमारे वहाँ की नौकरानी तक भी समझ गयी कि यह उसी की बात की है, उसके मालिकों की कोई नहीं। बिल्कुल नीचे से अचानक एकदम ऊपर चढ़ा देने से जैसा होता है, इसके साथ भी

ठीक वैसा हुआ है।''

अविनाश ने कुछ देर चुप रहकर कहा, ''दुख की बात है। मगर आपके साथ परिचय हुआ किस तरह, आपसे बोली थी क्या?''

आशु बाबू ने कहा, ''जरूर। भीगी धोती बदलकर सीधी मेरे कमरे में आकर बैठ गयी। झिझक की बला थी ही नहीं, मेरी तबीयत कैसी है, क्या खाता हूँ, क्या इलाज चल रहा है, जगह यह अच्छी लग रही है या नहीं, पूछने का क्या ही सहज-स्वच्छंद भाव था। बल्कि शिवनाथ तो कुछ संकुचित भी हो रहे थे, मगर उसमें जड़ता का चिह्न तक देखने में नहीं आया। न बातचीत में, न आचरण में।''

अविनाश ने पूछा, ''मालूम होता है, मनोरमा तब उपस्थित नहीं थी।''

''नहीं। उसे न जाने कैसी अश्रद्धा-सी हो गयी है, कहा नहीं जाता। उन लोगों के चले जाने पर मैंने उलाहना दिया, 'मणि, तुम उन्हें बिदा करने भी एक बार क्यों नहीं आयी?'''

''मणि ने कहा, 'और जो कुछ कहो कर सकती हूँ पिताजी, लेकिन घर के नौकर-चाकर या दास-दासियों को 'बैठिए' कहकर अभ्यर्थना नहीं कर सकती और फिर 'आइएगा' कहकर बिदा भी नहीं दे सकती। अपने घर आने पर भी नहीं।' इसके बाद कहने को और क्या रह जाता है!''

कहने को और क्या रह जाता है, सो अविनाश को खुद भी ढूँढ़े न मिला, सिर्फ मृदु कंठ से इतना कहा, ''बताना मुश्किल है आशु बाबू। पर मालूम होता है कि मनोरमा ने ठीक ही कहा था। इस तरह की औरतों से हम जैसों के घरों की स्त्रियों की जान-पहचान न होना ही अच्छा है।''

आशु बाबू चुप रहे।

अविनाश कहने लगे, ''शिवनाथ के संकोच का कारण भी शायद यही है। उसे तो सभी बातें मालूम हैं, उसे डर था कि कहीं कोई भद्दी, न निकालने लायक बात उसकी स्त्री के मुँह से न निकल जाय।''

आशु बाबू हँस दिये, बोले, ''हाँ, हो भी सकता है।''

अविनाश ने कहा, ''जरूर यही बात है।''

आशु बाबू ने प्रतिकार नहीं किया, सिर्फ कहा, ''लड़की लेकिन लक्ष्मी की सी प्रतिमा थी।'' कहकर उन्होंने एक छोटी-सी साँस छोड़ी और वे आराम-कुरसी से टेक लगाकर लेट रहे।

कुछ देर बाद अविनाश ने पूछा, ''मेरी बात से क्या आपको क्षोभ हुआ?''

आशु बाबू उठकर बैठे नहीं, उसी तरह अधलेटी हालत में पड़े हुए धीरे-धीरे बोले, ''क्षोभ नहीं अविनाश बाबू, पर न जाने कैसी एक व्यथा-सी मालूम हुई। इसी

से तो आपसे मिलने के लिए इस तरह बेचैन रहा था। सिर्फ रूप ही नहीं, उसकी बातें भी कैसी मीठी थीं।''

अविनाश ने हँसते हुए उत्तर दिया, ''मगर मैंने तो उसका रूप भी नहीं देखा और बातें भी नहीं सुनीं, आशु बाबू।''

आशु बाबू ने कहा, ''वैसा मौका अगर कभी हाथ आयेगा तो आप समझ जायेंगे कि उन्हें त्याग देने में कितना अन्याय हुआ है। और कोई भले ही न समझे, पर मैं निश्चित जानता हूँ कि आप जरूर समझेंगे। जाते वक्त उस लड़की ने मुझसे कहा, 'जब आप मेरे पति का गाना सुनना पसंद करते हैं, तब क्यों उन्हें कभी-कभी बुलवा नहीं लेते ? इस बात का खयाल ही आप न करें कि मैं कौन हूँ, मैं तो आप लोगों के बीच आने का दावा करती नहीं।'''

अविनाश को कुछ आश्चर्य हुआ, बोले, ''यह तो बिलकुल अशिक्षितों जैसी बात नहीं आशु बाबू। सुनने से मालूम होता है, इसके निज के संबंध में हम चाहे कैसी भी व्यवस्था करें पर पति को वह शिष्ट समाज में चला देना चाहती है।''

आशु बाबू ने कहा, ''वास्तव में उसकी बात सुनकर मालूम हुआ कि उसे सब मालूम है। हम लोगों ने जो उस दिन उसके पति को अपमानित करके बिदा किया था, इस बात को शिवनाथ ने उससे छिपाया नहीं है। शिवनाथ ज्यादा छिप-छिपकर चलने वाला शख्स भी नहीं है।''

अविनाश ने मंजूर करते हुए कहा, ''स्वभाव से वह ऐसा ही है। लेकिन एक चीज उसने जरूर छिपाई है। यह लड़की चाहे जो हो, इससे उसने वास्तव में ब्याह नहीं किया है।''

आशु बाबू ने कहा, ''शिवनाथ ने तो कहा है वह उसकी स्त्री है, और उसने भी ऐसा ही परिचय दिया कि वह उसका पति है।''

अविनाश ने कहा, ''परिचय दिया करे। मगर वह सच नहीं है। इसमें जो गंभीर रहस्य है, अक्षय बाबू किसी दिन उसका भेद खोले बिना न रहेंगे।''

आशु बाबू ने कहा, ''इसमें तो मुझे भी शक नहीं। कारण अक्षय बाबू शक्तिशाली पुरुष हैं। मगर उन्हें सत्य की स्वीकारोक्ति में रुचि नहीं, सत्य में छिपे रहस्य को दुनिया के सामने उघाड़ देने में ही है ? पर अविनाश बाबू, आप तो अक्षय नहीं है। आपसे तो मैं ऐसी प्रत्याशा नहीं करता।''

अविनाश लज्जित होकर बोले, ''मगर समाज भी तो है। उसकी भलाई के लिए भी तो...'' उनका वक्तव्य पूरा भी न हो पाया था कि पास के दरवाजे को खोलकर मनोरमा ने प्रवेश किया।

अविनाश को नमस्कार करके उसने कहा, ''बाबू जी, मैं घूमने जा रही हूँ, तुम

शायद आज बाहर निकल नहीं सकोगे?''

''नहीं बिटिया, तुम जाओ।''

अविनाश उठकर खड़े हुए, बोले, ''मुझे भी आज काम है। मनोरमा, तुम मुझे बाजार के पास उतार सकती हो?''

''क्यों नहीं, जरूर, चलिए।''

जाते-जाते अविनाश कह गये कि जरूरी काम से उन्हें कल ही दिल्ली जाना पड़ेगा और शायद एक सप्ताह के पहले वहाँ से लौटना नहीं होगा।

5

दस दिन बाद अविनाश दिल्ली से लौट आये। उनके नौ-दस साल के पुत्र जगत ने आकर हाथ में एक छोटी-सी चिट्ठी दी। उसमें सिर्फ एक वाक्य लिखा था : ''शाम को जरूर आइएगा। —आशु।''

जगत की विधवा मौसी ने दरवाजे के परदे को हटाकर खिले हुए गुलाब जैसा मुँह निकालकर कहा, ''आशु वैद्य की राह में क्या आँखें बिछाये ही बैठे थे जो घर में आते-न-आते तलब कर लिये गये। अभी ही जाना होगा?''

अविनाश ने कहा, ''शायद कोई खास काम है।''

''काम खाक है। वे तो जैसे मुखर्जी साहब को निगल ही जाना चाहते हैं।''

अविनाश अपनी छोटी साली को लाड़ से कभी 'छोटी बहू' कहते हैं और कभी उसका नाम 'नीलिमा' लेकर पुकारते हैं। इस अवसर पर हँसकर बोले, ''छोटी बहू, अमृत फल अनादर के साथ पेड़ तले पड़ा हुआ हो तो उसे देखकर बाहर के लोगों को लोभ जरा हो ही जाता है?''

नीलिमा हँस दी, बोली, ''तब तो यह बात उन लोगों को जता देना जरूरी हो जाती है कि वह इन्द्रायण (कौवाठोटी) फल है, अमृत फल नहीं।''

अविनाश ने कहा, ''अच्छा, जता देना। पर विश्वास नहीं करेंगे, लोभ और भी बढ़ जायेगा, हाथ बढ़ाने में भी कसर न रखेंगे।''

नीलिमा ने कहा, ''उससे लाभ न होगा मुखर्जी महाशय, सब लोगों की पहुँच के बाहर अब की बार मजबूत-सा बेंडा बनवा रखूँगी।'' इतना कहकर वह हँसी दबा के परदे की ओट में चली गयी।

अविनाश जब आशु बाबू के घर पहुँचे तब थोड़ा-सा दिन बाकी था। गृहस्वामी ने अत्यंत आदर के साथ उनका स्वागत किया और कृत्रिम क्रोध के साथ कहा,

"आप धार्मिक हैं। परदेश में मित्र को अकेला छोड़कर दस दिन गैरहाजिर रहे, इस बीच में तो इस अनुचर की दस दशाएँ हो गयीं।"

अविनाश चौंक कर बोले, "एक साथ दस-दस दशाएँ? पहले पहली तो बताइए।"

"बताता हूँ। पहली दशा तो यह हुई कि दोनों टाँगें सिर्फ ताजा ही नहीं हुईं बल्कि उन्होंने अत्यंत तेज चाल से ऊपर से नीचे और नीचे से ऊपर आना-जाना शुरू कर दिया।"

"बेहद भय की बात है। दूसरी का वर्णन कीजिए।"

"दूसरी यह कि आज किसी पर्व के उपलक्ष्य में हिंदुस्तानी नारी-कुल यमुना के कूल पर इकट्ठा हुआ है और हरेंद्र, अक्षय आदि पंडित समाज ने निर्लिप्त, निर्विकार चित्त से वहाँ अभी-अभी अभियान किया है।"

"अच्छा, ठीक है। तीसरी दशा का हाल सुनाइए।"

"दर्शनेच्छु आशुतोष अत्यंत उत्कंठित हृदय से अविनाश की प्रतीक्षा कर रहा है, प्रार्थना है कि वे अस्वीकार न करें।"

अविनाश ने हँसते हुए कहा, "उन्होंने प्रार्थना मंजूर कर ली। अब चौथी दशा का वर्णन कीजिए।"

आशु बाबू ने कहा, "यह जरा कुछ भारी है। चिरंजीव महोदय ने विलायत से भारत में पदार्पण किया है और वे काशी होते हुए परसों इसी आगरा नगर में पधारे हैं। संप्रति मोटर की मशीन बिगड़ गयी है और चिरंजीव स्वयं मरम्मत के काम में लगे हुए हैं। मरम्मत समाप्तप्राय है और वे अब आते ही होंगे। अभिलाषा है, पहली चाँदनी रात में सब एक साथ आज ताजमहल का निरीक्षण करें।"

अविनाश का हँसता चेहरा गंभीर हो उठा, पूछा, "ये चिरंजीवी साहब कौन हैं आशु बाबू? क्या इन्हीं की बात उस रोज कहते-कहते अचानक रुक गये थे?"

आशु बाबू ने कहा, "हाँ। मगर आज कहने में, कम से कम आपसे कहने में कोई रुकावट नहीं। अजितकुमार मेरे भावी जमाई हैं, इन दोनों का प्रेम संसार की एक अपूर्व वस्तु है। लड़का क्या है रत्न है।"

अविनाश स्थिर होकर सुनने लगे और आशु बाबू कहने लगे, "हम ब्रह्मसमाजी नहीं हैं। सब क्रिया-कर्म सनातनी-मतानुसार करते हैं। यथासमय अर्थात् चार साल पहले ही इन दोनों के ब्याह हो जाने की बात थी। होता भी यही, मगर नहीं हुआ। जिस तरह इन दोनों का परिचय हुआ वह भी एक विचित्र घटना है, विधि-लिपि कहा जाय तो अत्युक्ति नहीं होगी पर उस बात को अभी जाने दीजिए।"

अविनाश पूर्ववत् स्तब्ध बैठे रहे। आशु बाबू बोले, "मणि की हल्दी चढ़ गयी

थी कि इतने में रात की गाड़ी से काशी से छोटे काका आ पहुँचे। पिता की मृत्यु के बाद वे ही घर के बड़े थे, बाल-बच्चा कोई था नहीं, काकी को लेकर बहुत दिनों से काशीवास कर रहे थे। ज्योतिष पर उनको अखंड विश्वास था, आकर बोले, यह ब्याह अभी हो ही नहीं सकता। उन्होंने खुद तथा और पंडितों से निर्मूल गणना करा कर यह पाया है कि इस ब्याह के होने से तीन साल तीन महीने के अंदर ही मणि विधवा हो जायेगी।

"घर में एक ऊधम-सा मच गया, सारी तैयारियाँ घोटाले में पड़ गयीं; मगर मैं काका को जानता था, समझ गया कि इसमें जरा भी इधर-उधर नहीं होने का। अजित खुद भी एक बहुत बड़े घर का लड़का है, उसकी एक विधवा काकी के सिवा संसार में और कोई न था; वे भी बहुत गुस्सा हुईं; अजित मारे दुख और अभिमान के इंजीनियरिंग पढ़ने के बहाने विलायत चला गया और सबने जान लिया कि यह संबंध हमेशा के लिए टूट गया।"

अविनाश ने रुकी हुई साँस छोड़कर पूछा—"इसके बाद फिर?"

आशु बाबू ने कहा, "फिर हम सब हताश हो गये। हताश नहीं हुई तो सिर्फ मणि। एक दिन मणि खुद मुझसे आकर बोली, 'पिताजी, ऐसी क्या बड़ी बात हो गयी है जिसके लिए तुमने खाना-पीना-सोना छोड़ दिया है? तीन साल ऐसा क्या बड़ा समय है?' उसके मन को कितनी जबरदस्त ठेस पहुँची थी, सो मैं जानता था। मैंने कहा, 'बेटी, तेरी बात ही सार्थक हो, पर इन सब बातों में तीन साल तो दरकिनार, तीन दिन की रोक भी बुरी होती है।' मणि ने हँसकर कहा, 'तुम्हें डरने की जरूरत नहीं पिताजी, मैं उन्हें पहचानती हूँ।' अजित हमेशा से जरा कुछ सात्विक प्रकृति का आदमी है, भगवान् पर उसका अचल विश्वास है। जाते समय मणि को एक छोटी चिट्ठी लिखकर चला गया। इन चार सालों में फिर उसने दूसरी चिट्ठी ही नहीं लिखी। न लिखे, पर मन ही मन मणि सब जानती थी, और तब से उसने ब्रह्मचारिणी का जीवन ग्रहण कर लिया। एक दिन के लिए भ्रष्ट नहीं हुई। जबकि बाहर से कोई कुछ समझ ही नहीं सकता। समझे अविनाश बाबू?"

अविनाश श्रद्धा से विगलित-चित्त होकर बोले, "हाँ, वास्तव में नहीं समझ सकता, मैं आशीर्वाद देता हूँ कि ये लोग जीवन में सुखी हों।"

आशु बाबू ने कन्या की ओर से ही मानो सिर झुकाकर उसे ग्रहण किया और कहा, "ब्राह्मण का आशीर्वाद निष्फल नहीं होगा। अजित सबसे पहले काका साहब के पास गया था। उन्होंने अनुमति दे दी है वरना यहाँ शायद वह आता ही नहीं।"

इसके बाद, दोनों कुछ देर चुप रहे; फिर आशु बाबू कहने लगे, "अजित के विलायत चले जाने पर जब दो साल तक उसका कोई समाचार नहीं आया तब मैंने

भीतर–ही–भीतर वर की खोज न की हो सो बात नहीं। पर मणि को अकस्मात् मालूम हो गया और उसने मना कर दिया। कहा, 'पिताजी, इसकी कोशिश तुम मत करो। मेरा तुमने प्रकट रूप से संप्रदान भले ही न किया हो, पर मन से तो कर ही दिया था।' मैंने कहा, 'ऐसा तो कितने ही विवाहों में हुआ करता है, बेटी।' लेकिन लड़की की आँखों में मानो पानी भर आया। बोली, 'नहीं होता पिताजी। सिर्फ बातचीत ही होती है, उससे ज्यादा कुछ नहीं, मेरे भाग्य में भगवान् ने जो लिखा है उसे मैं सह सकूँ, यही काफी है; मुझे और कोई आदेश तुम मत देना।' हम दोनों की ही आँखों से आँसू गिरने लगे, पोंछकर मैंने कहा, 'कसूर हो गया बेटी, अपने नामसमझ पिता को तू क्षमा कर।'''

अकस्मात् पूर्व–स्मृति के आवेग से उनका कंठ रुद्ध हो गया। अविनाश खुद भी कुछ देर तक बात नहीं कर सके; उसके बाद धीरे–धीरे बोले, ''आशु बाबू, संसार में हम लोग न जाने कितनी गलतियाँ किया करते हैं और न जाने कितनी अनुचित धारणाएँ मन में पालते रहते हैं।''

आशु बाबू ठीक समझ न सके, ''कैसी?''

''यही, जैसे, हममें से बहुत–से ऐसा समझा करते हैं कि लड़कियाँ उच्च शिक्षा पाकर मेम–साहब बन जाती हैं, हिंदुओं के प्राचीन मधुर संस्कारों के लिए उनके हृदय में जैसे स्थान ही नहीं रहता। यह कितना बड़ा भ्रम है, सोचिये?''

आशु बाबू ने गरदन हिलाकर कहा, ''भ्रम बहुतेरी जगह होता जरूर है। मगर आप जानते हैं अविनाश बाबू, क्या शिक्षा और क्या अशिक्षा, असल चीज है प्राप्त करना। इस प्राप्त करने न करने के ऊपर ही सब बातें निर्भर हैं। नहीं तो एक का अपराध दूसरे पर आरोप करने से ही गड़बड़ होता है।''

आशु बाबू क्षण भर को मौन हुए फिर किसी नवागंतुक की ओर देखकर बोले, ''आ गये अजित, मणि कहाँ है?''

तीस साल का एक सुंदर, बलिष्ठ युवक कमरे के भीतर दाखिल हुआ। उसके कपड़ों पर कालिख के दाग लग गये थे। उसने कहा, ''मणि अब तक मेरी मदद कर रही थीं, उनके कपड़ों में भी कालिख लग गयी है, कपड़े बदलने गयी हैं। मोटर ठीक हो गयी है, शोफर से सामने लाकर खड़ी करने को कह दिया है।''

आशु बाबू ने कहा, ''अजित, ये मेरे परम मित्र हैं, श्रीयुत अविनाश मुखोपाध्याय। यहाँ के कॉलेज में प्रोफेसर हैं, ब्राह्मण हैं, इन्हें प्रणाम करो।''

आगंतुक युवक ने अविनाश को पाँव छूकर प्रणाम किया। फिर खड़े होकर आशु बाबू को लक्ष्य करके कहा, ''मणि के आने में पाँचेक मिनट से ज्यादा देर न लगेगी। अब आप जरा जल्दी से तैयार हो लीजिए। देर होने पर सब–कुछ देखने का

समय नहीं मिलेगा। लोग कहते हैं, ताजमहल देखते हुए जी ही नहीं भरता।''

आशु बाबू ने कहा, ''जी न भरने की ही चीज है, तुम्हें अभी कपड़े बदलना बाकी हैं।''

युवक ने हँसकर कहा, ''सो रहने दीजिए। यह तो हमारा पेशा है। कपड़ों पर कालिख लगने से हम लोगों का कोई अगौरव नहीं होगा।''

बात सुनकर आशु बाबू मन ही मन अत्यंत प्रसन्न हुए और अविनाश भी युवक की विनम्र सरलता पर मुग्ध हो गये।

इतने में मणि आ पहुँची। सहसा उसकी तरफ देखकर अविनाश चौंक उठे। कई दिनों से उन्होंने उसे देखा नहीं था और इस बीच में ही यह अप्रत्याशित आनंद की घटना हुई थी। खासकर, उसके पिता के मुँह से अभी-अभी जो बातें सुनी थीं, उससे उन्होंने समझ लिया था कि मनोरमा के चेहरे पर आज शायद ऐसी कोई बात देखेंगे जो अनिर्वचनीय होगी और जीवन में कभी देखी न होगी। मगर वहाँ कुछ भी नहीं था, बिलकुल सीधी-सादी पोशाक। छिपे हुए आनंद का छिपा आडंबर कहीं से आत्म प्रकाश करता हुआ नहीं दिखायी दिया। सुगंभीर प्रसन्नता की शांत दीप्ति चेहरे पर कहीं भी विकसित होती नहीं दिखाई दी। बल्कि, न जाने कैसी एक क्लांति की छाया ने ही आँखों की दृष्टि को म्लान कर रखा था।

अविनाश को ऐसा लगा जैसे पितृ-स्नेहवश शायद आशु बाबू ने अपनी कन्या को गलत समझा है, या फिर किसी दिन जो सत्य था वह आज झूठ हो गया है।

थोड़ी देर बाद एक बड़ी भारी मोटर में बैठकर सब चल दिये। यमुना के घाट-घाट पर पुण्य-लुब्ध नारियों और रूप-लुब्ध पुरुषों की भीड़ तब तक लगभग कम हो चुकी थी। सुंदर और सुदीर्घ मार्ग में सर्वत्र ही उनकी सज-धज और विचित्र रंग-बिरंगी पोशाक अस्तमान रवि-करों से विशेष सुंदर हो उठी थीं। उस दृश्य को देखते हुए जब वे विश्वविख्यात अनंत सौंदर्यमय ताजमहल के सिंहद्वार के सामने आ पहुँचे तब हेमंत ऋतु का छोटा-सा दिन अवसान की ओर बढ़ा जा रहा था।

यमुना-किनारे जो कुछ देखने का था सो सब देख-भालकर अक्षय का दल पहले से ही वहाँ हाजिर हो गया था। ताज उन लोगों ने बहुत बार देखा है, देखते-देखते अरुचि हो गयी है, इसी से वे ऊपर न जाकर नीचे के बाग में एक किनारे बैठ गए थे। इन लोगों को आते देख उन सबने उच्च कोलाहल के साथ स्वागत किया।

वातव्याधि-पीड़ित अपनी भारी-भरकम देह को घास पर रखते हुए गहरी उसाँस छोड़कर बोले, ''ओफ्, अब जी में जी आया। अब जिसका जैसा अनुराग हो, मुमताज बेगम की कब्र देखकर आनंद प्राप्त करे। आशु वैद्य यहीं से बेगम साहिबा को कोर्निश बजा लाता है। इससे ज्यादा और इससे कुछ नहीं हो सकता।''

मनोरमा ने क्षुब्ध कंठ से कहा, ''सो नहीं होगा पिताजी, तुम्हें अकेला छोड़कर हममें से कोई भी नहीं जा सकता।''

आशु बाबू हँसकर बोले, ''डर की बात नहीं बेटी, तुम्हारे बूढ़े बाप को कोई चुरा नहीं ले जायेगा।''

अविनाश ने कहा, ''नहीं, इसकी आशंका नहीं। बदस्तूर क्रेन और लोहे की जंजीर लाये बगैर वह उठा ही कैसे सकेगा?''

मनोरमा ने कहा, ''मेरे पिताजी को कोई नजर न लगाये। आप लोगों की ही नजर से पिताजी यहाँ आकर बहुत कुछ दुबले हो गये हैं।''

अविनाश ने कहा, ''ऐसा अगर हुआ हो तो हम लोगों से अन्याय हुआ है, यह बात माननी ही पड़ेगी। कारण, दृश्यव्य के लिहाज से इस चीज की इज्जत ताजमहल से किसी कदर कम नहीं है।''

सब हँस दिये। मनोरमा ने कहा, ''सो नहीं होगा पिताजी, तुम्हें चलना होगा। तुम्हारी आँखों से देखे बिना इसका आधा सौंदर्य ही रह जायेगा। कोई कितनी ही बातें क्यों न बतावे पर तुमसे ज्यादा असली बातें और कोई नहीं जानता।''

अविनाश के सिवा इस बात का मर्म और कोई नहीं जानता कि इसके मानी क्या हैं। वे भी यही अनुरोध करने जा रहे थे। इतने में सहसा सबकी दृष्टि पड़ी एक अप्रत्याशित चीज पर। ताज के पूर्व की ओर से घूम कर अकस्मात् शिवनाथ और उसकी पत्नी सामने आ पड़े। शिवनाथ अनदेखी करके दूसरी तरफ जाना ही चाहता था कि पत्नी उसकी दृष्टि आकर्षित करके खुश हो उठी और बोली, ''आशु बाबू और उनकी लड़की भी आयी हैं, देखो तो सही।''

आशु बाबू ने जोर की आवाज लगाकर उन्हें पुकारा, ''आप लोग कब आये शिवनाथ बाबू? इधर आइए।''

पत्नी के साथ शिवनाथ पास आ खड़ा हुआ। आशु बाबू ने उनका परिचय देकर कहा, ''ये हैं शिवनाथ की पत्नी। आपका नाम लेकिन नहीं मालूम।''

''मेरा नाम है कमल। मगर मुझसे 'आप' न कहा करें आशु बाबू।''

आशु बाबू बोले, ''कहना उचित भी नहीं है कमल, ये लोग मेरे मित्र हैं, तुम्हारे पति के भी परिचित हैं। बैठो!''

कमल ने अजित की तरफ इशारा करके कहा, ''मगर इनका परिचय तो दिया ही नहीं।''

आशु बाबू ने कहा, ''क्रमशः दूँगा। ये मेरे, ये मेरे परम आत्मीय हैं। नाम है अजितकुमार राय। कुछ ही दिन हुए, विलायत से वापस आकर हम लोगों से मिलने आये हैं। कमल, तुमने क्या आज पहली बार ताजमहल देखा है?''

कमल ने सिर हिलाकर कहा, ''हाँ।''

आशु बाबू ने कहा, ''तब तो तुम भाग्यवती हो। अजित तुमसे भी भाग्यवान् है क्योंकि यह परम आश्चर्य की चीज उसने अभी तक देखी नहीं, अब देखेगा। लेकिन उजाला घटता जाता है, ज्यादा देर करना तो अब ठीक नहीं, अजित।''

मनोरमा ने कहा, ''देर तो सिर्फ तुम्हारे लिए ही हो रही है पिताजी, उठो।''

''उठना आसान काम नहीं है बेटी, उसके लिए तो आयोजन करना पड़ेगा।''

''तो फिर वही आयोजन करो न, पिताजी।''

''करता हूँ। अच्छा कमल, देखकर कैसा मालूम हुआ?''

''आश्चर्य की चीज ही मालूम हुआ?''

मनोरमा उसके साथ बोली नहीं, यहाँ तक कि उससे परिचित है, इसका आभास भी उसके आचरण से प्रकट नहीं हुआ। पिता से ताकीद करते हुए उसने कहा, ''शाम हुई जा रही है पिताजी, उठो अब!''

''उठता हूँ बेटी।'' कहकर आशु बाबू उठने का जरा भी उद्योग न करके बैठे ही रहे। कमल जरा हँसी, मनोरमा की तरफ देखकर बोली, ''इनकी तबीयत भी अच्छी नहीं है, और चढ़ना-उतरना भी आसान नहीं। इससे अच्छा है कि हम लोग बैठे-बैठे बातें करें, आप लोग देख आइए।''

मनोरमा ने इस प्रस्ताव का जवाब नहीं दिया, सिर्फ पिता से ही जिद के साथ कहा, ''नहीं पिताजी, सो नहीं होने का। उठो अब तुम।''

मगर देखा गया कि उठने की कोशिश लगभग किसी ने भी नहीं की। जो जीवित आश्चर्य इस अपरिचित रमणी के सर्वांग में व्याप्त होकर अकस्मात् मूर्तिमान् हो उठा, उसके सामने वह निकट ही खड़ा हुआ संगमरमर का अव्यक्त आश्चर्य मानो एक क्षण में धुँधला-सा पड़ गया।

अविनाश की अन्यमनस्कता दूर हो गयी। बोले, ''इनके बिना गये काम न चलेगा। मनोरमा की धारणा है कि पिता की आँखों से देखे बगैर ताज का आधा सौंदर्य भी हृदयंगम नहीं किया जा सकता।''

कमल ने अपनी सरल आँखें उठाकर पूछा, ''क्यों?'' फिर आशु बाबू से कहा, ''आप शायद इस विषय के विशेषज्ञ हैं? और शायद सब बातें जानते हैं?''

मनोरमा मन ही मन विस्मित हुई; बातें ठीक अशिक्षित दासी-कन्या जैसी तो नहीं मालूम होतीं।

आशु बाबू पुलकित होकर बोले, ''मैं कुछ भी नहीं जानता। विशेषज्ञ तो हूँ ही नहीं, और सौंदर्य तत्व का सिर-पैर तक नहीं जानता। उस तरह से तो मैंने इसे देखा तक नहीं कमल। मैं देखता हूँ बादशाह शाहजहाँ को। मैं देखता हूँ, उनकी असीम

व्यथा को जो मानो इसके हर पत्थर के अंग-अंग में समाई हुई है। मैं देखता हूँ उनके एकनिष्ठ पत्नी-प्रेम को, जो इस मर्मर-काव्य की सृष्टि करके चिरकाल के लिए अपनी प्रियतमा को विश्व के सामने अमर कर गया है।''

कमल ने अत्यंत स्वाभाविक कंठ से उनके चेहरे की तरफ देखकर कहा, ''मगर उनकी तो सुना है, और भी बहुत-सी बेगमें थीं। बादशाह को मुमताज पर जैसा प्रेम था, वैसा औरों पर भी था। हो सकता है कि उससे कुछ ज्यादा हो, पर एकनिष्ठ प्रेम तो उसे नहीं कहा जा सकता आशु बाबू। उनमें वह बात नहीं थी।''

इस अप्रचलित भयानक मंतव्य से सब चौंक उठे। आशु बाबू या और कोई इसका जवाब खोजकर भी न पा सके।

कमल ने कहा, ''बादशाह कवि थे; वे अपनी शक्ति, संपदा और धैर्य से इतनी विराट् सौंदर्य की वस्तु प्रतिष्ठित कर गये हैं। मुमताज तो एक आकस्मिक उपलक्ष्य-मात्र थी। वह न होती तो भी ऐसा सौंदर्य-सौध वे किसी भी घटना को लेकर रच सकते थे। धर्म के नाम पर होता तो भी कोई नुकसान नहीं था और हजारों-लाखों आदमियों की हत्या करके दिग्विजय-प्राप्ति की स्मृति के रूप में होता तो भी इसी तरह रचा जाता। यह एकनिष्ठ प्रेम का दान नहीं है, यह तो बादशाह के निजी आनंद-लोक का अक्षय दान है। बस, इतना ही हमारे लिए काफी है।''

आशु बाबू के दिल पर चोट-सी लगी। बार-बार सिर हिलाकर कहने लगे, ''काफी नहीं कमल, हरगिज ऐसा नहीं था। तुम्हारी बात ही अगर सच हो, बादशाह के मन में एकनिष्ठ प्रेम अगर न था तो इस विलास स्मृति-मंदिर का कोई अर्थ ही नहीं रह जाता। फिर वे चाहे जितनी बड़ी सौंदर्य की सृष्टि क्यों न कर जाते, मनुष्य के हृदय में वैसी श्रद्धा का आसन उनके लिए नहीं रह जाता।''

कमल ने कहा, ''अगर न रहे तो वह मनुष्य की मूढ़ता है। मैं नहीं कहती कि निष्ठा का कोई मूल्य ही नहीं, पर जो मूल्य युग-युग से लोग उसे देते आये हैं, वह उसका प्राप्य मूल्य नहीं है। एक दिन जिससे प्रेम किया है, फिर किसी दिन किसी भी कारण से उसमें किसी परिवर्तन का अवकाश नहीं हो सकता, मन का यह अचल-अडिग जड़-धर्म न तो स्वस्थ है और न सुंदर ही।''

सुनकर मनोरमा के विस्मय की सीमा न रही। मूर्ख दासी-कन्या कहकर इसकी उपेक्षा करना कठिन है, मगर इतने पुरुषों के सामने उसी जैसी एक नारी के मुँह से निकली हुई इस तरह की लज्जाहीन बात ने उसे जबरदस्त चोट पहुँचाई। अब तक वह कुछ बोली नहीं थी, पर अब वह अपने को रोक न सकी, कठोर किंतु दबी जबान से बोली, ''मैं मानती हूँ, ऐसी मनोवृत्ति और किसी के न सही, पर आपके लिये स्वाभाविक है। मगर औरों की दृष्टि में न तो यह सुंदर है और न शोभन।''

आशु बाबू मन ही मन अत्यंत क्षुब्ध होकर बोले, ''छिः, बेटी।''

कमल गुस्सा नहीं हुई, बल्कि जरा हँस दी। बोली, ''बहुत दिनों के बद्ध-मूल संस्कार पर आघात लगने से आदमी सहसा सह नहीं सकता। आपने सच ही कहा है, हमारे निकट यह बात बहुत ही स्वाभाविक है, क्योंकि हमारे शरीर और मन में यौवन परिपूर्ण है, हमारे मन में प्राण है। जिस दिन जानूँगी कि आवश्यकता होने पर भी उसमें परिवर्तन की कोई शक्ति बाकी नहीं रही, उस दिन समझ लूँगी कि उसका खातमा हो चुका है, वह मर चुका है।'' कहकर ज्यों ही उसने आँखें उठाईं त्यों ही देखा कि अजित की आँखों से जैसे चिनगारियाँ निकल रही हैं। मालूम नहीं वह दृष्टि मनोरमा ने देखी या नहीं, किंतु वह बात के बीच ही में अकस्मात् बोल उठी, ''पिताजी, अब दिन नहीं है; मुझसे जितना बनेगा मैं अजित बाबू को तब तक कुछ थोड़ा दिखा लाती हूँ।''

अजित की उलझन दूर हो गयी। उसने कहा, ''चलो, हम लोग देख आयें।''

आशु बाबू खुश होकर बोले, ''अच्छी बात है, जाओ बेटी, हम यहीं बैठे हैं। लेकिन जरा जल्दी ही लौट आना, न होगा तो कल फिर जरा जल्दी आ जाएँगे।''

6

अजित और मनोरमा जब 'ताज' देखकर लौटे तब सूर्य अस्त हो चुका था, पर उजाला खत्म नहीं हुआ था। सब गिरोह बाँधकर जमे थे, और तर्क घोरतर हो उठा। ताजमहल की बात, घर लौटने की बात, यहाँ तक कि अजित-मनोरमा के लौट आने का भी उन्हें खयाल नहीं था। अक्षय चुप बैठा उफन रहा था। देखकर मालूम होता था कि इसके पहले वह काफी शोर मचा चुका है और अब दम ले रहा है। आशु बाबू देह के अधोभाग को चक्र के बाहर की ओर पसार कर और ऊर्ध्व भाग को दोनों हाथों पर रखकर गुरु-भार वहन करने का एक तरीका निकालकर अत्यंत दिलचस्पी के साथ सुन रहे हैं। अविनाश सामने की ओर झुककर तीव्र दृष्टि से कमल के चेहरे की तरफ देख रहे हैं। समझ में आया कि फिलहाल सवाल-जवाब इन्हीं दोनों के बीच चालू हैं।

सबने आगंतुकों की ओर मुँह उठाकर देखा। किसी ने जरा गरदन हिलायी और किसी को उतनी भी फुरसत नहीं मिली। कमल और शिवनाथ, इन दोनों ने भी मुँह उठाकर देखा। किंतु आश्चर्य यह है कि एक की आँखों की दृष्टि जैसे शिखा की तरह जल रही है, दूसरे की दृष्टि वैसे ही क्लांत और मलिन हो रही है। मानो वह

कुछ देख ही नहीं रहा है, न कुछ सुन ही रहा है। इस दल में बैठा हुआ भी शिवनाथ जैसे न जाने कहाँ कितनी दूर चला गया है।

आशु बाबू ने कहा, ''बैठो।'' पर वे कहाँ बैठें, और बैठें या नहीं, यह देखने की भी उन्हें फुरसत नहीं मिली।

अविनाश ने शायद अक्षय की युक्ति-माला का छिन्न सूत्र हाथ में ले लिया और कहा, ''बादशाह शाहजहाँ का प्रसंग अभी रहने दो। मैं मानता हूँ कि उनके संबंध में विचार करने की जरूरत है और प्रश्न जरा जटिल है। मगर प्रश्न जहाँ उस सामने के संगमरमर के समान सफेद, पानी की तरह साफ, सूर्य के प्रकाश की तरह स्वच्छ और सीधा है, वह ले लीजिए यानी हमारे आशु बाबू का जीवन, किसी भी दिशा में भी कोई कमी नहीं थी, बंधु-बांधवों की कोशिश में भी कोई त्रुटि नहीं थी, मालूम तो है ही सब, लेकिन यह बात ये सोच ही न सके कि अपनी मृत-पत्नी की जगह और किसी को लाकर किसी तरह बिठाया जा सकता है। यह बात इनकी कल्पना से भी बाहर है। बताइए, नर-नारी के प्रेम का यह कितना बड़ा आदर्श है ? कितना ऊँचा स्थान है इसका ?''

कमल कुछ कहना ही चाहती थी कि पीछे से एक मृदु स्पर्श का अनुभव करके उधर देखने लगी।

शिवनाथ ने कहा, ''अब यह आलोचना बंद करो।''

कमल ने पूछा, ''क्यों ?''

शिवनाथ ने उत्तर में सिर्फ इतना कहा, ''ऐसे ही कर रहा हूँ।'' और वे चुप हो गये। उनकी बात पर किसी ने विशेष ध्यान नहीं दिया, उन उदास अन्यमनस्क आँखों के अंतराल में कौन-सी बात दबी रह गई, किसी को मालूम भी न हुई, और न किसी ने जानने की कोशिश ही की।

कमल ने कहा, ''अच्छा, ऐसे ही। तुम्हें घर चलने की जल्दी पड़ी है शायद ? पर घर तो साथ मौजूद है।'' और हँस दी।

आशु बाबू सहम गये, हरेंद्र और अक्षय ओठों ही ओठों में मुसकराये, मनोरमा ने दूसरी तरफ आँखें फेर लीं; किंतु जिसको लक्ष्य करके यह बात कही गयी थी, उस शिवनाथ के आश्चर्यजनक सुंदर चेहरे पर एक रेखा का भी परिवर्तन नहीं हुआ, मानो वह बिलकुल पत्थर का बना हो, न तो उसे कुछ दिखाई देता है और न सुनाई।

अविनाश को देर सहन नहीं हुई। उन्होंने कहा, ''मेरे सवाल का जवाब दो।''

कमल ने कहा, ''पर पति की मनाही है जो। उनकी मंशा के खिलाफ चलना क्या उचित है ?'' यह कहकर वह हँसने लगी।

अविनाश से स्वयं भी बिना हँसे न रहा गया। बोले, ''इस मामले में अपराध न

माना जायेगा। हम इतने आदमी मिलकर तुमसे अनुरोध कर रहे हैं, जवाब दो।''

कमल ने कहा, ''आशु बाबू को आज मिलाकर सिर्फ दो दिन देखा है, पर इसी बीच में मन ही मन मैं उन्हें चाहने लगी हूँ।'' फिर शिवनाथ की तरफ इशारा करके कहा, ''अब समझ में आया न, कि क्यों ये मुझे बोलने के लिए मना कर रहे थे?''

आशु बाबू ने खुद इसमें रुकावट डाली। बोले, ''पर मेरी तरफ से तुम्हें संकोच या दुविधा करने का कोई कारण नहीं। बूढ़ा आशु वैद्य बड़ा निरीह आदमी है कमल। सिर्फ दो ही दिन देखकर तुमने उसे बहुत-कुछ समझ लिया होगा, और दो दिन देखोगी तो समझ जाओगी कि उससे डरने जैसी भूल संसार में शायद ही कोई हो। तुम स्वच्छंदता से कहो,—यह सब सुनने में मुझे बहुत आनंद आता है।''

कमल बोली, ''इसीलिए तो ये मना कर रहे थे, और इसीलिए अविनाश बाबू की बात का जवाब देने में अब तक मेरी जबान रुकती थी कि नर-नारी के प्रेम के व्यापार में न तो मैं इसे बड़ी चीज समझती हूँ और न आदर्श ही मानती हूँ।''

अब अक्षय का मुँह खुला। उसके प्रश्न के ढंग में श्लेष था, ''संभव यही है कि आप लोग नहीं मानते, मगर क्या मानते हैं, जरा बताएँगी क्या?''

कमल ने उसकी तरफ देखा जरूर; पर ठीक उसी को उत्तर दिया हो, सो बात नहीं। वह बोली, ''एक दिन आशु बाबू अपनी पत्नी से प्रेम करते थे, जो इस समय जीवित नहीं हैं। पर अब उन्हें न तो कुछ दिया ही जा सकता है और न उनसे कुछ पाया ही जा सकता है। उन्हें अब न तो सुखी किया जा सकता है और न दुख दिया जा सकता है। वे हैं ही नहीं, प्रेम-पात्र का निशान तक पुंछ गया है। उन्हें किसी दिन प्रेम किया था, मन में सिर्फ यह घटना-मात्र रह गयी है। मनुष्य नहीं है, उसकी केवल स्मृति है। उसी को अहोरात्र मन में पालते रहकर वर्तमान की अपेक्षा अतीत को ही ध्रुव जानकर जीवन बिताने में कौन-सा बड़ा भारी आदर्श है, मेरी तो कुछ समझ में नहीं आता।''

कमल के मुँह से ऐसी बात सुनकर आशु बाबू को फिर चोट पहुँची। वे बोले, ''मगर, हमारे देश की विधवाओं के हाथ में सिर्फ यही एक चरम पूँजी रहती है। पति चल बसता है, पर उसकी स्मृति को लेकर ही तो विधवा-जीवन की पवित्रता बनी रहती है। इसे क्या तुम नहीं मानतीं?''

कमल ने कहा, ''नहीं। एक बड़ा नाम दे देने से ही तो कोई चीज संसार में सचमुच बड़ी नहीं हो जाती। बल्कि यों कहिए कि इस देश में इसी तरह वैधव्य-जीवन बिताने का रिवाज है, इसे मैं अस्वीकार नहीं करूँगी।''

अविनाश ने कहा, ''अगर ऐसा ही हो, लोग अगर उन्हें ठगते ही आ रहे हों,

विधवा के ब्रह्मचर्य में, खैर जाने दो, ब्रह्मचर्य का नाम अब न लूँगा, लेकिन उसके आमरण संयत जीवन को क्या हम विराट् पवित्रता का भी सम्मान न देंगे?''

कमल हँस दी, बोली, ''अविनाश बाबू, यह भी एक उसी शब्द का मोह है। 'संयम' शब्द बहुत दिनों से बहुत ज्यादा इज्जत पा-पाकर ऐसा फूल उठा है कि उसके लिए अब स्थान-काल कारण-अकारण नहीं रह गया है। उसके उच्चारण-मात्र से सम्मान के बोझ से आदमी का सिर झुक जाता है। परंतु अवस्था-विशेष में यह भी एक थोथी आवाज से ज्यादा कुछ नहीं है। यह शब्द मुँह से निकालते ही साधारण लोगों को भले ही डर लगे, पर मुझे नहीं लगता। मैं उस दल की नहीं हूँ। सिर्फ इसीलिए कि बहुत-से लोग बहुत दिनों से कोई एक बात कहते आ रहे हैं, मैं उसे मान नहीं लेती। पति की स्मृति को छाती से चिपटाये रहकर विधवाओं को दिन काटने चाहिए, इसके समान स्वत: सिद्ध पवित्रता की धारणा को स्वीकार करने में मुझे तब तक हिचकिचाहट रहेगी जब तक कि उसे कोई प्रमाणित नहीं कर देगा।''

अविनाश को जवाब ढूंढे न मिला और क्षण-भर विमूढ़ की भाँति देखते रह गये। फिर बोले, ''तुम कहती क्या हो?''

अक्षय ने कहा, ''दो और दो चार होते हैं, इसे भी शायद प्रमाणित किये बगैर आप नहीं मानेंगी?''

कमल ने न तो जवाब दिया और न गुस्सा ही हुई; सिर्फ हँस दी।

और भी एक सज्जन जो गुस्सा नहीं हुए, वे थे आशु बाबू। किंतु कमल की बात से ज्यादा व्यथित भी वे ही हुए।

अक्षय फिर बोला, ''आपकी ये सब अभद्र धारणाएँ हमारे शिष्ट-समाज में नहीं हैं, यहाँ ये चल नहीं सकतीं।''

कमल ने पूर्ववत् हँसते चेहरे से ही उत्तर दिया, ''शिष्ट समाज में अचल हैं, यह मैं जानती हूँ।''

इसके बाद कुछ देर तक सब के सब मौन रहे। आशु बाबू धीरे-धीरे बोले, ''और एक बात तुमसे पूछता हूँ कमल। पवित्रता-अपवित्रता के लिए नहीं कह रहा, किंतु स्वभावत: जो और कुछ कर नहीं सकता, जैसे मुझको ही ले लो, मणि की स्वर्गीय माँ की जगह और किसी को ला बिठाने की तो मैं कभी कल्पना ही नहीं कर सकता।''

कमल ने कहा, ''आप बूढ़े जो हो गये हैं आशु बाबू।''

आशु बाबू ने कहा, ''मानता हूँ, आज बूढ़ा हो गया हूँ; किन्तु उस दिन तो बूढ़ा नहीं था। पर तब भी तो यह बात नहीं सोच सकता था?''

कमल ने कहा, ''उस दिन भी ऐसे ही बूढ़े थे। देह से नहीं, मन से। कोई-

कोई आदमी होते हैं जो बूढ़ा मन लिये ही पैदा होते हैं। उस बूढ़े के शासन के नीचे उनका जीर्ण-शीर्ण विकृत-यौवन हमेशा लज्जा से सिर नीचा किये रहता है। बूढ़ा मन खुश होकर कहता है, अहा! यही तो अच्छा है, कोई हंगामा नहीं, उन्माद नहीं, यही तो शांति है, यही तो मनुष्य के लिए चरम तत्व की बात है। उसके लिए कितने तरह के अच्छे-अच्छे विशेषण हैं, कितनी वाहवाही का आडंबर है। ऊँचे स्वर से उसकी ख्याति का बाजा बजता है, पर इस बात को वह जान भी नहीं पाता कि यह उसके जीवन का जय-वाद्य नहीं, आनंदलोक के विसर्जन का बाजा है।''

सभी को मन ही मन लगा कि इसका एक कड़ा जवाब देना जरूरी है। एक स्त्री के मुँह से यौवन के उन्माद की इस निर्लज्ज स्तुति से सभी के कान जलने लगे, पर जवाब देने लायक बात किसी को ढूँढ़े नहीं मिली।

तब आशु बाबू ने मृदु कंठ से पूछा, ''कमल, बूढ़ा मन तुम किसे कहती हो? देखूँ, अपने साथ जरा मिलाकर। यह सचमुच ही वही है या नहीं।''

कमल ने कहा, ''मन का बुढ़ापा मैं उसी को कहती हूँ आशु बाबू, जो अपने सामने की ओर नहीं देख सकता, जिसका हारा-थका जराग्रस्त मन भविष्य की समस्त आशाओं को जलांजलि देकर सिर्फ अतीत के अंदर ही जिंदा रहना चाहता है। मानों उसे कुछ करने की, कुछ पाने की चाह ही नहीं है। वर्तमान उसकी दृष्टि में लुप्त है, अनावश्यक है, और भविष्य अर्थहीन। अतीत ही उसके लिए सब कुछ है। वही उसका आनंद, वही उसकी वेदना और वही है उसका मूलधन। उसी को भुना-भुनाकर जीवन के बाकी दिन बिता देना चाहता है। देखिये तो आशु बाबू, अपने साथ जरा तुलना करके!''

आशु बाबू हँसे। बोले, ''यथा समय एक बार जरूर देखूँगा।''

अजितकुमार ने अब तक की इतनी बातचीत के बीच में एक भी बात नहीं कही थी, वह सिर्फ निष्फलक दृष्टि कमल के मुँह की तरफ देख रहा था। सहसा न जो उसे क्या हो गया, अपने को वह सँभाल न सका, बोल उठा, ''मेरा एक प्रश्न है, देखिये मिसेज...''

कमल ने सीधे उसकी तरफ देखकर कहा, ''मिसेज किसलिये? मुझे आप कमल ही कहिए न।''

अजित मारे शरम के सुर्ख हो उठा, ''नहीं नहीं, सो कैसे, ऐसा कैसे...''

कमल ने कहा, ''ऐसा-वैसा कुछ भी नहीं। माँ-बाप ने मेरा यह नाम रखा था पुकारने के लिए ही तो। इससे मैं नाराज नहीं होती।''

अकस्मात् मनोरमा के मुँह की ओर देखकर बोली, ''आपका नाम मनोरमा है, मनोरमा कहकर बुलाने से आप नाराज होती हैं क्या?''

मनोरमा ने सिर हिलाकर कहा, "हाँ, मैं नाराज होती हूँ।"

ऐसे जवाब की उससे किसी ने भी उम्मीद नहीं की थी, आशु बाबू तो मारे संकोच के म्लान हो गये।

सिर्फ कमल स्वयं संकुचित नहीं हुई। बोली, "नाम तो और कुछ नहीं एक शब्द है, जिससे समझा जाता है कि एक आदमी बहुतों में से किसी एक आदमी को बुला रहा है। पर हाँ, यह सच है कि बहुतों को अभ्यास से यह खटकती है। वे इस शब्द को नाना रूप से अलंकृत करके सुनना चाहते हैं। देखते नहीं, राजा लोग अपने नाम के आगे न जाने कितने निरर्थक शब्द जोड़कर, कितने 'श्री' जोड़कर, तब कहीं उस दूसरे को उच्चारण करने देते हैं। नहीं तो उनकी मर्यादा नष्ट होती है।" इतना कहकर वह सहसा हँस पड़ी और शिवनाथ की तरफ इशारा करके बोली, "जैसे ये। कभी इनसे कमल कहते नहीं बनता, कहते हैं शिवानी। अजित बाबू, आप बल्कि मुझे मिसेज शिवनाथ न कहकर शिवानी कहिए। शब्द भी छोटा है, और सब समझ भी लेंगे। कम से कम मैं तो समझ ही जाऊँगी।"

परंतु न जाने क्या हुआ कि ऐसा सुस्पष्ट आदेश पाकर भी अजित से कुछ बोला नहीं गया, प्रश्न उसके मुँह में ही अटक रहा।

उस वक्त संध्या समाप्त होकर कार्तिक-पूनों के वाष्पाच्छन्न आकाश में स्वच्छ चाँदनी छिटक रही थी। उस तरफ देखकर पिता की दृष्टि आकर्षित करते हुए मनोरमा ने कहा, "पिताजी, ओस पड़नी शुरू हो गयी है, बस, उठिए अब।"

आशु बाबू बोले, "यह लो, उठता हूँ बिटिया।"

अविनाश ने कहा, "शिवानी नाम बहुत अच्छा है। शिवनाथ गुणी पुरुष है, इसी से नाम भी मीठा दिया है, अपने नाम के साथ मेल भी खूब मिलाया है।"

आशु बाबू खिल उठे। बोले, "अजी ये शिवनाथ नहीं—अविनाश, ऊपर के वे।" और एक बार आकाश की ओर देखकर बोले, "आदि-काल के उस बूढ़े घटक ने इन दोनों का सब तरफ से मेल कराने के लिए आहार-निद्रा तक छोड़ दी थी। जीते रहो।"

अकस्मात् अक्षय सीधा होकर बैठ गया और दो-तीन बार सिर हिलाकर अपनी छोटी-छोटी आँखों को यथाशक्ति फाड़कर बोला, "अच्छा, आपसे एक प्रश्न कर सकता हूँ क्या?"

कमल ने कहा, "कौन-सा प्रश्न?"

अक्षय ने कहा, "आपके लिए संकोच नाम की तो कोई बला है नहीं, इसी से पूछता हूँ —शिवानी नाम तो अच्छा है, मगर, शिवनाथ बाबू के साथ क्या आपका वास्तव में ब्याह हुआ है?"

आशु बाबू का चेहरा स्याह पड़ गया। बोले, "यह क्या कह रहे हो?"

अविनाश ने कहा, "तुम पागल हो गये हो?"

हरेंद्र ने कहा, "ब्रूट" (जंगली)।

अक्षय ने कहा, "आप तो जानते हैं, मेरी आँखों को झूठा लिहाज नहीं।"

हरेंद्र बोला, "झूठा सच्चा किसी तरह का भी नहीं। पर हमें तो है।"

लेकिन कमल हँसने लगी। जैसे यह कोई बड़े विनोद की बात हो। उसने कहा, "इसमें नाराज होने की कौन-सी बात है हरेंद्र बाबू? मैं बताती हूँ अक्षय बाबू। बिलकुल कुछ हुआ ही न हो, सो बात नहीं। ब्याह जैसा कुछ हुआ जरूर था। जो लोग देखने आये थे, वे लगे हँसने। बोले, 'यह ब्याह ही नहीं, धोखा है।"

"इनसे पूछने पर इन्होंने कहा, शैव मत से ब्याह हुआ तो इसमें चिंता की कौन-सी बात है?"

अविनाश सुनकर दुखित हुए। उन्होंने कहा, "लेकिन शैव-विवाह तो अब हमारे समाज में होता नहीं न, इसलिए अगर ये किसी दिन 'नहीं हुआ' कहकर उसे उड़ा देना चाहें, तो प्रमाणित करने लायक तुम्हारे पास कुछ रह नहीं जाता कमल!"

कमल ने शिवनाथ की तरफ देखकर कहा, "क्यों जी, करोगे क्या तुम ऐसा किसी दिन?"

शिवनाथ ने कुछ जवाब नहीं दिया। वह पहले की तरह उदास और गंभीर चेहरा लिये बैठा रहा। तब कमल ने हँसी के बहाने माथे पर हाथ मारकर कहा, "हाय रे भाग्य! ये जाएँगे 'नहीं हुआ' कहकर अस्वीकार करने और मैं जाऊँगी उसी को 'हुआ है' कहकर दूसरों के पास न्याय कराने? उसके पहले गले में फाँसी डालने लायक एक रस्सी भी न जुटेगी क्या?"

अविनाश ने कहा, "जुट सकती है, मगर आत्म-हत्या तो पाप है?"

कमल ने कहा, "पाप नहीं खाक है। मगर ऐसा होगा नहीं। मैं आत्महत्या करने जाऊँगी, यह मेरे विधाता भी नहीं सोच सकते।"

आशु बाबू कह उठे, "यह तो मनुष्य की सी बात है कमल।"

कमल ने उनकी तरफ देखकर शिकायत करने के ढंग से कहा, "देखिए तो अविनाश बाबू का अन्याय।"

फिर शिवनाथ की तरफ इशारा करके कहा, "ये करेंगे मुझे अस्वीकार, और फिर मैं जाऊँगी गरदन पकड़ के इनसे स्वीकार कराने? सत्य तो डूब जाएगा, और जिस अनुष्ठान को मानती नहीं, उसी की रस्सी लेकर इन्हें बाँधना चाहूँगी मैं? मैं करूँगी ऐसा काम?" कहते-कहते उसकी दोनों आँखें चमक उठीं।

आशु बाबू ने आहिस्ते से कहा, "शिवानी, संसार में सत्य ही बड़ा है, इस बात

को हम सभी मानते हैं; पर अनुष्ठान भी तो मिथ्या नहीं है?''

कमल ने कहा, ''मिथ्या तो कह नहीं रही मैं। जैसे कि प्राण भी सत्य हैं और देह भी है, लेकिन प्राण जब निकल जाते हैं तब?''

मनोरमा ने पिता का हाथ खींचते हुए कहा, ''पिताजी, बहुत ज्यादा ओस पड़ने लगेगी, अब बिना उठे काम नहीं चलेगा।''

''अभी उठा, बेटी।''

शिवनाथ सहसा खड़ा होकर बोला, ''शिवानी, अब और देर मत करो।''

कमल तुरंत उठकर खड़ी हो गयी और सबको नमस्कार करके बोली, ''आप लोगों से परिचय हुआ मानो सिर्फ बहस करने के लिए। कुछ खयाल न करें।''

शिवनाथ को इतनी देर बाद अब जरा हँसी आयी, बोला, ''सिर्फ बहस ही की शिवानी, सीखा कुछ भी नहीं?''

कमल ने विस्मय के स्वर में कहा, ''नहीं। मगर सीखने को था ही क्या, मुझे तो कुछ ख़४याल नहीं पड़ता।''

शिवनाथ ने कहा, ''ख़याल पड़ने की बात भी नहीं थी, वह ओट का ओट में ही रह गया। हो सके तो आशु बाबू के जराग्रस्त बूढ़े मन के प्रति जरा श्रद्धा रखना सीखना। उससे बढ़कर सीखने को और कुछ नहीं है।''

कमल ने विस्मय के साथ कहा, ''यह तुम कह क्या रहे हो आज?''

शिवनाथ ने जवाब नहीं दिया; फिर भी सबको नमस्कार करके कहा, ''चलो।''

आशु बाबू ने एक गहरी साँस लेकर कहा, ''आश्चर्य है!''

7

आश्चर्य तो है ही। इसके सिवा मन की बात व्यक्त करने के लिए और शब्द ही कौन-सा था? वास्तव में वे दोनों चले क्या गये एक अति आश्चर्यजनक नाटक के बीच के ही अंक में यवनिका डाल गये, परदे के उस पार विस्मय की न जाने कितनी बातें अज्ञात रह गयीं। सभी के मन में यही एक बात उथल-पुथल मचाने लगी और सभी को ऐसा मालूम हुआ मानो इसीलिए वे यहाँ आये थे। आकाश में चंद्रमा उदित हुआ है, हेमंत ऋतु की ओस से भीगी हुई चाँदनी के पास से ताजमहल का सफेद संगमरमर मायापुरी की भाँति उद्भासित हो उठा है; पर उधर किसी की दृष्टि भी नहीं है।

मनोरमा ने कहा, ''अब नहीं उठोगे तो सचमुच तुम्हारी तबीयत खराब हो जायेगी पिताजी।''

अविनाश ने कहा, "ओस पड़ रही है, उठिए।"

सब खड़े हो गये। फाटक के बाहर आशु बाबू की बड़ी मोटर खड़ी थी; पर अक्षय और हरेंद्र के तांगेवाले का कहीं पता नहीं था। शायद इसी बीच में वह ज्यादा किराये की सवारी पाकर चंपत हो गया था। लिहाजा, किसी तरह सट-सटाकर सबको मोटर में ही बैठना पड़ा।

कुछ देर तक सब चुप रहे, फिर अविनाश ने बात की शुरुआत की, "शिवनाथ ने झूठ कहा था। कमल हरगिज किसी दासी की लड़की नहीं है। असम्भव है।" इतना भर कहकर वे मनोरमा के मुँह की ओर देखने लगे।

मनोरमा के मन में भी ठीक यही प्रश्न उठ रहा था, पर वह मौन रही।

अक्षय ने कहा, "झूठ बोलने का कारण? स्त्री का यह परिचय तो गौरव का नहीं है अविनाश बाबू!"

अविनाश ने कहा, "यही तो सोच रहा हूँ।"

अक्षय ने कहा, "आप लोग अचंभित हुए पर मैं नहीं हुआ। यह सब शिवनाथ की प्रतिध्वनि है। इसी से उसकी बातों में 'ब्रैवाडो' बहुत ज्यादा था, चीज कुछ नहीं थी। असल और नकल जान लेता हूँ। इतना आसान नहीं है मुझे धोखा देना।'

हरेंद्र बोल उठा, "बाप रे! आपको और धोखा देना? यह तो एकदम मोनोपॉली पर हस्तक्षेप हुआ?"

अक्षय ने उस पर एक तीव्र क्रुद्ध दृष्टि डालकर कहा, "मैं दावे के साथ कह सकता हूँ कि उसमें उच्च घराने का 'कलचर' पाई-भर नहीं है। औरतों के मुँह से ये सब बातें 'इमॉरल' ही नहीं, अश्लील भी हैं।"

अविनाश ने प्रतिवाद के तौर पर कहा, "यह दूसरी बात है। उसकी सब बातें औरतों के मुँह से ठीक शोभन न लगें पर उन्हें अश्लील नहीं कह सकते अक्षय।"

अक्षय ने कठोर होकर कहा, "वे दोनों ही एक से हैं अविनाश बाबू। देखा नहीं, ब्याह इन लोगों के लिए तमाशे की चीज बन गयी है। जब सबने आकर कहा कि यह ब्याह नहीं है, धोखेबाजी है, तब उन्होंने सिर्फ हँस के कहा, ऐसी बात है क्या? उनका एब्सूल्यूट इंडिफरेंस आप लोगों ने क्या नोटिस नहीं किया? यह क्या कभी कुलीन कन्या के लिए शोभा दे सकता है, या कभी संभव हो सकता है?"

बात उसकी सच थी, इसी से सब चुप रहे। आशु बाबू अब तक कुछ बोले नहीं थे। सब कुछ वे सुन रहे थे। वे अपनी ही उधेड़-बुन में थे। सहसा इस स्तब्धता से उनका ध्यान भंग हुआ। धीरे-धीरे बोले, "विवाह के प्रति नहीं बल्कि उसके 'फार्म' पर शायद कमल की उतनी आस्था नहीं है। अनुष्ठान कुछ भी हो, जो हो गया सो उसके लिए ठीक है। पति से कहा, 'ये लोग कहते हैं, यह, ब्याह

धोखेबाजी है।' पति ने कहा, 'विवाह हुआ है हम लोगों का शैव मत से।' कमल खुश होकर बोली, 'शिव के साथ ब्याह अगर शैव मत से हुआ हो तो अच्छा है।' बात मुझे ऐसी मीठी लगी अविनाश बाबू कि पूछिए मत।''

भीतर-ही-भीतर अविनाश का मन भी इसी स्वर में बँधा था। वे बोले, ''और उसी शिवनाथ के मुँह की तरफ देखकर हँसते-हँसते पूछना, 'क्योंजी, करोगे क्या तुम ऐसा? दोगे क्या तुम मुझे धोखा? उसके बाद तो कितनी ही बातें हो गयीं। आशु बाबू, लेकिन उसकी गूँज अभी तक मेरे कानों में गूँज रही है।''

प्रत्युत्तर में आशु बाबू ने हँसकर सिर्फ सिर हिला दिया।

अविनाश ने कहा, ''और उसका वह शिवानी नाम? वह क्या कम मीठा है?''

अक्षय से मानो सहा नहीं गया। वह बोला, ''आप लोगों ने तो मुझे दंग कर दिया अविनाश बाबू। उनका जो कुछ है सब मधुर है। यहाँ तक कि शिवनाथ के नाम के साथ एक 'नी' जोड़ देने से भी मधु झरने लगा।''

हरेंद्र ने कहा, ''सिर्फ 'नी' जोड़ देने से ही नहीं होता अक्षय बाबू, आपकी पत्नी को 'अक्षयनी' कहकर पुकारने से ही क्या मधु झरने लगेगा?''

उसकी बात सुनकर सभी हँस पड़े, यहाँ तक कि मनोरमा ने भी रास्ते की तरफ मुँह फेरकर हँसी छिपाई।

अक्षय मारे क्रोध से पागल-सा हो उठा। गरजकर बोला, ''हरेंद्र बाबू, 'डोंट यू गो टू फार।' किसी उच्च वंशीय महिला के साथ ऐसी स्त्रियों की तुलना इशारे में करने को भी मैं अत्यंत अपमानजनक समझता हूँ, सो आपसे स्पष्ट कहे देता हूँ।''

हरेंद्र चुप रहा। बहस करने का उसका स्वभाव न था और न अपनी युक्तियों से प्रमाणित करने की ही उसकी आदत थी। बीच में अचानक कुछ कहकर वह ऐसा नीरव हो जाता कि हजार कोंचने पर भी कोई उसके मुँह से एक शब्द भी नहीं निकलवा सकता।

हुआ भी ऐसा ही। अक्षय बचे हुए रास्ते में शिवानी को छोड़कर हरेंद्र के पीछे पड़ गया। वह कहता रहा कि उसने शिष्ट महिला का शिष्टाहीन अभद्र मजाक उड़ाया है। शिवनाथ की शैव मत से विवाहिता पत्नी की बात में और व्यवहार में आभिजात्य की बू तक नहीं, बल्कि उसकी शिक्षा और संस्कार से जघन्य हीनता का ही परिचय मिलता है, आदि बातों को वह अत्यंत अप्रिय तरीके से बार-बार प्रमाणित करने लगा।

इतने में गाड़ी आशु बाबू के दरवाजे पर आकर खड़ी हो गयी; फिर अविनाश तथा और सबों को उतारकर हरेंद्र, अक्षय आदि को पहुँचाने चली गयी।

आशु बाबू उद्विग्न होकर बोले, ''गाड़ी में दोनों कहीं मार-पीट न कर बैठें।''

अविनाश ने कहा, ''इसका कोई डर नहीं। यह तो रोजमर्रा की बात है और इससे उनकी मित्रता में कोई फर्क नहीं पड़ता।''

भीतर जाकर चाय पीने बैठे तो आशु बाबू ने धीरे से कहा, ''अक्षय बाबू की प्रकृति बड़ी कठोर है। उनकी जबान पर इससे कठोर और क्या बात आती।'' फिर सहसा लड़की की ओर देखकर बोले, ''अच्छा मणि, कमल के संबंध में तुम्हारी पहले की धारणा क्या आज भी नहीं बदली?''

''कैसी धारणा पिताजी?''

''यही, जैसे, जैसे...''

''मगर मेरी धारणा से तुम लोगों को क्या काम पिताजी?''

पिता ने फिर कुछ नहीं कहा। वे जानते थे कि इस स्त्री के संबंध में मनोरमा का चित्त अत्यंत विमुख है। यह बात उन्हें पीड़ा पहुँचाती है; पर इस बात को लेकर नयी तरह से आलोचना करने बैठना उनके लिए जिस तरह अप्रिय है, वैसे ही निष्फल भी है।

अकस्मात् अविनाश बोल उठे, ''मगर एक विषय पर आप लोगों ने शायद ध्यान नहीं दिया। वे हैं शिवनाथ के अंतिम शब्द। कमल का सब कुछ ही अगर दूसरे की प्रतिध्वनि मात्र होता तो यह बात शिवनाथ को कहने की जरूरत नहीं पड़ती कि वह आप पर श्रद्धा रखना सीखे।'' इतना कहकर उसने खुद भी गंभीर श्रद्धा के साथ आशु बाबू के मुँह की तरफ देखकर कहा, ''कहने में क्या हर्ज है, वास्तव में आप जैसे भक्ति के पात्र संसार में हैं कितने? सिर्फ इसी के लिए मैं उसके अनेक अपराध क्षमा कर सकता हूँ आशु बाबू, कि इतने से मामूली परिचय में शिवनाथ ने इतने बड़े सत्य को हृदयंगम कर लिया।''

सुनकर आशु बाबू चंचल हो उठे। उनका विपुल कलेवर लज्जा से मानो संकुचित हो गया। मनोरमा ने कृतज्ञता से दोनों आँखें भरकर वक्ता के मुँह की तरफ मुँह उठाकर देखा और कहा, ''अविनाश बाबू, यहीं पर उनके साथ उनकी पत्नी का सचमुच भेद है। आज मैं जान गयी कि उस दिन धोती और साबुन माँगने के बहाने वह मेरा सिर्फ उपहास ही कर गयी थी। उस दिन का उसका अविनय मैं समझ नहीं सकी थी। पर उसका यह सब छल-छंद, सब व्यंग्य व्यर्थ है पिताजी, अगर तुम्हें वह आज सबसे बड़ा जानकर न पहचान सकी हो?''

आशु बाबू व्याकुल हो उठे, ''तू यह सब क्या कह रही है बेटी?''

अविनाश ने कहा, ''अतिशयोक्ति तो इसमें कहीं भी नहीं आशु बाबू। जाते वक्त शिवनाथ ने यही बात अपनी पत्नी से कहने की कोशिश की थी। आज उसने बात नहीं की, पर उसकी इस एक ही बात से मुझे मालूम हो गया है कि उन दोनों

में परस्पर यहीं सबसे बड़ा मतभेद है।''

आशु बाबू बोले, ''ऐसा अगर हो भी तो यह शिवनाथ का ही दोष है, कमल का नहीं।''

मनोरमा सहसा बोल उठी, ''यह तो तुम्हीं जानो पिताजी कि तुमने किन आँखों से उसे देखा है, मगर तुम जैसे मनुष्य पर जो श्रद्धा नहीं कर सकती उसे क्या कभी क्षमा किया जा सकता है?''

आशु बाबू ने लड़की के चेहरे की तरफ देखकर कहा, ''क्यों बेटी? मुझ पर अश्रद्धा करने का भाव तो उसके एक भी आचरण से जाहिर नहीं हुआ।''

''पर श्रद्धा तो नहीं दिखायी दी?''

आशु बाबू ने कहा, ''दिखाई देने की कोई बात भी नहीं थी मणि। बल्कि दिखाई देती तो उसका वह मिथ्याचार होता। मेरे अंदर जिस चीज को तुम लोग शक्ति की बहुलता समझकर मुग्ध होते हो, उसकी नजर में वह खालिस शक्ति की कमी है। यही बात उसने मुझसे कही है कि कमजोर आदमी को स्नेह के सहारे प्यार किया जा सकता है, परंतु मेरा जो मूल्य उसकी दृष्टि में नहीं है, जबरदस्ती उसे देकर उसने मुझे भी नीचे नहीं गिराया और न अपना ही अपमान किया। यही तो ठीक है, इसमें व्यथित होने की तो कोई बात ही नहीं मणि।''

अब तक अजित अन्यमनस्क-सा था, इस बात पर उसने इधर देखा। वह कुछ भी जानता नहीं था और जान लेने की फुरसत भी उसे नहीं मिली थी। सारी बातें उसके लिए धुँधली-सी थीं। अब आशु बाबू ने जो कुछ कहा, उससे भी स्पष्ट नहीं हुआ, फिर भी उसका मन मानो जाग उठा।

मनोरमा चुप रही, किंतु अविनाश बाबू उत्तेजना के साथ पूछ उठे, ''तो क्या फिर स्वार्थ त्याग का कोई मूल्य ही नहीं?''

आशु बाबू हँस दिये, बोले, ''प्रश्न ठीक प्रोफेसरों जैसा नहीं हुआ। जो भी हो, उसके लिए उसका मूल्य नहीं है।''

''तो फिर आत्म-संयम की भी कोई कीमत नहीं?''

''उसकी दृष्टि में नहीं है। संयम जहाँ अर्थहीन है वहाँ सिर्फ निष्फल आत्म-पीड़न है। और उसी को लेकर अपने को बड़ा मानना सिर्फ अपने को ठगना नहीं बल्कि दुनिया को ठगना है। कमल के मुँह से जो कुछ सुना उससे मुझे लगा कि वह इसी बात को बार-बार कहना चाहती है।'' इतना कहकर वे क्षण-भर मौन रहे, फिर बोले, ''मालूम नहीं उसे कहाँ से यह धारणा मिली पर सहसा सुनने से बड़ा आश्चर्य होता है।''

मनोरमा बोल उठी, ''केवल आश्चर्य होता है। सारे शरीर में जलन नहीं होने

लगती? पिताजी, क्या कभी कोई भी बात तुम जोर के साथ नहीं कह सकोगे? जो जिसके मन में आयेगा, कहेगा और तुम उस पर हाँ कह दोगे?''

आशु बाबू ने कहा, ''हाँ तो नहीं कहा बेटी। लेकिन मन में राग-द्वेष भरकर विचार करने से सिर्फ एक ही नहीं ठगाया जाता, दूसरा पक्ष भी ठगाया जाता है। जो बातें हम कमल के मुँह में ठूँस देना चाहते हैं ठीक वे ही बातें उसने नहीं कहीं। उसने जो कुछ कहा उसका निष्कर्ष शायद यही है कि इन लंबे संस्कारों में सत्य समझकर जिस तत्व को हमने अपने खून के अंदर प्राप्त किया है, वह प्रश्न का सिर्फ एक ही पहलू है। मगर उसका दूसरा पहलू भी है। आँख मींचकर सिर्फ सिर हिला देने से ही कैसे चल सकता है मणि?''

मनोरमा ने कहा, ''पिताजी, भारतवर्ष में इतने दिनों से क्या उस पहलू को देखने वाला कोई दूसरा हुआ ही नहीं?''

उसके पिता जरा हँसकर बोले, ''यह अत्यंत क्रोध की बात है बेटी। नहीं तो तुम खुद भी अच्छी तरह जानती हो कि सिर्फ एक हमारे देश के ही नहीं, दुनिया के किसी भी देश के पूर्वगामी 'शेष प्रश्न' का जवाब दे गये हैं, ऐसा हो भी नहीं सकता, क्योंकि तब तो फिर सृष्टि ही रुक जाती। इसके चलने का कोई अर्थ ही नहीं रह जाता।''

सहसा उन्होंने देखा कि अजित एकटक देख रहा है। बोले, ''तुम शायद कुछ भी समझ नहीं रहे हो, क्यों?''

अजित के गरदन हिलाने पर आशु बाबू ने घटना की पुनरावृत्ति करते हुए समझाकर कहा, ''अक्षय ने न जाने कैसी एक होमकुंड की-सी पवित्र आग जला दी कि लोग उसकी तरफ देखना तो दूर रहा धुएँ के मारे आँख तक नहीं खोल सके। मजा यह कि हम लोगों का मामला है शिवनाथ के विरुद्ध, और दंड दिया गया है कमल को। वे थे यहाँ के एक प्रोफेसर, शराब पीने के अपराध में उनकी नौकरी गयी, रुग्ण स्त्री को त्यागकर घर ले आये कमल को। बोले, 'विवाह हुआ है शैव मत से।' अक्षय बाबू ने भीतर ही भीतर पता लगा कर जाना कि सब धोखा है। पूछा गया, 'लड़की क्या कुलीन घराने की है?' शिवनाथ ने कहा, 'वह उनके घर की दासी की कन्या है।' पूछा गया, 'लड़की क्या शिक्षित है?' शिवनाथ ने जवाब दिया, 'शिक्षा के लिए विवाह नहीं किया। किया है रूप के लिए।' बात सुनी। कमल का अपराध मुझे कहीं ढूँढ़े नहीं मिला अजित, और उसी को हम लोगों ने सब संसर्गों से दूर कर दिया। हम लोगों की घृणा जाकर पड़ी सबसे अधिक उसी पर। और यही हुआ समाज का न्याय!''

मनोरमा ने कहा, ''उसे क्या समाज के अंदर बुला लेना चाहते हो पिताजी?''

आशु बाबू ने कहा, "मेरे ही चाहने से आ जायेगी क्या बेटी? समाज में अक्षय बाबू भी तो मौजूद हैं। उन्हीं का पक्ष तो प्रबल है।"

लड़की ने पूछा, "तुम अकेले होते तो बुला लेते शायद?"

पिता ने इसका स्पष्ट उत्तर नहीं दिया। बोले, "बुलाने से ही सब आ जाया करते हैं क्या बेटी?"

अजित ने कहा, "आश्चर्य तो यह है कि आपके साथ ही उनका सबसे ज्यादा विरोध है और मजा यह कि आपका स्नेह उन्हें सबसे ज्यादा मिला है।"

अविनाश ने कहा, "इसका कारण है अजित बाबू। कमल के बारे में हम लोग कुछ जानते नहीं। जानते हैं तो केवल उसके विद्रोही मन को! और जानते हैं उसके अखंड बुराई के पहलू को। इसी से उसकी बातें सुनने से हमें डर भी लगता है और गुस्सा भी आता है कि अब गया शायद सब कुछ।"

फिर आशु बाबू को लक्ष्य करके कहने लगे, "इनका शरीर निष्पाप है, मन निष्कलुष है, संदेह की छाया तक इस पर नहीं पड़ती, न भय का दाग ही लगता है। महादेव के लिए चाहे विष हो चाहे अमृत, एक ही बात है, गले में ही लगा रहेगा, पेट में नहीं जायेगा। चाहे देवताओं का दल आ जाये और चाहे दैत्य-दानव आकर घेर लें, ये निर्लिप्त-निर्विकार चित्त रहेंगे, सिर्फ गठिया के पंजे से बचे रहें तो ये खुश हैं। मगर हम लोगों को तो..."

बात पूरी न हो पाई कि अचानक आशु बाबू ने दोनों हाथ उठाकर उन्हें रोक दिया, "आगे अब और कुछ न कहिएगा, आपके पैरों पड़ता हूँ। लगातार एक युग का युग विलायत में बिता आया हूँ। वहाँ क्या किया है, क्या नहीं, सो खुद मुझे भी याद नहीं, पर यह बात अक्षय के कानों तक पहुँच गयी तो खैर नहीं। एकदम नाड़ी-नक्षत्र तक ढूँढ कर निकाल लायेगा। तब क्या होगा?"

अविनाश ने आश्चर्य के साथ कहा, "आप क्या विलायत भी गये थे?"

आशु बाबू ने कहा, "हाँ, वह कुकर्म भी मुझसे हो चुका है।"

मनोरमा ने कहा, "बचपन से ही पिताजी का सारा एजूकेशन योरोप में हुआ है। पिताजी बैरिस्टर हैं, पिताजी डाक्टर हैं।"

अविनाश ने कहा, "कहती क्या हो?"

आशु बाबू ने तुरंत स्वीकार किया, "हाँ, एक तो गठिया के मारे यों ही जीना कठिन है, उस पर उनका कहीं कुतूहल जाग्रत हो गया तो समझो बिलकुल ही मारा गया।"

मनोरमा गुस्से में भी हँस दी। बोली, "पिताजी यह तुम्हारा अन्याय है।"

पिताजी ने कहा, "अन्याय भले ही हो बेटी, पर आत्मरक्षा का सभी को

अधिकार है।''

सुनकर सबके सब हँस पड़े। मनोरमा ने पूछा, ''अच्छा पिताजी, मनुष्य समाज में अक्षय बाबू जैसे आदमी की तुम क्या जरूरत ही नहीं समझते?''

आशु बाबू ने कहा, ''तुम्हारा यह 'जरूरत' शब्द तो बेटी संसार में सबसे ज्यादा गोलमाल की चीज है। पहले इसकी मीमांसा हो जाये तब तुम्हारे प्रश्न का यथार्थ उत्तर दिया जाये। मगर वह तो कभी होने का नहीं। हमेशा से उसको लेकर तर्क चलता आ रहा है। मीमांसा अब तक हुई ही नहीं।''

मनोरमा क्षुब्ध होकर बोली, ''तुम सब बातों में ऐसे ही बचकर निकल जाते हो पिताजी। कभी साफ-साफ कुछ कहते ही नहीं। यह तुम्हारा बड़ा अन्याय है।''

आशु बाबू हँसते-हँसते बोले, ''साफ कहने लायक विद्या बुद्धि तेरे पिता में नहीं है मणि, यह तेरी तकदीर है। अब मुझ पर गुस्सा करने से क्या लाभ है बता।''

अजित अचानक उठ खड़ा हुआ, बोला, ''सिर में दर्द हो रहा है, जरा बाहर घूम कर आता हूँ।''

आशु बाबू चंचल होकर बोल उठे, ''सिर का इसमें कोई अपराध नहीं बेटा, मगर इतनी ओस में? इस अँधेरे में?''

दक्षिण की खुली खिड़की से बहुत सी स्निग्ध ज्योत्स्ना नीचे के कार्पेट पर बिखर रही थी, अजित ने उसकी ओर उनका ध्यान आकर्षित करते हुए कहा, ''ओस शायद थोड़ी-बहुत पड़ती होगी, पर अँधेरा नहीं है। जरा घूम आता हूँ।''

''पर पैदल मत घूमना।''

''नहीं। गाड़ी में रहूँगा।''

''गाड़ी का ढकना चढ़ा देना अजित, कहीं ओस न लग जाये।''

अजित राजी हो गया। आशु बाबू ने कहा, ''तो फिर अविनाश बाबू को भी उधर पहुँचाते जाना। लेकिन लौटने में देर न हो।''

''अच्छा।'' कहकर अजित अविनाश बाबू को साथ लेकर बाहर चला गया। उसके चले जाने पर आशु बाबू ने मुसकराते हुए कहा, ''देखता हूँ, इस लड़के की मोटर में घूमने की सनक अभी गई नहीं है। ऐसी ठंड में चल दिया घूमने को।''

8

पंद्रह दिन बाद की बात है। शाम होने में देर नहीं है, आशु बाबू और मनोरमा को अविनाश बाबू के घर उतारकर अजित अकेला घूमने निकला है। अकसर ऐसा वह

किया करता है। जो सड़क शहर के उत्तर से आकर कॉलेज के सामने से कुछ दूर जाकर सीधी पश्चिम की ओर चली गयी है, उसी पर एक निराली जगह सहसा उच्च नारी कंठ से अपना नाम सुनकर अजित चौंक पड़ा। गाड़ी रोक दी। देखा, शिवनाथ की पत्नी है। सड़क के किनारे टूटा-फूटा पुराने जमाने का एक दुमंजिला मकान है, उसके सामने वैसा ही श्रीहीन फूलों का बगीचा है और उसी के एक किनारे खड़ी कमल हाथ उठाकर उसे पुकार रही है। मोटर ठहरने पर वह उसके पास आयी, बोली, ''एक दिन और भी आप ऐसे ही अकेले जा रहे थे। मैंने कितना पुकारा, पर आप सुन ही नहीं पाये। पायेंगे कैसे? बाप रे बाप! इतने जोर से जाते हैं, देखने से मालूम होता है जैसे दम रुक जायगा। आपको डर नहीं लगता?''

अजित गाड़ी से नीचे उतर आया। बोला, ''आप अकेली कैसे? शिवनाथ बाबू कहाँ हैं?''

कमल ने कहा, ''वे घर पर नहीं हैं। पर आप भी अकेले कैसे? उस दिन भी देखा था, साथ में कोई नहीं था।''

अजित ने कहा, ''नहीं, उधर कई दिनों से आशु बाबू की तबीयत ठीक नहीं थी, इसी से वे लोग निकले नहीं। आज उन लोगों को अविनाश बाबू के घर उतारकर मैं घूमने निकला हूँ। शाम को तो मुझे घर में रहना, अच्छा नहीं लगता।''

कमल ने कहा, ''मेरा भी यही हाल है। मगर 'अच्छा नहीं लगता' कहने से ही तो नहीं चलता, गरीबों को तो बहुत कुछ अच्छा लगाना पड़ता है।'' कहकर वह अजित के मुँह की तरफ देखने लगी। फिर सहसा बोल उठी, ''ले चलिएगा मुझे साथ में? जरा घूम लूँगी।''

अजित मुसीबत में पड़ गया। साथ में आज शोफर तक नहीं था और यह वह पहले ही सुन चुका था कि शिवनाथ बाबू भी घर पर नहीं हैं, मगर ना भी कहते नहीं बनता। जरा कुछ दुविधा के साथ बोला, ''यहाँ आपका साथी-संगी भी शायद कोई नहीं है।''

कमल ने कहा, ''सुनो इनकी बात! साथी-संगी कहाँ से हो! देख नहीं रहे हैं मुहल्ले की दशा। यह स्थान शहर के बिलकुल बाहर ही समझिए। पास ही शाहगंज में, या कुछ ऐसा ही नाम है, कहीं चमड़े का कारखाना है, हमारे पड़ोसी सब मोची ही मोची हैं, कारखाने जाते हैं, शराब पीते हैं और सारी रात हल्ला मचाते हैं। यही मेरा मुहल्ला है।''

अजित ने पूछा, ''इधर शरीफ लोग हैं ही नहीं क्या?''

कमल ने कहा, ''शायद नहीं हैं। और हों तो क्या, मुझे वे अपने घर क्यों जाने-आने देंगे? तब तो कभी-कभी जब बहुत सूना-सूना सा मालूम होता था, आप लोगों

के यहाँ भी चली जा सकती थी।'' कहते-कहते वह गाड़ी के खुले दरवाजे से खुद ही भीतर जाकर बैठ गयी और बोली, ''आइए, मैं बहुत दिनों से मोटर पर नहीं चढ़ी। लेकिन आज मुझे बहुत दूर तक घुमा लाना होगा।''

अजित को कुछ सूझा नहीं कि क्या करना चाहिए। संकोच के साथ बोला, ''ज्यादा दूर जाने से रात बहुत हो जाएगी। शिवनाथ बाबू घर लौटकर आपको न देखेंगे तो शायद कुछ ख़याल करेंगे।''

कमल ने कहा, ''नहीं, ख़याल करने की कोई बात ही नहीं।''

अजित ने कहा, ''ड्राइवर के पास न बैठकर पीछे बैठिए न?''

कमल ने कहा, ''ड्राइवर तो आप खुद ही हैं। पास बिना बैठे बात कैसे करूँगी? इतनी दूर पीछे बैट कर मुँह बंद करके कहीं जाया जाता है? आप बैठिए, अब देर न कीजिए।''

अजित बैठ गया और गाड़ी चलाने लगा। रास्ता सुंदर और निर्जन है, कदाचित् एक-आध आदमी दिखाई दे जाता है, बस। गाड़ी की तेज चाल क्रमशः और तेज होने लगी।

कमल ने कहा, ''आप तेज चलाना पसंद करते हैं, न?''

अजित ने कहा, ''हाँ।''

''डर नहीं लगता?''

''नहीं। मुझे आदत पड़ गयी है।''

''आदत ही सब कुछ है।'' कहकर कमल क्षण-भर मौन रही, फिर बोली, ''मगर मुझे तो आदत नहीं, फिर भी यह मुझे अच्छा लग रहा है। शायद स्वभाव है, इसीलिए न?''

अजित ने कहा, ''हो सकता है।''

कमल ने कहा, ''जरूर। हालाँकि विपत्ति आ सकती है, जो चढ़ते हैं उन पर भी और जो दब जाते हैं उन पर भी।''

अजित ने कहा, ''नहीं, दबेंगे क्यों?''

कमल ने कहा, ''दब भी गये तो क्या नुकसान है अजित बाबू? तेजी का भी एक भारी आनंद है, क्या गाड़ी की और क्या इस जीवन की। मगर जो डरपोक हैं, वे नहीं चल सकते। वे सावधानी से धीरे-धीरे चलते हैं। सोचते हैं, पैदल चलने का कष्ट जो बच गया, वही उनके लिए काफी है। मार्ग को धोखा देकर वे खुश हैं, अपने को धोखा देने का उन्हें भान ही नहीं होता। ठीक है न अजित बाबू?''

बात अजित की कुछ समझ में नहीं आयी, उसने कहा, ''इसके माने।''

कमल उसके मुँह की तरफ देखकर जरा हँस दी। क्षण-भर बाद सिर हिलाकर

बोली, ''माने नहीं, यों ही।''

इतना-भर समझ में आया कि बात वह खुलासा नहीं समझाना चाहती और कुछ नहीं।

अँधेरा और भी गाढ़ा होता आ रहा है; अजित ने लौटना चाहा; कमल ने कहा, ''अभी से? चलिए और थोड़ा जाएँ।''

अजित ने अनिच्छा जाहिर की, ''बहुत दूर आ गये हैं, वापस पहुँचने में काफी रात हो जायेगी।''

कमल ने कहा, ''हो जाय तो क्या हर्ज है?''

''लेकिन शिवनाथ बाबू नाखुश होंगे।''

कमल ने कहा, ''हो जाने दीजिए।''

अजित मन ही मन विस्मित हुआ, बोला, ''मगर आशु बाबू वगैरह को घर ले जाना है। देर हो जाना उनके लिए अच्छा नहीं होगा।''

कमल ने जवाब दिया, ''आगरा शहर में तो गाड़ियों की कमी है नहीं, वे आसानी से जा सकते हैं। चलिए और भी जरा।'' इस तरह कमल मानो उसे जबरदस्ती क्रमशः आगे की ओर धकेल-धकेलकर ले जाने लगी।

क्रमशः सुनसान रास्ता अत्यंत जनशून्य और रात का अँधेरा गाढ़े से गाढ़ातर होने लगा, और चारों तरफ का दिगंत-विस्तृत मैदान अत्यंत स्तब्ध हो उठा। सहसा अजित ने एक क्षण में उद्विग्न चित्त से गाड़ी की रफ्तार रोक दी; और कहा, ''अब और नहीं, लौट चलिए।''

कमल ने कहा, ''चलिए।''

वापस लौटते हुए उसने धीरे-धीरे कहा, ''सोच रही थी, मनुष्य झूठ के साथ समझौता करके जीवन की कितनी संपदा नष्ट कर डालता है। मुझे अकेली ले जाने में आपको कितना असीम संकोच हो रहा था। मैं भी अगर उसी डर से पीछे हट जाती तो मेरे भाग्य में ऐसा आनंद थोड़े ही बचा था।''

अजित ने कहा, ''पर अंत तक बिना देखे निश्चयपूर्वक तो कुछ कहा नहीं जा सकता। घर जाकर आनंद के बदले निरानंद भी तो भाग्य में बदा हो सकता है।''

कमल ने कहा, ''इस अंधकारमय निर्जन पथ में अकेली आपके पास बैठकर ऊर्ध्वश्वास से न जाने कितनी दूर तक घूम आयी। आज मुझे कितना अच्छा लगा है, कुछ कह नहीं सकती।''

अजित ने समझा, कमल ने उसकी बात पर ध्यान नहीं दिया, मानो वह अपनी बात अपने को ही सुनाती जा रही है। सुनकर वास्तव में शरमाने की बात उसमें शायद कुछ भी न हो, किंतु फिर भी पहले वह मानो संकुचित-सा हो उठा। इस

स्त्री के संबंध में विरुद्ध कल्पना और अशुभ जनश्रुति के सिवा, शायद कोई भी कुछ नहीं जानता। जितना जानते हैं वह भी संभव है बहुत कुछ झूठ हो। और सत्य जो कुछ है, उसमें भी शायद असत्य की छाया ऐसी घनघोर पड़ गई हो कि पहचानने का कोई रास्ता ही न रहा हो। और जो यदि चाहें तो जाँचकर बता सकते हैं, वे बताते नहीं, उनके लिए सबका सब बिलकुल बकवास है।

अजित चुप रहा; इसी से कमल को मानो चैतन्य-सा हो आया। बोली, "हाँ, क्या कह रहे थे, घर जाकर आनंद के बदले निरानंद भाग्य में बदा हो सकता है? हो क्यों नहीं सकता।"

अजित ने कहा, "तब फिर?"

कमल ने कहा, "तब भी उससे यह साबित नहीं होता कि जो आनंद आज मिला है, वह नहीं मिला।"

इस बार अजित हँस दिया। बोला, "साबित नहीं होता, मगर यह साबित जरूर होता है कि आप कम तार्किक नहीं हैं। आपके साथ बातों में जीतना मुश्किल है।"

"अर्थात् जिसको कि कूट-तार्किक कहते हैं, मैं वही हूँ?"

अजित ने कहा, "नहीं, सो बात नहीं; किंतु यह भी आप जरूर मानती होंगी कि अंतिम फल जिसका दुख में ही समाप्त होता है, उसके आरंभ में चाहे कितना ही आनंद क्यों न हो, उसे सचमुच का आनंद भोग नहीं कहा जा सकता?"

कमल ने कहा, "नहीं, मैं नहीं मानती। मैं मानना चाहती हूँ कि जब जितना पाऊँ, उसी को सच्चा समझकर मान सकूँ। दुख का दाह मेरे बीते हुए सुख की ओस की बूँदों को सुखा न डाले। वह चाहे कितना भी क्यों न हो और परिणाम उसका संसार की दृष्टि में चाहे कितना ही तुच्छ क्यों न गिना जाय, फिर भी मैं उसे अस्वीकार न करूँ। एक दिन का आनंद दूसरे दिन के निरानंद के सामने शरमाये नहीं।" इतना कहकर वह क्षण-भर स्तब्ध रही, फिर कहने लगी, "इस जीवन में सुख-दुख दोनों में से कोई भी सत्य नहीं अजित बाबू, सत्य है सिर्फ उनके चंचल क्षण, सत्य है सिर्फ उनके चले जाने का छंद-मात्र। बुद्धि और हृदय से उनको पाना ही तो यथार्थ का पाना है। क्या यही ठीक नहीं है?"

इस प्रश्न का उत्तर अजित न दे सका; किंतु उसे लगा कि अंधकार में भी उसकी दोनों आँखें अत्यंत आग्रह के साथ उसकी तरफ देख रही हैं। मानो वह निश्चित ही कोई बात सुनना चाहती है।

"क्यों, जवाब नहीं दिया?"

"आपकी बातें खूब साफ समझ में नहीं आयीं।"

"नहीं आयीं?"

''नहीं।''

उसने एक दबी साँस ली, और फिर धीरे-धीरे कहा, ''इसके माने यह कि साफ-साफ समझने का अभी आपका समय नहीं आया। अगर कभी आये तो उस समय मेरी याद कर लीजिएगा। करेंगे?''

अजित ने कहा, ''करूँगा।''

गाड़ी आकर टूटे-फूटे फल-बाग के सामने खड़ी हो गयी। अजित दरवाजा खोलकर खुद सड़क पर खड़ा हो गया। घर की तरफ देखकर बोला, ''कहीं भी जरा उजाला नहीं मालूम होता। मालूम होता है, सब सो गये।''

कमल ने उतरते हुए कहा, ''शायद।''

अजित ने कहा, ''देखिए, आपकी ज्यादती है ना, किसी को जता भी नहीं आयीं। शिवनाथ बाबू न जाने कितनी दुश्चिंता में पड़े होंगे।''

कमल ने कहा, ''हाँ, वे दुश्चिंता के बोझ से सो गये हैं।''

अजित ने कहा, ''ऐसे अँधेरे में जाएँगी कैसे? गाड़ी में एक हाथ-लालटेन है, उसे जलाकर साथ चलूँ?''

कमल ने अत्यंत खुश होकर कहा, ''तब तो फिर कहना ही क्या है अजित बाबू। आइए-आइए। आपको जरा चाय पिला दूँ।''

अजित ने अनुनय के स्वर में कहा, ''और जो भी हुक्म करेंगी, तामील करूँगा; मगर इतनी रात में चाय पीने का आदेश न दीजिए। चलिए, आपको पहुँचा दूँ।''

बाहर का दरवाजा हाथ लगाते ही खुल गया। भीतर के बरामदे में वहीं की एक दासी सो रही थी, वह आहट पा जाग गयी। दो मंजिला मकान है। ऊपर छोटे-छोटे दो कमरे हैं। अत्यंत संकीर्ण जीना है, उसके नीचे हरीकेन लालटेन टिमटिमा रही है। उसे हाथ में उठाकर कमल ने अजित को ऊपर बुलाया। वह मारे संकोच के व्याकुल होकर बोला, ''नहीं नहीं, अब जाता हूँ। बहुत रात हो गयी है।''

कमल जिद करने लगी, ''सो नहीं होने का, आइए।''

अजित को फिर भी दुविधा में देखकर कमल बोली, ''आप सोच रहे हैं, आने से शिवनाथ बाबू के सामने शर्मिंदा होना पड़ेगा। मगर यह क्यों नहीं सोचते कि नहीं आने से मेरे लिए तो और भी ज्यादा लज्जा की बात होगी? आइए। नीचे से ही इस तरह अनादर के साथ आपको जाने देने से रात को मुझे नींद न आयेगी।''

अजित ने ऊपर आकर देखा कि घर में चीज वस्तु नहीं के बराबर है। एक कम कीमत की आराम-कुरसी, एक छोटी-सी टेबिल, एक स्टूल, कई ट्रंक, एक किनारे पुरानी लोहे की खाट और उस पर बिस्तर-तकियों का ढेर पड़ा हुआ है। वे ऐसे बेढंगे तौर पर रखे हैं, जैसे साधारणत: उन सबकी कोई जरूरत ही नहीं पड़ती। घर

सूना है, शिवनाथ बाबू नहीं हैं।

अजित को आश्चर्य हुआ; किंतु मन ही मन उसने संतोष की साँस ली, बोला, "कहाँ, वे तो अभी तक आये नहीं हैं।"

कमल ने कहा, "नहीं।"

अजित ने कहा, "आज शायद हम लोगों के यहाँ उनका गाना-बजाना खूब जोर से चल रहा होगा।"

"कैसे जाना?"

"कल परसों दो दिन गये नहीं हैं। आज उन्हें पाकर आशु बाबू शायद सारी क्षति-पूर्ति ले रहे हैं।"

कमल ने पूछा, "रोज जाते हैं, इधर दो दिन से क्यों नहीं?"

अजित ने कहा, "इसकी खबर हम लोगों से ज्यादा आपको ही होगी। संभवतः आपको छोड़ा नहीं होगा, इसी से नहीं जा पाये होंगे। नहीं तो उन्हें देखने से ऐसा तो नहीं मालूम होता कि अपनी इच्छा से गैरहाजिर हुए हों।"

कमल कुछ क्षण उसके चेहरे की तरफ देखकर अकस्मात् हँस दी। बोली, "यह किसे मालूम कि वे वहाँ जाते हैं गाने के लिए। वास्तव में किसी आदमी को पकड़कर रखना बड़ा अन्याय है। है न?"

अजित ने कहा, "जरूर।"

कमल ने कहा, "वे भले आदमी हैं, इसी से। अच्छा, आपको अगर कोई पकड़कर रखता तो आप रहते?"

अजित ने कहा, "नहीं। फिर मुझे पकड़कर रखने वाला भी तो नहीं है।"

कमल हँसती हुई दो-तीन बार सिर हिलाकर बोली, "यही तो मुश्किल है। पकड़कर रखने वाला कौन कहाँ छिपा रहता है, जानने का उपाय ही नहीं। यही देखिए न, मैंने जो शाम से आपको पकड़ रखा है, इसकी आपको खबर ही नहीं। खैर रहने दीजिए, सभी बातों पर तर्क करने से लाभ क्या होगा? मगर बातों-बातों में देर हुई जा रही है। जाऊँ मैं, उस कमरे में से आपके लिए चाय बना लाऊँ?"

"और यहाँ मैं अकेला चुप मारे बैठा रहूँ? सो नहीं होने का।"

"होने की जरूरत भी क्या है?" इतना कहकर कमल उसे अपने साथ दूसरे कमरे में ले गयी और उसके बैठने के लिए नया आसन बिछाकर बोली, "बैठिए। पर विचित्र हैं इस दुनिया की बातें, अजित बाबू। उस दिन जब पसंद आने पर यह आसन खरीदा था तो सोचा था कि इसे बिछाकर किसी से बैठने के लिए कहूँगी—लेकिन वह अब तक तो और किसी से कहा नहीं जा सका, फिर भी आपको बैठने के लिए बिछा ही दिया। भला बतलाइए, कितने-से समय का अंतर है यह!"

इसके माने क्या हुए, सोचना बड़ा मुश्किल है! हो सकता है कि बहुत ही आसान हो, और यह भी संभव है कि उससे भी ज्यादा दुरूह हो, फिर भी, अजित मारे शर्म के सुर्ख हो उठा। कहने में हिचकिचाया, मगर फिर भी बोला, ''उन्हें बैठने को दिया क्यों नहीं?''

कमल ने कहा, ''यही तो आदमी की जबरदस्त भूल है। सोचता है, सब कुछ उसी के अपने हाथ में है, लेकिन कहाँ बैठा हुआ कौन सारा हिसाब-किताब उलट-पलट देता है, कोई पता ही नहीं। आपकी चाय में क्या चीनी ज्यादा डालूँ?''

अजित ने कहा, ''डाल दीजिए। चीनी और दूध के लोभ से ही तो मैं चाय पीता हूँ, नहीं तो उससे मुझे कोई दिलचस्पी नहीं।''

कमल ने कहा, ''मैं भी ऐसी ही हूँ। क्यों लोग यह पिया करते हैं, मेरी तो कुछ समझ में ही नहीं आता। और मजा यह कि इसी के देश में मेरा जन्म है।''

''आपकी जन्म-भूमि क्या आसाम में है?''

''सिर्फ आसाम में ही नहीं, एकदम चाय के बगीचे में।''

''तो भी चाय में रुचि नहीं?''

''बिलकुल नहीं। लोग दे देते हैं तो पी लेती हूँ; सिर्फ शराफत की खातिर।''

अजित चाय का प्याला हाथ में ले चारों तरफ देखकर बोला, ''यह शायद आपका रसोईघर है?''

कमल ने कहा, ''हाँ।''

''आप खुद ही बनाती होंगी? मगर आज तो बनाने का वक्त नहीं मिला?''

कमल ने कहा, ''नहीं।''

अजित बगलें झाँकने लगा। कमल उसके मुँह की ओर देखकर हँसती हुई बोली, ''अब पूछिए कि तब आप खाएँगी क्या? उसके जवाब में मैं कहूँगी, रात को मैं खाती ही नहीं। दिन में सिर्फ एक ही बार खाती हूँ।''

''सिर्फ एक ही बार?''

कमल ने कहा, ''हाँ। मगर इसके बाद आपके ध्यान में आना चाहिए कि 'तो फिर शिवनाथ बाबू घर आकर क्या खायेंगे? उनका तो कोई एक-आध बार खाने का मामला नहीं। तब फिर?' इसके उत्तर में मैं कहूँगी कि 'वे तो आप लोगों के यहाँ खा-पी आते हैं, उन्हें क्या चिंता है?' आप कहेंगे, 'सो तो ठीक है, मगर रोज तो ऐसा नहीं होता?' सुनकर मैं सोचूँगी, 'इस बात का जवाब दूसरों को देने से लाभ ही क्या?' पर इससे आपको संतुष्ट नहीं किया जा सकता। तब मजबूर होकर कहना ही पड़ेगा, अजित बाबू, आप लोगों के लिए डरने की कोई बात नहीं। वे यहाँ अब नहीं आते। शैव-विवाह की शिवानी का मोह शायद अब दूर हो चुका है।''

अजित वास्तव में इस बात के माने नहीं समझ सका। गंभीर विस्मय के साथ उसके मुँह की तरफ देखकर पूछा, ''इसके माने? आप क्या गुस्से में कह रही हैं?''

कमल ने कहा, ''नहीं, गुस्से में नहीं। गुस्सा करने लायक शायद आज मुझमें जोर भी नहीं रहा। मैं समझती थी, पत्थर खरीदने के लिए वे जयपुर गये हैं, आपसे ही पहले-पहल यह खबर मिली कि वे आगरा छोड़कर अब तक कहीं नहीं गये हैं। चलिए, उस कमरे में चलकर बैठें।''

दूसरे कमरे में आकर कमल ने कहा, ''यही हम लोगों का सोने का कमरा है। तब भी इससे ज्यादा एक भी चीज यहाँ नहीं थी, आज भी नहीं है। किंतु उस दिन इन सब चीजों का चेहरा देखते तो आज मुझे कहना भी नहीं पड़ता कि मैं गुस्सा नहीं हुई। लेकिन आपको तो बहुत ज्यादा रात हो रही है अजित बाबू, अब तो देर करने से काम नहीं चलेगा।''

अजित उठ खड़ा हुआ। बोला, ''हाँ, तो फिर आज चलता हूँ मैं।''

कमल साथ-साथ उठ खड़ी हुई।

अजित ने कहा, ''अगर आज्ञा हो तो कल आऊँ?''

''हाँ, आइएगा।'' कहती हुई वह पीछे-पीछे नीचे उतर आयी।

अजित कुछ देर तक बगलें झाँककर बोला, ''अगर कुछ कसूर न समझें तो एक बात पूछूँ, शिवनाथ बाबू कितने दिन हुए नहीं आये?''

''हो गये बहुत दिन।'' कहती हुई वह हँस दी।

अजित को लालटेन के उजाले में स्पष्ट दिखाई दिया कि इस हँसी की जात ही अलग किस्म की है। उसके पहले की हँसी से इसका कहीं भी कोई सादृश्य नहीं।

9

अजित जब घर लौटा तब रात गहरी हो गयी थी। सड़क सुनसान थी, सन्नाटा छाया हुआ था, दुकानें सब बंद हो चुकी थीं, आदमी का कहीं नाम-निशान तक न था। घड़ी खोलकर देखा तो मालूम हुआ कि वह चाबी के अभाव में आठ ही बजे बंद हो चुकी है। अभी शायद एक बजा होगा, या दो बजे होंगे, ठीक कितने बजे हैं, कुछ अंदाज नहीं कर सका। यह निश्चित है कि आशु बाबू के घर अब तक सब अत्यंत चिंतित हो रहे होंगे, सोने की बात तो दूर रही, खाना-पीना तक शायद बंद होगा। घर पहुँचकर वह क्या कहेगा, कुछ सोच न सका। सत्य घटना तो कही नहीं जा सकती; यह तर्क व्यर्थ है कि क्यों नहीं कही जा सकती। बल्कि झूठ कहा जा

सकता है, मगर, झूठ बोलने की उसे आदत नहीं थी। नहीं तो मोटर में अकेले निकलकर देर होने का कारण ढूँढ़ निकालने में इतनी चिंता नहीं करनी पड़ती।

गेट खुला था। दरबान ने सलाम करके कहा कि शोफर नहीं है, वह आपको खोजने गया है। गाड़ी अस्तबल में रखकर अजित आशु बाबू की बैठक में गये। घुसते ही देखा कि वे अभी तक सोने नहीं गये हैं, अस्वस्थ शरीर लिये अकेले बैठे उसकी बाट देख रहे हैं। वे उद्वेग से सीधे होकर बैठ गये और बोले, "आ गये। मैं बार-बार यही सोच रहा था कि कोई एक्सिडेंट हो गया होगा। कितनी बार तुमसे कह चुका हूँ कि दूर के रास्ते में कभी अकेले नहीं निकलना चाहिए। बूढ़े की बात आखिर सामने आयी न। शिक्षा तो मिली?"

अजित शर्मिंदा होकर जरा हँस दिया। बोला, "आप लोगों को इतनी दुश्चिंता में डाल दिया, इसके लिए मैं अत्यंत दुखी हूँ।"

"दुख कल करना। घड़ी की तरफ नजर उठाकर देखो, दो बज रहे हैं। कुछ खा-पीकर सो जाओ। कल सुनूँगा सारी बातें। यदु, ओ यदुआ। वह नालायक चला गया क्या तुम्हें ढूँढ़ने?"

अजित ने कहा, "देखिए तो आप लोगों की कितनी ज्यादती है। इतने बड़े शहर में भला वह कहाँ मुझे गली-गली ढूँढ़ता फिरेगा?"

आशु बाबू ने कहा, "तुमने तो कह दिया 'ज्यादती है' मगर हम लोगों को कैसा लग रहा था सो हम ही जानते हैं। ग्यारह बजे शिवनाथ का गाना खत्म हुआ, तबसे मणि गयी कहाँ? उसे भी तो तबसे नहीं देख रहा हूँ?"

अजित ने कहा, "शायद सो गयी होंगी।"

"सोयेगी कैसे जी? अभी तक उसने खाया भी नहीं है।" कहते-कहते सहसा उन्हें एक बात याद आ गयी, बोले, "अस्तबल में कोचवान को देखा था क्या?"

अजित ने कहा, "नहीं तो।"

"तब तो हो गया।" कहकर वे दुश्चिंता के मारे फिर एक बार उठकर सीधे बैठ गये। बोले, "जो सोचा था वही हुआ। मालूम होता है, गाड़ी लेकर वह भी गयी ढूँढ़ने। देखो तो कैसे परेशानी में डाल गयी। इस डर से कि कहीं मैं मना न कर दूँ, जरा कुछ कह तक नहीं गयी, चुपके-से चली गयी। कौन जाने कब लौटेगी। आज की रात, मालूम होता है, कोरी आँखों ही बीतेगी।"

"मैं देखता हूँ, गाड़ी है या नहीं।" कहता हुआ अजित बाहर चला गया। अस्तबल में जाकर देखा कि गाड़ी मौजूद है और घोड़े बीच-बीच में पैर पटकते हुए मजे में घास खा रहे हैं। उसकी एक दुश्चिंता मिटी।

नीचे के बरामदे के उत्तर की तरफ कुछ विलायती झाऊ और पाम के पेड़

जबरदस्त लापरवाही के साथ खड़े थे। उनके ऊपर ही मनोरमा का सोने का कमरा है। यह देखने के लिए कि अब तक कमरे में बत्ती जल रही है या नहीं, अजित उस तरफ से घूमकर आशु बाबू के पास जा रहा था। इतने में झाड़ी में से किसी की आवाज सुनाई दी। अत्यंत परिचित कंठ था। बात हो रही थी किसी एक गाने के स्वर के विषय में। कोई बुरी बात नहीं थी, किंतु फिर भी उसके लिए पेड़-पौधों के झुरमुट में बैठने की जरूरत नहीं थी। क्षण-भर के लिए अजित के दोनों पैर निर्जीव हो गये, पर क्षण-भर के लिए ही। आलोचना चलने लगी और वह जैसे चुपचाप आया था वैसे ही चुपके से चल दिया। उन दोनों में से कोई भी न जान सका कि उनके इस निशीथ कालीन विश्रंभालाप का कोई साक्षी है।

आशु बाबू ने व्यग्र होकर पूछा, "पता लगा?"

अजित ने कहा, "गाड़ी-घोड़ा अस्तबल में ही है। मणि बाहर नहीं गयी।"

"खैर जान में जान आयी," कहकर आशु बाबू ने निश्चिंत परितृप्ति का दीर्घ श्वास लिया, फिर कहा, "रात बहुत हो चुकी है, शायद वह थक-थकाकर घर में जाके सो गयी होगी। देखता हूँ कि आज लड़की का खाना नहीं हुआ। जाओ बेटा, थोड़ा-बहुत खाकर तुम भी सो जाओ।"

अजित ने कहा, "इतनी रात गये मैं अब न खाऊँगा, आप सोने जाइए।"

"जाता हूँ। पर तुम कुछ भी न खाओगे? जरा कुछ खा-पीकर..."

"नहीं, कुछ नहीं। आप देर न करें। सोने जायें।" इतना कहकर उस रुग्ण आदमी को भीतर भेजकर अजित कमरे में चला गया और वहाँ खुली हुई खिड़की के पास जाकर खड़ा रहा। वह निश्चित जानता था कि स्वर-संबंधी आलोचना खत्म होने पर पिता की खबर लेने को मनोरमा इधर एक बार जरूर ही आयेगी।

मणि आई, पर लगभग आध घंटे बाद। उसने पिता की बैठक के सामने जाकर देखा, कमरे में अँधेरा है। यदु शायद पास ही कहीं जाग रहा था; मालिक के पुकारने पर उसने जवाब तो नहीं दिया था, पर उनके चले जाने पर बत्ती बुझा दी थी। मनोरमा ने क्षण-भर इधर-उधर करके मुँह फेरा तो देखा कि अजित अपने कमरे में खुली खिड़की के पास चुपचाप खड़ा है। उसके कमरे में भी बत्ती जल रही थी, लेकिन सहन के ऊपर के बरामदे से क्षीण प्रकाश की किरणें आकर उसकी खिड़की पर पड़ रही थीं।

"कौन?"

"मैं हूँ, अजित।"

"वाह! कब आ गये? पिताजी शायद सोने चले गये।" कहकर मनोरमा ने मानो जरा चुप रहने की कोशिश की; परंतु असमाप्त बात की रफ्तार ने उसे रुकने

नहीं दिया। कहने लगी, ''देखो तो तुम्हारा कैसा अविचार है। घर-भर के लोग मारे फिक्र के परेशान होते रहे, जरूर कुछ-न-कुछ हुआ होगा। इसी से पिताजी बार-बार मना करते हैं अकेले जाने के लिए।''

इन सब प्रश्नों और मंतव्यों का अजित ने कुछ भी जवाब नहीं दिया।

मनोरमा ने कहा, ''मगर उन्हें नींद हरगिज न आयी होगी। जरूर जाग रहे होंगे। उन्हें जरा खबर तो कर दूँ।''

अजित ने कहा, ''जरूरत नहीं। वे मुझे देखकर ही सोये हैं।''

''देखकर सोये हैं? तो फिर मुझे खबर क्यों नहीं दी?''

''उन्होंने समझा कि तुम सो गयी हो।''

''सो कैसे जाती? अब तक तो मैंने खाया भी नहीं है।''

''तो खाकर सो जाओ। रात अब ज्यादा नहीं है।''

''तुम नहीं खाओगे?''

''नहीं।'' कहकर अजित खिड़की के पास से हट गया।

''वाह, अच्छे रहे!'' इससे ज्यादा बात उसके मुँह से न निकली। मगर भीतर से भी फिर कोई जवाब न आया। बाहर मनोरमा स्तब्ध खड़ी रही। उसमें मनाकर गुस्सा होकर अपनी जिद कायम रखने लायक जोर नहीं रहा, न मालूम किसने उसका मुँह कसकर बंद कर दिया।

अजित रात खत्म करके घर लौटा है, घर-भर में सबकी दुश्चिंता का अंत नहीं। उसी ने खुद इतना बड़ा अपराध करके उसके अपमान की हद कर दी; और फिर भी जरा-सा प्रतिवाद करने की भाषा तक उसकी जबान पर न आयी। सिर्फ जीभ ही निवाक् नहीं हुई, बल्कि सारी देह ही मानो कुछ क्षणों के लिए लाचार हो रही। खिड़की पर कोई वापस नहीं आया। यह जानने की भी किसी ने जरूरत नहीं समझी कि वह रही या चली गयी। गहरी निशीथ रात्रि में उसी तरह चुपचाप खड़ी रहकर बहुत देर बाद वह धीरे-धीरे चली गयी।

सबेरे ही नौकर के जरिए आशु बाबू को मालूम हुआ कि कल रात को अजित या मनोरमा दोनों में से किसी ने भी नहीं खाया। चाय पीते वक्त उन्होंने उत्कंठा के साथ पूछा, ''कल जरूर ही कोई जबरदस्त एक्सिडेंट हो गया था, हुआ था न?''

अजित ने कहा, ''नहीं।''

''तो फिर अचानक तेल निबट गया होगा?''

''नहीं तेल काफी था।''

''तो फिर इतनी देर कैसे हो गयी?''

अजित ने सिर्फ कहा, ''ऐसे ही।''

मनोरमा खुद चाय नहीं पीती। उसने पिता को चाय देकर एक प्याला चाय और नाश्ते की तश्तरी अजित की ओर बढ़ा दी; पर न तो कोई बात पूछी और न मुँह उठाकर उसकी ओर देखा। दोनों के इस भाव-परिवर्तन को पिता ताड़ गये।

नाश्ता करके अजित जब नहाने चला गया तब लड़की को एकांत में पाकर उद्विग्न कंठ से बोले, "नहीं बेटी, यह बात अच्छी नहीं। अजित के साथ हम लोगों का संबंध चाहे जितना भी घनिष्ठ क्यों न हो, फिर भी घर में वे अतिथि हैं। अतिथि के योग्य सम्मान उनका होना ही चाहिए।"

मनोरमा ने कहा, "देना नहीं चाहिए, ऐसा तो मैंने नहीं कहा, पिताजी।"

"नहीं, नहीं, नहीं कहा यह सच है; लेकिन हमारे आचरण से किसी तरह की विरक्ति या लापरवाही होना भी अपराध है।"

मनोरमा ने कहा, "सो मानती हूँ। पर तुमने किससे सुना कि मेरे आचरण से अपराध बन पड़ा है?"

आशु बाबू इस प्रश्न का जवाब न दे सके। उन्होंने सुना कुछ भी नहीं, न कुछ जानते ही हैं, सब कुछ उनका अनुमानमात्र है। फिर भी मन उनका प्रसन्न न हुआ। कारण, इस तरह से बहस की जा सकती है, किंतु उत्कंठित पिता के चित्त को नि:शंक नहीं किया जा सकता।

थोड़ी देर बाद उन्होंने धीरे-धीरे कहा, "उतनी रात में अजित ने फिर खाना नहीं चाहा, और मैं भी सोने चला गया; तुम पहले ही सो गयी थीं, न जाने कहाँ से, हो सकता है, हम लोगों की तरफ से ही कोई लापरवाही जाहिर हुई हो। उनका मन आज वैसा प्रसन्न नहीं मालूम होता।"

मनोरमा ने कहा, "वे अगर सारी रात राह में बिताना चाहें तो हम लोगों को भी क्या उनके लिए घर में जागते रहना होगा? यही क्या अतिथि के प्रति गृहस्थ का कर्तव्य है पिताजी?"

आशु बाबू हँस दिये। अपनी तरफ इशारा करके बोले, "गृहस्थ के माने अगर यह गठिया का रोगी हो बेटी तो उसका कर्तव्य है कि आठ बजे के अंदर ही सो जाये। नहीं तो वह भी बहुत बड़े सम्मानित अतिथि गठिता के प्रति असम्मान दिखाना होगा। और उसके माने अगर और किसी के हो तो उसका कर्त्तव्य बताने वाला मैं कोई नहीं। आज बहुत दिन पहले की एक घटना याद आ गयी मणि, तुम्हारी माँ तब जिंदा थीं। एक बार मैं मछली पकड़ने गुप्तिपाड़ा गया तो लौट नहीं सका। सिर्फ एक रात ही नहीं, तुम्हारी माँ ने उसी पर पूरी की पूरी तीन रातें खिड़की में बैठे-बैठे बिता दीं। उसको यह कर्त्तव्य किसने सुझाया था, तब पूछा नहीं जा सका; यदि फिर कभी मुलाकात हुई तो यह बात पूछना भूलूँगा नहीं।" इतना

कहकर उन्होंने क्षण-भर के लिए मुँह फेरकर लड़की की निगाह से अपनी आँखों को छिपा लिया।

यह कहानी कोई नयी नहीं थी। किस्से के तौर पर इस घटना का वे बहुत बार लड़की के सामने उल्लेख कर चुके हैं; मगर फिर भी वह पुरानी नहीं होती। जब कभी याद आ जाती है तभी वह नयी बनकर दिखायी दे जाती है।

इतने में नौकरानी आकर दरवाजे के पास खड़ी हो गयी। मनोरमा उठ खड़ी हुई। बोली, ''पिताजी तुम जरा बैठो, मैं रसोई का इंतजाम कर आऊँ।'' और वह जल्दी से चली गयी। बातचीत बहुत आगे न बढ़ पाई, इससे उसे राहत महसूस हुई।

दिन-भर में आशु बाबू ने कई बार अजित के बारे में पूछा। एक बार मालूम हुआ कि वह किताब पढ़ रहा है, फिर खबर मिली कि वह अपने कमरे में बैठा चिट्ठी-पत्री लिख रहा है; दोपहर के भोजन के समय उसने लगभग बात ही नहीं की और खाना खत्म होते ही वह उठकर चल दिया। अन्य दिनों की तरह वह जितना रूखा था उतना ही आश्चर्यजनक।

आशु बाबू के क्षोभ की सीमा नहीं रही। बोले, ''बात क्या है मणि?''

मनोरमा आज बराबर पिता की दृष्टि से बचकर चल रही थी, अब भी खासकर किसी तरफ बिना देखे ही बोली, ''मालूम नहीं पिताजी।''

वे क्षण-भर अपने मन में कुछ विचारकर अपने आपसे ही कहने लगे, ''उसके वापस आने तक मैं जाग ही रहा था। खाने के लिए भी कहा था, पर बहुत रात हो जाने से उसने खुद ही नहीं खाया। तुम्हारा सो जाना ठीक नहीं हुआ बेटी; लेकिन इसमें ऐसा क्या अपराध हो गया, मेरी तो कुछ समझ में नहीं आता। इससे बढ़कर आश्चर्य और क्या होगा कि इस तुच्छ कारण को उसने इतना बड़ा मान लिया।''

मनोरमा चुप रही। आशु बाबू खुद भी कुछ देर मौन रहकर भीतर की लज्जा को दबाते हुए बोले, ''बात तुमने उससे पूछी क्यों नहीं?''

मनोरमा ने जवाब दिया, ''पूछने की कौन-सी बात है, पिताजी?''

पूछने की बहुत-सी बातें हैं; पर पूछना भी कठिन है, खासकर मणि के लिए। इसे वे समझते थे, फिर भी उन्होंने कहा, ''यह तो बिल्कुल साफ है कि वह नाराज है। शायद उसने सोचा है कि तुमने उसकी उपेक्षा की है। इस तरह की गलत धारणा तो उसके मन में रहने नहीं दी जानी चाहिए बेटी।''

मनोरमा ने कहा, ''मेरे बारे में अगर गलत धारणा उन्होंने कर ली हो तो यह उनका अपराध है। एक आदमी के अपराध को सुधारने की गरज क्या दूसरे आदमी को अपने ऊपर ले लेनी चाहिए पिताजी?''

पिता इस प्रश्न का उत्तर नहीं दे सके। लड़की को वे जिस ढंग से पालते आये

हैं, उससे उसके आत्म-सम्मान पर चोट पहुँचे, ऐसा कोई आदेश वे नहीं दे सकते। उसके उठ जाने पर इसी बात पर भीतर-ही-भीतर ऊहापोह करते-करते वे अत्यंत उदास हो गये। बार-बार इस बात को दुहराते हुए भी कि ऐसा हुआ ही करता है और यह भ्रम क्षणिक है, उन्हें भीतर से जोर नहीं मिला। अजित को भी वे जानते थे। वह सिर्फ सब तरह से सुशक्षित ही नहीं है, बल्कि उसमें ऐसी एक चारित्रिक सत्यपरकता उन्होंने पायी थी कि आज के अकारण विराग से किसी तरह भी उसका सामंजस्य नहीं बैठता था। इसका निर्णय करना कठिन हो गया कि क्यों सबके असीम उद्वेग का कारण बनकर भी वह शर्मिंदा होने के बदले नाराज हो गया और ऐसी असंभव बात कैसे उसमें संभव हुई।

शाम के समय एक ताँगे को गेट में घुसते देख आशु बाबू ने दरियाफ्त किया तो मालूम हुआ कि वह अजित के लिए आया है। अजित को उन्होंने बुला भेजा और उसके आने पर मुश्किल से जरा-सा हँसकर पूछा, ''ताँगे का क्या होगा अजित?''

''जरा एक दफे घूमने निकलूँगा।''

''क्यों, मोटर क्या हुई? फिर बिगड़ गयी क्या?''

''नहीं। लेकिन उसकी आप लोगों को जरूरत पड़ सकती है।''

''अगर पड़े भी तो बग्घी मौजूद है।'' और फिर एक क्षण-भर चुप रहकर बोले, ''बेटा अजित, मुझे सच बता दो। मोटर के बारे में कोई बात हुई है क्या?''

अजित ने कहा, ''कहाँ, मुझे तो नहीं मालूम। लेकिन आज भी तो आपके यहाँ गाने-बजाने का आयोजन है। लोगों को लाने के लिए, सबको घर पहुँचाने कें लिए मोटर की ही जरूरत है। बग्घी में ठीक न रहेगा।''

सबेरे से तरह-तरह की दुश्चिंताओं के कारण आशु बाबू इस बात को भूल-से गये थे। अब याद आयी कि कल सभा भंग होने के बाद आज के लिए भी उन सबको आमंत्रित कर दिया गया था और शाम के बाद ही मजलिस बैठेगी। इसी के साथ-साथ यह भी ख़याल आ गया कि सबको खिलाने-पिलाने की कल्पना भी मनोरमा के मन में उदित हुई थी पर वे मन ही मन जरा हँसकर रह गये। कारण, ढंकी हुई कलह की मानसिक अस्वच्छंदता की वजह से इस बात का ख़याल उन्हें खुद ही नहीं रहा था और जब याद भी आयी तो उससे तबीयत प्रसन्न नहीं हुई। उस समय लड़की के लिए ये सब बातें कितनी विरक्तिकर हैं, इस बात को स्वतः सिद्ध की भाँति अनुमान करके वे बोले, ''आज वह सब कुछ नहीं होगा अजित।''

अजित ने कहा, ''क्यों?''

''क्यों? मणि को ही पूछ देखो एक बार।'' कहकर उन्होंने नौकर को जोर से पुकारकर लड़की को बुलाने भेज दिया, और फिर जरा हँसकर कहा, ''तुम नाराज

हो बेटा, गाना-आना सुनेगा कौन? मणि? अच्छा, वह सब और किसी दिन होगा, अभी जाओ तुम मोटर लेकर जरा घूम आओ। लेकिन ज्यादा देर नहीं लगा सकते। और कह देता हूँ कि तुम्हारा अकेले जाना भी नहीं होगा। ड्राइवर नालायक बिलकुल आलसी होता जा रहा है।'' इतना कहकर वे एक कठिन समस्या की अचिंतनीय मीमांसा करके उज्ज्वल आनंद में आराम-कुरसी पर चित पड़ गये और जोर की एक संतोष की साँस छोड़ने के साथ बोले, ''तुम जाओगे ताँगा किराये का करके घूमने। छिः।''

मनोरमा कमरे में पैर रखते ही अजित को देख गरदन टेढ़ी करके खड़ी हो गयी। आहट पाकर आशु बाबू फिर सीधे होकर बैठ गये और सकौतुक स्निग्ध हँसी से चेहरे को चमकाकर बोले, ''मैं पूछता हूँ, आज की बात याद तो है बेटी, या बिल्कुल भूल-भाल के निश्चिंत बैठी हो?''

''क्या पिताजी?''

''आज सबको निमंत्रण दे रखा है? तुम लोगों का गाना-आना खत्म होने के बाद, उन लोगों को जो आज खिलाना है, सो भी कुछ ख़याल है?''

मनोरमा ने सिर हिलाकर कहा, ''है क्यों नहीं। मोटर भेज दी है उन लोगों को ले आने के लिए।''

''मोटर भेज दी है ले आने के लिए? मगर खाने-पीने का इंतजाम?''

मणि ने कहा, ''सब ठीक है, कोई त्रुटि न होगी।''

''अच्छा।'' कहकर वे फिर कुरसी पर पड़ रहे। उनके मुँह पर मानो किसी ने स्याही-सी पोत दी। मनोरमा चली गयी। अजित भी बाहर जा रहा था कि आशु बाबू ने उसे इशारे से मना किया और वे देर तक चुप रहे। बाद में उठकर बैठे और कहने लगे, ''अजित, लड़की की तरफ से क्षमा माँगने में मुझे लज्जा आती है। पर उसकी माँ जिंदा नहीं हैं, वे होतीं तो मुझे यह बात कहनी नहीं पड़ती।''

अजित चुप रहा। आशु बाबू बोले, ''यह बात वे ही तुम्हारे मुँह से निकाल लेतीं कि उससे तुम क्यों गुस्सा हो, मगर वे तो हैं नहीं, मुझसे क्या वह बात कही नहीं जा सकती?''

उनका स्वर ऐसा करुण था कि सुनकर हृदय व्यथित हो उठा। फिर भी अजित चुप रहा।

आशु बाबू ने पूछा, ''उससे क्या तुम्हारी कोई बातचीत नहीं हुई?''

अजित ने कहा, ''हुई थी।''

आशु बाबू व्यग्र हो उठे, ''हुई थी? कब हुई? मणि अचानक कल जो सो गयी थी, सो क्या तुमसे उसने कहा था?''

अजित ने कुछ देर चुप रहकर शायद सही सोच लिया कि क्या जवाब देना चाहिए, फिर आहिस्ते से कहा, "उतनी रात तक जागते रहना न आसान ही था, और न उचित। सो जातीं तो अविचार न होता, मगर वे सोयी नहीं थीं। आपके सोने चले जाने पर थोड़ी देर बाद ही उनसे भेंट हुई थी।"

"फिर?"

"फिर और कोई बात आपसे नहीं कहूँगा।" कहकर वह चल दिया। दरवाजे के बाहर से वह कहता गया, "शायद कल-परसों तक मैं यहाँ से चला जाऊँगा।"

आशु बाबू कुछ भी समझ न सके, सिर्फ इतना ही उनकी समझ में आया कि कोई भयंकर दुर्घटना हो गयी है।

अजित को लेकर ताँगा बाहर चला गया और उसकी आवाज उन्होंने सुन ली। कुछ मिनटों के बाद जोर का शोर मचाती हुई मोटर निमंत्रितों को लेकर आ पहुँची। उसका शोर भी उन्होंने सुन लिया। पर वे हिले-डुले नहीं, जहाँ के तहाँ मूर्ति की तरह निश्चल बैठे रहे। मजलिस लगने पर नौकर ने जाकर संवाद दिया, "बाबू साहब की तबीयत ठीक नहीं है, वे सो गये हैं।"

उस दिन गाना नहीं जमा, खाने-पीने का उत्साह भी म्लान हो गया। सबको बार-बार यही ख़याल आने लगा कि घर का एक व्यक्ति घूमने के बहाने चला गया है और दूसरा व्यक्ति अपने विपुल शरीर और प्रसन्न स्निग्ध हास्य के साथ सभा की जिस जगह को उज्ज्वल बनाये रखता था, आज वह सूनी पड़ी है।

10

इधर अजित का ताँगा कमल के घर के सामने आकर खड़ा हो गया। कमल सड़क वाले संकीर्ण बरामदे पर खड़ी थी, आँखें चार होते ही हाथ उठाकर उसने नमस्कार किया। ताँगे को इशारे से बताते हुए चिल्लाकर बोली, "उसे बिदा कर दीजिए। सामने खड़ा-खड़ा बार-बार लौटने की जल्दी मचाएगा।"

जीने में सामने ही फिर भेंट हुई। अजित ने कहा, "बिदा तो कर दिया, पर लौटते वक्त दूसरा मिल तो जायेगा?"

कमल ने कहा, "नहीं। ऐसी कितनी दूरी है, पैदल ही चले जाइएगा।"

"पैदल जाऊँगा?"

"क्यों डर लगेगा क्या? न हो तो मैं खुद जाकर आपको घर तक पहुँचा आऊँगी। आइए!" कहकर वह उसे साथ लेकर रसोई घर में गयी और बैठने के लिए कल वाला

वही आसन बिछाकर बोली, ''जरा देखिए तो सही सारे दिन में मैंने कितने व्यंजन बनाये हैं। आप न आते तो मैं गुस्से में यह सब मोचियों को बुलाकर बाँट देती।''

अजित ने कहा, ''आपका गुस्सा कम नहीं है। मगर उससे इन व्यंजनों का इसकी अपेक्षा विशेष अच्छा उपयोग होता।''

''इसके माने ?'' कहकर कमल कुछ देर तक अजित के चेहरे की तरफ देखती रही और फिर खुद ही बोली, ''अर्थात् आपको तो किसी चीज की कमी नहीं। शायद इसमें से ही बहुत-कुछ फेंकना पड़ेगा, लेकिन उन लोगों के बड़ी भारी कमी है। वे तो इसे खाकर जैसे नया जीवन प्राप्त करेंगे। लिहाजा, उन्हें खिलाना ही रसोई का सर्वोत्तम उपयोग है, यही न ?''

अजित ने गरदन हिलाकर कहा, ''इसके सिवा और क्या माने हो सकते हैं ?''

कमल ने कहा, ''यह हुआ साधु सज्जनों का भलाई-बुराई का विचार, पुण्यात्माओं की धर्म-बुद्धि की युक्ति। परलोक के खाते में वे लोग इसी का सार्थक व्यय मानकर लिख रखना चाहते हैं। यह नहीं समझते कि असल में यही अंततः सारशून्य थोथा व्यय है। इस बात को वे कहाँ से जानेंगे कि सच्चे आनंद का सुधा-पात्र तो अपव्यय के अविचार से ही ऊपर तक भर उठता है ?''

अजित ने आश्चर्य के साथ कहा, ''मनुष्य के कर्तव्य की भावना के अंदर क्या आनंद है ही नहीं ?''

कमल ने कहा, ''नहीं, नहीं। कर्तव्य के अंदर जो आनंद मालूम होता है वह आनंद नहीं, मानना पड़ता है। पर वह तो बंधन है। नहीं तो, यह जो शिवनाथ का आसन लाकर आपको बिछाया है, प्रेम के इस अपव्यय में आनंद कहाँ से पाती ? यह जो दिन भर भूखे रहकर मैंने इतनी चीजें बनायी हैं, आप आकर खाएँगे इसलिए ही तो ? फिर इतने बड़े अकर्तव्य के अंदर मुझे तृप्ति कहाँ से मिलती ? अजित बाबू, आज मेरी सब बातें आप नहीं समझेंगे, समझने की कोशिश करने से भी कुछ फायदा नहीं होगा; मगर इतनी बड़ी उलटी बात के माने अगर कभी अपने आप आपकी समझ में आ जायें तो उस दिन मेरी याद कीजिएगा। पर यह सब जाने दीजिये, आप खाने बैठिए।'' और उसने थाल भरकर कई तरह की भोज्य पदार्थ सामने रख दिये।

अजित ने बहुत देर तक चुप रहकर कहा, ''यह ठीक है कि आपके कुछ अंतिम शब्दों का अर्थ मैं ठीक से समझ नहीं सका, लेकिन मालूम होता है कि वे बिलकुल ही अबोध्य हों सो बात नहीं। समझा देने से समझ भी सकता हूँ।''

कमल ने कहा, ''कौन समझा देगा अजित बाबू ? मैं ? मुझे जरूरत ?'' और हँसते हुए उसने बाकी पात्र उसके आगे बढ़ा दिये।

अजित खाने में मन लगाकर बोला, ''आपको शायद मालूम नहीं कि कल मेरा

खाना नहीं हुआ।''

कमल ने कहा, ''जानती तो नहीं, पर मुझे डर था कि इतनी रात में जाकर शायद आप खायेंगे नहीं। यही हुआ। मेरे अपराध से कल आपने तकलीफ पायी।''

''लेकिन आज ब्याज-समेत वसूल हो रहा है।'' बात करते ही उसे याद आ गया कि कमल अभी तक भूखी है। मन-ही-मन लज्जित होकर बोला, ''पर मैं बिलकुल जानवरों जैसा स्वार्थी हूँ। दिन-भर आपने कुछ खाया नहीं, उसका मैंने जरा भी ख़याल नहीं किया और मजे से खाने बैठ गया।''

कमल ने हँसते चेहरे से जवाब दिया, ''पर यह तो मेरे अपने खाने से भी बढ़कर है। इसी से तो झटपट आपको बिठा दिया है अजित बाबू।'' फिर जरा ठहरकर कहा, ''और यह मांस-मछली का मामला, मैं तो खाती नहीं।''

''फिर खायँगी क्या आप?''

''यह है न।'' उसने एक ओर ढककर रखे हुए एनमिल के कटोरे को हाथ के इशारे से दिखाते हुए कहा, ''उसके अंदर मेरे लिए चावल-दाल-आलू उबले हुए रखे हैं। वही मेरा राज-भोग है।''

इस विषय में अजित का कुतूहल दूर नहीं हुआ, मगर उसे संकोच ने रोका भी। कहीं वह गरीबी का जिक्र न कर बैठे, उसने दूसरी ही बात छेड़ दी। कहा, ''आपको देखकर मुझे शुरू से ही ऐसा आश्चर्य हुआ कि कुछ कह नहीं सकता।''

कमल हँस पड़ी। बोली, ''वह तो मेरा रूप है। पर उसने भी हार कबूल कर ली अक्षय बाबू के आगे। वह उन्हें परास्त नहीं कर सका।''

अजित शर्मिंदा होकर भी हँस दिया। बोला, ''मालूम तो नहीं होता। वे गोलकुण्डा के हीरा हैं। उनके ऊपर खरोंच नहीं पड़ती। लेकिन मुझे तो सबसे बढ़कर आश्चर्य हुआ था आपकी बात सुनकर। सहसा मानो धैर्य-सा छूट जाता है, गुस्सा आ जाता है। मालूम होता है, किसी भी सत्य को आप टिकने नहीं देना चाहतीं। हाथ बढ़ाकर रास्ता रोकना ही जैसे आपका स्वभाव हो।''

कमल शायद क्षुब्ध हुई। बोली, ''हो सकता है। पर मुझसे भी बड़ा एक आश्चर्य वहाँ था, वह था दूसरा पहलू—जैसी विपुल देह थी, वैसी ही विराट् शांति। धैर्य का जैसे हिमालय हो। उत्ताप की भाप तक वहाँ नहीं पहुँचती। ऐसा जी होता है कि मैं अगर उनकी लड़की होती...''

बात अजित को बहुत ही अच्छी लगी। आशु बाबू के प्रति वह अंतःकरण में देवता की भाँति भक्ति रखता है। फिर भी उसने कहा, ''आप दोनों की ऐसी विपरीत प्रकृति मिली कैसे?''

''मालूम नहीं। मैंने सिर्फ अपनी इच्छा की ही बात कही है। मणि की तरह मैं

भी अगर उनकी लड़की होकर पैदा होती!'' फिर कुछ देर चुप रहकर बोली, ''मेरे अपने पिताजी भी कम नहीं थे। वे ऐसे ही धीर, ऐसे ही शांत आदमी थे।''

कमल दासी की कन्या है, छोटी जात की लड़की है, सबके मुँह से अजित ने यह बात सुनी थी। अब स्वयं कमल के मुँह से उसके पिता के गुणों का उल्लेख सुनकर उसका जन्म-रहस्य जानने की आकांक्षा प्रबल हो उठी; मगर इस डर से कि पूछने-ताड़ने से कहीं उसकी व्यथा के स्थान पर चोट न पहुँचे, वह कुछ पूछ न सका; परंतु मन उसका भीतर-ही-भीतर स्नेह और करुणा से ऊपर तक भर आया।

खाना खतम हुआ; किंतु उठने के लिए कहने पर अजित ने इनकार कर दिया। बोला, ''पहले आप खा लें। उसके बाद।''

''क्यों तकलीफ पा रहे हैं अजित बाबू, उठिए। बल्कि हाथ-मुँह धो आइए, फिर बैठिए, मैं खा रही हूँ।''

''नहीं, सो नहीं होगा। आपके बगैर खाये मैं आसन छोड़कर एक कदम भी उधर-उधर न होऊँगा।''

''अच्छे आदमी हैं आप।'' कहकर कमल हँसती हुई अपना भोजन उघाड़ कर खाने बैठ गयी। अजित ने देखा कि उसने रंचमात्र भी अत्युक्ति नहीं की थी। चावल, दाल और उबले हुए आलू ही थे। सूखकर बदरंग हो गये थे। और दिन वह क्या खाती-पीती है उसे नहीं मालूम। पर आज इतनी तरह की और काफी तैयारियों के बीच भी उसके इस स्वेच्छाकृत आत्म-पीड़न से अजित की आँखों में पानी भर आया। कल उसने सुना था कि दिन में वह सिर्फ एक बार ही खाती है और आज जाना कि वह यही है जो सामने दीख रहा है।

लिहाजा, युक्ति और तर्क के छल से कमल के मुँह से चाहे जो भी कहे, वास्तव में भोग के क्षेत्र में उसके इस कठोर आत्म-संयम से अजित की अभिभूत और मुग्ध आँखें माधुर्य और श्रद्धा से अपूर्व-सुंदर हो उठीं और वंचना, असम्मान और अनादर से जिन व्यक्तियों ने उसे लांछित किया था उन सबके प्रति उसकी घृणा की सीमा न रही। कमल के खाने की तरफ देख-देखकर अपने इस भाव को वह दबा न सका।

उफनते हुए आवेग के साथ कहने लगा, ''अपने को बड़ा मानकर जो लोग अपमान करके आपको दूर रखना चाहते हैं, जो लोग अकारण ग्लानि करते फिरते हैं, वे तो आपके पाँव छूने योग्य भी नहीं। संसार में देवी का आसन अगर किसी के लिए हो तो वह आपके लिए है।''

कमल ने अकृत्रिम विस्मय के साथ मुँह उठाकर पूछा, ''क्यों ?''

''क्यों, सो मैं नहीं जानता, मगर शपथ के साथ कह सकता हूँ।''

कमल का विस्मय का भाव दूर नहीं हुआ, मगर वह चुप रही।

अजित ने कहा, "अगर क्षमा करें तो एक बात पूछूँ।"

"क्या बात?"

"पापिष्ठ शिवनाथ के द्वारा अपमान और वंचना पाने के बाद ही क्या आपने यह कृच्छ-व्रत लिया है?"

कमल ने कहा, "नहीं तो। मेरे पहले पति के मरने के बाद से ही मैं यह खाया करती हूँ। इससे मुझे कष्ट नहीं होता।"

अजित के मुँह पर जैसे किसी ने स्याही पोत दी। उसने कुछ देर स्तब्ध रहकर अपने को सँभालते हुए धीरे-धीरे पूछा, "आपका एक बार पहले और भी विवाह हुआ था क्या?"

कमल ने कहा, "हाँ। वे एक असमी क्रिश्चियन थे। उनके मरने के बाद ही मेरे पिता भी अकस्मात् घोड़े से गिरकर मर गये। उस समय, शिवनाथ के एक चाचा थे। चाय-बगीचे के हेड-क्लर्क। उनकी पत्नी नहीं थी, माँ को उन्होंने अपने यहाँ आश्रय दिया। मैं भी उनके घर में आ गयी। इस तरह, तरह-तरह के दुख कष्टों के बीच रहते-रहते एक वक्त खाने की ही मेरी आदत पड़ गयी। कुछ-व्रत तो क्या, पर इससे शरीर और मन दोनों अच्छे रहते हैं।"

अजित ने एक साँस लेकर कहा, "मैंने सुना है, जाति आपकी जुलाहा है?"

कमल ने कहा, "लोग तो यही बताते हैं। पर माँ कहती थीं कि उनके पिता आप लोगों की जाति के ही एक कविराज थे। अर्थात् मेरे वास्तविक मातामह जुलाहे नहीं, वैद्य थे।" और वह जरा हँसकर बोली, "सो वे चाहे जो भी रहे हों, अब गुस्सा होना भी व्यर्थ है और अफसोस करने से भी कोई लाभ नहीं।"

अजित ने कहा, "सो तो ठीक है।"

कमल ने कहा, "माँ के पास रूप था, पर रुचि नहीं थी। ब्याह के बाद कोई बदनामी हो जाने के कारण उनके पति उन्हें लेकर आसाम के चाय बगीचे में भाग गये थे। पर वहाँ वे जी नहीं सके, कुछ ही महीने में बुखार ही बुखार में मर गये। तीन साल बाद मेरा जन्म हुआ बगीचे के बड़े साहब के घर।"

कमल के वंश और जन्म का वर्णन सुनकर अजित का क्षण-भर पहले का स्नेह और श्रद्धा से खिला हुआ हृदय अरुचि और संकोच के मारे सिकुड़कर बूँद-सा रह गया। उसे सबसे ज्यादा यह बात अखरी कि अपनी और माँ की इतनी बड़ी शर्म की बात कहने में भी इसे रत्ती भर लज्जा नहीं आयी। अनायास ही कह गयी, माँ में रूप था, पर 'रुचि' नहीं थी। जिस आधार पर एक स्त्री मारे शर्म के जमीन में धँस जाती है, वह इसके निकट 'रुचि का विकास' मात्र है। इससे ज्यादा कुछ नहीं।

कमल कहने लगी, "पर मेरे पिता थे साधु-सज्जन आदमी। चरित्र में, पांडित्य

में, सचाई में। ऐसे आदमी मैंने बहुत कम देखे हैं अजित बाबू, जीवन के उन्नीस साल मैंने उन्हीं के पास बिताये हैं।''

अजित को एक बार संदेह हुआ था कि शायद यह परिहास कर रही है। पर यह कैसा तमाशा? बोला, ''यह सब क्या आप सच कह रही हैं?''

कमल ने जरा कुछ आश्चर्य के साथ ही जवाब दिया, ''मैं तो कभी झूठ बोलती नहीं अजित बाबू।''

पिता की स्मृति मात्र से लमहे भर के लिए चेहरे पर एक स्निग्ध-दीप्ति फैल गयी। फिर कहा, ''इस जीवन में कभी किसी भी कारण झूठी चिंता, झूठे अभिमान, झूठी बात का सहारा मुझे न लेना पड़े, पिताजी यही शिक्षा बार-बार दे गये हैं।''

अजित फिर भी मानो विश्वास न कर सका, बोला, ''आप एक अँग्रेज के पास ही अगर इतनी बड़ी हुई हैं तो आपको अँग्रेजी भी आनी चाहिए?''

उत्तर में कमल सिर्फ जरा मुसकरा दी। बोली, ''मेरा खाना हो गया, चलिए उस कमरे में चलें।''

''नहीं, अब मैं जाऊँगा।''

''बैठेंगे नहीं? आज इतनी जल्दी चले जायँगे?''

''हाँ, आज अब और बैठने का समय नहीं रहा।''

इतनी देर बाद कमल ने मुँह उठाकर उसके चेहरे की अत्यंत कठोरता पर ध्यान दिया। शायद, कारण का भी अनुमान कर लिया। वह कुछ दूर निर्निमेष दृष्टि से देखती रही, फिर धीरे से बोली, ''अच्छा, जाइए।''

इसके बाद अजित क्या कहे, कुछ समझ में न आया।

अंत में बोला, ''आप क्या अब आगरे में ही रहेंगी?''

''क्यों?''

''संभव है शिवनाथ कभी इधर न आये। उन पर आपका जोर तो है नहीं?''

कमल ने कहा, ''नहीं।'' फिर जरा स्थिर रहकर कहा, ''आप लोगों के यहाँ तो वे रोज जाते हैं, गुप्त रूप से। क्या मुझे जताकर नहीं जा सकते?''

''उससे क्या होगा?''

कमल ने कहा, ''होगा और क्या, घर का किराया इस महीने का दिया ही हुआ है; फिर मैं कल-परसों तक चली जा सकती हूँ।''

''कहाँ जायँगी?''

कमल ने इस प्रश्न का उत्तर नहीं दिया, चुप रही।

अजित ने पूछा, ''आपके हाथ में शायद रुपये नहीं हैं?''

कमल ने इस प्रश्न का भी कोई उत्तर नहीं दिया।

अजित खुद भी कुछ देर मौन रहकर बोला, ''आते वक्त आपके लिए कुछ

रुपये साथ लेता आया था, लीजिएगा?"

"नहीं।"

"नहीं क्यों? मुझे निश्चित मालूम है कि आपके हाथ में कुछ नहीं है। जो भी कुछ था, सो आज मेरे ही लिए खत्म हो गया।"

इसका भी कुछ उत्तर न पाकर वह फिर बोला, "जरूरत पड़ने पर क्या मित्रों से कोई कुछ लेता नहीं?"

कमल ने कहा, "पर मित्र तो आप नहीं हैं?"

"न सही। पर अ-मित्रों से भी लोग कर्ज लिया करते हैं और फिर चुका देते हैं। तो आप वैसे ही ले लीजिए।"

कमल ने कहा, "आपसे कह चुकी हूँ, मैं कभी झूठ नहीं बोलती।"

बात कोमल थी, किंतु तीर के फल की तरह तीक्ष्ण। अजित ने समझ लिया कि इसमें कुछ रद्दोबदल नहीं हो सकता। उसकी तरफ गौर से देखा तो मालूम हुआ कि पहले दिन उसके शरीर पर जो मामूली-सा जेवर था वह भी नहीं है। संभवत: घर का किराया चुकाने में और इधर कई दिनों का खर्च चलाने में वह खतम हो चुका है। सहसा व्यथा के भार से उसका मन भीतर से रो उठा। उसने पूछा, "पर जाना ही आपने तय कर लिया है क्या?"

कमल ने कहा, "इसके सिवा और उपाय क्या है।"

उपाय क्या है, यह उसे नहीं मालूम, और इसीलिए उसे कष्ट होने लगा। अंतिम चेष्टा के तौर पर उसने कहा, "दुनिया में क्या कोई भी ऐसा नहीं है जिससे इस समय आप कुछ सहायता ले सकें?"

कमल ने जरा सोचकर कहा, "हैं, और लड़की की तरह सिर्फ उन्हीं के पास जाकर हाथ पसारकर माँग सकती हूँ। पर आपको तो रात हुई जा रही है। साथ चलकर पहुँचा दूँ क्या?"

अजित चंचल होकर बोला, "नहीं नहीं, मैं अकेला ही जा सकूँगा?"

"तो जाइए। नमस्कार।" कहकर वह अपने सोने के कमरे में चली गयी।

अजित दो-एक मिनट वहाँ स्तब्ध होकर खड़ा रहा। फिर चुपचाप धीरे-धीरे नीचे उतर गया।

11

दिन का तीसरा पहर है। शीत की सीमा नहीं। आशु बाबू की बैठक की काँच की खिड़कियाँ सारे दिन बंद रहती हैं। वे आरामकुरसी के दोनों हथेलों पर पैर फैलाकर

गहरे मनोयोग के साथ पड़े-पड़े कुछ पढ़ रहे थे। हाथ के कागज पर पीछे के दरवाजे की तरफ से एक छाया पड़ते ही वे समझ गये कि अब उनके नौकर की दिवा-निद्रा समाप्त हुई है। बोले, "कच्ची नींद में तो नहीं उठ बैठे यदु, नहीं तो सिर दुखेगा। खास तकलीफ न मालूम हो तो रजाई से जरा इस गरीब के पैर ढक दो।"

नीचे कार्पेट पर रजाई पड़ी थी, आगंतुक ने उसे उठाकर उनके पैर नीचे तलवों तक अच्छी तरह ढक दिये।

आशु बाबू ने कहा, "हो गया, हो गया, ज्यादा जतन की जरूरत नहीं। अब एक चुरट देकर और थोड़ा सो लो, अभी तो दिन बाकी है। पर समझ रखना कि कल, हाँ, कल।"

अर्थात् कल तुम्हारी नौकरी चली ही जायगी। कोई जवाब नहीं आया, कारण, मालिक के इस तरह के मंतव्य का नौकर अभ्यस्त हो चुका है। जैसे उसका प्रतिवाद करना व्यर्थ है, वैसे ही विचलित होना भी फिजूल है।

आशु बाबू ने हाथ बढ़ाकर चुरट ले लिया और दियासलाई जलने के शब्द के साथ ऊपर मुँह उठाकर देखा। कुछ क्षण अभिभूत की तरह दंग रहकर बोले, "यही तो सोच रहा था कि यह क्या यदुआ का हाथ है! इस तरह पैर ढकना तो उसकी चौदह पीढ़ियाँ भी न जानती होंगी।"

कमल ने कहा, "पर इधर जो हाथ जला जा रहा है!"

आशु बाबू ने व्यस्तता के साथ उसके हाथ से जलती हुई दियासलाई लेकर फेंक दी और उस हाथ को अपने हाथ में लेकर उसे जोर से सामने खींच लिया। बोले, "इतने दिनों से तुम्हें देखा क्यों नहीं बेटी?"

यह उन्होंने पहले-पहल उसे 'बेटी' कहकर पुकारा। परंतु यह उन्हें कहने के बाद स्वयं मालूम हो गया कि उनके प्रश्न के कोई अर्थ नहीं हैं।

कमल एक कुरसी खींचकर जरा दूर बैठना चाहती थी, पर उन्होंने उसे ऐसा नहीं करने दिया। कहा, "वहाँ नहीं बेटी, तुम मेरे बिलकुल पास आकर बैठो।" और उसे बिलकुल पास खींचकर बोले, "आज अचानक कैसे कमल?"

कमल बोली, "आज आपको देखने का बहुत मन हुआ सो चली आयी।"

आशु बाबू ने उत्तर में सिर्फ कहा, "अच्छा किया।" और इससे ज्यादा वे न बोल सके। अन्यान्य सभी लोगों के समान उन्हें भी मालूम था कि कमल का कोई संगी-साथी नहीं है, कोई उसको चाहता नहीं, किसी के घर जाने का उसे अधिकार नहीं, नितांत निःसंग जीवन ही इस लड़की को बिताना पड़ता है; फिर भी यह बात उनके मुँह से न निकली कि 'कमल, तुम्हारी जब तबीयत हो, खुशी से चली आया करो, और चाहे जिससे हो, पर मेरे पास तुम्हें कोई संकोच नहीं होना चाहिए।' इसके

बाद शायद शब्दों के अभाव से ही वे दो-तीन मिनट तक मानो अन्यमनस्क की तरह मौन रहे। उनके हाथ के कागज नीचे खिसक जाने पर कमल ने उन्हें उठा लिया और उनके हाथ में देते हुए कहा, "आप पढ़ रहे थे, मैंने असमय में ही आकर शायद विघ्न डाल दिया।"

आशु बाबू ने कहा, "नहीं, मैं पढ़ चुका। जो कुछ थोड़ा-बहुत बाकी है उसे बगैर पढ़े भी काम चल सकता है, और पढ़ने की इच्छा भी नहीं है।" जरा ठहरकर फिर कहा "इसके सिवा तुम्हारे चले जाने पर मुझे अकेला रहना पड़ेगा; उससे अच्छा तो यह है कि तुम बातें करो, मैं सुनूँ।"

कमल ने कहा, "मैं आपसे दिन-भर बात कर सकूँ तो कहना ही क्या है। पर और सब तो नाराज होंगे?"

उसके मुँह पर हँसी होने पर भी आशु बाबू को चोट पहुँची। बोले, "बात तुम्हारी झूठ नहीं कमल। पर जो लोग नाराज होंगे, उनमें से यहाँ कोई मौजूद नहीं है। यहाँ के नये मजिस्ट्रेट एक बंगाली हैं। उनकी पत्नी से मणि की मित्रता है, दोनों साथ-साथ कालेज में पढ़ी हैं। दो दिन हुए वे यहीं पति के पास आई हैं, मणि उन्हीं के यहाँ घूमने गयी है, शायद रात को लौटेगी।"

कमल ने हँसते हुए पूछा, "आपने कहा, कि जो लोग नाराज होंगे, सो एक तो मनोरमा हुई, और बाकी के और कौन हैं?"

आशु बाबू ने कहा, "सभी हैं। यहाँ ऐसों की कमी नहीं। पहले मालूम होता था कि अजित की तुम्हारे प्रति नाराजगी नहीं है; पर अब देखता हूँ कि उसका विद्वेष ही सबसे बढ़कर है। उसने तो अक्षय बाबू को भी मात कर दिया है।"

यह देखकर कि कमल चुपचाप सुन रही है, वे कहने लगे, "जब आया था तब उसे ऐसा नहीं देखा था, अचानक दो ही तीन दिन में मानो वह बिलकुल बदल गया है। अब अविनाश को भी ऐसा देख रहा हूँ। इन सबों ने मिलकर मानो तुम्हारे विरुद्ध षड्यंत्र-सा रच रखा है।"

अबकी बार कमल हँस दी। बोली, "अर्थात्, कुशांकुर के ऊपर बज्राघात। पर मुझ जैसी समाज और दुनिया से बहिष्कृत एक तुच्छ औरत के विरुद्ध षड्यंत्र किसलिए? मैं तो किसी के घर जाती नहीं।"

आशु बाबू ने कहा, "सो तो ठीक है। शहर में यह भी कोई नहीं जानता कि तुम्हारा घर कहाँ है, पर इसीलिए तुम तुच्छ नहीं हो कमल। और इसीलिए ये लोग तुम्हें भूल ही सकते हैं और न माफ ही कर सकते हैं। तुम्हारी चर्चा बगैर किये, तुम्हें कोंचे बगैर इन्हें न चैन मिलता है न शांति।" कहते-कहते वे अकस्मात् हाथ के कागजों को उठाकर बोले, "यह क्या है, जानती हो? अक्षय बाबू की रचना है।

अँग्रेजी में नहीं होती तो तुम्हें सुनाता। नाम-धाम नहीं है, पर शुरू से आखिर तक सिर्फ तुम्हारी ही बात हैं, तुम्हीं पर हमला है। कमल मजिस्ट्रेट साहब के घर पर सुनते हैं, नारी-कल्याण-समिति का उदघाटन होगा, यह उसी का मंगल अनुष्ठान है।'' यह कहकर उन्होंने उसे दूर फेंक दिया और कहा, ''यह सिर्फ निबंध ही नहीं है, बीच-बीच में किस्से के तौर पर पात्र-पात्रियों के मुँह से इसमें तरह-तरह की बातें भी कहलवायी गयी हैं। इसकी मूल नीति के साथ किसी का विरोध नहीं—विरोध हो भी नहीं सकता। पर इसमें वही बात नहीं, व्यक्तिविशेष पर कदम-कदम पर आघात करते रहने में ही मानो इसका आनंद है। पर अक्षय का आनंद और मेरा आनंद एक नहीं है, कमल। इसे तो मैं अच्छा नहीं कह सकता।''

कमल ने कहा, ''पर मैं तो इस लेख को सुनने नहीं जाऊँगी, फिर मुझ पर चोट करने की सार्थकता क्या हुई?''

आशु बाबू ने कहा, ''कुछ भी सार्थकता नहीं, इसी से शायद उन लोगों ने मुझे पढ़ने को दिया है। सोचा होगा 'डूबते में से मुट्ठी भर ही सही।' इस बूढ़े को दुख देकर जितना क्षोभ मिटाया जा सके उतना ही अच्छा।'' कहते हुए उन्होंने हाथ बढ़ाकर फिर एक बार कमल को अपनी ओर खींचा। इस स्पर्शमात्र में कितनी बातें थीं, कमल सबकी सब तो नहीं समझ सकी फिर भी उसका अंत:करण न जाने कैसा हो उठा। वह जरा ठहरकर बोली, ''आपकी कमजोरी को तो उन लोगों ने भाँप लिया, पर आपके भीतर के असल आदमी को वे नहीं पहचान सके।''

''क्या तुमने पहचान लिया है बेटी?''

''शायद उन लोगों से ज्यादा।''

आशु बाबू ने इसका उत्तर नहीं दिया, बहुत देर तक नीरव रहकर वे धीरे-धीरे कहने लगे, ''सभी सोचते हैं कि हमेशा खुश रहने वाले इस बूढ़े के समान सुखी कोई नहीं। बहुत रुपया है, काफी जमीन-जायदाद...''

''पर यह तो झूठ नहीं।''

आशु बाबू ने कहा, ''झूठ नहीं। धन और संपत्ति मेरे पास काफी है, पर यह आदमी के लिए कितना-सा है कमल?''

कमल हँसती हुई बोली, ''बहुत है आशु बाबू।''

आशु बाबू ने गरदन फेरकर उसकी तरफ देखा, फिर कहा, ''अगर कुछ ख़याल न करो तो तुमसे एक बात कहूँ।''

''कहिए?''

''मैं बूढ़ा आदमी हूँ, और तुम मेरी मणि की उमर की हो। तुम्हारे मुँह से अपना नाम मेरे खुद के कानों में न जाने कैसा खटकता है कमल। तुम्हें कोई एतराज न हो

तो तुम मुझे 'चाचाजी' कहा करो।''

कमल के आश्चर्य का ठिकाना न रहा। आशु बाबू कहने लगे, ''कहावत है कि बिलकुल मामा न होने से तो काना मामा ही अच्छा; मैं काना न सही, पर लंगड़ा जरूर हूँ, गठिया से लाचार। बाजार में आशु वैद्य की कानी कौड़ी कीमत नहीं।'' फिर उन्होंने हँसकर कौतुक के साथ हाथ का अँगूठा हिलाते हुए कहा, ''न हो तो क्या है बेटी, लेकिन जिसके पिता जिंदा नहीं उसके इतने शक्की होने से काम नहीं चलेगा। उसके लिए लँगड़ा चचा भी अच्छा!''

दूसरे पक्ष से जवाब न पाकर वे फिर कहने लगे, ''कोई अगर चिढ़ाये कमल, तो उसे विनय के साथ कहना, 'मेरे लिए इतना ही बहुत है।' कहना 'गरीब के लिए राँगा ही सोना है'''

उनकी कुरसी के पीछे बैठी कमल छत की ओर आँखें किये आँसू रोकने की कोशिश करने लगी, कुछ जवाब न दे सकी। इन दोनों में कहीं से भी कोई मेल नहीं, और सिर्फ अनात्मीय-अपरिचय का ही जबर्दस्त फासला नहीं है, बल्कि शिक्षा, संस्कार, रीति-नीति, गार्हस्थिक और सामाजिक व्यवस्था में भी दोनों में कितनी जबर्दस्त जुदाई है। जहाँ कोई संबंध ही नहीं, वहाँ सिर्फ एक संबोधन के छल से ही उसे बाँध रखने की चतुराई को देख कमल की आँखों में बहुत दिनों बाद आज आँसू भर आये।

आशु बाबू ने पूछा, ''क्यों बिटिया, कह सकोगी?''

कमल ने उमड़ते हुए आँसुओं को सँभालते हुए सिर्फ इतना कहा, ''नहीं।''

''नहीं? नहीं क्यों?''

कमल ने इस प्रश्न का उत्तर नहीं दिया, दूसरी बात छोड़ दी। बोली, ''अजित बाबू कहाँ हैं?''

आशु बाबू कुछ देर चुप रहकर बोले—''क्या मालूम, शायद घर पर ही होगा।'' फिर कुछ देर मौन रहकर धीरे-धीरे कहने लगे—''कई दिन से मेरे पास विशेष आता जाता नहीं और शायद वह यहाँ से जल्दी ही जायेगा।''

''कहाँ जायँगे?''

आशु बाबू ने हँसने का प्रयास करते हुए कहा, ''बूढ़े आदमी को सब लोग क्या सब बातें बताते हैं, बेटी, नहीं बताते। शायद जरूरत ही नहीं समझते बताने की।'' जरा ठहरकर बोले, ''सुना होगा शायद, मणि के साथ उसका संबंध बहुत दिनों से तय था; सहसा मालूम हो रहा है कि दोनों में किसी बात पर झगड़ा हो गया है। कोई किसी के साथ अच्छी तरह बात ही नहीं करता।''

कमल चुप हो रही। आशु बाबू एक गहरी साँस लेकर बोले, ''जगदीश्वर

मालिक हैं, उनकी इच्छा। एक गाने-बजाने में उन्मत्त है और दूसरा अपने पुराने अभ्यासों को मय ब्याज के ठीक करने में लगा है। इस समय यही तो चल रहा है।''

कमल से चुप नहीं रहा गया, कुतूहलवश पूछ बैठी, ''पुराने अभ्यास क्या?''

आशु बाबू ने कहा, ''बहुत से हैं। पहले गेरुआ पहनकर संन्यासी हुआ, फिर मणि से प्रेम किया, देशोद्धार के काम में जेल गया, विलायत जाकर इंजीनियर हुआ, वहाँ से वापस आने के बाद गृहस्थ होने की इच्छा हुई, पर फिलहाल शायद वह इच्छा कुछ बदल गयी है। पहले मांस-मछली नहीं खाता था, घंटे-घंटे भर कमरे में बैठे नाक दबाकर योगाभ्यास करते हैं!''

''योगाभ्यास करते हैं?''

''हाँ। नौकर ही कह रहा था, देश लौटते समय शायद काशी उतरकर समुद्र-यात्रा के लिए प्रायश्चित्त करता जायेगा।''

कमल ने अत्यंत आश्चर्य के साथ कहा, ''समुद्र-यात्रा के लिए प्रायश्चित्त करेंगे? अजित बाबू?''

आशु बाबू ने सिर हिलाते हुए कहा, ''वह कर सकता है। उसमें सर्वतोमुखी प्रतिभा है!''

कमल हँस दी। कुछ कहना ही चाहती थी कि इतने में दरवाजे के पास किसी आदमी की काया दीख पड़ी और जिस नौकर ने इतने विभिन्न प्रकार के संवाद मालिक को पहुँचाये थे वही सशरीर आ खड़ा हुआ, और उसी ने सबसे बढ़कर कठोर संवाद यह दिया कि अविनाश, अक्षय, हरेंद्र, अजित आदि बाबुओं का दल आ रहा है। सुनकर सिर्फ कमल का ही नहीं, बल्कि, बंधुवर्ग का आगमन होने पर उच्छ्वसित उल्लास से अभ्यर्थना करना जिनका स्वभाव है, उन आशु बाबू तक का मुँह सूख गया।

क्षण-भर बाद आगंतुक शिष्ट समुदाय कमरे में घुसते ही आश्चर्यचकित हो गया। कारण, यह बात उनकी कल्पना के बाहर थी कि यह औरत यहाँ इस तरह मिल सकती है। हरेंद्र ने हाथ उठाकर कमल को नमस्कार करके कहा, ''अच्छी तो हैं? बहुत दिनों से आपको देखा नहीं।''

अविनाश ने हँसने जैसी मुखाकृति करके एक बार इधर और एक बार उधर गरदन हिलाई जिसका कोई अर्थ ही समझ में नहीं आया। अक्षय सीधा आदमी ठहरा। वह सीधे मार्ग से आया और सीधे अभिप्राय से पत्थर की तरह क्षण-भर सीधे खड़े रहकर एक आँख से अवज्ञा और दूसरी से विरक्ति बरसाता हुआ एक कुरसी खींचकर बैठ गया।

आशु बाबू से उसने पूछा, ''मेरा आर्टिकल पढ़ा?''

यह पूछने के बाद ही उसकी नजर मिट्टी में लोटते हुए अपने लेख पर पड़ी।

उसे वह खुद ही उठाने जा रहा था कि हरेंद्र ने उसे रोकते हुए कहा, "रहने दीजिए न अक्षय बाबू, झाड़ू लगाते वक्त नौकर ही फेंक देगा।"

उसका हाथ अलग करके अक्षय ने कागज उठा लिये।

"हाँ पढ़ लिया।" कहते हुए आशु बाबू उठकर बैठ गये। आँख उठाकर देखा कि अजित ने उधर के सोफे पर बैठकर कल के अखबार पर नजर दौड़ाना शुरू कर दिया है। अविनाश ने कुछ कहने का मौका पा जाने से एक संतोष की साँस ली और कहा, "मैंने भी अक्षय का लेख शुरू से आखिर तक ध्यान से पढ़ा है आशु बाबू। अधिकांश बातें सच और मूल्यवान् हैं। देश की सामाजिक व्यवस्था का अगर सुधार किया जाय तो उसे अच्छी तरह जाने हुए और पक्के मार्ग पर ही करना चाहिए। हम मानते हैं कि यूरोप के समागम से हमने बहुत-सी अच्छी चीजें पायी हैं और बहुतेरी त्रुटियों को हमने देखा है, पर हमारा सुधार हमारे अपने मार्ग पर ही होना चाहिए। दूसरों के अनुकरण से हमारा कल्याण नहीं हो सकता। भारतीय नारी की जो विशिष्टता है, जो उसकी अपनी चीज है, अगर लोभ और मोह के वश होकर हम उससे उसे भ्रष्ट करें, तो हम हर तरफ से असफल होंगे। ठीक है न अक्षय बाबू?"

बातें अच्छी हैं और सब अक्षय बाबू के लेख की हैं। विनयवश उन्होंने मुँह से और कुछ नहीं कहा, पर आत्म-गौरव की अनिर्वचनीय तृप्ति से आधे मुंदे नेत्रों से कई बार सिर हिलाया।

आशु बाबू ने निष्कपटता से स्वीकार करते हुए कहा, "इस विषय में तो कोई तर्क नहीं, अविनाश बाबू। अनेक मनीषी अनेक दिनों से यह बात कहते आये हैं, और शायद भारत का कोई भी आदमी इसका विरोध नहीं करता।"

अक्षय बाबू ने कहा, "करने का रास्ता ही नहीं, और इसके अलावा और भी एक विषय है जो इस लेख में लिखा नहीं गया है, किंतु कल नारी-कल्याण समिति में मैं अपने भाषण में कहूँगा।"

आशु बाबू ने कमल की तरफ मुँह फेरकर कहा, "तुम्हारे लिए तो समिति की तरफ से निमंत्रण आया नहीं है, तुम वहाँ नहीं आओगी। मैं भी गठिया से लाचार हूँ। मैं भले ही न जाऊँ, पर है वह तुम्हीं लोगों की भलाई-बुराई की बात। अच्छा कमल, तुम्हें तो इस बात पर आपत्ति नहीं होगी?"

और किसी समय होता तो आज के दिन कमल चुप ही रहती, पर एक तो उसका मन यों भी ग्लानि से भरा हुआ था, दूसरे इतने आदमियों की इस पौरुषहीन संघबद्धता और दंभपूर्ण प्रतिकूलता से उसके मन में एक आग-सी जल उठी। परंतु अपने को यथासाध्य संयत करके वह मुँह उठाकर हँसती हुई बोली, "कौन-सी बात पर आशु बाबू? अनुकरण पर या भारतीय विशिष्टता पर?"

आशु बाबू ने कहा, ''मान लो कि दोनों ही पर?''

कमल ने कहा, ''अनुकरण चीज अगर सिर्फ बाहर की नकल हो तो वह धोखा है, अनुकरण है ही नहीं; क्योंकि तब वह आकृति से मेल खाते हुए भी प्रकृति से नहीं मिलती। मगर, भीतर-बाहर से वह अगर एक-सी हो तो 'अनुकरण' होने के कारण लज्जित होने की उसमें कोई भी बात नहीं।''

आशु बाबू ने सिर हिलाते हुए कहा, ''है क्यों नहीं कमल, है। उस तरह सर्वांगीण अनुकरण में हम अपनी विशेषता खो बैठते हैं। उसका अर्थ है अपने को बिलकुल ही खो बैठना। इसमें अगर दुख और लज्जा नहीं, तो किसमें है, बताओ?''

कमल ने कहा, ''भले ही खो बैठें आशु बाबू! भारत के वैशिष्ट्य के लिए मनुष्य नहीं है, बल्कि मनुष्य के लिए ही उस वैशिष्ट्य का आदर है। असल बात विचारने की यह है कि वर्तमान समय में वह वैशिष्ट्य उसके लिए कल्याणकर है या नहीं। इसके सिवा और सब बातें सिर्फ अंध-मोह हैं।''

आशु बाबू ने व्यथित होकर कहा, ''सिर्फ अंध-मोह ही हैं कमल, उससे ज्यादा कुछ नहीं?''

कमल ने कहा, ''नहीं, उससे ज्यादा कुछ नहीं। सिर्फ इसीलिए कि किसी एक जाति की कोई एक विशेषता बहुत दिनों से चली आ रही है, क्या उस देश के मनुष्यों को अपने कल्याण-अकल्याण का ख़याल किये बगैर उसी साँचे में हमेशा ढलते रहना होगा? इसके क्या मानी? मनुष्य से बढ़कर मनुष्य की विशेषता नहीं हो सकती, और इस बात को जब भूल जाते हैं तब विशेषता भी जाती रहती है और मनुष्य को भी हम खो बैठते हैं। यहीं पर तो वास्तविक लज्जा है आशु बाबू।''

आशु बाबू मानो हतबुद्धि से हो गये, बोले, ''तब तो फिर सब एकाकार हो जायगा? भारतीय के रूप में तो फिर हमें पहचाना भी नहीं जा सकेगा। इतिहास में ऐसी घटनाओं की साक्षी भी मौजूद हैं।''

आशु बाबू के कुंठित और विक्षुब्ध चेहरे की तरफ देखकर कमल ने हँसते हुए कहा, ''तब मुनि-ऋषियों के वंशधर के रूप में भले ही न पहचाना जाय, पर मनुष्य के रूप में तो हमें पहचाना ही जायगा और जिसे आप ईश्वर कहा करते हैं, वह भी पहचान लेगा, उससे भी गलती न होगी।''

अक्षय ने उपहास के ढंग से चेहरे को कठोर बनाकर कहा, ''ईश्वर सिर्फ हम ही लोगों का है? आपका नहीं?''

कमल ने जवाब दिया, ''नहीं।''

अक्षय ने कहा, ''यह सिर्फ शिवनाथ की प्रतिध्वनि है, सिखाई हुई बात है।''

हरेंद्र बोल उठा, ''ब्रूट!''

"देखिए हरेंद्र बाबू..."

"देख रहा हूँ। बीस्ट!"

आशु बाबू सहसा मानो स्वप्न से जागे, "देखो कमल, दूसरों की बात मैं नहीं कहना चाहता, पर हमारा वैशिष्ट्य सिर्फ बात-ही-बात नहीं है। इसका चला जाना कितनी जबरदस्त क्षति है, उसका हिसाब लगाना दुसाध्य है। कितने धर्म, कितने आदर्श, कितने पुराण-इतिहास, काव्य, उपाख्यान, शिल्प, कितनी-कितनी अमूल्य संपदाएँ, सब कुछ इसी वैशिष्ट्य पर ही तो आज तक जीवित हैं। फिर इनमें से तो कुछ भी नहीं रह जायेगा?"

कमल ने कहा, "रहने रखने के लिए आखिर इतनी व्याकुलता क्यों? जो जाने वाले नहीं, सो नहीं जाएगा। मनुष्य की आवश्यकताओं के अनुसार फिर वे नवीन रूप, नवीन सौंदर्य, नवीन मूल्य लेकर दिखाई देंगे। वही होगा उनका सच्चा परिचय। अन्यथा सिर्फ इसीजिए कि बहुत दिनों से कोई चीज है, उसे और भी बहुत दिनों तक पकड़े रहना होगा, यह कैसी बात है?"

अक्षय ने कहा, "इसे समझने की शक्ति नहीं है आप में।"

आशु बाबू ने कहा, "यह मैं नहीं कहता कमल कि तुम्हारी युक्तियों में सत्य नहीं, पर जिसकी तुम आज उपेक्षा कर रही हो उसके भीतर भी बहुत-सा सत्य है। नाना कारणों से हमारे सामाजिक विधि-विधानों पर तुम्हारी अश्रद्धा हो गयी है। मगर एक बात मत भूलो कमल कि बाहर के बहुत-से उत्पाद हमें सहने पड़े हैं, फिर भी जो आज तक़ हम अपनी संपूर्ण विशेषताओं सहित जिंदा हैं सो केवल इसीलिए कि हमारा आधार सत्य था। संसार की बहुत-सी जातियाँ बिलकुल लुप्त हो चुकी हैं।"

कमल ने कहा, "तो इसमें भी दुख किस बात का है? हमेशा उन्हें जगह घेरे बैठे रहने की भी क्या आवश्यकता है?"

आशु बाबू ने कहा, "यह दूसरी बात है कमल।"

कमल कहने लगी, "भले ही हो। पिताजी से मैंने सुना था कि आर्यों की एक शाखा यूरोप में जाकर रहने लगी थी, आज वह नहीं है। मगर उनके बदले जो हैं, वे और भी बड़े हैं। ऐसा ही अगर यहाँ होता तो उनकी तरह ही हम लोग भी आज पूर्व पितामहों के लिए शोक करने न बैठते और न अपने सनातन वैशिष्ट्य पर दंभ करते हुए दिन ही गुजारते। आप कह रहे थे अतीत के उपद्रवों की बात, पह यह भी तो सत्य नहीं कहा जा सकता कि उनसे भी बढ़कर उपद्रव भविष्य में हमारे भाग्य में नहीं बदे हैं, या हमारी सारी बाधाएँ कट चुकी हैं। तब हम लोग जीवित रहेंगे किसके बल पर, बताइए भला?"

आशु बाबू ने इस प्रश्न का उत्तर नहीं दिया; मगर अक्षय बाबू उद्दीप्त हो उठे।

बोले, ''तब भी हम जीवित रहेंगे अपने उस आदर्श की नित्यता के बल पर जो कि हजारों युगों से हमारे मन में अविचलित बना हुआ है। जो आदर्श हमारे दान में, हमारे पुण्य में, हमारी तपस्या में मौजूद है, जो आदर्श हमारी नारी जाति के अक्षय सतीत्व में निहित है, हम उसी के बल पर जीवित रहेंगे। हिंदू कभी नहीं मरते।''

अजित हाथ का अखबार फेंककर उनकी तरफ आँखें फाड़-फाड़कर देखता रहा, और क्षण-भर के लिए कमल भी चुप हो रही। उसे ख़याल आ गया कि निबंध लिखकर इसी आदमी ने उस पर अकारण आक्रमण किया है। उसे वह कल नारी जाति के कल्याण के लिए अनेक नारियों के समक्ष दंभ के साथ पढ़ेगा, और उसमें के सारे के सारे कटाक्ष सिर्फ उसी को लक्ष्य करके किये हैं। दुर्जय क्रोध से उसका चेहरा सुर्ख हो उठा, परंतु इस बार भी उसने अपने को सँभाल लिया और स्वाभाविक स्वर में कहा, ''आपके साथ बात करने की मेरी इच्छा नहीं होती अक्षय बाबू, मेरे आत्म-सम्मान को चोट लगती है।''

यह कहकर वह आशु बाबू की तरफ मुँह फेरकर कहने लगी, ''यही बात मैंने आपसे कहनी चाही थी कि कोई भी आदर्श सिर्फ इसीलिए कि वह बहुत काल तक स्थायी रहा है नित्य स्थायी नहीं हो सकता और उसके परिवर्तन में भी लज्जा की कोई बात नहीं, उससे जाति की विशिष्टता भी अगर जाती हो, तो भी। एक उदाहरण देती हूँ। अतिथि सत्कार हमारा एक बड़ा आदर्श है। कितने काव्य, कितने कथानक, कितनी धर्मकथाएँ इस पर रची जा चुकी हैं। अतिथि को खुश करने के लिए दाता कर्ण ने पुत्र तक की हत्या कर दी थी। इस बात पर न जाने कितने आदमियों ने आँसू बहाये होंगे। फिर भी, यह कार्य आज सिर्फ कुत्सित ही नहीं बल्कि बीभत्स माना जायेगा। एक सती स्त्री ने पति को कंधे पर रखकर गणिकालय पहुँचा दिया था, सतीत्व के इस आदर्श की भी किसी दिन तुलना नहीं थी, मगर आज का जो आदर्श, जो त्याग, लोगों के मन में श्रद्धा और विस्मय का कारण हो रहा है, किसी दिन ऐसा आ सकता है जब यह सिर्फ अनुकंपा की बात रह जायगी और उस निष्फल आत्म-निग्रह की ज्यादती पर लोग उपहास करके चले जायँगे।''

इस आघात की निर्ममता से लमहे भर के लिए आशु बाबू का चेहरा वेदना से पीला पड़ गया। वे बोले, ''कमल, इसे निग्रह के रूप में ले क्यों रही हो, यह तो मेरा आनंद है। यह तो मेरा उत्तराधिकारी-सुत से प्राप्त अनेक युगों का धन है।''

कमल ने कहा, ''हो अनेक युगों का। सिर्फ वर्ष गिनकर ही आदर्श का मूल्य नहीं आँका जाता। अचल, गलतियों से भरे समाज के हजारों वर्ष भी, सम्भव है, भविष्य के दस वर्ष के गति-वेग में बह जायें। वे दस वर्ष ही उन हजारों वर्षों से बहुत ज्यादा बड़े हैं, आशु बाबू!''

अजित अकस्मात् धनुष से छोड़े हुए तीर की तरह सीधा खड़ा हो गया, बोला, "आपकी बातों की उग्रता से इन लोगों के शायद आश्चर्य का ठिकाना न रहा होगा; मगर मुझे जरा भी आश्चर्य नहीं हुआ। मैं जानता हूँ कि इस विजातीय मनोभाव का मूल स्रोत कहाँ है ? किसलिए हमारे समस्त मंगल-आदर्शों के प्रति आपको इतनी जबरदस्त घृणा है ? मगर चलिए, अब हमारे पास व्यर्थ देर करने का वक्त नहीं है, पाँच बज गये।"

अजित के पीछे-पीछे सभी लोग चुपचाप कमरे से बाहर निकल गये। किसी ने उससे अविवादन तक नहीं किया, और न किसी ने उसकी तरफ मुड़कर देखा ही। युक्तियाँ जब हार मानने लगीं तब इस तरह से पुरुषों के दल ने विजय-घोषणा करके अपने पौरुष को कायम रखा। उन लोगों के चले जाने पर आशु बाबू ने धीरे-धीरे कहा, "कमल, मुझ पर ही आज तुमने सबसे ज्यादा चोट पहुँचाई है, किंतु मैंने ही आज तुम्हें मानो संपूर्ण हृदय से प्यार किया है। मेरी मणि से मानो किसी अंश में भी तुम कम नहीं हो बेटी।"

कमल ने कहा, "इसका कारण यह है कि आप सचमुच में महान् पुरुष हैं चाचाजी। इन लोगों की तरह मिथ्या नहीं हैं। पर मेरा भी समय निकला जा रहा है, मैं जाती हूँ।" इतना कहकर उसने उनके पाँवों के पास झुककर प्रणाम किया।

प्रणाम वह साधारणतः किसी को भी नहीं करती। आज उसके इस अनहोने आचरण से आशु बाबू चंचल हो उठे। आशीर्वाद देते हुए बोले, "अब कब आओगी बेटी ?"

"अब शायद मेरा आना न होगा चाचाजी।" इतना कहकर वह कमरे से बाहर चली गयी और आशु बाबू उसकी तरफ देखते हुए चुपचाप बैठे रहे।

12

आगरे के नये मजिस्ट्रेट की पत्नी का नाम है मालिनी। उन्हीं के प्रयत्न से और उन्हीं के मकान पर नारी-कल्याण-समिति की स्थापना हुई। प्रथम अधिवेशन की तैयारियाँ जरा कुछ समारोह के साथ ही हुई थीं; किंतु अधिवेशन अच्छी तरह संपन्न तो हुआ नहीं, बल्कि उसमें न जाने कैसी एक विशृंखला-सी पैदा हो गयी। बात मुख्यतः यह थी कि यद्यपि आयोजन सब स्त्रियों के लिए ही था, पर पुरुषों के शरीक होने की भी मनाही नहीं थी, बल्कि देखा जाय तो इस आयोजन में पुरुष ही कुछ विशेषता से निमंत्रित हुए थे। अविनाश पर इसका भार था। मननशील लेखक के तौर पर अक्षय

का नाम था; और लेखों का दायित्व उन्होंने ग्रहण किया था। अतएव, उन्हीं के परामर्श के अनुसार एक शिवनाथ के सिवा और किसी को भी छोड़ा नहीं गया था। अविनाश की छोटी साली नीलिमा घर-घर जाकर धनी से लेकर गरीब तक शहर की सभी बंगाली शिष्ट महिलाओं से आने के लिए अनुरोध कर आयी थी। सिर्फ, जाने की इच्छा नहीं थी आशु बाबू की; पर गठिया के दर्द ने आज उनकी रक्षा नहीं की, मालिनी खुद आकर उन्हें पकड़ ले गयी।

अक्षय अपना व्याख्यान हाथ में लिए तैयार था, मामूली विनय-भाषण के प्रचलित दो-चार शब्दों के बाद वह सीधा और कठोर होकर खड़ा हो गया और व्याख्यान पढ़ने लगा। थोड़ी ही देर में ऐसा लगा कि उसका वक्तव्य विषय जैसा ही अरुचिकर है। वैसा ही लंबा भी। साधारणतः जैसा हुआ करता है, प्राचीन काल की सीता-सावित्री आदि का उल्लेख करके उसने आधुनिक नारी-जाति की आदर्श-हीनता पर कटाक्ष किये थे। एक आधुनिक और शिक्षिता महिला के घर पर उन्हीं की 'तथाकथित' शिक्षा के विरुद्ध कड़वी बातें कहने में उसे संकोच नहीं हुआ। कारण अक्षय को गर्व था कि अप्रिय सत्य कहने में वह डरता नहीं। लिहाजा, व्याख्यान में सत्य हो, चाहे न हो, अप्रिय वचनों की कमी नहीं थी।

और उस 'तथाकथित' शब्द की व्याख्या के लक्ष्य में विशिष्ट उदाहरण की नजीर थी कमल। इस अनामंत्रित स्त्री के प्रति अक्षय के व्याख्यान में इतना अपमान था कि जिसकी हद नहीं। अंत में अंश में वह गहरे दुख के साथ ये शब्द कहने के लिए मजबूर हो गया कि इसी शहर में ठीक ऐसी ही एक स्त्री मौजूद है, जो शिष्ट समाज में बराबर प्रश्रय पा रही है। ऐसी स्त्री, जिसने अपने दांपत्य-जीवन को अवैध जानकर भी लज्जित होना तो दूर रहा, सिर्फ उपेक्षा की हँसी हँसी है, जिसके लिए विवाह-अनुष्ठान सिर्फ अर्थहीन संस्कारमात्र है और पति-पत्नी का अत्यंत एकनिष्ठ प्रेम जिसकी दृष्टि में महज मानसिक कमजोरी है।

उपसंहार में अक्षय ने इस बात का भी उल्लेख किया कि नारी होकर भी जो नारी गंभीरतम आदर्श को अस्वीकार करती है, तथाकथित उस शिक्षित नारी के उपयुक्त विशेषण और वास-स्थान के निर्णय में वक्ता को अपनी तरफ से कोई संशय न होने पर भी सिर्फ संकोचवश वह उसे बताने में असमर्थ है। इस त्रुटि के लिए वह सबसे क्षमा चाहता है।

वर्तमान महिला-समाज में मनोरमा के सिवा और किसी ने उसे आँखों से नहीं देखा था। परंतु उसके रूप की ख्याति और चरित्र की अख्याति ने हरेक पुरुष के मुँह पर चढ़कर व्याप्त होने में कसर नहीं रखी। यहाँ तक कि इस नव-प्रतिष्ठित नारी-कल्याण-समिति की सभानेत्री मालिनी के कानों में भी वह पहुँच चुकी थी। इस

विषय को लेकर नारी-मंडल में परदे के भीतर और बाहर कुतूहल की सीमा न रही थी। इसलिए रुचि और नीति के सम्यक् विचार के उत्साह से उद्दीप्त प्रश्नमाला की प्रखरता से व्यक्तिगत आलोचना तीव्र हो उठने में शायद देर न लगती, किंतु वक्ता का परम मित्र हरेन्द्र ही इसमें कठोर प्रतिबन्धक हो उठा।

वह सीधा उठकर खड़ा हो गया और बोला, ''अक्षय बाबू के इस निबंध का मैं पूर्णत: प्रतिवाद करता हूँ। सिर्फ अप्रासंगिक होने की वजह से ही नहीं, किसी भी महिला पर उसकी गैरमौजदूगी में आक्रमण करने की रुचि बीस्टली और उसके चरित्र का अकारण उल्लेख करना अशिष्ट और हेय है। नारी-कल्याण-समिति की तरफ से इस निबंध-लेखक को धिक्कार देना चाहिए।''

इसके बाद ही एक विचित्र उपद्रव उठ खड़ा हुआ। अक्षय हिताहित ज्ञानशून्य होकर जो मन में आया, कहने लगा और उसके उत्तर में स्वल्प-भाषी हरेंद्र बीच-बीच में 'बीस्ट' और 'ब्रूट' कहकर जवाब देने लगा।

मालिनी नयी-नयी ही इनके संपर्क में आयी थी, सहसा इस तरह के वाक् वितंडा की उग्रता से बड़ी आफत में पड़ गयी; और इस उत्तेजना के प्रवाह में अपना मतामत प्रकट करने में किसी ने भी कंजूसी से काम नहीं लिया। चुप रहे सिर्फ एक आशु बाबू। निबंध पढ़े जाने के प्रारंभ से ही जो वे गरदन झुकाकर बैठे सो सभा समाप्त होने तक फिर उन्होंने मुँह नहीं उठाया। जिस एक आदमी ने इस तर्कयुद्ध में साथ नहीं दिया, वे थे हरेंद्र-अक्षय की बातचीत के नित्य-अभ्यस्त अविनाश बाबू।

इस बात को मालिनी जानती थी कि व्यक्ति-विशेष के चरित्र की भलाई-बुराई का निरूपण करना इस समिति का लक्ष्य नहीं है और इस प्रकार की आलोचना से नर-नारी में से किसी का भी कल्याण नहीं होता। इस बात को भी अच्छी तरह मालिनी समझ गयी कि निबंध में आशु बाबू पर भी विशेष कटाक्ष किया गया है और इससे उनको अत्यंत क्लेश हुआ है। सभा भंग होने के बाद वह चुपके से अपना आसन छोड़कर उनके पास आकर बैठ गयी और लज्जित मृदु कंठ से बोली, ''निरर्थक आज आपकी शांति नष्ट करने के लिए दुखित हूँ आशु बाबू।''

आशु बाबू ने हँसने की कोशिश करते हुए कहा, ''घर में भी मैं अकेला ही बैठा रहता। यहाँ कम से कम समय तो कट गया।''

मालिनी ने कहा, ''वह इससे अच्छा था।'' फिर जरा ठहरकर कहा, ''आज वे हैं नहीं यहाँ, मणि यहाँ से खा-पीकर जायगी।''

''ठीक है, मैं यहाँ से जाकर गाड़ी भेज दूँगा? लेकिन और सब स्त्रियाँ!''

''वे भी सब आज यहीं भोजन करेंगी!''

अविनाश और अजित के साथ आशु बाबू गाड़ी में बैठ ही रहे थे कि हरेंद्र और

अक्षय आ धमके। उन्हें भी पहुँचा देना होगा। राजी होना पड़ा। रास्ते-भर आशु बाबू मौन रहे। निरंतर उन्हें इस बात का ख़याल होता रहा कि कमल को लक्ष्य करके स्त्रियों के बीच अक्षय ने उन पर अशिष्ट कटाक्ष किया है।

गाड़ी घर पर पहुँची। नीचे के बरामदे में एक परिचित आदमी बैठा था। बंबई वालों जैसी उसकी पोशाक की। पास जाकर आशु बाबू का उसने अँग्रेजी में अभिवादन किया।

''क्या है?''

उसने एक परचा हाथ में देते हुए कहा, ''चिट्ठी है।''

चिट्ठी उन्होंने अजित के हाथ में दे दी। अजित ने उसे मोटर की बत्ती के सामने ले जाकर खोला और बोला, ''कमल की चिट्ठी है।''

''कमल की? क्या लिखा है कमल ने?''

''लिखा है, पत्र ले जाने वाले से सब मालूम होगा।''

आशु बाबू के जिज्ञासु चेहरे की तरफ देखते हुए उसने कहा, ''उनकी इच्छा नहीं थी कि यह चिट्ठी और किसी के हाथ पड़े। आप उनके अपने आदमी हैं। मेरे उन पर कुछ रुपए चाहिए थे।''

बात खतम भी न हुई थी कि आशु बाबू सहसा अत्यंत क्रुद्ध हो उठे, बोले, ''मैं उसका अपना आदमी नहीं हूँ, असल में वह मेरी कोई नहीं होती, उसकी तरफ से मैं क्यों रुपये देने लगा?''

गाड़ी में से अक्षय ने कहा, ''जस्ट लाइक हर!''

बात सभी के कान में पड़ी। पत्रवाहक भला आदमी था। लज्जित होकर बोला, ''रुपये आपको नहीं देने होंगे, वे ही देंगी। आप सिर्फ कुछ दिनों के लिए जमानतदार बन जायँ तो...''

आशु बाबू का गुस्सा और भी बढ़ गया। उन्होंने कहा, ''जमानतदार होने की गर्ज मेरी नहीं है, उनके पति हैं, कर्ज की बात उन्हीं से करिएगा।''

वह और भी विस्मित होकर बोला, ''उनके पति के बारे में तो नहीं सुना।''

''पता लगाने से सुन लेंगे। गुड् नाइट। आओ अजित, अब देर न करो।'' कहकर वे उसे लेकर ऊपर चले गये। ऊपर के सहन वाले बरामदे से झाँककर फिर एक बार ड्राइवर को याद दिला दिया कि मजिस्ट्रेट साहब की कोठी पर गाड़ी पहुँचाने में देर नहीं होनी चाहिए।

अजित सीधा अपने कमरे में जा रहा था, पर आशु बाबू उसे अपनी बैठक में ले गये। बोले, ''बैठो। देख लिया मजा?''

इस बात के माने क्या हुए, अजित समझ गया। वास्तव में उनकी स्वाभाविक

सहृदयता, शांतिप्रियता और चिरभ्यस्त सहिष्णुता के साथ उनकी इस क्षण-भर पहले की अकारण और अनचाही रूक्षता ने एक अक्षय के सिवा शायद और किसी को भी आघात पहुँचाने में कसर नहीं रखी।

बगैर कुछ जानें एक दिन इस रहस्यमयी तरुणी के प्रति अजित का अंतःकरण श्रद्धा और विस्मय से भर उठा था। मगर जिस दिन कमल ने निशीथ रात्रि में अपने विगत नारी जीवन का कच्चा चिट्ठा अनायास ही खोलकर रख दिया, उस दिन से अजित के मन में विराग और घृणा की सीमा न रही।

इसी तरह उसके ये कई दिन बीते हैं, और इसी से आज नारी-कल्याण-समिति के उद्घाटन के अवसर पर आदर्शवादी अक्षय ने जो नारीत्व का आदर्श दिखाने के बहाने इस स्त्री पर जितने भी कटाक्ष और कटूक्तियाँ की थीं, उनसे अजित को दुख नहीं हुआ था। मानो उसने ऐसी ही आशा कर रखी थी।

फिर भी अक्षय की क्रोधांध बर्बरता में चाहे जितना भी तीक्ष्ण शूल क्यों न हो, आशु बाबू अभी-अभी जो कर बैठे उससे कमल के मानो कान रगड़ दिये गये, केवल अनचाही होने के कारण ही नहीं, पुरुष के अयोग्य होने के कारण भी। कमल को वह अच्छा नहीं कहता।

उसके मतामत और सामाजिक आचरण की सुतीव्र निन्दा में अजित ने अन्याय नहीं देखा। वह अपने अन्दर इस रमणी के विरुद्ध कठोर घृणा का भाव ही परिपुष्ट होता देख रहा है। वह कहती है, शिष्ट समाज में जो चलता नहीं, उसे छोड़ देने में अपराध छूता तक नहीं। मगर इससे क्या हुआ?

दुर्दशा में पड़ी एक कर्जदार स्त्री की बुरे दिनों में माँगी गयी मामूली-सी कुछ रुपयों की भीख को लात मार देने में मानो वह पुरुष मात्र के चरम असम्मान का अनुभव करके मन ही मन जमीन में गड़ गया। उस रात की सारी बातचीत उसे याद आ गयी। उसे बड़े जतन से खिलाते वक्त कमल ने जो उसे चाय बगीचे की आप-बीती सारी घटनाएँ सुनायी थीं; उसकी माँ का किस्सा, उसका अपना इतिहास, अँग्रेज-मैनेजर साहब के घर पैदा होने का वर्णन, सब बातें उसके दिमाग में घूमने लगीं। वे जितनी अद्‌भुत थीं, उतनी ही अरुचिकर।

मगर वह सब कहने की उसे जरूरत क्या थी? और छिपा रखती तो नुकसान ही क्या होता।

मगर दुनिया की इस सहज सुबुद्धि के जमा-खर्च का हिसाब शायद कमल के ख़याल में नहीं आया। अगर आया भी हो तो उसने उसकी परवाह नहीं की।

और सबसे बढ़कर आश्चर्यजनक उसका कठोर से कठोर धैर्य है। दैवक्रम से उसी के मुँह से पहले-पहल मालूम हुआ कि शिवनाथ कहीं बाहर नहीं गया, इसी

शहर में छिपा हुआ है। और सुनकर वह चुप रही। चेहरे पर न तो वेदना का आभास दिखाई दिया और न जबान से शिकायत की भाषा निकली।

इतने बड़े मिथ्याचार के विरुद्ध उसने दूसरे के सामने शिकायत करने का नाम तक नहीं लिया। उस दिन सम्राट्-महिषी मुमताज के स्मृति-सौध के किनारे बैठकर जो बातें उसने हँसते हुए हँसी-हँसी में मुँह से निकाली थीं, उनका बिलकुल अक्षरशः पालन किया।

आशु बाबू खुद भी शायद क्षण-भर के लिए अनमने हो गये थे, सहसा सचेत होकर पहले प्रश्न की पुनरावृत्ति करते हुए बोले, ''मजा देख लिया न अजित! मैं निश्चय के साथ कहता हूँ कि यह उस शिवनाथ की ही चालाकी है।''

अजित ने कहा, ''नहीं भी हो। बिना जाने कुछ कहा नहीं जा सकता।''

आशु बाबू ने कहा, ''हाँ, हो सकता है। मगर मेरा विश्वास है कि यह चाल शिवनाथ की है। मुझे वह बड़ा आदमी जानता है न?''

अजित ने कहा, ''यह तो सभी को मालूम है। कमल खुद भी न जानती हो, सो बात नहीं।''

आशु बाबू ने कहा, ''तब तो और भी ज्यादा बुरा है। पति से छिपाना तो अच्छी बात नहीं।''

अजित चुप रहा। आशु बाबू कहने लगे, ''पति से छिपाकर और शायद उसकी राय के खिलाफ दूसरे से रुपये उधार लेना स्त्री के लिए कितनी बुरी बात है। इसे हरगिज प्रश्रय नहीं दिया जा सकता।''

अजित ने कहा, ''उन्होंने रुपये माँगे नहीं, सिर्फ जमानतदार होने के लिए अनुरोध किया।''

आशु बाबू ने कहा, ''दोनों बातें एक ही हैं।'' क्षण-भर मौन रहकर वे फिर बोले, ''और फिर मुझे अपना आदमी बताकर उस आदमी को धोखा किसलिए दिया। वास्तव में मैं तो उसका कोई लगता नहीं।''

अजित ने कहा, ''शायद वे आपको सचमुच ही अपना समझती हों। मालूम होता है, उनका किसी को धोखा देने का स्वभाव नहीं है।''

''नहीं-नहीं, मैंने ठीक वैसी बात नहीं कही अजित।'' कहकर मानो उन्होंने अपने प्रति जवाबदेही की। उस आदमी को सहसा झोंक में आकर बिदा कर देने से उन्हें भी मन-ही-मन बड़ी भारी ग्लानि-सी हो रही थी। बोले, ''अगर वह मुझे अपना ही समझती थी और दो-चार सौ रुपयों की जरूरत ही आ पड़ी थी तो वह सीधी खुद आकर ले जाती। बेकार एक बाहर के आदमी को सबके सामने भेजने की क्या जरूरत थी? और चाहे जो हो, पर उस लड़की में विवेक बिलकुल नहीं।''

नौकर ने आकर कहा कि भोजन तैयार है। अजित उठना चाहता था कि आशु बाबू ने कहा, ''तुमने उस आदमी को मार्क किया था अजित कैसा भद्दा चेहता था, मनी-लैण्डर ठहरा न! वहाँ जाकर शायद तरह-तरह की बातें बनाकर कहेगा।''

अजित ने हँसकर कहा, ''बनाने की जरूरत नहीं पड़ेगी, सच-सच कह देना ही काफी है।'' यह कहकर ज्यों ही वह जाने को तैयार हुआ कि आशु बाबू सचमुच विचलित हो उठे, बोले, ''यह अक्षय तो बिलकुल ही नानसेंस मालूम होता है। आदमी की सहन-शक्ति की सीमा लाँघ जाता है। बल्कि एक काम करो अजित, यदु को बुलाकर उस ड्रॉअर को खोलकर देखो तो क्या है। कम से कम पाँच-सात सौ रुपया, फिलहाल जो हो भेज दो। अपना ड्राइवर शायद उन लोगों का घर जानता है, शिवनाथ को कभी-कभी पहुँचा आया है।'' कहकर उन्होंने खुद ही जोर-जोर से नौकर को पुकारना शुरू कर दिया।

अजित ने रोकते हुए कहा, ''जो होना था सो हो चुका, अब रात में यह रहने दीजिए, कल सवेरे विचार कर देखिएगा।''

आशु बाबू ने प्रतिवाद किया, ''तुम समझते नहीं अजित, कोई खास जरूरत के बिना रात ही को वह आदमी हरगिज न भेजती।''

अजित क्षण-भर स्थिर खड़ा रहा। अंत में बोला, ''ड्राइवर तो अभी है नहीं यहाँ, मनोरमा को लेकर न जाने कब लौटे। इस बीच कमल को सब मालूम हो ही जायगा। उसके बाद रुपया भेजना उचित न होगा। शायद आपसे अब वे सहायता लेंगी भी नहीं।''

''मगर वह तो सिर्फ तुम्हारा अनुमान ही है अजित?''

''हाँ, अनुमान ही है।''

''लेकिन, परदेस में रुपये की जरूरत तो उसके लिए इससे भी ज्यादा हो सकती है?''

''हो सकती है, मगर वह जरूरत शायद आत्म-सम्मान से बढ़कर न भी हो।''

आशु बाबू ने कहा, ''लेकिन यह भी तो तुम्हारा सिर्फ अनुमान ही है?''

अजित ने सहसा कोई उत्तर नहीं दिया। क्षण-भर सिर झुकाये चुप रहकर वह बोला, ''नहीं, यह अनुमान से भी बढ़कर है। यह मेरा विश्वास है।'' इतना कहकर वह धीरे-धीरे कमरे से बाहर निकल गया।

आशुबाबू ने अबकी उसे रोका नहीं, सिर्फ वेदना से दोनों आँखें फैलाकर वे उसकी ओर देखते रहे। इस बात को वे खुद भी जानते हैं कि कमल के संबंध में ऐसा विश्वास होना न असंभव है और न असंगत। निरुपाय पश्चात्ताप उनके अन्तःकरण को मानो खरोंचने लगा।

13

नारी-कल्याण-समिति से लौटने पर नीलिमा अविनाश बाबू को ले बैठी, "मुखर्जी महाशय, कमल से एक बार मिलूँगी, मेरी इच्छा है, उसे निमंत्रण देकर खिलाऊँ।"

अविनाश ने आश्चर्य के साथ कहा, "तुम्हारी हिम्मत तो कम नहीं है छोटी मालकिन! सिर्फ जान-पहचान ही नहीं, निमंत्रण तक कर देना चाहती हो?"

"क्यों, वह कोई बाघ-भालू है? उससे इतना डर किसलिए?"

अविनाश ने कहा, "बाघ-भालू इस प्रांत में नहीं मिलते, नहीं तो तुम्हारे हुक्म से उन्हें भी निमंत्रण दे आता। मगर इन्हें नहीं दे सकता। अक्षय सुन लेगा तो फिर खैर नहीं। मुझे देश-निकाला देकर ही पिंड छोड़ेगा।"

नीलिमा बोली, "अक्षय बाबू से मैं नहीं डरती।"

अविनाश ने कहा, "तुम्हारे न डरने से कोई नुकसान नहीं; उसका काम मेरे अकेले डरने से चल जायगा।"

नीलिमा ने जिद करते हुए कहा, "नहीं, सो नहीं होगा। तुम न जाओगे, तो मैं खुद जाकर उन्हें लिवा लाऊँगी।"

"मगर मैं तो उनका घर जानता नहीं।"

नीलिमा बोली, "लालाजी जानते हैं। मैं उनके साथ चली जाऊँगी। वे तुम जैसे डरपोक नहीं हैं।"

फिर जरा सोचकर कहने लगी, "तुम लोगों के मुँह से जो सुना करती हूँ, उससे तो मालूम होता है कि शिवनाथ बाबू का ही कुसूर है। सो उन्हें तो कतई निमंत्रण नहीं देना चाहती। मैं चाहती हूँ कमल को देखना, उनसे बातचीत करना। कमल अगर आने को राजी हो जाय तो मजिस्ट्रेट साहब की पत्नी, वे भी आने के लिए कहती है, समझे?"

अविनाश समझ तो सब गये, पर साफ-साफ सम्मति न दे सके और न उनकी रोकने की ही हिम्मत हुई। नीलिमा पर वे सिर्फ स्नेह और श्रद्धा ही करते हों सो बात नहीं, मन-ही-मन उससे डरते भी थे।

दूसरे दिन सबेरे हरेंद्र को बुलवाकर नीलिमा ने कहा, "लालाजी, तुम्हें एक काम और करना होगा। तुम कुँआरे आदमी ठहरे, घर में बहू तो है नहीं जो सदाचार के नाम पर तुम्हारे कान ऐंठ देगी। बासे में रहते हो, बिना माँ-बाप के अनाथ लड़कों के झुंड में, तुम्हें किस बात का डर?"

हरेंद्र ने कहा, "डर की बात तो पीछे होती रहेगी, पहले बताइए, काम क्या करना होगा?"

नीलिमा ने कहा, "कमल से मैं मिलूँगी, बातचीत करूँगी, घर बुलाकर खिलाऊँगी। तुम उनका घर जानते हो क्या। मुझे साथ लेकर उन्हें निमंत्रण दे आना होगा। किस वक्त चलोगे, बताओ?"

हरेंद्र ने कहा, "जिस वक्त हुक्म करोगी उसी वक्त। लेकिन घर के मालिक यानी भाई साहब का अभिप्राय क्या है?" कहकर उसने बरामदे के उस तरफ बैठे हुए अविनाश की तरफ इशारा किया। वे इजी चेयर पर पड़े हुए, 'पायोनियर' पढ़ रहे थे। सुना सब कुछ, पर बोले कुछ नहीं।

नीलिमा ने कहा, "वे अपना अभिप्राय अपने पास रक्खें—मुझे उसकी जरूरत नहीं। मैं उनकी साली हूँ, साली की बहन नहीं जो 'पति परमगुरु' की गदा घुमाकर मुझ पर शासन करेंगे! मेरे जी में जिसे आयेगा, उसे खिलाऊँगी। मजिस्ट्रेट की पत्नी ने कहा है कि उन्हें खबर मिल गयी तो वे भी आयेंगी। उन्हें अच्छा न लगे तो उतना समय वे और कहीं जाकर बिता आवें।"

अविनाश ने अखबार पर से दृष्टि बिना हटाये ही जवाब दिया, "लेकिन यह काम अच्छा नहीं होगा। हरेंद्र, कल की बात याद है न आशु बाबू जैसे सदाशिव आदमी को भी सावधान होना पड़ता है।"

हरेंद्र ने कुछ जवाब नहीं दिया और डर से कि कहीं कल की वह रुपयों वाली बात न उठ खड़ी हो और नीलिमा को भी न मालूम हो जाय, उसने इस प्रसंग को चट से दबाकर कहा, "एक काम क्यों न करें भाभी, उन्हें मेरे घर पर आने का निमंत्रण दे आइए और आप बन जाइए उस घर की मालकिन। लक्ष्मीहीन घर में कम से कम एक दिन तो लक्ष्मी का आविर्भाव हो जाय। मेरे लड़के भी थोड़ी-बहुत बुरी-भली चीजें खाकर खुशी मना लें।"

नीलिमा ने अभिमान के स्वर में कहा, "अच्छी बात है, ऐसा ही सही, मैं भी भविष्य में उलाहने से बच जाऊँगी।"

अविनाश उठकर बैठ गये। बोले, "अर्थात् छीछालेदर होने में फिर कोई कसर ही न रह जायगी। कारण, शिवनाथ को छोड़कर सिर्फ उन्हीं को तुम्हारे घर निमंत्रित करने की फिर कोई कैफियत ही नहीं दी जा सकेगी। इससे तो बल्कि, यही सुनने में बहुत अच्छा लगेगा कि औरतें आपस में जान-पहचान रखना चाहती हैं।"

बात सचमुच ही युक्तिसंगत थी। इसलिए यही तय हुआ कि कालेज की छुट्टी होने के बाद हरेंद्र नीलिमा को साथ ले जाकर कमल को न्योता दे आवे।

शाम को हरेंद्र ने आकर कहा कि अब तकलीफ उठाकर वहाँ जाने की कोई जरूरत नहीं। कल रात को न्योते की बात उनसे कही जा चुकी है और वे आने को राजी हो गयी हैं।

नीलिमा उत्सुक हो उठी। हरेंद्र कहने लगा :

कल घर लौटते वक्त अचानक उनसे रास्ते में भेंट हो गयी। साथ में पल्लेदार के सिर पर एक भारी भरकम संदूक था।

मैंने पूछा कि इसमें क्या है ? कहाँ जा रही हो ?

उन्होंने कहा, जा रही हूँ जरा काम से।

तब फिर मैंने आपका परिचय देते हुए कहा, भाभी ने आपको कल शाम के लिए न्योता भेजा है। औरतों का मामला ठहरा, आपको जाना ही पड़ेगा।

जरा चुप रहकर उन्होंने कहा, अच्छा।

मैंने कहा, तय हुआ है कि मेरे साथ चलकर वे आपको बाकायदा न्योता दे आयें, अब उनके आने की जरूरत है क्या ?

जरा हँसकर उन्होंने कहा, नहीं।

मैंने पूछा, अकेली तो आप आ नहीं सकेंगी, कब किस वक्त आकर मैं आपको लिवा जाऊँ ?

सुनकर वे वैसे ही हँसने लगीं। बोलीं, ''अकेली ही मैं पहुँच जाऊँगी, अविनाश बाबू का मकान मैं जानती हूँ।

नीलिमा पिघल गई। बोली, ''लड़की ऐसे तो बहुत अच्छी मालूम होती है। घमंड बिलकुल नहीं।''

बगल के कमरे में अविनाश बाबू कपड़े बदलते हुए कान लगाकर सब सुन रहे थे, वहीं से पूछने लगे, ''और कुली के सिर पर वह भारी बकस ? उसका इतिहास तो बताया ही नहीं भाई साहब ?''

हरेंद्र ने कहा, ''पूछा नहीं।''

''पूछते तो अच्छा करते। शायद बेचने या गिरवी रखने जा रही होंगी।''

हरेंद्र ने कहा, ''हो सकता है। आपके पास गिरवी रखने आवें तो आप इतिहास पूछ लीजिएगा।'' इतना कहकर वह चला ही जा रहा था कि सहसा दरवाजे के पास खड़ा होकर बोला, ''भाभी, अपनी नारी-कल्याण-समिति में अक्षय का व्याख्यान तो आपने सुन ही लिया होगा ? हम लोग उसे 'ब्रूट' कहा करते हैं। मगर उस बेचारे में और थोड़ी-सी पाखंड बुद्धि होती तो वह समाज में बड़ी आसानी से साधु-महंत के रूप में चल जाता। क्यों, ठीक है न भाई साहब ?''

अविनाश भीतर से ही गरज उठे, ''हाँ जी, नित्यानंद श्रीगौरांग महाप्रभु जी, इसमें संदेह ही क्या है ? बंधुवर को वह कौशल सिखा दो न जाकर।''

''कोशिश करूँगा। लेकिन अब चल दिया भाभीजी, कल फिर यथासमय हाजिर होऊँगा।'' कहकर वह चला गया।

नीलिमा ने तैयारी में कोई कसर नहीं उठा रखी। मनोरमा शुरू से ही कमल के बहुत खिलाफ थी। यह जानकर कि वह किसी भी हालत में नहीं आयेगी, आशु बाबू के घर में किसी से भी नहीं कहा गया था। मालिनो को खबर भेजी गयी थी, पर अचानक अस्वस्थ हो जाने से वे भी नहीं आ सकीं।

कमल ठीक वक्त पर आ गयी। यान-वाहन पर नहीं, अकेली और पैदल आ पहुँची। घर-मालकिन ने उसे आदर के साथ बिटाया। अविनाश सामने खड़े थे। कमल को उन्होंने बहुत दिनों से देखा नहीं था, आज उसके चेहरे और कपड़ों की तरफ देखकर आश्चर्यचकित रह गये। गरीबी की छाप उन पर साफ पड़ी हुई थी। आश्चर्य प्रकट करते हुए बोले, ''रात को अकेली ही पैदल चली आ रही हो क्या?''

कमल ने कहा, ''इसका कारण अत्यन्त साधारण है अविनाश बाबू, समझाने में जरा भी कठिनाई नहीं।''

अविनाश बाबू लज्जित हो गये, और लज्जा छिपाने के लिए चट से बोल उठे, ''नहीं-नहीं, क्या कह रही हो तुम? काम ठीक नहीं हुआ। लेकिन छोटी बहू, ये ही हैं कमल। इन्हीं का दूसरा नाम है शिवानी। इन्हीं को देखने के लिए तुम इतनी उतावली हो रही थीं। चलो, भीतर चलकर बैठो। तैयारी तो तुम्हारी सब हो चुकी होगी छोटी मालकिन, फिर निरर्थक देर करने से क्या फायदा। ठीक समय पर इन्हें फिर घर भी तो पहुँचना है।''

इस सब उपदेश और पूछ-ताछ में बहुत कुछ ज्यादती थी। न तो इसमें जवाब की कोई जरूरत थी और न इसकी कोई उम्मीद ही करता था।

हरेंद्र ने आकर कमल को नमस्कार किया। बोला, ''अतिथि को स्वागत के साथ ग्रहण करते वक्त मैं पहुँच नहीं पाया भाभी जी, कसूर हो गया। अक्षय आया था, उसे यथोचित मीठे वाक्यों से परितुष्ट करके बिदा करने में देर हो गयी।'' और वह हँसने लगा।

भीतर जाकर कमल ने भोजन-सामग्रियों का प्राचुर्य देखा तो क्षण-भर चुपचाप खड़ी रह गयी और बोली, ''मेरे लिए चीजें तो ये खूब बनायी हैं, लेकिन मैं तो यह सब खाती नहीं।''

इस पर सब व्यस्त हो उठे तो वह बोली, ''आप लोग जिसे हविष्यान्न कहते हैं, मैं सिर्फ वही खाती हूँ।''

सुनकर नीलिमा दंग रह गयी, बोली, ''यह क्या बात कही आपने? आप हविष्य खायेंगी, किस दुख के कारण?''

कमल ने कहा, ''बात ठीक है। दुख नहीं है, सो बात नहीं; लेकिन यह सब

खाती नहीं हूँ, इसलिए मेरी जरूरतें भी कम हैं। आप कुछ ख़याल न करें।''

''पर बिना ख़याल किये काम भी तो नहीं चलता।'' नीलिमा ने क्षुण्ण होकर कहा, ''नहीं खा ने से इतनी चीजें मेरी नष्ट ही होंगी?''

कमल हँस दी। बोली, ''जो होना था सो तो हो चुका, उसे लौटाया नहीं जा सकता। उस पर फिर खाकर खुद क्यों नष्ट होऊँ?''

नीलिमा ने विनय के साथ अंतिम चेष्टा करते हुए कहा, ''सिर्फ आज-भर के लिए। सिर्फ एक दिन के लिए भी क्या नियम भंग नहीं कर सकतीं?''

कमल ने सिर हिलाकर कहा, ''नहीं।''

उसके हँसते हुए मुँह से सिर्फ एक ही शब्द को सुनकर सहसा किसी को कुछ भी ठीक ख़याल नहीं आ सकता कि उसमें दृढ़ता कितनी जबरदस्त थी। परंतु इस दृढ़ता की भनक पड़ी हरेंद्र के कान में और सिर्फ वही समझा कि इसमें किसी तरह का फेरफार नहीं हो सकता। इसी से घर-मालकिन की तरफ से अनुरोध की पुनरुक्ति होते ही उसने टोक दिया।

बोला, ''रहने दो भाभी, अब मत कहो। चीज आपकी कोई बिगड़ेगी नहीं, मेरे यहाँ के लड़के आकर पोंछ-पाँछ के सब साफ कर जायँगे। पर इनसे अब आग्रह मत करो। बल्कि जो कुछ खायें उसका इंतजाम करो।''

नीलिमा गुस्सा होकर बोली, ''सो किये देती हूँ। पर मुझे अब तसल्ली देने की जरूरत नहीं लालाजी, तुम रहने दो। यह घास-फूस नहीं है जो तुम अपने झुंड भेड़-बकरों को चरा दोगे। इसे मैं रास्ते में फेंक दूँगी, पर उन्हें न खिलाऊँगी।''

हरेंद्र ने हँसते हुए कहा, ''क्यों, आपकी इतनी नाराजगी उन पर क्यों है?''

नीलिमा ने कहा, ''उन्हीं की बदौलत तो तुम्हारी यह दुर्गति है। बाप रुपया छोड़ गये हैं, खुद भी पैदा कम नहीं करते; अब तक बहू आती तो बाल-बच्चों से घर भर जाता। ऐसा अभागा कांड तो न होता। खुद भी जैसे कुँआरे कार्तिक महाराज हो, दल भी वैसा ही लायक तैयार हो रहा है। तुमसे कहे देती हूँ, उन्हें मैं हर्गिज न खिलाऊँगी। जाने दो, मेरा सब बिगड़ जाने दो!''

कमल कुछ भी न समझ सकी, आश्चर्य से देखती रह गयी। हरेंद्र लज्जित होकर बोला, ''भाभीजी की बहुत दिनों से मुझ पर जो नालिश चल रही है, यह उसी की सजा है।'' कहते हुए संक्षेप में मामला सुलझाना चाहा। बोला, ''वे बिना माँ-बाप के मेरे अनाथ छात्र हैं। मेरे पास रहकर स्कूल और कालेज में पढ़ते हैं। उन्हीं पर इनका सारा का सारा गुस्सा उतर रहा है।''

कमल ने अत्यंत आश्चर्य के साथ कहा, ''यह बात है क्या? कहाँ, मैंने तो आज तक कभी सुना नहीं?''

हरेंद्र ने कहा, "सुनने लायक इसमें कुछ नहीं। लेकिन वे हैं सब चरित्रवान् अच्छे लड़के। उन पर मेरा स्नेह है।"

नीलिमा क्रुद्ध स्वर में बोल उठी, "उनका प्रण है कि बड़े होकर वे सब देश सेवा करेंगे। अर्थात् गुरु जैसे ब्रह्मचारी वीर बनकर दिग्विजय करेंगे।"

हरेंद्र ने कहा, "चलेंगी एक दिन उन्हें देखने? देखकर प्रसन्नता होगी।"

कमल उसी वक्त राजी होकर बोली, "अगर आप ले जायँ तो मैं कल ही चल सकती हूँ।"

हरेंद्र ने कहा, "नहीं, कल नहीं, और किसी दिन। हमारे आश्रम के राजेंद्र और सतीश काशी गये हैं, उन लोगों के आ जाने पर आपको ले जाऊँगा। मैं दावे के साथ कहता हूँ, उन्हें देखकर आप खुश हो जायँगी।"

अविनाश अभी-अभी आकर खड़े ही हुए थे। उसकी बात सुनकर वे आँखें फाड़कर बोले, "कुछ अभागे आवाराओं का अड्डा अभी से आश्रम भी हो गया क्या? न जाने तुझे कितना पाखंड रचना आता है रे हरेंद्र।"

नीलिमा नाराज हो गयी। "यह तुम्हारी गंदी आदत है मुखर्जी साहब! लालाजी तो तुमसे आश्रम के लिए चंदा माँगने आये नहीं जो पाखंडी कहकर गाली दे रहे हो? अपने खरचे से पराये लड़कों को आदमी बनाना पाखंड नहीं है। बल्कि जो ऐसा आक्षेप करते हैं, उन्हीं को पाखंडी कहना चाहिए।"

हरेंद्र हँसता हुआ बोला, "भाभी, अभी-अभी आप ही तो उन्हें भेड़-बकरों का झुंड बताकर तिरस्कार कर रही थीं, अब आपकी ही बात की प्रतिध्वनि करने में भाई साहब को यह पुरस्कार मिल रहा है?"

नीलिमा ने कहा, "मैं कह रही थी गुस्से में। इन्होंने ऐसा क्या सोच कर कहा? पाखंड किसे कहते हैं, पहले अपने अंदर स्पष्ट कर लें, फिर दूसरे से कहें।"

कमल ने पूछा, "आपके तो सभी लड़के स्कूल-कालेज में पढ़ते होंगे?"

हरेंद्र ने बताया, "हाँ, बाहर से तो ऐसा ही है।"

अविनाश बोल उठे, "और भीतर से क्या सब प्राणायाम और रेचक-कुंभक की चर्चा करते हैं? उसे भी साथ-साथ क्यों नहीं कह देते?"

यह बात सुनकर सब हँस दिये। नीलिमा ने अनुनय के स्वर में कमल से कहा, "मुखर्जी महाशय का आज का मिजाज देखकर इनके विषय में कोई धारणा न बना लीजिएगा। कभी-कभी इनका दिमाग बहुत ठंडा रहता है, नहीं तो बहुत पहले ही मुझे यहाँ से भागकर जान बचानी पड़ती।" कहकर वह हँसने लगी।

कहीं पर जरा कुछ उत्ताप की भाप जमती जा रही थी, इस स्निग्ध परिहास के बाद मानो वह उड़ गयी। इतने में महाराज ने आकर खबर दी कि कमल का भोजन

तैयार है। अतएव, वर्तमान आलोचना स्थगित रखकर सबको उठना पड़ा।

करीब दो घंटे बाद भोजनादि हो चुकने पर सब आकर जब बाहर के कमरे में बैठे, तब कमल ने पूर्व-प्रसंग के सिलसिले में पूछा, ''लड़के आपके रेचक-कुंभक नहीं करते तो न सही, पर कालेज की पुस्तकें कंठस्थ करने के सिवा और जो भी कुछ करते हैं सो क्या है?''

हरेंद्र ने बताया, ''करते जरूर हैं। इस बात की कोशिश में भी वे लापरवाही नहीं करते जिससे कि भविष्य में वास्तव में आदमी बन सकें। मगर जिस दिन आपके पाँवों की धूल वहाँ पड़ेगी, उस दिन सब बातें समझा दूँगा। आज नहीं।''

इस स्त्री का इतना ज्यादा सम्मान किया जा रहा था कि अविनाश का सारा बदन ईर्ष्या से जलने लगा, मगर वे चुप ही बने रहे।

नीलिमा ने कहा, ''आज कहने में आखिर अड़चन क्या है, लालाजी? अपनी शिक्षा-पद्धति की इनके सामने नहीं खोलना चाहते तो न सही, पर यह बताने में क्या दोष है कि प्राचीन काल के भारतीय आदर्श पर अपनी तरह सबको ब्रह्मचारी बनने की शिक्षा दे रहे हो। तुमने मुझे जो बताया था उससे मैंने तो यही समझा था।''

हरेंद्र ने विनय के साथ कहा, ''झूठ सुना है, यह तो मैं नहीं कह रहा भाभीजी!'' कहते-कहते उसे उस दिन की बहस की बात याद आ गयी। कमल को देखकर बोला, ''आपको भी शायद मेरे काम से सहानुभूति न होगी।''

कमल ने कहा, ''काम आपका क्या है, बगैर ठीक से मालूम किये तो कुछ कहा नहीं जा सकता हरेंद्र बाबू। मगर यह तो कोई युक्ति नहीं है कि प्राचीन काल के ढाँचे में ढाल देना ही वास्तव में मनुष्य बना देता है।''

हरेंद्र ने कहा, ''परंतु वही तो हमारे भारतवर्ष का आदर्श है।''

कमल ने जवाब दिया, ''पर यह किसने तय कर दिया कि भारत का आदर्श ही चिर-युग का चरम आदर्श है, बताइए?''

अविनाश अब तक कुछ बोले नहीं थे। अब गुस्से को दबाकर बोले, ''हो सकता है कि चरम आदर्श नहीं भी हो, लेकिन कमल, यह हमारे पूर्वपुरुषों का आदर्श जो है। भारतवासियों का यह हमेशा का लक्ष्य है, यही उनका एकमात्र मार्ग है। हरेंद्र के आश्रम की बात मैं नहीं जानता, लेकिन उसने यही लक्ष्य अगर ग्रहण किया है तो मैं उसे आशीर्वाद देता हूँ।''

कमल कुछ देर तक चुप बैठी उनके मुँह की तरफ देखती रही, फिर बोली, ''मालूम नहीं, क्यों आदमी से यह गलती होती है। अपने सिवा मानो वे और किसी भारतवासी को आँखों से देखते ही नहीं। भारत में और भी तो बहुत-सी जातियाँ रहती हैं, वे इस आदर्श को भला क्यों अपनाने लगीं।''

अविनाश कुपित हो उठे, बोले, ''चूल्हे में जायें वे। मेरे पास ऐसा आवेदन निष्फल है। मैं तो सिर्फ अपना ही आदर्श अगर स्पष्टता से देख सका तो उसी को काफी समझूँगा।''

कमल ने धीरे से कहा, ''यह आपकी बहुत ही गुस्से की बात है अविनाश बाबू। नहीं तो आपको इतना बड़ा अंधभक्त समझने की मेरी प्रवृत्ति नहीं होती।'' फिर जरा ठहरकर कहने लगी, ''मगर, क्या मालूम, शायद पुरुष सबके सब इसी तरह विचार किया करते हों। उस दिन अजित बाबू के सामने भी अकस्मात् यही प्रसंग छिड़ गया था। भारत की सनातन विशिष्टता और उसकी स्वतंत्रता नष्ट होने के उल्लेख से उनका तमाम चेहरा मारे वेदना के सफेद फक पड़ गया था। किसी दिन वे उत्कट स्वदेशी थे—आज भी भीतर-ही-भीतर शायद वही हैं—यह बात उनके लिए सिर्फ प्रलय का दूसरा नाम है।'' इतना कहकर उसने लंबी साँस ली और चुप रह गयी।

अविनाश शायद कुछ जवाब देने को थे, पर कमल उधर बिना देखे ही कहने लगी, ''लेकिन मैं सोचती हूँ कि इसमें डर किस बत का है? किसी एक देश विशेष में पैदा होने की वजह से ही उसका आचार-व्यवहार छाती से क्यों चिपटाये रहना पड़ेगा? चली ही गयी उसकी अपनी विशेषता, तो इसमें हर्ज किस बात का? इतनी ममता क्यों? विश्व के समस्त मानव अगर एक ही विचार, एक ही भाव, एक ही विधि-विधान की ध्वजा थामकर खड़े हो जायें, तो इसमें हानि ही क्या है? यही डर है न कि फिर भारतीय के तौर पर हम पहचाने नही जायेंगे? न पहचाने जायें, न सही। इस परिचय पर तो कोई आपत्ति नहीं करेगा कि विश्व की मानव-जाति में से ही एक हम भी हैं, उसका गौरव क्या कुछ कम है?''

अविनाश को सहसा कोई जवाब ढूँढ़े न मिला, बोले, ''कमल, तुम जो कह रही हो, खुद ही उसका अर्थ नहीं समझतीं। इससे मनुश्य का सर्वनाश हो जायगा।''

कमल ने जवाब दिया, ''मनुष्य का नहीं होगा अविनाश बाबू, जो लोग अभिमान में अंधे हो रहे हैं उनके अहंकार का सर्वनाश होगा।''

अविनाश ने कहा, ''ये सब कोरी शिवनाथ की बातें हैं।''

कमल ने कहा, ''यह तो मुझे नहीं मालूम कि वे भी यही बात कहते हैं।''

अविनाश अपने को सँभाल न सके। व्यंग्य से चेहरा स्याह करके बोले, ''खूब मालूम है, सब बातें कंठस्थ कर रखी हैं, और जानतीं नहीं कि किसकी हैं?''

उनके इस भद्दे अशिष्ट व्यवहार का कमल ने कोई जवाब नहीं दिया, जवाब दिया नीलिमा ने। बोली, ''बातें चाहे जिसकी भी हों मुखर्जी साहब, मास्टरी के काम में कड़ी बात की धमकी देकर छात्रों का मुँह बंद किया जा सकता है, पर उससे

समस्या का हल नहीं होता। प्रश्न का जवाब नहीं दे सकते तो इसमें शरमाने की कोई बात नहीं, पर शिष्टता को लाँघ जाने में, जरूर शरम आनी चाहिए! एक गाड़ी बुलवाने भेजो किसी को भइया। तुम्हें इन्हें घर तक पहुँचा आना पड़ेगा। तुम ब्रह्मचारी आदमी ठहरे, तुम्हें साथ भेजने में तो कोई डर है ही नहीं।'' कहते हुए उसने कटाक्ष से अविनाश की तरफ देखा, और बोली, ''मुखर्जी साहब का चेहरा जैसा मीठा हो उठा है, उसको देखकर अब ज्यादा देर करना ठीक नहीं।''

अविनाश गंभीर होकर बोले, ''अच्छी बात है, तुम लोग बैठी गप्पें करो, मैं सोने जा रहा हूँ।'' और वे उठकर चल दिये।

नौकर गाड़ी लाने गया था। हरेंद्र ने कमल के प्रति लक्ष्य करके कहा, ''मेरे आश्रम में मगर एक दिन आना ही होगा। उस दिन लिवाने जाऊँ तो आप 'ना' नहीं कर सकेंगी।''

कमल ने हँसते हुए कहा, ''ब्रह्मचारियों के आश्रम में मुझे क्यों घसीट रहे हैं हरेन बाबू? मैं न गयी तो न सही।''

''नहीं, सो नहीं होगा। ब्रह्मचारी होने से हम लोग ऐसे भयानक नहीं, बिलकुल सीधे-सादे हैं। गेरुआ नहीं पहनते, जटा-वल्कल वगैरह भी कुछ नहीं। सर्वसाधारण के बीच में हम उन्हीं के साथ मिले हुए हैं।''

''मगर यह भी तो अच्छा नहीं। असाधारण होकर साधारण में आत्मगोपन की कोशिश करना भी एक तरह का आयुक्त आचरण है। शायद अविनाश बाबू ने इसी को पाखंड कहा होगा। इससे तो बल्कि जटा-वल्कल, गेरुआ वगैरह कहीं अच्छा। उसी से आदमी के पहचानने में सहूलियत होती है, और ठगाये जाने की भी कम संभावना है।''

हरेंद्र ने कहा, ''आपके साथ तर्क में जीतना मुश्किल है, हारना ही पड़ेगा। मगर वास्तव में क्या आप हमारी संस्था को अच्छा नहीं समझतीं? सफल होऊँ चाहे न होऊँ, इसका आदर्श तो महान् है?''

कमल ने कहा, ''सो तो मैं नहीं कह सकती हरेंद्र बाबू। अन्य सभी संयमों की तरह यौन-संयम में भी सत्य है, मगर वह गौण सत्य है। धूमधाम या समारोह के साथ उसे जीवन का मुख्य सत्य बना देने से वह भी एक तरह का असंयम हो जाता है। वह अहितकर भी है। आत्म-निग्रह के उग्र दंभ से आध्यात्मिकता क्षीण होने लगती है। तो ठीक है, मैं आऊँगी आपके आश्रम में एक दिन।''

हरेंद्र ने कहा, ''आना ही होगा, न आने से मैं छोड़ूँगा नहीं। लेकिन एक बात कहे देता हूँ, हमारे यहाँ आडंबर नहीं, प्रदर्शन के तौर पर हम कुछ नहीं करते।'' कहते-कहते सहसा नीलिमा की तरफ इशारा करके बोला, ''मेरी आदर्श तो ये हैं।

इन्हीं की तरह हम लोग स्वाभाविकता के पथिक हैं, वैधव्य का कोई बाह्य प्रकाश इनमें नहीं, बाहर से मालूम होगा कि मानो विलासिता में ये मगन हो रही हैं; मगर मैं जानता हूँ इनका दुसाध्य आचार-विचार, इनका कठोर आत्म-अनुशासन।''

कमल मौन रहीं। हरेंद्र भक्ति और श्रद्धा से विगलित होकर कहने लगा, ''आप भारत के अतीत युग के प्रति श्रद्धा संपन्न नहीं हैं; भारत का आदर्श आपको मुग्ध नहीं करता; परंतु बताइए तो भला कि नारीत्व की इतनी बड़ी महिमा, इतना बड़ा आदर्श और किस देश में है? इस घर की ये गृहिणी हैं, भाईसाहब की मातृहीन संतान की ये जननी के समान हैं। इस घर की सारी जिम्मेवारी इन्हीं पर है। यह सब होते हुए भी, इनका कोई स्वार्थ नहीं, कोई बंधन नहीं। बताइए न, किस देश की विधवाएँ इस तरह पराये काम में अपने को खपा सकती हैं?''

कमल का चेहरा स्मित हास्य से विकसित हो उठा। उसने कहा, ''इसमें भलाई की कौन-सी बात है हरेन बाबू? हो सकता है कि पराये घर की निःस्वार्थ गृहिणी और पराये बच्चों की निःस्वार्थ जननी होने का दृष्टांत संसार में और कहीं न हो। नहीं होना अद्‌भुत हो सकता है, मगर अद्‌भुत होने के कारण ही अच्छा हो जायगा, किस तरह?''

सुनकर हरेंद्र दंग रह गया; और नीलिमा मारे आश्चर्य के एकटक उसके चेहरे की तरफ देखती रह गयी। कमल ने उसी को लक्ष्य करके कहा, ''वाक्यों की छटा से, विशेषणों के चातुर्य से लोग इसे चाहे जितना गौरवान्वित क्यों न कर डालें, पर गृहिणीपने के इस मिथ्या अभिनय में सम्मान नहीं है। इस गौरव को छोड़ देना ही अच्छा है।''

हरेंद्र ने गंभीर वेदना के साथ कहा, ''यह तो एक घर-गृहस्थी को नष्ट करके चले जाने का उपदेश है। इस बात की आपसे कोई आशा नहीं रखता था।''

कमल ने कहा, ''मगर घर-गृहस्थी तो इनकी अपनी है नहीं, होती तो ऐसा उपदेश न देती। और मजा यह कि इसी तरह से कर्म-भोग के नशे में पुरुष हमें मतवाली बनाये रखते हैं। उनकी वाहवाही की तेज शराब पीकर हमारी आँखों पर नशा छा जाता है। सोचती हैं, यही शायद नारी-जीवन की चरम सार्थकता है।

''हमारे यहाँ के चाय के बगीचों के हरीश बाबू की बात याद आ गई। उनकी जब सोलह साल की छोटी बहिन का पति मर गया तब उसे घर लाकर वे अपने झुंड के झुंड बाल-बच्चे दिखाकर रोते हुए बोले, 'लक्ष्मी, बहिन मेरी, अब ये ही तेरे बाल-बच्चे हैं। फिकर किस बात की बहिन, इन्हें पाल-पोसकर आदमी बनाओ, इनकी अपनी माँ की तरह। इस घर की सर्वे-सर्वा बनकर आज से तू सार्थ हो, यही मेरा आशीर्वाद है।'

"हरीश बाबू बड़े भले आदमी हैं, बगीचे-भर में सब लोग धन्य-धन्य कर उठे। सभी ने कहा कि लक्ष्मी का भाग्य अच्छा है। अच्छा तो है ही। सिर्फ स्त्रियाँ ही समझ सकती हैं कि इतना बड़ा दुर्भाग्य, इतनी बड़ी धोखेबाजी और कुछ हो ही नहीं सकती। मगर एक दिन जब वह विडंबना पकड़ी जाती है तब प्रतिकार का समय निकल जाता है?"

हरेंद्र ने कहा, "फिर?"

कमल ने कहा, "फिर की बात मुझे नहीं मालूम हरेंद्र बाबू। लक्ष्मी की सार्थकता का अंत मैं नहीं देख पायी, उसके पहले ही वहाँ से मुझे चला आना पड़ा था। लेकिन बस, अब तो गाड़ी आ गयी है। चलिए, रास्ते में जाते-जाते बताऊँगी। नमस्कार।" कहकर वह उसी क्षण उठकर खड़ी हो गयी।

नीलिमा चुपचाप नमस्कार करके खड़ी रही। उसकी आँखों के तारे मानो अंगारों की तरह जलने लगे।

14

'आश्रम' शब्द कमल के सामने हरेंद्र के मुँह से अचानक ही निकल गया था। उसे सुनकर अविनाश ने जो मजाक उड़ाया था वह अन्याय नहीं था। लोगों को यही मालूम था कि कुछ गरीब विद्यार्थी वहाँ रहकर बिना खर्च के स्कूल-कालेज में पढ़ते हैं। वास्तव में अपने वास-स्थान को बाहर वालों के सामने इतने बड़े गौरव के पद पर प्रतिष्ठित करने का संकल्प हरेंद्र के मन में नहीं था। वह बिलकुल ही एक मामूली बात थी और शुरू-शुरू में उसका श्रीगणेश भी साधारण तौर पर ही हुआ था। परंतु इन सब चीजों का स्वभाव ही ऐसा है कि दाता की कमजोरी से अगर एक बार भी इनमें गति पैदा हो गयी तो फिर उस गति में विराम नहीं आता। कठोर जंगली पौधे की तरह मिट्टी का सारा का सारा रस खींचकर जड़ से लेकर पत्तों तक व्याप्त होने में फिर देर नहीं लगती और हुआ भी यही। इस विषय में यहाँ कुछ और कह देना ठीक होगा।

हरेंद्र के कोई भाई-बहन नहीं है। पिता वकालत करके धन-संचय कर गये थे। उनकी मृत्यु के बाद घर-भर में रह गयी सिर्फ हरेंद्र की विधवा माँ। वे भी तब परलोक सिधार गयीं जब हरेंद्र की पढ़ाई पूरी हुई। लिहाजा अपना कहने लायक घर में कोई न रहा जो उसे ब्याह करने के लिए तंग करता, अथवा स्वयं मेहनत और आयोजन करके उसके पाँवों में बेड़ी डाल देता। इसलिए पढ़ाई जब पूरी हो गयी तब महज कोई काम न रहने के कारण ही हरेंद्र ने देश और देशवासियों की सेवा में मन

लगाया। काफी साधु-संगति की, बैंक में पड़ी रकम का ब्याज निकाल-निकालकर एक दुर्भिक्ष-निवारण समिति कायम की, बाढ़-पीड़ितों की सहायता के लिए आचार्यदेव के दल में शामिल हो गया, सेवक-संघ में मिलकर लूले-लंगड़े, काने-बहरे, गूँगे, भूखों को ला-लाकर उनकी सेवा करने लगा।

इस तरह जैसे-जैसे उसका नाम जाहिर होने लगा वैसे-वैसे भले आदमियों का दल आ-आकर उससे कहने लगा, ''रुपया दो, परोपकार करें।'' बढ़ती रुपये खतम होने को थे, पूँजी में हाथ लगाये बिना अब कोई चारा नहीं था। ऐसी अवस्था जब आ पहुँची, तब अकस्मात् एक दिन अविनाश के साथ उसकी भेंट हुई और परिचय हो गया। संबंध चाहे जितनी दूर का हो, पर उसी दिन उसे पहले-पहल पता चला कि उसकी दुनिया में अब भी एक आदमी ऐसा है जिसे वह आत्मीय कह सकता है।

अविनाश के कालेज में तब एक अध्यापक की जगह खाली थी; कोशिश करके वे उस काम पर उसको नियुक्त करा कर अपने साथ आगरा ले आये। इस प्रांत में आने का यही उसका इतिहास है। पछाँह की तरफ मुसलमानी राज्य के शहरों में पुराने जमाने के बहुत से बड़े-बड़े मकान अब भी कम किराये पर मिल जाया करते हैं, और उन्हीं में से एक हरेंद्र ने ले लिया। यही उसका आश्रम है।

यहाँ आकर कई दिन उसने अविनाश के घर बिताये, इसी बीच नीलिमा के साथ उसका परिचय हो गया। उस रमणी ने उसे बिना जान-पहचान का आदमी समझकर एक दिन भी ओट में रहकर नौकर-नौकरानी की मारफत आत्मीयता दिखलाने की कोशिश नहीं की। पहले ही दिन सामने निकल आयी। बोली, ''तुम्हें कब क्या चाहिए लालाजी, मुझसे कहने में शरमाना मत। मैं घर की गृहिणी नहीं हूँ, मगर गृहिणी-पन का सारा भार मेरे ही ऊपर है। तुम्हारे भाई साहब कहते थे, 'छोटे बाबू की खातिरदारी में कमी रह गयी तो तनखा कट जायगी।' सो इस गरीबिनी का नुकसान मत करा देना भाई, अपनी जरूरतों से वाकिफ करते रहना।''

हरेंद्र क्या जवाब दे, उसकी कुछ समझ में न आया। मारे शरम के वह ऐसा सिकुड़ गया कि जो इन मीठी बातों को अनायास ही हँसती हुई कह गयी उसके मुँह की तरफ देख भी न सका। पर शरम दूर होने में भी उसे दो-एक दिन से ज्यादा देर न लगी। मालूम हुआ, जैसे उसे बिना दूर किये दूसरा कोई चारा ही नहीं। इस रमणी की जैसी स्वच्छंद और अनाडंबर प्रीति है वैसी ही सहज स्वाभाविक सेवा। एक तरफ जैसे यह बात उनके चेहरे-मोहरे, पहनने-ओढ़ने और मधुर आलाप-आलोचना से नहीं मालूम हो सकती कि वे विधवा हैं, इस घर में उनका कोई वास्तविक आश्रय नहीं, वे भी इस घर में गैर हैं, वैसे ही यह भी मालूम पड़ता है कि उसका यही सब कुछ है जो बाहर से दीख रहा है।

उम्र भी उनकी बिलकुल कम हो, सो बात भी नहीं है। शायद तीस के लगभग पहुँच चुकी हैं। उस उम्र के योग्य गंभीरता उनमें खोज निकालना मुश्किल है—जैसे हल्का हँसी-खुशी का मेला हो। और मजा यह कि जरा-सा ध्यान देने से ही यह बात साफ समझी जा सकती है कि एक ऐसा अदृश्य आच्छादन उन्हें दिन-रात घेरे रहता है जिसके भीतर प्रवेश करने का कोई रास्ता ही नहीं। न तो घर के नौकर-चाकर या दास-दासी ही वहाँ घुस सकते हैं और न मालिक ही।

इस घर में, इसी आब-हवा के बीच हरेंद्र के दो सप्ताह बीत गये। सहसा एक दिन यह सुनकर कि उसने अलग एक मकान किराये पर ले लिया है, नीलिमा ने नाराज होकर कहा, ''इतनी जल्दी क्यों कर डाली लालाजी, यहाँ ऐसा कौन तुम्हें पकड़ रखना चाहता था?''

हरेंद्र ने लज्जित होकर कहा, ''एक दिन तो जाना ही पड़ता भाभीजी!''

नीलिमा ने जवाब दिया, ''सो तो शायद जाना पड़ता। मगर देश-सेवा के नशे का रंग अभी तक तुम्हारी आँखों से गया नहीं लालाजी, और भी कुछ दिन भाभी की हिफाजत में रह लेते तो अच्छा था।''

हरेंद्र ने कहा, ''सो तो रहूँगा ही भाभीजी। यहीं तो हूँ, यहाँ से मिनट का रास्ता है, आपकी निगाह से बचकर जाऊँगा कहाँ?''

अविनाश घर के भीतर बैठे काम कर रहे थे; वहीं से बोले, ''जाओगे जहन्नुम में। बहुत मना किया कि और कहीं मत जा रे, यहीं रह। मगर सो कैसे हो? इज्जत बड़ी है या भाई साहब की बात बड़ी है? जा, नये अड्डे में जाकर जो कुछ पास में है, सो सब का सब दरिद्र-नारायण की सेवा में चढ़ा। छोटी-मालकिन, उससे कहना-सुनना व्यर्थ है। वह ठहरा सड़क का संन्यासी, पीठ छिदाकर चरखी की तरह घूमे बगैर इन लोगों का जीना ही दूभर है।''

नये मकान में आकर हरेंद्र ने नौकर, रसोइया वगैरह रखकर अत्यंत शांत, शिष्ट, निरीह मास्टर की तरह कालेज के काम में मन लगाया। बहुत बड़ा मकान है, उसमें बहुत-से कमरे हैं। दो-एक कमरों के सिवा बाकी के सब यों ही खाली पड़े रहे। महीने भर बाद ही ये सूने कमरे उसे पीड़ा देने लगे। किराया देना ही पड़ता है और काम कुछ आते नहीं। लिहाजा चिट्ठी गयी राजेंद्र के पास। वह था उसकी दुर्भिक्ष निवारिणी-समिति का मंत्री। देशोद्धार के लिए विशेष आग्रह के कारण दो साल की सजा भुगतकर पाँच-छह महीने हुए छूटा था और पुराने बन्धु-बांधवों की तलाश में घूम रहा था। हरेंद्र की चिट्ठी और रेल का किराया पाकर वह उसी वक्त चला आया।

हरेंद्र ने कहा, ''देखता हूँ अगर तुम्हारे लिए कोई नौकरी-औकरी दिला सकूँ।''

राजेंद्र ने कहा, ''अच्छी बात है।''

राजेंद्र का परम मित्र था सतीश। वह किसी तरह हवालात से बचकर मेदिनीपुर जिले के किसी एक गाँव में ब्रह्मचर्याश्रम खोलने की उधेड़बुन में लगा था। राजेंद्र का पत्र पाते ही वह हफ्ते भर में अपने साधु-संकल्प को स्थगित रख आगरे चला आया और अकेला ही नहीं आया, कृपा करके गाँव से एक भक्त को भी साथ लेता आया।

सतीश ने इस बात को युक्ति और शास्त्र वचनों के बल पर बड़ी खूबी के साथ साबित कर दिया कि भारतवर्ष ही एकमात्र धर्म-भूमि है। मुनि-ऋषिगण ही इसके देवता हैं। हम लोग ब्रह्मचारी होना भूल गये हैं। इसी से हमारा सब कुछ चला गया है। इस देश के साथ संसार के किसी भी देश की तुलना नहीं हो सकती। कारण, हम ही लोग एक दिन थे जगत् के शिक्षक और हम ही लोग थे मनुष्य के गुरु। लिहाजा, वर्तमान में भारतवासियों के लिए एकमात्र करने लायक काम है गाँव-गाँव और नगर-नगर में असंख्य ब्रह्मचर्याश्रम स्थापित करना। यदि कभी देशोद्धार संभव हुआ तो वह इसी रास्ते से संभव होगा।

उसकी बातें सुनकर हरेंद्र मुग्ध हो गया। सतीश का नाम तो उसने सुन रखा था, परंतु परिचय न था; इसलिए इस सौभाग्य के लिए उसने मन ही मन राजेंद्र को धन्यवाद दिया। इसके लिए भी अपने को धन्य समझा कि पहले उसका ब्याह नहीं हो गया। सतीश सर्ववादि सम्मत अच्छी-अच्छी बातें जानता था और कई दिनों तक वही बातें चलती रहीं।

हम ही लोग इस पुण्य-भूमि के मुनि-ऋषियों के वंशधर हैं, हमारे ही पूर्वपुरुष एक दिन संसार के गुरु थे, अतएव फिर एक दिन गुरु-पद के हम ही उत्तराधिकारी हो सकते हैं। कौन आर्य-रक्त से उत्पन्न पाखंडी इस तथ्य का विरोध कर सकता है? नहीं कर सकता। और कर सकने लायक दुर्मतिसंपन्न वहाँ कोई था भी नहीं।

हरेंद्र उन्मत्त-सा हो गया, परंतु तपस्या और साधना की चीज होने के कारण आश्रम की सारी बातें यथासाध्य गुप्त रखी जाने लगीं; सिर्फ राजेंद्र और सतीश बीच-बीच में बाहर जाकर लड़के संग्रह करके ले आने लगे। जो उमर में छोटे थे वे स्कूल में भरती हो जाते और स्कूल की शिक्षा पूरी करके उत्तीर्ण हो जाते। वे हरेंद्र की कोशिश से किसी-न-किसी कालेज में दाखिल करा दिये जाते। इस तरह थोड़े ही समय में लगभग सारा मकान नाना उमर के लड़कों से भर गया। बाहर के लोग विशेष कुछ जानते भी न थे और न कोई जानने की कोशिश ही करता था। उड़ती हुई खबर से सिर्फ इतना ही सुन लेते थे कि हरेंद्र के घर में रहकर कुछ गरीब बंगाली लड़के पढ़ते-लिखते हैं। इससे ज्यादा अविनाश को भी मालूम न था और न ही नीलिमा को पता था।

सतीश के कठोर शासन में घर में मांस-मछली आने का कोई रास्ता न था, ब्राह्म

मुहूर्त में उठकर सबको स्तोत्र पाठ, ध्यान, प्राणायाम आदि शास्त्र-विहित प्रक्रियाएँ करनी पड़ती थी; उसके बाद पढ़ना-लिखना और नित्य-कर्म। मगर अधिकारियों का इससे भी मन नहीं भरा, और साधना-मार्ग क्रमशः कठोरतर हो गया। रसोइया महाराज भाग खड़े हुए, नौकर को बरखास्त कर दिया गया और उनका काम पारी-पारी से लड़कों पर आ पड़ा। किसी दिन एक ही तरकारी होती तो किसी दिन वह भी नहीं; लड़कों का पढ़ना-लिखना जाता रहा, स्कूल में उन पर फटकार भी पड़ने लगी, किंतु कठोर बँधे हुए नियमों में शिथिलता नहीं आयी।

सिर्फ एक विषय में अनियम था और वह था बाहर से कोई निमंत्रण आने पर। नीलिमा के किसी एक व्रत-उद्यापन के उपलक्ष्य में इस व्यतिक्रम को हरेंद्र ने जबरदस्ती कायम किया था। इसके सिवा और कहीं भी किसी विषय में क्षमा के लिए स्थान न था। लडके नंगे पाँव रहते और बाल रूखे रखते। इस विषय में सतीश की अत्यंत सतर्क आँखें हरदम पहरा देने लगीं कि कहीं किसी छिद्र-पथ से उनमें विलासिता का अनधिकार प्रवेश न हो जाये।

इसी तरह आश्रम के दिन बीत रहे थे। सतीश का तो कहना ही क्या। हरेंद्र के मन में भी आत्म-गौरव की सीमा न रही थी। बाहर के किसी आदमी के सामने वे विशेष कोई बात प्रकट नहीं करते थे, परंतु अपने अंदर हरेंद्र आत्म-प्रसाद और परितृप्ति के उच्छ्वसित आवेग में अकसर यह कह दिया करते कि इनमें से एक भी लड़के को अगर वे आदमी बना सके तो समझेंगे कि इस जीवन की चरम सार्थकता उन्हें प्राप्त हो गयी। यह सुनकर सतीश कुछ बोलता नहीं, विनय से सिर्फ अपना सिर झुका लेता।

सिर्फ एक विषय में हरेंद्र और सतीश दोनों को पीड़ा का अनुभव होता था। दोनों ही इस बात का अनुभव करते थे कि कुछ दिनों से राजेंद्र का आचरण पहले जैसा नहीं रहा है। आश्रम के किसी काम में अब वह उतनी दिलचस्पी नहीं लेता, सबेरे के साधना-भजन में अब वह प्रायः अनुपस्थित रहता है और पूछने पर कहता है कि तबीयत ठीक नहीं है। इस पर मजा यह है कि तबीयत खराब होने के कोई लक्षण नहीं दिखाई देते। क्या उसकी शिकायत है; क्यों वह ऐसा हुआ जा रहा है, पूछने पर भी कुछ जवाब नहीं मिलता।

किसी दिन सुबह ही उठ कर कहीं चला जाता है, दिन भर आता ही नहीं, और रात को जब घर लौटता है तब उसका चेहरा ऐसा होता है कि हरेंद्र तक को कारण पूछने की हिम्मत नहीं पड़ती। और मजा यह कि ये सब बातें आश्रम के नियमों के सर्वथा विरुद्ध हैं। इस बात को राजेंद्र अच्छी तरह जानता था कि एक हरेंद्र के सिवा शाम के बाद और किसी को भी बाहर रहने का अधिकार नहीं है, फिर भी उसे कोई

परवाह नहीं। आश्रम का सेक्रेटरी था सतीश, उसी पर नियम-रक्षा का भार है। इन सब अनाचारों के विरुद्ध वह हरेंद्र से शिकायत के तौर पर तो कुछ कह सकता नहीं; किंतु बीच-बीच में आभास और इशारे से यह भाव प्रकट कर देता है कि उसे आश्रम में रखना अब उचित नहीं है। लड़के बिगड़ सकते हैं।

यह बात नहीं कि हरेंद्र खुद भी न समझता हो, किंतु मुँह खोलकर कुछ कहने की हिम्मत उसमें नहीं थी। एक बार सारी रात वह लापता रहा, सबेरे जब वह घर लौटा तब उसी की बात को लेकर खूब जोर की आलोचना होने लगी; हरेंद्र ने हैरानी के भाव से उससे पूछा, "बात क्या है, राजन, कल रात-भर थे कहाँ?"

उसने जरा हँसने की कोशिश करते हुए कहा, "एक पेड़ के नीचे पड़ा था।"

"पेड़ के नीचे? पेड़ के नीचे क्यों?"

"बहुत रात हो गयी थी। उस वक्त शोर मचाकर आप लोगों को जगाकर परेशान नहीं किया।"

"अच्छा, इतनी रात कैसे हो गयी?"

"ऐसे ही घूमते-घामते।" कहकर वह अपने कमरे में चला गया।

सतीश पास ही बैठा था। हरेंद्र ने पूछा, "क्या बात है, बताओ तो?"

सतीश ने कहा, "आपकी बात टालकर चला गया। कुछ परवाह ही नहीं की। फिर भला मैं कैसे जान सकता हूँ?"

"बात तो ठीक है भाई, इतनी ज्यादती तो ठीक नहीं।"

सतीश मुँह भारी करके कुछ देर तक चुप रहा, फिर बोला, "आप एक बात तो जानते होंगे कि पुलिस ने उसे दो साल जेल में रखा था?"

हरेंद्र ने कहा, "जानता हूँ, लेकिन वह तो झूठे संदेह पर रखा था। उसका कोई अपराध नहीं था।"

सतीश ने कहा, "मैं सिर्फ उसका मित्र होने की वजह से ही जेल जाते-जाते बच गया था। पुलिस की दृष्टि ने उसे आज भी छुटकारा नहीं दिया है।"

हरेंद्र ने कहा, "असंभव कुछ नहीं।"

उत्तर में सतीश ने जरा विषभरी हँसी हँसकर कहा, "मैं सोचता हूँ, उसके कारण कहीं हमारे आश्रम पर पुलिस को मोह न हो जाये!"

सुनकर हरेंद्र चिन्तित चेहरे से चुप रहा। सतीश खुद भी कुछ देर चुप रहकर सहसा पूछ बैठा, "आपको शायद मालूम होगा कि राजेंद्र ईश्वर का अस्तित्व तक नहीं मानता!"

हरेंद्र दंग रह गया, बोला, "नहीं तो!"

सतीश ने कहा, "मुझे मालूम है, वह नहीं मानता। आश्रम के काम-काज और

विधि-निषेधों पर उसकी रंचमात्र श्रद्धा नहीं। इससे तो बल्कि उसकी कहीं नौकरी-औकरी लगा दीजिए तो अच्छा।''

हरेंद्र ने कहा, ''नौकरी तो पेड़ का फ़ल नहीं सतीश कि जब चाहूँ तब तोड़कर हाथ में दे दूँ। उसके लिए काफी कोशिश करनी पड़ती है।''

सतीश ने कहा, ''तो वही कीजिए। आप आश्रम के प्रतिष्ठाता और प्रेसिडेंट हैं और मैं सेक्रेटरी हूँ, तब सभी विषय आपको जताते रहना मेरा कर्तव्य है। आप उससे अत्यंत स्नेह करते हैं और मेरा भी वह मित्र है। इसी से उसके विरुद्ध कुछ कहने की आज तक मेरी प्रवृत्ति नहीं हुई, मगर अब आपको सावधान कर देना मैं अपना कर्त्तव्य समझता हूँ।''

हरेंद्र मन ही मन डरकर बोला, ''मैं जानता हूँ कि उसका चरित्र निर्मल है।''

सतीश ने गर्दन हिलाकर कहा, ''हाँ। इस तरफ से तो उसको उसका बड़े से बड़ा शत्रु भी दोषी नहीं ठहरा सकता। राजेंद्र आजन्म कुँवारा है, लेकिन वह ब्रह्मचारी नहीं है। असल कारण यह है कि इस बात को सोचने का भी उसके पास वक्त नहीं कि स्त्री नाम की कोई चीज भी संसार में है।''

फिर क्षण-भर चुप रहकर बोला, ''उसके चरित्र की शिकायत मैं नहीं करता, वह अस्वाभाविक रूप से निर्मल है, लेकिन...''

हरेंद्र ने पूछा, ''आखिर तुम्हारे 'लेकिन' का मतलब क्या है?''

सतीश ने कहा, ''कलकत्ते के बासे में हम दोनों एक साथ रहते थे। वह तब कैंबेल कॉलेज में बी.एस-सी. का छात्र था। सभी जानते थे कि वही फर्स्ट आएगा, लेकिन परीक्षा के पहले अकस्मात् न जाने वह कहाँ चला गया।''

हरेन्द्र ने विस्मित होकर पूछा, ''वह डॉक्टरी पढ़ता था क्या? मगर मुझसे तो कहता था कि वह शिवपुर इंजीनियरिंग कालेज में भरती हुआ था, पर वहाँ की पढ़ाई बड़ी सख्त होने से उसे भाग आना पड़ा।''

सतीश ने कहा, ''लेकिन तलाश करें तो मालूम होगा कि कालेज में थर्ड ईयर में वही अव्वल आया था और बिना कारण चले आने के वहाँ के सभी शिक्षक अत्यन्त दुखित हुए थे। उसकी बूआ धनी घर में ब्याही हैं, वे ही पढ़ने का खर्च दे रही थीं। इस तरह की हरकतों से नाराज होकर उन्होंने खर्च देना बन्द कर दिया, उसके बाद ही शायद आपसे उसका परिचय हुआ है। लगभग दो साल घूम-फिरकर जब वह घर पहुँचा तब उसकी बूआ ने उसी की राय से उसे डाक्टरी स्कूल में भरती करा दिया। क्लास में प्रत्येक विषय में वह फर्स्ट हो रहा था, फिर भी तीन साल बाद सहसा एक दिन सब छोड़-छाड़ अलग हो गया। यही उसमें एक ऐब है। बड़ा कठोर है। मैं उससे पार नहीं पा सकता। वहाँ से छोड़-छाड़ कर हमारे यहाँ आकर

खूँटा गाड़ा है। मुझसे बोला, 'लड़के पढ़ाकर बी.एस-सी. पास करूँगा और कहीं किसी गाँव में जाकर मास्टरी करके जीवन बिताऊँगा।'

''मैंने कहा, 'अच्छी बात है, यही करो।' उसके बाद, पंद्रह-बीस दिन पढ़ने में ऐसी मेहनत की कि न नहाने का ठीक, न खाने का, आँखों की नींद तक गायब हो गयी। ऐसी मेहनत की कि देखकर आश्चर्य होता है। सब कहने लगे, ऐसा बगैर किये क्या कोई प्रत्येक विषय में फर्स्ट हो सकता है?''

हरेंद्र को पूरा हाल मालूम न था, उसने साँस रोके हुए ही कहा, ''फिर?''

सतीश कहने लगा, ''उसके बाद जो कुछ उसने शुरू किया वह भी अद्‌भुत है। किताबें तो फिर उसने छुई ही नहीं। न जाने कहाँ रहने लगा, कुछ पता ही नहीं। जब लौटकर आता, तब उसका चेहरा देखने से डर लगने लगता। मानो इतने दिनों तक उसने नहाया-खाया ही न हो।

''फिर एक दिन दलबल के साथ पुलिस आ धमकी और उसने मकान भर में जैसे दक्ष-यज्ञ शुरू कर दिया। इसे छोड़कर उसे बिखेरती, उसे खोलकर इसे बंद करती, किसी को डपटती, किसी को रोकती, ऐसा ऊधम मचाया कि बिना अपनी आँखों देखे कोई उसका अनुमान भी नहीं कर सकता। मेस में रहने वाले प्रायः सभी क्लर्की का काम करते थे, मारे डर के दो जनों को तो जुकाम हो गया। सभी ने सोच लिया कि अब बचना मुश्किल है, पुलिस वाले आज सभी को पकड़कर फाँसी पर लटका देंगे।''

''फिर क्या हुआ?''

''फिर लगभग तीसरे पहर पुलिस राजेन को और राजेन का मित्र होने के कारण मुझे पकड़ ले गयी। मुझे चार दिन बाद छोड़ दिया, पर उसका फिर कोई पता नहीं लगा। छोड़ते वक्त दरोगा ने मेहरबानी करके मुझे सावधान कर दिया कि 'वन स्टेप, ऑनली वन स्टेप! तुम्हारे घर से इस जेल का फासला सिर्फ एक कदम का है! गो।' मैं गंगा स्नान करके, माँ काली के दर्शन करके, घर लौट आया। सबने कहा, 'सतीश तुम बड़े भाग्यवान हो।' ऑफिस पहुँचा, साहब ने दो महीने का वेतन हाथ में थमाकर कहा, 'गो।' सुना कि इस बीच मेरे सामान की तलाशी हो चुकी थी।''

हरेंद्र स्तब्ध रह गया। कुछ देर उसी तरह रहकर अंत में धीरे-धीरे बोला, ''तो क्या तुम्हें निश्चित मालूम होता है कि राजेन...''

सतीश ने विनती के स्वर में कहा, ''मुझसे मत पूछिए। मेरा वह मित्र है।''

सतीश ने कहा, ''एक बात विचारने की यह है कि उन लोगों ने मुझे बेकसूर पकड़कर परेशान जरूर किया था, पर छोड़ भी दिया।''

हरेंद्र ने कहा, ''बेकसूर परेशान करने का भी तो कानून नहीं है। जो लोग वह

कर सकते हैं, वे यह क्यों नहीं कर सकेंगे?''

यह कहकर वह उस समय तो कालेज चला गया, परंतु उसके मन में अशांति बनी रही। सिर्फ राजेंद्र के भविष्य की चिंता करके ही नहीं, बल्कि इसलिए भी कि देश-सेवा के काम में देश के लड़कों को आदमी बनाने का यह जो आयोजन चल रहा है, कहीं बिना कारण नष्ट न हो जाये। हरेंद्र ने तय किया कि बात झूठ हो या सच, पुलिस की दृष्टि अकारण आश्रम पर आकर्षित करना हरगिज उचित नहीं। खासकर जबकि वह साफ-साफ यहाँ के नियम भंग करता जा रहा है, तब कहीं नौकरी लगवाकर या और किसी बहाने उसे अन्यत्र हटा देना ही वांछनीय है।

इसके कई दिन बाद ही मुसलमानों के किसी त्योहार पर दो दिन की छुट्टी थी। सतीश काशी जाने की अनुमति लेने आया। भारत में सर्वत्र आश्रम के अनुरूप आदर्श परक संस्थाएँ संगठित करने की विशाल कल्पना हरेंद्र के मन में थी और उसी उद्देश्य को लेकर सतीश काशी जा रहा था। राजेंद्र ने सुना तो वह भी आकर कहने लगा, ''हरेंद्र भइया, सतीश के साथ मैं भी कुछ दिनों के लिए काशी घूम आऊँ।''

हरेंद्र ने कहा, ''उसे काम है, इसीलिए जा रहा है।''

''राजेंद्र ने कहा, मुझे काम नहीं है, इसी से जाना चाहता हूँ। जाने का रेलभाड़ा मेरे पास है।''

हरेंद्र ने पूछा, ''लेकिन वापस आने का?''

राजेंद्र चुप रहा।

हरेंद्र ने कहा,''राजेंद्र, कुछ दिन से तुम्हें एक बात कहना चाहता हूँ, पर कह नहीं पाता।''

राजेंद्र ने जरा हँसकर कहा, ''कहने की जरूरत नहीं हरेंद्र भइया, मैं जानता हूँ।'' कहकर वह चला गया।

रात की गाड़ी से वे जाने वाले थे। घर से निकलते वक्त हरेंद्र ने दरवाजे के पास आकर अकस्मात् उसके हाथ में एक कागज की पुड़िया थमाते हुए चुपके से कहा, ''तुम वापस न आओगे तो मैं बहुत दुखित होऊँगा राजेंद्र।'' और इतना कहकर वह लमहे-भर में अपने कमरे में चला गया।

इसके दस-बारह दिन बाद दोनों ही जने लौट आये। हरेंद्र को एकान्त में बुला कर सतीश ने प्रफुल्ल चेहरे से कहा, ''उस दिन आपका उतना ही कहा काम कर गया हरेंद्र भइया। काशी में आश्रम स्थापित करने के लिए राजेन ने इन कुछ दिनों में जी-तोड़ परिश्रम किया है।''

हरेंद्र ने कहा, ''परिश्रम करता है तो वह जी-तोड़ ही करता है।''

''हाँ, यही किया उसने। पर उसका चौथाई हिस्सा भी अगर हमारे इस आश्रम

के लिए मेहनत करे तो क्या कहने हैं!''

हरेंद्र ने आशान्वित होकर कहा, ''करेगा भई, करेगा। अब तक शायद वह ठीक बात को ध्यान में नहीं ला सका। मैं निश्चय से कहता हूँ, तुम देख लेना, अबसे उसके काम की हद न रहेगी।''

सतीश ने खुद भी यह विश्वास कर लिया।

हरेंद्र ने कहा, ''तुम्हारे वापस आने की प्रतीक्षा में एक काम स्थगित पड़ा हुआ है। जानते हो, मैंने मन-ही-मन क्या तय किया है? हमारे आश्रम का अस्तित्व और उद्देश्य छिपाये रखने से अब काम नहीं चल सकता। देश की और दस जनों की सहानुभूति प्राप्त करना हमारे लिए जरूरी है। इसकी विशिष्ट कार्य-पद्धति का जन-साधारण में प्रचार करना आवश्यक है।''

सतीश ने संदिग्ध कंठ से कहा, ''परंतु उससे क्या काम में विघ्न न आयेगा?''

हरेंद्र ने कहा, ''नहीं। इसी रविवार को मैंने कुछ लोगों को आमंत्रित किया है, वे सब देखने आयेंगे। ऐसा करना होगा कि आश्रम की शिक्षा, साधना, संयम और विशुद्धता के परिचय से उस दिन हम उन्हें मुग्ध कर दे सकें, तुम्हारे ही ऊपर सब दायित्व है।''

सतीश ने पूछा, ''कौन-कौन आयेंगे?''

हरेंद्र ने बताया, ''अजित बाबू, अविनाश दादा, भाभीजी। शिवनाथ बाबू फिलहाल यहाँ हैं नहीं, सुना है कि किसी काम से जयपुर गये हैं। पर उनकी पत्नी कमल का नाम सुना होगा, वे आयेंगी। अगर तबीयत ठीक रही तो शायद आशु बाबू को भी पकड़ ला सकूँगा। जानते तो हो, ये लोग कोई ऐसे-वैसे आदमी नहीं हैं। इस बात का ख़याल रखना है कि उस दिन इन लोगों से हम वास्तविक श्रद्धा वसूल कर सकें। इसका भार तुम्हीं पर है।''

सतीश विनय से सिर हिलाकर बोला, ''आशीर्वाद दीजिए कि ऐसा ही हो।''

रविवार को शाम के पहले ही अभ्यागत लोग आ पहुँचे। आये नहीं सिर्फ आशु बाबू। हरेंद्र दरवाजे से उन सबको सम्मान के साथ स्वागतपूर्वक भीतर ले आया। लड़के उस समय आश्रम के नित्य कार्यों में लगे हुए थे। कोई बत्ती जला रहा था, कोई चूल्हा सुलगा रहा था, कोई पानी भर रहा था और कोई रसोई की तैयारियाँ कर रहा था। हरेंद्र ने अविनाश के प्रति लक्ष्य करके हँसते हुए कहा, ''भाई साहब, आप जिन्हें अभागे आवाराओं का दल कहा करते हैं, ये ही हैं वे हमारे आश्रम के लड़के। हमारे यहाँ नौकर रसोइया नहीं हैं, ये ही लोग सब काम अपने हाथों से करते हैं। भाभीजी, चलिए हमारी भोज़नशाला में। आज हमारे यहाँ पर्व का दिन है, वहाँ का आयोजन देख आइए, एक बार चलिए।''

नीलिमा के पीछे-पीछे सब रसोई-घर के सामने जा खड़े हुए। एक दस-बारह साल का लड़का चूल्हा सुलगा रहा था और उसी उमर का दूसरा लड़का हँसिया से आलू चीर रहा था। दोनों ने उठकर नमस्कार किया। नीलिमा ने लड़कों से स्नेह से संबोधन करते हुए पूछा, ''आज तुम लोगों के यहाँ क्या-क्या रसोई बनेगी, बेटा?''

एक लड़के ने प्रसन्न मुख से उत्तर दिया, ''आज रविवार के दिन हमारे यहाँ आलूदम बनते हैं।''

''और क्या-क्या बनता है?''

''और कुछ नहीं।''

नीलिमा की व्याकुलता बढ़ी, ''सिर्फ आलूदम? दाल, झोला या और कुछ?''

लड़के ने कहा, ''दाल हमारे यहाँ कल बनी थी।''

सतीश पास ही खड़ा था। उसने समझाते हुए कहा, ''हमारे आश्रम में एक चीज से ज्यादा बनाने का नियम नहीं है।''

हरेंद्र ने हँसते हुए कहा, ''होने की गुंजाइश भी नहीं भाभीजी, होगा कहाँ से? हमारे भाई साहब इसी तरह दूसरों के आगे आश्रम का गौरव बढ़ाया करते हैं।''

नीलिमा ने पूछा, ''नौकर-चाकर भी नहीं होंगे शायद?''

हरेंद्र ने कहा, ''नहीं। उन्हें रखा जायगा तो आलूदम विदा कर देना पड़ेगा। लड़के यह पसंद नहीं करेंगे।''

नीलिमा ने आगे कुछ नहीं पूछा। उन लड़कों की सूरत की तरफ देखकर उसकी आँखें डबडबा आयीं। बोली, ''लालाजी, और कहीं चलो।''

सबने इस बात के मतलब समझे। हरेंद्र पुलकित होकर बोला, ''चलिए, मैं निश्चय के साथ जानता था भाभी कि यह आपसे सहा नहीं जायेगा।'' फिर उसने कमल की तरफ देखकर कहा, ''लेकिन आप तो खुद ही इसमें अभ्यस्त हैं, सिर्फ आप ही समझेंगी इस संयम की सार्थकता को। इसी से उस दिन इस बह्मचर्याश्रम में आने का विनय के साथ आपको आमंत्रण दिया था।''

हरेंद्र के गंभीर चेहरे की तरफ देखकर कमल हँस पड़ी। बोली, ''मेरी खुद की बात और है, लेकिन इन सब बच्चों को इतने आडंबर के साथ इस तरह की निष्फल दरिद्रता का आचरण कराने का नाम क्या आदमी बनाना है हरेंद्र बाबू? ये ही हैं शायद यहाँ के ब्रह्मचारी? इन्हें आदमी बनाना हो तो साधारण और स्वाभाविक मार्ग से बनाइए। झूठे दुख का बोझ सिर पर लादकर असमय में ही इन्हें बौना या कुबड़ा न बना डालिए।''

कमल के शब्दों की कठोरता से हरेंद्र तिलमिला गया; अविनाश ने कहा, ''कमल को बुलाना ठीक नहीं हुआ हरेंद्र।''

कमल शरमा गई।

बोली, ''सचमुच, मुझे बुलाना किसी के लिए भी ठीक नहीं हुआ।''

नीलिमा ने कहा, ''मगर मैं उन किसी में शामिल नहीं हूँ कमल। मेरे घर में कभी तुम्हारा अनादर न होगा। चलो, हम लोग ऊपर चल कर बैठें। देखें, लालाजी के आश्रम में और क्या-क्या आतिशबाजियाँ निकलती हैं?'' यह कहकर उसने अपने स्निग्ध हास्य के आवरण से कमल की लज्जा ढक दी।

दूसरी मंजिल पर काफी लंबा-चौड़ा आश्रम का खास कमरा था। पुराने जमाने का नक्काशी का काम छत के नीचे और दीवारों पर अब भी मौजूद है। बैठने के लिए एक बेंच और चार-पाँच कुर्सियाँ हैं, पर साधारणत: उन पर कोई बैठता नहीं। फर्श पर एक दरी बिछी हुई है। आज खास दिन होने के कारण उस पर सफेद चादर बिछा दी गयी है और उस पर पड़ोसी के यहाँ से बड़े-बड़े तकिये मँगाकर रख दिये हैं। बीच में उन्हीं के यहाँ से लाया हुआ बेल-बूटेदार बारह डालियों वाला शमादान और एक कोने में हरे रंग के शेड से ढकी दीवारगिरी जल रही है। नीचे की अंधकारमय और आनंदहीन आबोहवा में से इस कमरे में आकर सभी लोग खुश हुए।

अविनाश ने एक तकिये का सहारा लिया और दोनों पैर सामने की ओर पसारकर संतोष की साँस लेते हुए कहा, ''उफ्! जान में जान आयी।''

हरेंद्र पुलकित होकर बोला, ''आश्रम का यह कमरा कैसा है भाई साहब?''

अविनाश ने कहा, ''यहीं तो तुमने मुश्किल में डाल दिया। कमल मौजूद है, उसके सामने किसी चीज को अच्छा बताने की हिम्मत नहीं पड़ती—हो सकता है कि तीव्र प्रतिवाद के जोर से वह अभी साबित कर दे कि इसकी छत की नक्काशी से लेकर फर्श तक सब कुछ बुरा है।'' इतना कहकर वे कमल के मुँह की तरफ देखकर जरा हँस दिये और बोले, ''इसे तो तुम भी मानोगी कि मेरे पास और कोई पूँजी भले ही न हो, पर उमर की पूँजी मैंने खूब जमा कर रखी है। उसी के बल पर तुम से एक बात कहता हूँ। मैं अस्वीकार नहीं करता कि सच बात बहुधा अप्रिय होती है, पर इसका यह अर्थ नहीं कि प्रिय बात-मात्र सत्य नहीं होती कमल। तुम्हें बहुत-सी बातें शिवनाथ ने सिखाई हैं, सिर्फ यही एक बात सिखाना बाकी रख छोड़ा है।''

कमल का चेहरा सुर्ख हो उठा, पर इसका जवाव दिया नीलिमा ने। बोली, ''शिवनाथ की जो इतनी त्रुटि रह गयी है मुखर्जी साहब, हम उन पर जुरमाना करके उसका बदला लेंगे, मगर गुरुगिरी में तो कोई भी पुरुष कम नहीं मालूम होता। इसलिए, प्रार्थना है कि अब आप उमर की पूँजी में से और भी दो-एक प्रिय वाक्य बाहर निकालें। हम लोग सुनकर धन्य हों।''

अविनाश भीतर से जल-भुन गये। इतने लोगों के बीच उनका जो अपमान किया गया, केवल उसी के कारण नहीं, बल्कि इस वक्रोक्ति के तीर में जो तीक्ष्ण फल छिपा हुआ था, उसने विद्ध करके ही दम नहीं लिया, अपमान भी किया।

कुछ दिनों से एक तरह के असंतोष की गरम हवा न जाने कहाँ से आकर दोनों के बीच में बह रही थी। वह आँधी की तरह भीषण नहीं थी, पर घास-तिनके, धूल-रेत उड़ाकर कभी-कभी दोनों की आँखों में झोंक देती थी। कम हिलते दाँतों की तरह चबाने का काम तो चलता था; परंतु चबाने के आनंद से दोनों वंचित थे।

हरेंद्र को लक्ष्य करके उन्होंने कहा, ''नाराज तो नहीं हो सकता हरेंद्र, तुम्हारी भाभी ने बिलकुल झूठ नहीं कहा कि मुझे पहचानने में तो अब उनके लिए कुछ बाकी नहीं, उन्हें ठीक ही मालूम है कि मेरी पूँजी जो कुछ है पुराने जमाने की सीधी-सादी है, उसमें वस्तु होने पर भी रस-कस कुछ नहीं।''

हरेंद्र ने पूछा, ''इसके माने क्या भाई साहब?''

अविनाश ने कहा, ''तुम संन्यासी आदमी ठहरे, माने ठीक समझोगे नहीं। मगर छोटी मालकिन अचानक कमल की जैसी भक्त हो उठी हैं, उससे आशा की जाती है कि अगर वे उनके अनुभव से काम लेंगी तो धन्य होने का रास्ता अपने आप साफ हो जायगा।''

इस व्यंग्य की निष्ठुरता स्वयं उन्हें अपने कानों में भी खटकी थी, और दुर्विनय की स्पर्धा से वे और भी कुछ कहना चाहते थे कि हरेंद्र ने उन्हें रोक दिया। उसने व्यथित-कण्ठ से कहा, ''भाई साहब, आज आप सभी यहाँ के अतिथि हैं। इस बात को अगर आप लोग भूल गये कि कमल को हम आश्रम की तरफ से सम्मान के साथ निमंत्रित करके लाये हैं तो फिर हमारे दुख की सीमा न रहेगी।''

नीलिमा ने कहा, ''तो फिर मेरे संबंध में कृपाकर उन्हें स्मरण करा दो लालाजी कि अगर कोई किसी को छोटी-मालकिन कहकर पुकारने लग जाये तो वह उसकी सचमुच की गृहिणी नहीं हो जाती। उसे उस पर शासन करने की मात्रा का भी ज्ञान रहना चाहिए। मेरी तरफ से मुखर्जी साहब के अनुभव के भंडार में इतना आज और जमा करा दिया जाये, भविष्य में वह काम में आ सकता है।''

हरेंद्र ने हाथ जोड़कर कहा, ''रक्षा कीजिए भाभी साहिबा, सारी की सारी अनुभव-अभिज्ञता की लड़ाई क्या आज मेरे ही यहाँ आकर लड़ी जायेगी? जितनी बाकी बची है, उतनी रहने दीजिए, घर जाकर पूरी कर लीजिएगा; नहीं तो हम लोग तो वैसे ही मारे जायेंगे। जिस बात के डर से अक्षय को नहीं बुलाया आखिर क्या वही बात तकदीर में बंदी है?''

सुनकर अजित और कमल दोनों ही हँस पड़े। हरेंद्र ने पूछा, ''अजित बाबू,

सुना, कल आप अपने घर जायेंगे?''

''पर आपने सुना किससे?''

''आशु बाबू को बुलाने गया था। उन्होंने कहा कि कल आप जा रहे हैं।''

अजित ने कहा, ''शायद। पर कल नहीं, परसों। यह भी निश्चित नहीं कि घर जाऊँगा या और कहीं। हो सकता है कि शाम तक स्टेशन पहुँच जाऊँ और उत्तर, दक्षिण, पूरब, पश्चिम जिस तरफ की गाड़ी मिल जाये उसी पर यात्रा शुरू कर दूँ।''

हरेंद्र ने हँसते हुए कहा, ''लगभग वैरागी होने के ढंग पर अर्थात् गंतव्य स्थान का कोई निश्चय नहीं।''

अजित ने कहा, ''नहीं।''

''लेकिन लौटने का?''

''नहीं, उसका भी फिलहाल कोई निश्चय नहीं।''

हरेंद्र ने कहा, ''अजित बाबू, आप भाग्यवान् आदमी हैं। परंतु बोरिया-बिस्तर ढोने के लिए अगर चाहिए तो मैं एक आदमी दे सकता हूँ; परदेश के लिए ऐसा मित्र मिलना मुश्किल है।''

कमल ने कहा, ''और रसोइये की जरूरत हो तो मैं भी एक ऐसा व्यक्ति दे सकती हूँ जिसकी जोड़ी मिलना मुश्किल है। आप भी स्वीकार करेंगे कि हाँ, है तो अहंकार करने लायक ही।''

अविनाश को कुछ भी अच्छा नहीं लग रहा था, वे बोले, ''हरेंद्र अब देर काहे की है, चलने की तैयारी करो न। क्या कहते हो?''

हरेंद्र ने विनय के साथ कहा, ''लड़कों के साथ जरा परिचय न कीजिएगा? थोड़ा बहुत उपदेश उन्हें न दे जाइएगा, भाई साहब?''

अविनाश ने कहा, ''उपदेश देने तो मैं आया नहीं, आया था सिर्फ इन लोगों का साथी बनकर। शायद उसकी भी अब जरूरत नहीं रही।''

सतीश बहुत से लड़कों के साथ ऊपर आ पहुँचा। दस-बारह वर्ष से लेकर उन्नीस-बीस वर्ष के युवक तक उसमें थे। जाड़े के दिन और बदन पर सिर्फ एक कुरता, पाँव में जूते तक नहीं—शायद इसलिए कि जीवन-धारण के लिए उनका कोई विशेष प्रयोजन नहीं। खाने-पीने की व्यवस्था पहले ही दिखा दी गई। ब्रह्मचर्याश्रम में यह सब शिक्षा के ही अंग हैं। हरेंद्र ने आज एक सुंदर भाषण रट रखा था। वह मन ही मन उसी को दुहराते हुए यथोचित गांभीर्य के साथ बोला, ''इन लड़कों ने देश के काम में जीवन अर्पण कर दिया है। यही आशीर्वाद आप लोग हमें दीजिए कि आश्रम का यह महान् आदर्श भारत के नगर-नगर और गाँव-गाँव में ये प्रचारित कर सकें।''

सबने मुक्त कंठ से आशीर्वाद दिया।

हरेंद्र ने कहा, "अगर समय मिला तो अपना वक्तव्य मैं पीछे सुनाऊँगा।" यह कहकर उसने कमल को लक्ष्य करके कहा, "आपको ही आज खास तौर से आमंत्रण देकर हम लोगों ने बुलाया है, कुछ सुनने की आशा से लड़के आश लगाये हुए हैं कि आपके मुँह से आज वे ऐसी कोई बात सुनेंगे जिससे उनके जीवन का व्रत अधिक उज्ज्वल हो उठे।"

मारे संकोच और दुविधा के कमल सुर्ख हो उठी। बोली, "मैं तो व्याख्यान नहीं दे सकती हरेन बाबू।"

इसका उत्तर दिया सतीश ने, बोला, "व्याख्यान नहीं उपदेश चाहते हैं हम। देशकर्म जो चीज इनके सबसे ज्यादा काम में आयेगी, सिर्फ उसी के बारे में।"

कमल ने उसी से पूछा, "देशकर्म से आपका तात्पर्य क्या है यह तो बताइए?"

सतीश बोला, "जिससे देश का सर्वांगीण कल्याण हो वही देश का काम है।"

कमल ने कहा, "मगर कल्याण की धारणा तो सबकी एक-सी होती नहीं। आपकी-मेरी धारणा का मेल न बैठा तो मेरा उपदेश आपके काम नहीं आ सकता।"

सतीश संकट में पड़ गया। इस बात का ठीक उत्तर उसे ढूँढ़े न मिला। उसका इस संकट से उद्धार करने के लिए हरेंद्र ने कहा, "देश को मुक्ति जिससे मिले वही है, देश का एकमात्र कल्याण। ऐसा कौन होगा जो इस सत्य को न मानता हो?"

कमल ने कहा, "कहने में डर लगता है हरेन बाबू चूँकि सबके सब भड़क उठेंगे। नहीं तो मैं ही कहती कि अपने आपको और दूसरों को भूलभुलैया में डालने वाले इस 'मुक्ति' शब्द के समान और कोई छल ही नहीं। किससे मुक्ति हरेन बाबू? त्रिविध दुख से या भव-बंधन से? बताइए कि किसे देश का एक मात्र कल्याण समझकर आश्रम-प्रतिष्ठा में आप लोग नियुक्त हुए हैं? यही क्या आपकी स्वदेश-सेवा का आदर्श है?"

हरेंद्र व्यस्त होकर बोला, "नहीं, नहीं, नहीं, यह सब नहीं, यह सब नहीं, यह कामना हमारी नहीं।"

कमल ने कहा, "तो फिर ऐसा कहिए कि यह हमारी कामना नहीं, कहिए कि हमारा आदर्श इससे भिन्न है। कहिए कि संसार-त्याग और वैराग्य-साधन हमारा लक्ष्य नहीं। हमारी साधना है संसार का संपूर्ण ऐश्वर्य, संपूर्ण सौंदर्य, संपूर्ण जीवन लेकर जीवित रहना? मगर उसकी शिक्षा क्या यही है? बदन पर कपड़े नहीं, पाँवों में जूते नहीं, फटे-पुराने कपड़े पहन रखे हैं, रूखे बाल हैं, एक वक्त अध-पेट खाकर जो लड़के अस्वीकार के बीच बढ़ रहे हैं, प्राप्ति के आनंद का जिनके भीतर चिह्न तक नहीं रहा है, देश की लक्ष्मी क्या उन्हीं के हाथ अपने भंडार की चाबी

सौंप देगी? हरेंद्र बाबू, संसार की तरफ एक बार मुँह उठाकर देखिए तो सही। जिन्हें बहुत मिला है, उन्होंने ही आसानी से दिया है। उन लोगों को ऐसी अकिंचनता का स्कूल खोलकर त्याग का ग्रेजुएट नहीं बनाया गया था।"

सतीश हतबुद्धि-सा हो गया। बोला, "क्या आप कहना चाहती हैं कि देश के मुक्ति-संग्राम में धर्म की साधना और त्याग की दीक्षा की कतई जरूरत नहीं?"

कमल ने कहा, "मुक्ति-संग्राम का अर्थ तो पहले स्पष्ट हो जाये?"

सतीश बगलें झाँकने लगा। कमल हँसती हुई बोली, "आपके भावों से मालूम होता है कि आप विदेशी राजशक्ति के बंधन से मुक्त होने को ही देश का मुक्ति-संग्राम कह रहे हैं। अगर यही तो, मैंने न तो कभी धर्म की साधना की है और न त्याग की दीक्षा ही ली है, फिर भी आपसे कहे देती हूँ कि मुझे आप सबसे आगे सामना करने वालों के दल में पाइएगा—आप लोग तब ढूँढ़े भी न मिलेंगे।"

सतीश कुछ बोला नहीं। वह न जाने कैसा घबरा-सा गया। उसकी चंचल दृष्टि का अनुसरण करती हुई कमल कुछ देर के लिए जिस व्यक्ति की ओर से आँखें न फेर सकी वह था राजेंद्र। सतीश के सिवा किसी ने उधर लक्ष्य ही नहीं किया था कि कब वह चुपके से दरवाजे के पास आ खड़ा हुआ था।

वह भावाच्छन्न की भाँति निष्पलक दृष्टि से अब तक कमल की ओर देख रहा था, और अब भी ठीक उसी तरह देख रहा था। उसका चेहरा एक बार देखकर फिर भूलना मुश्किल था। उमर शायद पचीस-छब्बीस के लगभग होगी, रंग बिलकुल साफ गोरा, सहसा देखने से अस्वाभाविक-सा मालूम पड़ता है। ऊँचा प्रशस्त ललाट, इसी उमर में बाल उड़ जाने के कारण सामने की तरफ बहुत बड़ा दिखाई देता है। आँखें गहरी और खूब छोटी-छोटी हैं जैसे अँधेरे बिल में से चूहे की आँखें चमक रही हों। नीचे का मोटा ओठ सामने की ओर मुड़कर मानो अंत:करण के कठोर संकल्प को किसी तरह दबाये हुए है। सहसा देखने से ऐसा लगता है कि इस आदमी से बचकर चलना ही अच्छा है।

हरेंद्र ने कहा, "ये ही मेरे मित्र हैं राजेंद, सिर्फ मित्र ही नहीं बल्कि छोटे भाई जैसे। इतना कर्मठ कार्यकर्ता, इतना बड़ा स्वदेशभक्त, इतना निडर और साधुचित्त पुरुष मैंने दूसरा नहीं देखा। भाभीजी, उस रोज आपसे मैं इन्हीं का जिक्र कर रहा था। यह जैसे हँसते-खेलते पाता है, वैसे ही हँसते-खेलते फेंक देता है। विचित्र आदमी है। अजित बाबू, आपके भार वहन करने लिए मैं इन्हीं को दे रहा था।"

अजित कुछ कहना ही चाहता था कि एक लड़के ने आकर खबर दी, "अक्षय बाबू आये हैं।"

हरेंद्र विस्मित होकर बोला, "अक्षय बाबू?"

अक्षय ने घर में घुसते हुए कहा, "हाँ जी, हाँ, तुम्हारा परम मित्र अक्षय कुमार!" फिर सहसा चौंककर कहा, "ऐं! आज बात क्या है? यहाँ तो सभी लोग इकट्ठे हैं! आशु बाबू के साथ कार में घूमने निकला था, सहसा ख़याल आया, हरि घोष की गोशाला तो जरा देखते जायें। इसी से चला आया, चलो अच्छा ही हुआ।"

इन सब बातों का किसी ने जवाब नहीं दिया; कारण उसमें न तो कुछ जवाब देने लायक था और न उस पर किसी ने विश्वास ही किया। अक्षय का न तो यह रास्ता ही है और न इधर वह कभी आता है।

अक्षय ने कमल की तरफ देखकर कहा, "तुम्हारे यहाँ कल सबेरे ही जाने की सोच रहा था, लेकिन मकान तो मुझे मालूम नहीं, अच्छा ही हुआ जो भेंट हो गयी। एक शुभ संवाद है।"

कमल चुपचाप देखती रही; हरेंद्र ने पूछा, "शुभ संवाद क्या है, सुनाओ तो सही। यह निश्चय है खबर जब शुभ है तो गोपनीय तो होगी नहीं।"

अक्षय ने कहा, "नहीं, छिपाने लायक अब रह ही क्या गया! रास्ते में आज उस सिलाई की मशीन बेचने वाले कंबख्त पारसी से भेंट हो गयी जो उस दिन कमल की तरफ से रुपये उधार लेने गया था। गाड़ी रोककर मामला पूछा गया।" फिर कमल की तरफ इशारा करके कहा, "आप उधार में एक मशीन खरीद कर फतुई-वतुई सीकर खर्च चला रही थीं। शिवनाथ मौज से लापता है। मगर इकरार के मुताबिक किश्त तो वक्त पर चुकनी ही चाहिए, इसी से वह मशीन छीन ले गया। आशु बाबू ने आज उसे पूरी कीमत देकर खरीद लिया है। कमल, कल सबेरे ही आदमी भेजकर मशीन मँगा लेना। खाने-पहनने से भी तंग हो, हम लोगों से तो यह बात कहनी थी।"

कहने की बर्बर निष्ठुरता से सबके सब मर्माहत हुए। कमल के लावण्यहीन शीर्ण चेहरे का कारण जानकर मारे शरम के अविनाश तक का चेहरा लाल हो उठा।

कमल ने मृदु कंठ से कहा, "मेरी तरफ से कृतज्ञता जताकर उन्हें मशीन वापस कर देने को कह दीजिएगा। अब मुझे उसकी जरूरत नहीं।"

हरेंद्र ने कहा, "अक्षय बाबू, आप चले जाइये इस घर से। आपको मैंने बुलाया नहीं था और न चाहा ही था कि आप यहाँ आयें। फिर भी, आप चले आये। आदमी की ब्रूटेलिटी (पशुता) की क्या कहीं कोई हद ही नहीं?"

कमल ने सहसा मुँह उठाते ही देखा कि अजित की दोनों आँखें आँसुओं से भर आयी हैं। बोली, "अजित बाबू, क्या आपकी गाड़ी साथ है, कृपा करके मुझे पहुँचा दीजिएगा?"

अजित कुछ बोला नहीं। उसने सिर्फ सिर हलाकर हाँ कर दी।

कमल ने नीलिमा से नमस्कार करके कहा, "अब शायद जल्दी भेंट न होगी,

मैं यहाँ से जा रही हूँ।''

पूछने का किसी को साहस नहीं हुआ कि कहाँ?

नीलिमा ने सिर्फ उसका हाथ लेकर अपने हाथ में दबा दिया और दूसरे क्षण कमल हरेंद्र को नमस्कार करके अजित के पीछे-पीछे कमरे से बाहर निकल गयी।

15

मोटर में बैठकर कमल अन्यमनस्क-सी होकर आकाश की ओर देख रही थी। गाड़ी थमते ही इधर-उधर देखकर उसने पूछा, ''यह कहाँ आ गये अजित बाबू, मेरे घर का रास्ता तो यह नहीं है?''

अजित ने उत्तर दिया, ''नहीं, यह घर का रास्ता नहीं।''

''नहीं है? तो लौटना पड़ेगा शायद?''

''सो आप जानें। हुक्म करते ही लौट पड़ूँगा।''

सुनकर कमल आश्चर्य में पड़ गयी। इस अद्‌भुत उत्तर के कारण उतनी नहीं जितनी उसके कंठ की अस्वाभाविकता से वह विचलित हो उठी। क्षण-भर मौन रहकर उसने अपने को दृढ़ किया और फिर हँसते हुए कहा, ''राह भूलने का अनुरोध तो मैंने किया नहीं अजित बाबू, जो संशोधन का हुक्म मुझको ही देना होगा? ठीक जगह पहुँचा देने का दायित्व आपका है, मेरा कर्तव्य है सिर्फ आप पर विश्वास किये रहना।''

''मगर दायित्व-बोध की धारणा में अगर भूल कर बैठा होऊँ कमल, तो?''

'''मगर' के ऊपर तो कोई विचार चल नहीं सकता अजित बाबू। भूल के बारे में पहले निःसंशय हो जाने दो, उसके बाद इसका विचार करूँगी।''

अजित ने अस्फुट स्वर में कहा, ''तो विचार ही कीजिए, मैं प्रतीक्षा कर रहा हूँ।'' इसके बाद वह क्षण-भर स्तब्ध रहकर सहसा बोल उठा, ''कमल, उस दिन की बात याद है तुम्हें? उस दिन भी ठीक ऐसा ही अंधकार था।''

''हाँ, ऐसा ही अंधकार था।'' कहकर कमल ने गाड़ी का दरवाजा खोला, वह पीछे से उतरी और अजित की बगल में सामने की सीट पर जा बैठी। सुनसान अंधकार, रात्रि बिलकुल नीरव थी। कुछ देर तक दोनों में से कोई कुछ बोला नहीं।

''अजित बाबू?''

''हूँ!''

अजित की छाती के भीतर आँधी उठ रही थी, जवाब देने में बात उसकी मुँह

की मुँह में ही हिलग रही।

कमल ने फिर पूछा, "क्या सोच रहे हैं, बताइए न?"

अजित का कंठ काँपने लगा, बोला, "आशु बाबू के मकान में उस दिन का मेरा आचरण तुम्हें याद है? उस दिन सोचा था कि तुम्हारा अतीत ही शायद तुम्हारा सबसे बड़ा अंश है, मैं उसके साथ समझौता कैसे कर सकता हूँ? पीछे की ही छाया को सामने बढ़ाकर मैंने तुम्हारा चेहरा ढक लिया था और इस बात को भूल गया था कि सूर्य घूमा करता है। मगर उसे जाने दो, लेकिन आज क्या सोच रहा हूँ, तुम नहीं समझ सकतीं?"

कमल ने कहा, "स्त्री होकर भी न समझ सकूँगी, मैं क्या इतनी निर्बोध हूँ? राह जब भूले, मैंने तो तभी समझ लिया था।"

अजित धीरे-धीरे उसके कंधे पर बायाँ हाथ रखकर चुप हो रहा। कुछ देर बाद कहा, "कमल, मालूम होता है, आज अब मैं अपने को सँभाल नहीं सकूँगा?"

कमल हटकर नहीं बैठी। उसके आचरण में विस्मय या विह्वलता का नाम तक न था। सहज-स्वाभाविक शांत कंठ से बोली, "इसमें आश्चर्य की कोई बात नहीं अजित बाबू, ऐसा तो हुआ ही करता है। लेकिन आप तो सिर्फ पुरुष ही नहीं हैं, न्याय-निष्ठ शिष्ट पुरुष हैं। इसके बाद फिर मुझे कंधे से उतारिएगा कैसे? इतना छोटा काम तो आप कर नहीं सकेंगे।"

अजित गाढ़े स्वर में बोला, "ऐसी आशंका तुम करती ही क्यों हो कमल कि ऐसा काम करना ही पड़ेगा?"

कमल हँस दी और बोली, "आशंका मैं अपने लिए नहीं करती अजित बाबू, करती हूँ सिर्फ आपके लिए। आपसे करते बनता तो मुझे कोई डर न था, चिंता इसी की है कि करते नहीं बनेगा। सिर्फ एक रात की गलती के बदले इतनी बड़ी सजा आपके सिर लाद देने में मुझे तरस आता है। अब नहीं, चलिए लौट चलें।"

बात अजित के कान तक पहुँची, पर हृदय तक नहीं पहुँची। लमहे-भर में उसकी नसों का खून पागल हो उठा, अपनी छाती के पास जोर से उसे खींचकर मत्त बोल उठा, "मुझ पर क्या तुम विश्वास नहीं कर सकतीं कमल?"

क्षण-भर के लिए कमल की साँस रुक गयी, बोली, "कर सकती हूँ।"

"तो किसलिए लौटना चाहती हो कमल? चलो, हम चले चलें।"

"चलिए।"

गाड़ी चलाते वक्त अजित ने सहसा रुककर पूछा, "घर से साथ लेने लायक क्या तुम्हारे पास कुछ भी नहीं?"

"नहीं। लेकिन आपके?"

अजित को सोचना पड़ा। जेब में हाथ डालकर बोला, ''रुपये-पैसे तो कुछ साथ हैं नहीं, उनकी तो जरूरत पड़ेगी।''

कमल ने कहा, ''गाड़ी बेच देने से रुपये आ जायेंगे।''

अजित ने आश्चर्य के साथ कहा, ''गाड़ी बेचूँगा? मगर यह तो मेरी नहीं है, आशु बाबू की है।''

कमल ने कहा, ''इससे क्या? आशु बाबू मारे लज्जा और घृणा के गाड़ी का नाम तक जबान पर न लायेंगे। कोई चिंता मत कीजिए, चले चलिए।''

सुनकर अजित स्तब्ध हो रहा। उसका बायाँ हाथ अब भी कमल के कंधे पर था, वह खिसककर नीचे जा पड़ा। बहुत देर चुप रहकर वह बोला, ''तुम क्या मेरा मजाक उड़ा रही हो?''

''नहीं तो, सच कह रही हूँ।''

''सच कह रही हो और सच ही समझ रही हो कि मैं गाड़ी चुरा सकता हूँ? यह काम तुम खुद कर सकती हो?''

कमल ने कहा, ''सकने न सकने पर अगर आप निर्भर करते अजित बाबू, तो मैं इसका जवाब देती। परायी चीज हड़प लेने की हिम्मत आप में नहीं है। चलिए, गाड़ी घुमाकर मुझे घर पहुँचा दीजिए।''

लौटते वक्त अजित ने धीरे से पूछा, ''परायी चीज हड़प लेने को क्या बहुत बड़ी बात समझती हो तुम?''

कमल ने कहा, ''बड़ी-छोटी की बात नहीं की मैंने। यह साहस आप में नहीं है, बस यही कहा है।''

''नहीं, नहीं है, और उसके लिए मैं लज्जा का अनुभव भी नहीं करता।'' यह कहकर अजित जरा रुका और फिर बोला, ''बल्कि होता तो उसे मैं लज्जा की बात समझता और मैं समझता हूँ कि सभी शिष्ट व्यक्ति इस बात को स्वीकार करेंगे।''

कमल ने कहा, ''क्योंकि स्वीकार करना बहुत आसान है। उसमें वाहवाही जो मिलती है।''

''सिर्फ वाहवाही ही? उससे ज्यादा कुछ नहीं? शिक्षा और संस्कार नाम की क्या कोई चीज ही नहीं देखी तुमने कभी?''

''अगर देखी भी हो तो उसकी आलोचना अगर कभी मौका आया तो और किसी दिन करूँगी, आज नहीं।'' और वह क्षण-भर मौन रहकर बोली, ''आपके तर्क पर अगर और कोई होता तो व्यंग्य से कहता कि 'कमल को हड़प लेने की कोशिश में तो शिक्षा और संस्कार को संकोच हुआ नहीं?' मगर मैं ऐसा नहीं कर सकती, क्योंकि, कमल किसी की संपत्ति नहीं है। वह सिर्फ अपनी ही है, और

किसी की भी नहीं।''

''किसी दिन शायद किसी की हो भी नहीं सकती?''

''यह तो भविष्य की बात है अजित बाबू, आज कैसे इसका जवाब दूँ?''

''जवाब शायद किसी भी दिन नहीं दे सकोगी। मालूम होता है, इसीलिए शिवनाथ की इतनी बड़ी निर्ममता भी तुम्हें नहीं खटकी। बहुत ही आसानी से उसे तुमने झाड़ फेंका।'' कहकर अजित ने जोर की साँस ले ली।

मोटर के उजाले में दिखा कि सामने कई एक बैलगाड़ियाँ खड़ी हैं। पास ही शायद गाँव है, किसान जैसी की तैसी गाड़ियाँ सड़क पर ढीली कर, बैल लेकर घर चले गये हैं।

अजित सावधानी से उस जगह को पार करके बोला, ''कमल, तुम्हें समझना कठिन है।''

कमल ने हँसकर कहा, ''कठिन कैसे? ठीक ही तो समझे थे कि राह भूलते ही मुझे भुलाकर ले जाया जा सकता है।''

''शायद वह समझना मेरी भूल थी।''

कमल ने हँसते हुए कहा, ''रास्ता भूलना भूल, मुझे भुलाकर ले जाने की कोशिश भूल, और अपनी भी भूल? इतना बड़ा भूल का बोझा आपका दूर होगा कब? अजित बाबू, अपने पर श्रद्धा रखना सीखिए। इस तरह से अपने सामने अपने को छोटा मत बनाइए।''

''अपनी भूल को अस्वीकार करना ही क्या अपने पर श्रद्धा रखना है, कमल?''

''नहीं, सो नहीं। पर अस्वीकार करने की भी एक रीति है। संसार सिर्फ अपने को लेकर ही तो है नहीं। ऐसा होता तो फिर सब झंझट ही मिट जाता। यहाँ और भी दस जनों का वास है, उनकी भी इच्छा-अनिच्छा, उनके भी काम की धारा हमारी देह से आ टकराती है। इसी से, अंतिम फलाफल अगर मन के माफिक न हो, तो उसे भूल जानकर धिक्कार देते रहना अपना ही अपमान करना है। अपने प्रति इससे बढ़कर अश्रद्धा, बताइए और क्या प्रकट की जा सकती है?''

अजित ने क्षण-भर चुप रहकर पूछा, ''लेकिन जहाँ सचमुच की भूल हो? शिवनाथ के संबंध में भी क्या तुम्हें आत्म-पश्चात्ताप नहीं हुआ कमल? और यही क्या मुझे तुम विश्वास करने को कहती हो?''

कमल ने इस प्रश्न का शायद ठीक से उत्तर नहीं दिया। बोली, ''विश्वास करने न करने की गर्ज तो आपकी है। उनके विरुद्ध तो किसी के पास किसी दिन मैंने शिकायत की नहीं।''

''शिकायत करने वाली तुम स्त्री नहीं हो। पर भूल के लिए क्या अपने आप भी

कभी अपने को नहीं धिक्कारा?"

"नहीं।"

"तो इतना ही कह सकता हूँ कि तुम अद्‌भुत हो, तुम असाधारण हो।"

इस मंतव्य का कमल ने कोई जवाब नहीं दिया, वह चुप हो रही।

दस मिनट बीत जाने के बाद अजित सहसा पूछ बैठा, "कमल, ऐसी भूल अगर फिर भी कर बैठूँ, तो भी क्या तुमसे भेंट होगी?"

"'अगर' का जवाब तो 'अगर' से ही दिया जा सकता है अजित बाबू। अनिश्चित प्रस्ताव के निश्चित समाधान की आशा नहीं करनी चाहिए।"

"अर्थात्, यही तुम्हारा विश्वास है कि यह मोह मेरा कल तक टिकेगा नहीं?"

"मुझे लगता है, ऐसा होना कम से कम असंभव तो नहीं।"

अजित मन ही मन आहत होकर बोला, "मैं और चाहे जो भी होऊँ कमल, शिवनाथ नहीं हूँ।"

कमल ने जवाब दिया, "सो मैं जानती हूँ अजित बाबू, और शायद आपसे भी ज्यादा जानती हूँ।"

अजित ने कहा, "जानती होती तो यह विश्वास न कर लेतीं कि आज मैंने तुम्हें झूठ से बहकाना चाहा था, इसमें सत्य कुछ भी नहीं था।"

कमल ने कहा, "झूठ की बात तो हो नहीं रही अजित बाबू, मोह की बात हो रही थी। ये दोनों एक चीज नहीं। आज मोह के वश होकर अगर आपने किसी को बहकाना चाहा हो तो वह अपने को ही बहकाना चाहा है। मुझको बहकाना नहीं चाहा, जानती हूँ।"

"पर अंत में ठगाई तो तुम ही जातीं कमल। इसे निश्चित समझकर भी कि मेरा रात का मोह दिन के उजाले में कट जायेगा, तुमने साथ चलने से इनकार नहीं किया? यह क्या सिर्फ उपहास ही था?"

कमल जरा हँस दी, "जाँच कर देख क्यों नहीं लिया? रास्ता खुला था, एक बार भी तो मैंने मना नहीं किया था।"

अजित जोर की एक साँस छोड़कर बोला, "अगर नहीं किया तो मैं यही कहूँगा कि तुम्हें समझना वास्तव में ही कठिन है। एक बात मैं तुमसे कहता हूँ कमल कि जैसे नारी का प्रेम हृदय को आच्छन्न कर देता है, वैसे ही उसके रूप का मोह भी बुद्धि को बेहोश कर डालता है। किया करे, पर इनमें से एक जितना बड़ा सत्य है, दूसरा उतना ही बड़ा असत्य है। तुम तो जानती थीं कि यह मेरा प्रेम नहीं, सिर्फ क्षणिक मोह है। फिर कैसे तुम इसे बढ़ावा देने को तैयार हो गयीं? कमल, कुहरा चाहे जितने बड़े समारोह के साथ सूर्य के प्रकाश को ढक दे, फिर भी वह असत्य है।

ध्रुव सत्य तो सूर्य ही है।''

कमल अंधकार में क्षण-भर निर्निमेष दृष्टि से उसकी तरफ देखती रही, उसके बाद शांत कंठ से बोली, ''यह तो कवि की उपमा है अजित बाबू, कोई युक्ति नहीं, सत्य भी नहीं। मालूम नहीं, किस आदिम काल में कुहरे की सृष्टि हुई थी, पर आज भी वह उसी तरह मौजूद है। सूर्य को उसने बार-बार ढका है और बार-बार ढकता रहेगा। मालूम नहीं सूर्य ध्रुव है या नहीं, पर कुहरा भी असत्य प्रमाणित नहीं हुआ। दोनों ही नश्वर हैं, और हो सकता है कि दोनों ही नित्य हों। इसी तरह भले ही मोह क्षणिक हो, पर क्षण भी तो असत्य नहीं। क्षण-भर का सत्य लेकर ही वह बार-बार वापस आया करता है। मालती फूल की आयु सूर्यमुखी की तरह लंबी नहीं, पर उसे असत्य कहकर कौन उड़ा सकता है? यही अगर आपकी शिकायत हो कि मैंने एक रात के मोह को बढ़ावा क्यों देना चाहा था, तो मैं पूछती हूँ कि आयुष्य-काल की लंबाई ही क्या जीवन का इतना बड़ा सत्य है?''

यह जानकर भी कि ये बातें अजित समझ नहीं रहा है, वह कहने लगी, ''आपके लिए मेरी बातें समझने का दिन अभी नहीं आया। इसी से शिवनाथ के प्रति आपके क्रोध की सीमा नहीं, मगर मैंने उन्हें क्षमा कर दिया है। इसकी मुझे जरा भी शिकायत नहीं कि जितना उनसे मैंने पाया है उससे ज्यादा मुझे क्यों नहीं मिला।''

अजित ने कहा, ''यानी मन को इतना निर्विकार बना डाला है! अच्छा, संसार में किसी के विरुद्ध क्या तुम्हें कोई भी शिकायत नहीं?''

कमल उसके मुँह की ओर देखकर बोली, ''है, सिर्फ एक के विरुद्ध।''

''किसके विरुद्ध, बताओ तो सही कमल?''

''क्या करेंगे आप परायी बात सुनकर?''

''परायी बात? कोई भी हो, फिर भी कम से कम निश्चिंत हो सकूँगा कि मुझ पर तुम्हारा गुस्सा नहीं है।''

कमल ने कहा, ''निश्चिंत होने से ही क्या आप खुश हो जायेंगे? पर उसके लिए अब समय नहीं रहा, हम लोग आ पहुँचे, गाड़ी रोकिए, मैं उतर जाऊँ।''

गाड़ी रुक गयी। अँधेरे में सड़क के किनारे कोई खड़ा था, पास आते ही दोनों चौंक पड़े। अजित डरा हुआ बोला, ''कौन?''

''मैं हूँ, राजेंद्र। वही जिसे आज हरेंद्र भइया के आश्रम में देखा था।''

''अच्छा, राजेंद्र? इतनी रात में यहाँ कैसे?''

''आप लोगों की ही बाट देख रहा था। आप लोगों के आने के बाद ही आशु बाबू के यहाँ से आदमी आया था आपको ढूँढ़ने।'' यह कहकर वह कमल की तरफ देखने लगा।

कमल ने कहा, "मुझे ढूँढ़ने का कारण?"

उसने कहा, "आपने शायद सुना होगा कि चारों तरफ जोर का एंफ्लुएंजा फैल रहा है, और बहुत-से लोग मर रहे हैं। शिवनाथ बाबू बहुत ज्यादा बीमार हैं। अचानक उन्हें मैं डोली में लिटाकर आशु बाबू के घर पहुँचा आया हूँ। आशु बाबू ने सोचा होगा कि आप आश्रम में होंगी, इसी से वहाँ बुलाने भेजा था।"

"अभी क्या वक्त होगा?"

"शायद तीन बज चुके हैं।"

कमल ने हाथ चढ़ाकर गाड़ी का दरवाजा खोला और कहा, "भीतर बैठिए, रास्ते में आपको आश्रम में उतारते चलेंगे।"

अजित ने एक शब्द भी मुँह से नहीं निकाला। काठ के पुतले की तरह चुपचाप गाड़ी चलाता हुआ हरेंद्र के घर के सामने जाकर ठहर गया। राजेंद्र के उतरने पर कमल ने कहा, "आपको धन्यवाद। मुझे खबर देने के लिए आज आपको बहुत कष्ट हुआ।"

"यह तो मेरा काम ही है। जरूरत होते ही खबर दीजिएगा।" कहकर वह चला गया। न कोई भूमिका, न कोई आडंबर। सीधे-सादे शब्दों में जता गया कि यह उसके कर्तव्य के अंतर्गत है। आज ही शाम को हरेंद्र के मुँह से इस लड़के के विषय में जो कुछ उसने सुना था, सब याद आ गया। एक तरफ उसकी परीक्षा पास करने की असाधारण दक्षता, और दूसरी तरफ सफलता के सामने पहुँचते ही उसे त्याग देने की उदासीनता। उमर भी कम, हाल ही यौवन में कदम रखा है—और इसी उमर में 'अपना' कहने को कुछ भी हाथ में नहीं रखा, पराये काम में सब बाँट दिया।

अजित तब से चुप ही था। यह सुनने के बाद कि रात के तीन बज चुके हैं, किसी बात पर ध्यान देने लायक शक्ति उसमें नहीं थी। एक असंबद्ध काल्पनिक प्रश्नोत्तर-माला के आघात-प्रतिघात के नीचे इस निशीथ अभियान की निरवच्छिन्न कृत्रिमता से उसका अंतःकरण काला हो उठा। जहाँ तक संभव है, कोई भी उससे कुछ पूछेगा नहीं, और हो सकता है कि पूछने की हिम्मत भी किसी की न पड़े; पर, सिर्फ अपनी इच्छा, अभिरुचि और विद्वेष की तूलिका से लोग अज्ञात घटना की कहानी आद्योपांत पूरी की पूरी बना लेंगे। इससे भी ज्यादा उसे व्याकुल कर रखा था इस लज्जाहीन नारी की निर्भय सत्यवादिता ने। इस दुनिया में झूठ बोलने की इसे आवश्यकता ही नहीं। यह मानो सारी दुनिया को संकट में डालने और लांछित करने के लिए ही पैदा हुई है।

उधर उसे नहीं मालूम कि शिवनाथ की बीमारी में कौन और कैसे-कैसे लोग आये होंगे। यह कल्पना करके कि इस स्त्री से सब लोग इतनी देर होने का कारण पूछ रहे हैं, उसका खून ठण्डा हो गया। सहसा उसे ख़याल आया कि वह कमल से

घृणा करता है और इसी के लुब्ध आश्वासन से उसने आत्म-विस्मृत उन्मत्त की तरह क्षणभर के लिए ही सही, अपना होश खो दिया था। मन-ही-मन यह कहकर वह बार-बार अपने को अभिशाप देने लगा कि जरूर इसकी उसे सजा मिलनी चाहिए।

गेट के अन्दर घुसते ही उसकी नजर पड़ी खुली खिड़की के सामने खड़े हुए आशु बाबू पर। शायद वे उसी की प्रतीक्षा उत्कण्ठित हैं। गाड़ी की आहट से नीचे की ओर देखकर बोले, "अजित आ गये? साथ में कौन है कमल?"

"हाँ।"

"यदु, कमल को शिवनाथ के कमरे में ले जाओ, सुना होगा शायद, वे बीमार हैं?" कहते-कहते वे खुद ही उतर आये, और बोले, "यह ऋतु बदलने का समय ऐसा खराब है कि अचानक चारों तरफ बीमारी शुरू हो गयी है और काफी लोग मर रहे हैं। मेरी तबीयत भी आज सबेरे से ठीक नहीं, हरारत सी मालूम पड़ रही है।"

कमल उद्विग्न होकर बोली, "तो आप जाग रहे हैं? यहाँ देख-रेख करने वालों की तो कमी नहीं है?"

"कौन है, बताओ? डॉक्टर आकर देख-भाल गये हैं, मुझे सोने भेजकर मणि स्वयं ही बैठी जाग रही है। पर मुझे नींद ही नहीं आती थी और तुम्हारे आने में देर होने लगी। कमल, पति की बीमारी के समय भी क्या अभिमान रखा जाता है? लड़ाई-झगड़ा तो होता ही रहता है, पर तुमने खबर तक नहीं ली कि तीन-चार दिन से कहाँ किस मकान में वह बुखार में पड़ा हुआ है? छि:! यह काम अच्छा नहीं हुआ, अब अकेली तुम्हीं को तो सब भुगतना पड़ेगा।"

सुनकर कमल को बड़ा आश्चर्य हुआ, और समझ गयी कि इस सरलचित्त व्यक्ति को भीतर की कोई भी बात मालूम नहीं। वह चुप रही; आशु बाबू उसके अभिमान को शांत करने के अभिप्राय से कहने लगे, "हरेंद्र बाबू के मुँह से सुना कि तुम घर पर नहीं हो, तभी मैं समझ गया कि अजित ने तुम्हें छोड़ा नहीं। वह खुद खूब घूमना पसंद करता है, तुम्हें भी ले गया होगा। लेकिन सोचो तो जरा, अँधेरे में अचानक कोई दुर्घटना हो जाती तो तुम लोग कैसी आफत में पड़ते?"

अजित की छाती पर से पत्थर-सा उतर गया। आशु बाबू के लिए वह सोचने लगा, किसी बुराई की तरफ मानो उनका मन जाना ही नहीं चाहता, निष्कलुष अंत:करण हरदम अकलंक शुभ्रता से चमका करता है। स्नेह और श्रद्धा से उसने मन-ही-मन उन्हें नमस्कार किया। लेकिन, कमल ने उनकी सब बातों पर ध्यान नहीं दिया, इसकी जरूरत भी नहीं समझी। उसने पूछा, "वे अस्पताल न जाकर यहाँ क्यों आये?"

आशु बाबू ने आश्चर्य के साथ कहा, "अस्पताल? यह देखो? अभी तक तुम्हारा गुस्सा नहीं गया!"

"गुस्से की बात नहीं कह रही आशु बाबू, जो संगत और स्वाभाविक है, वही कह रही हूँ।"

"यह स्वाभाविक नहीं है, और संगत तो है ही नहीं। हाँ, इतना मानता हूँ कि मणि को उचित था कि यहाँ न लाकर वह तुम्हारे पास भेज देती।"

कमल ने कहा, "नहीं, उचित नहीं था। मणि जानती है कि इलाज कराने की शक्ति नहीं है मेरी।"

इस बात से उन्हें और एक बात याद आ गयी और उससे वे अत्यंत लज्जित से हो गये। कमल कहने लगी, "सिर्फ मनोरमा ही नहीं शिवनाथ बाबू भी जानते हैं कि सेवा से ही रोग नहीं जाता, दवा-दारू की भी जरूरत पड़ती है। शायद यह अच्छा ही हुआ कि खबर मेरे पास न जाकर मणि के पास पहुँची। उनकी आयु का जोर समझिए।"

आशु बाबू लज्जा से म्लान होकर सिर हिलाते हुए बार-बार कहने लगे, "यह बात नहीं कमल, सेवा ही सब कुछ है। तीमारदारी सबसे बड़ी दवा है। नहीं तो, डॉक्टर-वैद्य तो महज एक उपलक्ष्य हैं।" उन्हें अपनी स्वर्गीया पत्नी की याद आ गयी, बोले, "मैं तो भुक्तभोगी हूँ कमल, बीमारी भुगतते-भुगतते मुझे इसकी शिक्षा मिल चुकी है। घर चलो, तुम्हारी चीज है, जैसा तुम ठीक समझोगी वैसा ही होगा। मेरे रहते दवा-दारू की तकलीफ नहीं होगी।" और उसे वे रास्ता दिखाते हुए आगे ले चले।

अजित किंकर्तव्यविमूढ़ होकर, बगैर समझे ही उनके साथ हो लिया। इस डर से कि रोगी के कमरे में शोर होने से कहीं उसके विश्राम में विघ्न न हो, सबने दबे-पाँव प्रवेश किया। देखा, शय्या के पास कुरसी पर बैठी मनोरमा रात्रि-जागरण की क्लांति से रोगी की छाती पर अपना थका हुआ मस्तक रखकर शायद अभी-अभी सो गयी है और उसकी गरदन में दोनों बाँहें डाले शिवनाथ भी सो रहा है।

इस स्वप्नातीत दृश्य पर अकस्मात् जैसे ही पिता की आँखें पड़ीं, वैसे ही उन पर मानो घनांधकार का जाल उतर आया। क्षण-भर बाद ही वे वहाँ से भाग खड़े हुए। अजित और कमल आँख उठाकर परस्पर एक-दूसरे का मुँह ताकने लगे और उसके बाद जैसे आये थे वैसे ही चुपचाप बाहर चले गये।

16

जाने आने के रास्ते के पास ही एक छायादार बरामदा है। रोगी के कमरे से निकलकर अजित और कमल वहीं रुक गये। एक छोटी-सी घिसे काँच की लालटेन वहाँ झूल

रही थी, जिसके अस्पष्ट प्रकाश में स्पष्ट दीख पड़ा कि अजित का चेहरा सफेद फक पड़ गया है; अकस्मात् धक्का खाकर मानो सारा खून कहीं हट गया है। तीसरा कोई व्यक्ति वहाँ नहीं था फिर भी अजित ने एक अनात्मीया शिष्ट महिला के योग्य सम्मान दिखाते हुए कमल से पूछा, "आप क्या अभी घर लौट जाना चाहती हैं? अगर जाना चाहें तो मैं उसका इंतजाम कर सकता हूँ।"

कमल उसके मुँह की तरफ देखकर चुप रह गयी। अजित ने कहा, "इस मकान में अब आपका एक क्षण भी रहना ठीक न होगा।"

"और आपका रहना ठीक होगा?"

"नहीं, मेरा रहना भी नहीं। कल सेंबरे ही मैं और कहीं चला जाऊँगा!"

कमल ने कहा, "यही अच्छा है। मैं भी तभी जाऊँगी। फिलहाल, इस कुरसी पर बैठकर रात बिता दूँगी, आप जाकर आराम करें।"

छोटी कुरसी की तरफ देखकर अजित बगलें झाँकने लगा, बोला, "लेकिन..."

कमल ने कहा, "लेकिन रहने दीजिए अजित बाबू, उसमें बड़ा झंझट हैं। अभी न घर जाना ही संभव है और न आपके कमरे में। आप जाइए, देर न कीजिए।"

सबेरे नौकर आकर अजित को आशु बाबू के सोने के कमरे में बुला ले गया। अब तक वे खाट से उठे भी न थे। पास ही एक कुरसी पर कमल बैठी थी, उसे पहले ही बुला लिया गया था।

आशु बाबू ने कहा, "तबीयत कल से ही ठीक नहीं थी। आज मालूम होता है मानो... अच्छा बैठो अजित।"

उसके बैठने पर वे कहने लगे, "मैंने सुना कि आज सबेरे ही तुम जा रहे हो, पर तुम्हें रहने के लिए भी मैं नहीं कहता। ठीक है, गुड बाइ। भविष्य में शायद कभी भेंट न हो, पर यह निश्चय समझो कि मैंने तुम्हें सर्वान्तःकरण से आशीर्वाद दिया है कि हम लोगों को क्षमा करके तुम जीवन में सुखी हो सको।"

अजित ने अब तक उनके मुँह की तरफ देखा नहीं था, अब जवाब देने के लिए मुँह उठाते ही उससे कुछ कहते नहीं बना। बल्कि यों कहना चाहिए कि अकस्मात् मानो वह अपनी बात को भूल गया। इस बात की कल्पना भी न कर सका कि एक रात के कुछ ही घंटों में किसी में इतना जबरदस्त परिवर्तन हो सकता है।

आशु बाबू खुद भी दो-तीन मिनट मौन रहकर कमल से कहने लगे, "तुम्हें बुलवा तो लिया, पर तुम्हारी आँखों में आँखें मिलाने में मेरा सिर नीचा हुआ जा रहा है। सारी रात मेरे मन में क्या-क्या होता रहा है, क्या-क्या सोचता रहा हूँ सो मैं किससे कहूँ?"

फिर जरा ठहरकर बोले, "अक्षय ने एक दिन कहा था शिवनाथ शायद तुम्हारे

यहाँ अकसर नहीं रहते। उस बात पर मैंने ध्यान नहीं दिया था, सोचा था कि वह शायद उसकी अत्युक्ति है। उसके विद्वेष की ज्यादती है। तुम रुपयों की कमी के कारण संकट में थी, तब उसका कारण मैं नहीं समझा था, मगर आज सब-कुछ स्पष्ट हो गया, कहीं भी कोई संदेह नहीं रहा।''

दोनों ही चुप हो रहे। थोड़ी देर बाद आशु बाबू कहने लगे, ''तुम्हारे साथ मैं कई बार अच्छा व्यवहार नहीं कर सका, पर उस दिन प्रथम परिचय के दिन से ही मैं तुम पर स्नेह करने लगा था कमल। इसी से आज बार-बार ख़याल आ रहा है कि आगरा न आता तो अच्छा था।''

कहते-कहते आँखों में आँसू आ गये, उन्हें पोंछते हुए वे बोले, ''जगदीश्वर!''

कमल उठकर उनके सिरहाने जा बैठी और माथे पर हाथ रखकर बोली, ''आपको तो बुखार है आशु बाबू!''

आशु बाबू ने उसका हाथ अपने हाथ में लेकर कहा, ''रहने दो कमल, मैं जानता हूँ, तुम अत्यंत बुद्धिमती हो। मेरा कोई एक किनरा तुम कर दो। इस घर में उस आदमी का अस्तित्व मेरे सारे शरीर में आग-सी लगाये दे रहा है।''

कमल ने अजित की ओर देखा। वह नीचे को सिर झुकाये बैठा है। उसकी तरफ से कोई इशारा न पाकर वह क्षणभर मौन रही, फिर बोली, ''मुझे आप क्या करने को कहते हैं? कहिए।''

कोई जवाब न पाकर वह क्षणभर चुप बैठी रही, फिर बोली, ''शिवनाथ बाबू को आप यहाँ रखना नहीं चाहते, पर वे बीमार हैं। इस हालत में या तो उन्हें अस्पताल भेज दीजिए या फिर उनके घर और अगर आप समझते हैं कि मेरे घर भेजने से ठीक रहेगा तो वहाँ भेज सकते हैं, मुझे कोई आपत्ति नहीं; मैं जी-जान से सिर्फ सेवा ही कर सकती हूँ, उससे ज्यादा कुछ नहीं।''

आशु बाबू कृतज्ञता से भर उठे, बोले, ''कमल, मालूम नहीं क्यों, पर ऐसे ही उत्तर की मैंने तुमसे आशा की थी। यह मैं जानता था कि पाखंडी को जवाब देने में तुम खुद पत्थर न हो सकोगी। तुम अपनी चीज अपने घर ले जाओ, इलाज के खर्चे की तुम फिकर मत करो, इसका भार मेरे ऊपर रहा।''

कमल ने कहा, ''पर इस बारे में एक बात पहले ही स्पष्ट हो जानी चाहिए।''

आशु बाबू चट से कह उठे, ''तुम्हें कहने की जरूरत नहीं कमल, मैं जानता हूँ। एक-न-एक दिन सारी गंदगी दूर हो जायेगी। तुम कोई चिंता मत करो; मेरे जीते जी इतना बड़ा अन्याय, अत्याचार तुम पर मैं नहीं होने दूँगा।''

कमल उनके मुँह की तरफ देखती हुई स्थिर बैठी रही, कुछ बोली नहीं।

''क्या सोच रही हो कमल?''

"सोच रही थी कि आप से कहने की जरूरत है, या नहीं। पर मालूम होता है कि जरूरत है; नहीं तो कुछ भी स्पष्ट न होगा, उलझन बढ़ती ही जायगी। आपके पास रुपया है, हृदय है, दूसरों के लिए खर्च करना आपके लिए कोई मुश्किल नहीं, लेकिन यह भ्रम अगर आपके अंदर हो कि इस तरह आप मुझ पर दया कर रहे हैं, तो वह दूर हो जाना चाहिए। किसी भी बहाने मैं आपकी दी हुई भीख नहीं लूँगी।"

आशु बाबू को सिलाई की मशीन की बात याद आ गयी, वे व्यथित होकर बोले, "मुझसे गलती अगर कभी हो भी गयी हो, तो क्या उसके लिए क्षमा नहीं कर सकती?"

कमल ने कहा, "गलती शायद इतनी तब नहीं की जितनी कि आप अब करने जा रहे हैं। आप सोचते होंगे कि शिवनाथ बाबू को बचाना प्रकारांतर से मुझको ही बचाना है, मुझ पर ही अनुग्रह करना है। मगर असल में बात ऐसी नहीं। इसके बाद आपकी जो इच्छा हो, कर सकते हैं, मुझे कोई आपत्ति नहीं।"

आशु बाबू ने सिर हिलाते हुए कहा, "ऐसा ही गुस्सा आता है कमल, यह कोई अस्वाभाविक बात नहीं और न अन्याय ही है। अच्छी बात है, मैं शिवनाथ को ही बचाना चाहता हूँ, तुम पर अनुग्रह नहीं करता। अब तो ठीक है न?"

कमल के चेहरे पर विरक्ति का भाव दिखलाई दिया। उसने कहा, "नहीं, यह ठीक नहीं। आपको जब कि मैं समझा नहीं सकती तो फिर कोई उपाय नहीं। उन्हें आप अस्पताल नहीं भेजना चाहते, तो हरेंद्र बाबू के आश्रम में भेज दीजिए। वे बहुतों की सेवा किया करते हैं, इनकी भी करेंगे। आपको जो कुछ खर्च करना हो, वहीं कीजिएगा। मैं खुद भी बहुत ज्यादा थक गयी हूँ, अब चलती हूँ।" इतना कहकर वह सचमुच ही जाने को तैयार हो गयी।

उसकी बात और आचरण से आशु बाबू मन ही मन क्रुद्ध हो उठे, बोले, "यह तुम्हारी ज्यादती है कमल। तुम दोनों के कल्याण के लिए जो कुछ मैं करने जा रहा हूँ, उसे तुम अकारण विकृत करके देख रही हो। एक ओर तो मेरे लिए लज्जा की सीमा नहीं, और मैं जानता हूँ कि इस कदाचार को अंकुर से नष्ट किये बिना मेरी असीम ग्लानि बनी ही रहेगी। दूसरी ओर यह भी सच नहीं कि मेरी लड़की का इससे संबंध है, इसीलिए मैं किसी तरह बच निकलने का रास्ता देख रहा हूँ। शिवनाथ को मैं बहुत तरह से बचा सकता हूँ, मगर सिर्फ इतना ही मैं नहीं चाहता। मैं चाहता हूँ कि ऐसे संकट के दिनों में तुम सर्वान्तःकरण से उसकी सेवा करके उसे फिर से पूर्ववत् पा जाओ। इसीलिए मेरा यह प्रस्ताव है। सिर्फ अपने स्वार्थवश ही मैं ऐसा नहीं कह रहा हूँ।"

बातें सब सच थीं, सकरुण और आंतरिकता से पूर्ण। मगर कमल के मन पर

कोई असर नहीं पड़ा। उसने कहा, ''ठीक यही बात मैं आपको समझाना चाहती थी। सेवा करने से मैं इनकार नहीं करती। चाय के बगीचे में रहते हुए मैंने बहुतों की सेवा की है, इसका मुझे अभ्यास है। लेकिन मैं उन्हें फिर से पाना नहीं चाहती; न सेवा करके, और न बिना सेवा किये। यह मेरी अभिमान की आग नहीं, और न झूठा दर्प ही है, असल में हमारा संबंध टूट गया है; उसे मैं जोड़ नहीं सकती।''

जो कुछ उसने कहा, उसमें न तो किसी तरह की गरमी थी न उच्छ्वास, बिलकुल सीधी-सादी बात थी। परन्तु इसी ने आशु बाबू को दंग कर दिया। क्षण-भर बाद उन्होंने कहा, ''यह कैसी बात कह रही हो कमल? इस मामूली-सी बात पर पति को त्याग देना चाहती हो? यह शिक्षा तुम्हें किसने दी?''

कमल चुप रही। आशु बाबू कहने लगे, ''बचपन में यह शिक्षा तुम्हें चाहे जिसने भी दी हो, उसने गलत शिक्षा दी है, यह अन्याय है, असंगत है, यह भारी अपराध है। चाहे किसी भी घर में तुम पैदा हुई हो, एक देश का धर्म दूसरे देश के लिए अधर्म है। और 'स्व-धर्म में मृत्यु भी श्रेय' है।'' कहते-कहते उनकी आँखें चमक उठीं। और बात खतम करके वे हाँफने लगे। परंतु जिसे लक्ष्य करके ये बातें कही गयीं वह रंच-मात्र भी विचलित नहीं हुई।

आशु बाबू कहने लगे, ''यह मोह ही एक दिन हमें रसातल की ओर खींचे लिये जा रहा था। पर भ्रांति पकड़ में आ गयी कुछ मनीषियों की दृष्टि में। देशवासियों को बुलाकर बार-बार वे सिर्फ एक ही बात कहने लगे—तुम लोग उन्मत्त की तरह जा कहाँ रहे हो? तुम्हें किसी बात की कमी नहीं, दीनता नहीं, किसी के आगे हाथ पसारने की जरूरत नहीं, सिर्फ एक बार घर की तरफ मुड़कर देखो। पूर्वपुरुष तुम्हारे लिए सब-कुछ छोड़ गये हैं, सिर्फ एक बार हाथ बढ़ाकर उठा भर लो। विलायत का तो सभी कुछ मैं अपनी आँखों से देख आया हूँ; अब सोचता हूँ कि ठीक समय पर ऐसी सावधान-वाणी अगर वे नहीं घोषित कर गये होते, तो आज देश की क्या दशा होती? बचपन की सभी बातें याद हैं, उफ्! शिक्षित लोगों की तब कैसी दशा थी!'' इतना कहकर उन्होंने स्वर्गीय मनीषियों को लक्ष्य करके हाथ जोड़कर नमस्कार किया।

कमल ने मुँह उठाकर देखा कि अजित मुग्ध दृष्टि से आशु बाबू की ओर देख रहा है। कल्पना के आवेश में मानो उसे होश ही नहीं रहा, ऐसी हालत थी।

आशु बाबू का भावावेश अब तक दबा नहीं था। कहने लगे, ''कमल, और कुछ भी अगर वे न कर जाते, तो भी, सिर्फ इतने के ही कारण देशवासियों के हृदय में वे प्रात:स्मरणीय बने रहते।''

''क्या सिर्फ इतनी ही बात के लिए वे प्रात:स्मरणीय हैं?''

"हाँ, सिर्फ इतनी ही बात के लिए। बाहर से हटाकर सिर्फ घर की तरफ आँख उठाकर देखने को कहा था, इसी के लिए।"

कमल ने पूछा, "बाहर अगर प्रकाश हो रहा हो और पूर्व-आकाश में अगर सूर्योदय हो रहा हो, तो भी पीछे मुड़कर पश्चिम के स्वदेश की ओर देखना पड़ेगा? और वही होगा स्वदेश-प्रेम?"

मगर यह प्रश्न शायद आशु बाबू के कानों तक नहीं पहुँचा, वे अपनी ही झोंक में कहते गये, "हमारे देश का धर्म, देश के पुराण-इतिहास, देश का आचार-व्यवहार, रीति-नीति विदेश के दबाव से लुप्त होने जा रही थी, उसके प्रति हमारे अंदर जो आज फिर से श्रद्धा और विश्वास वापस आया है, सो सिर्फ उन्हीं की भविष्य-दृष्टि का फल है। जाति के हिसाब से हम ध्वंस की ओर बढ़ते चले जा रहे थे, उससे बच जाना क्या मामूली बचना है कमल? यह ज्ञान हमें किसने दिया कि उसे फिर से प्राप्त किये बगैर किसी भी तरह हम बच नहीं सकते! बताओ तो?"

अजित उत्तेजना के मारे अकस्मात् उठ खड़ा हुआ, बोला, "मैंने कभी इसकी कल्पना भी नहीं की थी कि इन सब बातों का विचार भी आपके मन में कभी स्थान पा सकता है। मुझे बड़ा भारी दुख है कि अब तक मैंने आपको पहचाना नहीं, आपके चरणों में बैठकर कभी उपदेश ग्रहण नहीं किया।" वह और भी बहुत-कुछ कहने जा रहा था, पर बीच में विघ्न आ पड़ा।

नौकर ने आकर खबर दी कि हरेंद्र बाबू वगैरह भेंट करने आ रहे हैं; और दूसरे ही क्षण हरेंद्र, सतीश और राजेंद्र के साथ आ पहुँचा। आते ही हरेंद्र ने बताया, "मालूम हुआ कि शिवनाथ बाबू सो रहे हैं। आते वक्त डॉक्टर के यहाँ भी होता आया हूँ। उनका कहना है कि सीरियस बात नहीं है, जल्दी आराम हो जायगा।" कहते हुए उसने कमल को नमस्कार किया और अपने साथियों के साथ एक तरफ बैठ गया।

आशु बाबू ने सिर हिलाया, पर उनकी दृष्टि थी अजित की तरफ, और उसी को लक्ष्य करके वे बोले, "मेरा सारा यौवन विलास में बीता है, इस बात को तुम लोग भूल क्यों जाते हो? ऐसी बहुत-सी चीजें हैं जो नजदीक से नहीं दिखाई देतीं, दूर जाकर खड़े होने से ही दिखाई देती हैं। मैंने जो स्पष्ट देखा है वह शिक्षित मानस का परिवर्तन। इन्हीं हरेंद्र के आश्रम को ही देखो न, इनका जो नगर-नगर में शाखा-प्रशाखाएँ विस्तार करने का आयोजन है, उसके मूल में क्या वही भावना नहीं? विश्वास न हो, इन्हीं से पूछ देखो। वही ब्रह्मचर्य, वही संयम की साधना, वही पुरानी रीति-नीति का पुन: प्रवर्तन—यह सब हमारे उस अतीत काल की पुन:प्रतिष्ठा का उद्यम नहीं तो और क्या है? उसी को अगर हम भूल जायें, उसी के प्रति अगर

हम अपनी आस्था खो बैठें तो फिर आशा करने के लिए हमारे पास बाकी ही क्या रह जाता है? तपोवन का आदर्श सिर्फ हमारे यहाँ था। संसार छान डालने पर भी क्या उसका जोड़ कहीं मिल सकता है अजित? किसी जमाने में जिन लोगों ने हमारे समाज का निर्माण किया था, हमारे वे शास्त्रकार व्यवसायी नहीं थे; संन्यासी थे; उनके दान को बिना किसी संशय के नतमस्तक होकर ग्रहण करने में ही हमारी चरम सार्थकता है; यही हमारे कल्याण का मार्ग है कमल, इसके सिवा कोई मार्ग नहीं।''

अजित स्तब्ध हो रहा। सतीश और हरेंद्र के आश्चर्य का ठिकाना न रहा, यह साहबी चाल-चलन का आदमी आज कह क्या रहा है! राजेंद्र तो समझ ही न पाया कि अकस्मात् क्यों और कैसे यह प्रसंग छिड़ गया। सभी के मुँह पर एक निष्कपट श्रद्धा का भाव प्रस्फुटित हो उठा।

स्वयं वक्ता को भी कम आश्चर्य नहीं हुआ। सिर्फ कहने की शक्ति के लिए ही नहीं, बल्कि इसलिए कि इस तरह किसी से कहने का उन्हें पहले कभी मौका नहीं मिला, उनके मन में एक तरह की अनिर्वचनीय तृप्ति की लहर दौड़ने लगी। क्षण-भर के लिए वे क्षण-भर पहले का दुख भूल गये।

बोले, ''समझी कमल, क्यों मैं तुम से ऐसा अनुरोध कर रहा था?''

कमल ने सिर हिलाकर कहा, ''नहीं।''

''नहीं? नहीं क्यों?''

कमल ने कहा, ''सिर्फ यही एक समाचार आप परमानंद के साथ सुना रहे थे कि विदेशी शिक्षा के प्रभाव को दूर कर फिर पुरानी व्यवस्था की ओर लौटने की चेष्टा शिक्षितों में प्रचलित होती जा रही है। आपकी धारणा है कि इससे देश का कल्याण होगा परंतु कारण आपने कुछ भी नहीं बतलाया। बहुत-सी प्राचीन नीतियाँ लुप्त होती जा रही थीं, हो सकता है कि यह सच हो कि उनके पुनरुद्धार का उद्योग हो रहा है, मगर भला इसका प्रमाण क्या है आशु बाबू कि उससे हमारा भला ही होगा? कहाँ, यह तो आपने बताया ही नहीं?''

''बताया कैसे नहीं?''

''नहीं, नहीं बताया। जो कुछ आप कह रहे थे, वह तो सभी सुधार-विरोधी और प्राचीनता के अंधस्तुतिकार कहा करते हैं। इसका कोई भी प्रमाण नहीं कि सभी लुप्त वस्तुओं का पुनरुद्धार अच्छा ही होगा। मोह के नशे में बुरी चीजों का पुनरुद्धार भी संसार में होते देखा जाता है।''

आशु बाबू को इसका जवाब ढूँढ़े न मिला, परंतु अजित ने कहा, ''बुरी चीज का उद्धार करने में कोई शक्ति का क्षय नहीं करता।''

कमल ने कहा, ''बहुत लोग करते हैं। बुरी के लिए नहीं, बल्कि पुरानी वस्तु-

मात्र को स्वत: सिद्ध अच्छी चीज समझकर करते हैं। एक बात आप से पहले ही कहना चाहती थी, पर आपने ध्यान नहीं दिया। चाहे लौकिक आचार-अनुष्ठान हो और चाहे पारलौकिक धर्म-कर्म, अपने देश की चीज समझकर उसे गले लगाये रहने में स्वदेश-भक्ति की वाहवाही तो मिल सकती है, पर स्वदेश के कल्याण के देवता उससे खुश नहीं किये जा सकते। बल्कि वे इससे नाराज ही होते हैं।''

आशु बाबू दंग रह गये। बोले, ''तुम कह क्या रही हो कमल? अपने देश का धर्म, अपने देश का आचार-अनुष्ठान त्यागकर यदि हम बाहर से भीख माँगने लगें तो फिर अपना कहने को हमारे पास बाकी ही क्या रह जायेगा? फिर हम संसार में मनुष्यत्व का दावा करने के लिए अपना क्या परिचय देंगे?''

कमल ने कहा, ''दावा खुद हमारे घर आ जायेगा, परिचय की जरूरत न होगी। फिर विश्व-जगत् हमें बिना परिचय ही जान जायगा।''

आशु बाबू व्याकुल होकर बोले, ''तुम्हें तो मैं समझ ही न सका कमल!''

''समझने की बात भी नहीं आशु बाबू, ऐसा ही होता है। इस चलनशील संसार में प्रगतिशील मानव-चित्त को कदम-कदम पर जो सत्य नित्य नये-नये रूप में दिखाई देता है, उसे सभी नहीं पहचान सकते। सोचते हैं, यह आफत कहाँ से आ गयी? आपको उस दिन की ताजमहल की छाया के नीचे खड़ी शिवानी की याद है? आज कमल के भीतर उसे पहचाना भी नहीं जा सकता। मन-ही-मन कहेंगे, जिसे उस दिन देखा था वह गयी कहाँ? किंतु यही मनुष्य का सच्चा परिचय है, मैं तो यही चाहती हूँ कि हमेशा इसी भाव से लोगों में परिचित हो सकूँ।''

जरा ठहरकर फिर बोली, ''पर तर्क-वितर्क की आँधी में हमारी असल बात तो उड़ ही गयी, मूल विषय से हम बहुत दूर जा पड़े हैं। लेकिन मैं बहुत थकी हुई हूँ, अब जाती हूँ।''

आशु बाबू से कुछ जवाब देते न बना, विह्वल की भाँति देखते रह गये। इस स्त्री को कहीं उन्होंने अस्पष्ट समझा और कहीं बिलकुल ही नहीं समझ सके। उन्हें ऐसा लगने लगा कि अभी-अभी उसने जिस आँधी का जिक्र किया था, उसकी प्रचंड झंझा में तिनके की तरह उनका सब तरह का आवेदन-निवेदन उड़कर कहीं का कहीं चला गया।

कमल उठ खड़ी हुई। अजित को इशारे से बुलाकर बोली, ''साथ लाये थे, अब चलिए न पहुँचा दीजिए।''

मगर आज वह मारे संकोच के सिर भी न उठा सका। कमल मन-ही-मन जरा हँसकर आगे बढ़ी और सहसा राजेंद्र के कंधे पर हाथ रखकर बोली—''राजेंद्र बाबू, तुम चलो न भाई, मुझे पहुँचा आओ!''

इस आकस्मिक भाई संबोधन से राजेंद्र ने विस्मित होकर एक बार उसकी तरफ देखा और उसके बाद कहा, ''चलिए।''

दरवाजे के पास जाकर कमल सहसा खड़ी हो गयी, बोली, ''आशु बाबु, अपना प्रस्ताव मैंने वापस नहीं लिया है। उसी शर्त पर इच्छा हो तो भेज दीजिएगा, मैं यथासाध्य कोशिश कर देखूँगी। बच जायें तो अच्छा ही है, न बचें तो उनका भाग्य।'' इतना कहकर वह चली गयी। सबके सब स्तब्ध होकर बैठे रहे। अस्वस्थ आशु बाबू की आँखों के आगे प्रभात का प्रकाश भी विवर्ण और विस्वाद हो उठा।

आधे रास्ते में राजेंद्र ने बिदा ले ली और कहा, ''मैं घंटे-भर में अपना एक काम निबटाकर वापस आता हूँ।'' कमल ने अन्यमनस्कता के कारण ही शायद कोई आपत्ति नहीं की, या हो सकता है कि और कोई वजह हो। जल्दी-जल्दी घर पहुँचकर उसने देखा कि सीढ़ीवाले दरवाजे में ताला बंद है, घर खोला नहीं गया है। रास्ते के उस तरफ मोदी की दूकान में तलाश करने पर मालूम हुआ कि नौकरानी बीमार पड़ गयी है, काम करने नहीं आयी और उसकी छोटी नातिन सबेरे आकर घर की चाबी रख गयी है।

घर खोलकर कमल घर के काम-धंधे में लग गयी। एक तरह से कल से ही वह बगैर-खाये थी; उसने तय किया था कि झटपट किसी तरह कुछ बना-खाकर आराम करेगी, आराम करने की उसे सख्त जरूरत भी थी, पर घर का काम इतना पड़ा था कि वह खतम ही नहीं होता था। चारों तरफ इतना कूड़ा-करकट जमा हो गया था कि उसे देखकर वह हैरान हो गयी। इतनी विश्रृंखलता में उसके दिन कट रहे थे कि इधर उसका ध्यान ही नहीं गया था। आज जिस किसी चीज पर भी उसकी नजर पड़ी, वही मानो उसका तिरस्कार करने लगी। छत के नीचे से पुराना चूना झड़कर खाट पर आ पड़ा है, उसे साफ करना जरूरी है; चिड़ियों के घोंसलों का बचा हुआ मसाला बिछौने पर पड़ा है, उसे भी साफ करना है; चादर बदलनी है; तकिये के खोल बहुत मैले हो गये हैं, उन्हें भी बदलना है; टेबुल-कुरसी स्थान भ्रष्ट हो रही हैं, दरवाजे पर पड़े पाँवपोश पर मिट्टी जमी हुई है; आईने की ऐसी हालत है कि साफ करते-करते शाम हो जायगी; दावात की स्याही सूख गयी है; कलम का पता ही नहीं; पैड का ब्लॉटिंग पेपर लापता है।

इस तरह जिधर आँख उठाकर देखा, उधर ही ऐसी गंदगी मालूम हुई कि उसे खुद ही लगा कि इतने दिनों से यहाँ कोई आदमी रहता है या और कोई? नहाना-खाना यों ही पड़ा रहा, किधर से कैसे और कब दिन बीत गया, कुछ मालूम ही नहीं पड़ा। सब काम निबटाकर जब वह नीचे से नहा-धोकर ऊपर आयी तब शाम हो चुकी थी। इतने दिनों से वह निश्चित समझ रही थी कि यहाँ उसे नहीं रहना है।

रहना संभव भी नहीं और उचित भी नहीं। महीने के महीने किराया कहाँ से दिया जाये? जाना तो पड़ेगा ही, पर सिर्फ जाने के दिन तक पहुँचना ही मानो उसके लिए मुश्किल हो रहा था। रात के बाद सबेरा और सबेरे के बाद रात आ-आकर उसे कदम बढ़ाने का समय नहीं दे रहे थे।

घर से कोई ममता नहीं; फिर भी किसलिए वह दिन-रात मेहनत करती रही, अकस्मात् इसकी क्या जरूरत आ पड़ी? इसी तरह की एक धुँधली-सी जिज्ञासा उसके मन में घूम रही थी। काम छोड़कर वह छज्जे पर जा बैठती और शून्य दृष्टि से सड़क की तरफ देखती हुई न जाने क्या भूलने की कोशिश करती; और फिर भीतर आकर काम में लग जाती। इसी तरह आज उसका काम और दिन दोनों खतम हुए। दिन तो रोज ही खतम होता है, पर इस तरह नहीं। शाम के बाद बत्ती जलाकर उसने रसोई चढ़ा दी और महज समय काटने के लिए एक किताब उठाकर बिस्तर के सहारे बैठी-बैठी उसके पन्ने उलटने लगी। लेकिन आज उसकी थकावट की कोई हद न थी, इसका पता भी नहीं चला कि कब किताब के पन्नों के साथ-साथ उसकी आँखों के पलक बंद हो गये। जब पता लगा तब कमरे की बत्ती बुझ चुकी थी और खिड़की में से अरुण प्रकाश ने आकर सारे कमरे को आरक्त कर दिया था। दिन चढ़ने लगा, पर महरी नहीं आयी। इसलिए तलाश करके उसकी भी खबर-सुध लेने की आवश्यकता मालूम हुई। कपड़े बदलकर वह निकल ही रही थी कि इतने में जीने पर किसी के चढ़ने की आहट हुई। उसका कलेजा धड़क उठा।

वहीं से किसी ने पुकारा, "घर में हैं क्या? आ सकता हूँ?"

"आइए।"

जो आये, उनका नाम है हरेंद्र। कुरसी खींचकर उस पर बैठ गये और बोले, "कहीं बाहर जा रही थीं क्या?"

"हाँ। मेरी काम वाली बुढ़िया बीमार है। उसी को देखने जा रही थी।"

"खबर है कि यह इंफ्लुएंजा के सिवा और कुछ नहीं। मालूम होता है आगरे में भी शायद एपिडेमिक फार्म शुरू हो गया है। बस्तियों में तो मौतें भी शुरू हो गयी हैं। यदि मथुरा-वृंदावन की तरह शुरू हुआ तो भागना पड़ेगा। बुढ़िया रहती कहाँ है?"

"मालूम नहीं। सुना है कि यहीं पास ही कहीं रहती है, ढूँढ़ना पड़ेगा।"

हरेंद्र ने कहा, "बड़ी छुतैल बीमारी है, जरा सावधान रहिएगा। इधर की खबर मिली होगी शायद?"

कमल ने गरदन हिलाकर कहा, "नहीं तो।"

हरेंद्र उसके मुँह की तरफ देखकर क्षण-भर चुप रहा, फिर बोला, "डरो मत, डर की ऐसी कोई बात नहीं। कल ही आना चाहता था, पर समय नहीं मिला। हमारे

अक्षय बाबू कालेज नहीं आये, सुना है कि उनकी भी तबीयत खराब है। आशु बाबू बिस्तर पर पड़े हैं, सो आप कल देख ही आयी हैं, उधर अविनाश भइया को कल शाम से बुखार है, भाभी का चेहरा भी देखा कि सूखा-सूखा-सा हो रहा है। वे खुद कभी बीमार न पड़ जायें।''

कमल चुप बैठी उसकी तरफ देखती रही। इन सब खबरों पर मानो वह अच्छी तरह ध्यान ही न दे सकी।

हरेंद्र कहता गया, ''शिवनाथ बाबू भी पड़े हैं। इंफ्लुएंजा का मामला है, कुछ कहा नहीं जा सकता। अस्पताल भी नहीं जाना चाहते। कल शाम को उनके घर पर ही उन्हें रिमूव कर दिया गया है। आज एक बार उनकी भी खबर लेनी है।''

कमल ने पूछा, ''वहाँ है कौन?''

''एक नौकर है। ऊपर की कोठरी में कुछ पंजाबी रहते हैं, जो ठेकेदारी का काम करते हैं। सुना है आदमी अच्छे हैं।''

कमल एक उसाँस लेकर चुप रह गयी। थोड़ी देर बाद बोली, ''एक बार राजेंद्र बाबू को मेरे पास भेज सकते हैं?''

''भेज सकता हूँ, पर वह मिलेगा कहाँ? आज तड़के से ही निकल पड़ा। उधर कहीं मोचियों के मुहल्ले में जोर की बीमारी फैल रही है, वह गया है उनकी सेवा करने। आश्रम में अगर खाने आया तो कह दूँगा।''

''उन्हें घर पहुँचाया किसने? आपने?''

''नहीं, राजेंद्र ने। उसी के मुँह से सुना कि पंजाबी लोग उनकी देख-भाल कर रहे हैं। फिर भी, वे करें या न करें, पर राजेंद्र को जब कि पता लग गया है तो वह किसी बात की त्रुटि नहीं होने देगा। संभव है, खुद ही तीमारदारी करने लग जाये। एक बात का पक्का भरोसा है कि उसे रोग नहीं पकड़ता। पुलिस न पकड़े तो वह अकेला ही एक सौ के बराबर है। वह केवल उन्हीं लोगों से घबराता है, नहीं तो उसे काबू कर सके ऐसा तो दुनिया में कोई दिखाई नहीं देता।''

''पकड़े जाने की आशंका है क्या?''

''आशा तो की जाती है। कम से कम इससे आश्रम की तो रक्षा हो जायगी।''

''उन्हें कह क्यों नहीं देते कि चले जायें?''

''यही तो मुश्किल है। कहने से उसी वक्त चला जायगा और ऐसा जायेगा कि फिर सिर दे मारने पर भी वापस न आयेगा।''

''न आवें तो नुकसान ही क्या है?''

''नुकसान? उसे तो आप जानती नहीं, बगैर जाने उस नुकसान का अंदाजा नहीं लगाया जा सकता। आश्रम न रहे तो सहा जा सकता है, लेकिन मुझसे उसका

नुकसान न सहा जायेगा।'' इतना कहकर हरेंद्र मिनट-भर चुप रहा, फिर सहसा प्रसंग बदलकर बोल उठा, ''एक बड़े मजे की बात हो गयी है। किसी की मजाल नहीं कि उसकी कल्पना भी कर सके। कल भाई साहब के यहाँ से लौटकर रात को घर आया तो देखता क्या हूँ कि अजित बाबू पधारे हैं। मैं तो डर गया कि आखिर मामला क्या है? आये हैं। आश्रम के नियमानुसार आश्रम के काम में ही अपना जीवन बितायेंगे। यह उनकी प्रतिज्ञा है, इसमें कोई भी व्यतिक्रम नहीं हो सकता। ऐसे बड़े आदमी मिलें तो हमारे लिए अच्छा ही है, पर शंका होती है कि भीतर कोई गड़बड़ न हो। सबेरे आशु बाबू के पास गया, सुनकर उन्होंने कहा कि 'संकल्प तो बहुत ही उत्तम है, पर भारत में आश्रमों की कोई कमी नहीं, वह आगरा छोड़ कर और कहीं जाकर यह वृत्ति अवलंबन करता तो मैं कुछ दिन और यहाँ टिका रहता। देखता हूँ, अब मुझे यहाँ से जाना ही पड़ेगा।'''

कमल ने किसी तरह का आश्चर्य प्रकट नहीं किया, चुप रही।

हरेंद्र ने कहा, ''उन्हीं के यहाँ से सीधा आ रहा हूँ, वापस जाकर अजित बाबू से क्या कहूँगा?''

कमल समझ गयी कि शिवनाथ बाबू को स्थानांतरित करने के विषय में बहुत कठोर वाद-विवाद हो गया है। शायद प्रकट में और स्पष्ट रूप से एक शब्द भी न कहा गया होगा, सब कुछ चुपचाप ही किया गया होगा; फिर भी इसमें संदेह नहीं कि कर्कशता में वह सब तरह के कलह को लाँघ गया होगा। परंतु एक बात का भी उसने उत्तर नहीं दिया, जैसी की तैसी चुप बनी रही।

हरेंद्र कहने लगा, ''मालूम होता है, आशु बाबू ने सब कुछ सुन लिया है। शिवनाथ का आपके प्रति जो आचरण हुआ है उससे वे मर्माहत हुए हैं। लगभग जबरदस्ती ही उन्हें घर से बिदा किया है। मनोरमा की शायद ऐसी इच्छा नहीं थी। शिवनाथ उसके संगीत के गुरु हैं, पास रखकर इलाज कराने का ही उसका विचार था, पर वैसा हो नहीं सका। अजित बाबू ने शायद इस पक्ष का अवलंबन करके ही झगड़ा कर डाला है।''

कमल जरा हँस दी, बोली, ''आश्चर्य नहीं। पर आप ने यह सब सुना किससे? राजेंद्र ने कहा था?''

''राजेंद्र? भला राजेंद्र कहेगा! वह ऐसा आदमी ही नहीं। जानता होगा तो भी न बतायेगा। यह मेरा ही अनुमान है। इसी से सोच रहा हूँ आखिर समझौता तो होगा ही, फिर अजित को चिढ़ाने से क्या लाभ? चुपचाप रहना ही ठीक है। जितने दिन वह आश्रम में रहेगा, हमारी तरफ से स्वागत-सत्कार में त्रुटि न होगी।''

कमल ने कहा, ''यही ठीक है।''

हरेंद्र ने कहा, ''अच्छा, तो अब चला। भाई साहब के लिए चिंता है, बहुत थोड़े में घबरा जाते हैं। समय मिला तो कल एक बार आऊँगा।''

''आइएगा।'' कहकर कमल ने उठकर नमस्कार किया और कहा, ''राजेंद्र को भेजना न भूलिएगा। कहिएगा, मैं बड़ी मुसीबत में पड़कर बुला रही हूँ।''

''मुसीबत में पड़कर बुला रही हैं?'' हरेंद्र आश्चर्य के साथ बोला, ''भेंट होते ही उसी वक्त भेज दूँगा; लेकिन वह मुसीबत क्या मुझसे नहीं कही जा सकती? मुझे भी आप अपना अकृत्रिम बंधु समझिएगा।''

''सो समझती हूँ। लेकिन उन्हीं को भेज दीजिएगा।''

''भेज दूँगा, जरूर भेज दूँगा।'' कहकर हरेंद्र आगे बात न बढ़ाकर चला गया।

तीसरे पहर राजेंद्र आ पहुँचा।

''राजेंद्र, मेरा एक काम करना होगा।''

''कर दूँगा। पर कल तक तो मेरे नाम के साथ 'बाबू' था, आज वह भी उड़ा दिया गया?''

''अच्छा ही तो हुआ, हलके हो गये। मंजूर न हो कहो, जोड़ दूँ?''

''नहीं, कोई जरूरत नहीं। मगर आपको मैं क्या कहकर पुकारा करूँ?''

''सभी 'कमल' कहके पुकारते हैं और इससे मेरे सम्मान की हानि नहीं होती। नाम के आगे-पीछे बोझ लादकर अपने को भारी बनाने में मुझे लज्जा आती है। 'आप' कहने की भी जरूरत नहीं। मुझे सहज नाम से ही पुकारा करें।''

इसके स्पष्ट जवाब को बचाते हुए राजेंद्र ने कहा,''मुझे क्या करना होगा?''

''मेरा बंधु होना होगा। लोग कहते हैं, तुम क्रांतिकारी हो। यह अगर सच हो तो मेरे साथ तुम्हारी मित्रता अक्षय रहेगी।''

''यह अक्षय मित्रता मेरे किस काम आयेगी।''

कमल विस्मित हुई। यह संशय और उपेक्षा की ध्वनि उसके कानों में खटकी, बोली, ''ऐसी बात नहीं कहनी चाहिए। मित्रता जैसी चीज संसार में दुर्लभ है, और मेरी मित्रता उससे भी ज्यादा दुर्लभ है। जिसे पहचानते नहीं, उस पर अश्रद्धा करके अपने को छोटा मत बनाओ।''

मगर इस शिकायत ने उस युवक को कुंठित नहीं किया, उसने मुस्कराते चेहरे से स्वाभाविक स्वर में ही कहा, ''अश्रद्धा के कारण नहीं, मित्रता की आवश्यकता नहीं समझने के कारण ही कहा था और अगर आप समझें कि यह चीज मेरे काम आ सकती है, तो मैं अस्वीकार भी नहीं करूँगा। लेकिन सोच यही रहा हूँ कि क्या काम आयेगी।''

कमल का चेहरा सुर्ख हो उठा। जैसे किसी ने चाबुक मारकर उसे अपमानित

किया हो। वह पढ़ी-लिखी, खूबसूरत सुंदरी और प्रखर बुद्धिशालिनी है। उसकी धारणा थी कि वह पुरुष के लिए कामना का धन है, उसका निष्कपट विश्वास था कि उसका दीप्त तेज अपराजेय है। संसार में नारियों ने उससे घृणा की है, पुरुषों ने आतंक की आग से भस्म करना चाहा है, और अवज्ञा का ढोंग भी न किया हो सो बात नहीं; मगर यह तो कुछ और ही चीज है! आज इस युवक के सामने अपनी तुच्छता महसूस करके मानो वह जमीन में गड़ गयी। शिवनाथ ने उसे धोखा दिया है, वंचित किया है; मगर इस तरह दीनता का चीर उसके शरीर पर नहीं लपेटा।

कमल के मन में एक संदेह प्रबल हो उठा, उसने पूछा, ''मेरे संबंध में शायद तुमने बहुत-सी बातें सुनी होंगी?''

राजेंद्र ने स्वीकार किया, ''हाँ, ये लोग प्राय: कहा तो करते हैं।''

''क्या कहते हैं?''

उसने जरा हँसने की कोशिश करते हुए कहा, ''देखिए, इन बातों में मेरी स्मरणशक्ति बहुत ही खराब है। प्राय: कुछ भी याद नहीं है।''

''सच कहते हो?''

''सच ही कह रहा हूँ।''

कमल ने जिरह नहीं की, विश्वास कर लिया। समझ गयी कि स्त्रियों की जीवन-यात्रा के संबंध में अब तक इस आदमी के मन में किसी तरह का कुतूहल ही पैदा नहीं हुआ। उसने जैसे सुना है वैसे भूल भी गया है। और भी एक बात उसकी समझ में आयी। 'तुम' कहने का अधिकार दिये जाने पर भी क्यों उसने उसे स्वीकार नहीं किया और अब भी 'आप' कहकर संबोधित कर रहा है। असल में उसके अकलंक पुरुष-चित्त की भूमिका पर अब भी नारी-मूर्ति की छाया नहीं पड़ी है, इसी से 'तुम' कहकर धनिष्ठ होने के लोभ का उसे भान नहीं हुआ है। कमल ने मन-ही-मन मानो संतोष की साँस ली। थोड़ी देर बाद वह बोली, ''शिवनाथ बाबू ने मुझे त्याग दिया है, मालूम है?''

''मालूम है।''

कमल ने कहा, ''उस दिन हमारे विवाह के अनुष्ठान में तो धोखा था, पर मन में धोखा नहीं था। लोगों ने संदेह करके तरह-तरह की बातें कहीं, कहा कि यह विवाह पक्का नहीं हुआ। लेकिन मैं डरी नहीं, मैंने कहा, होने दो कच्चा। हमारे भीतर के मन ने जब मान लिया है तब हमें यह देखने की जरूरत नहीं कि बाहर की गाँठ में कितने फेरे पड़े, बल्कि मैंने तो सोचा, यह अच्छा ही हुआ कि जिसे पति के रूप में स्वीकार किया है उसे ऊपर से नीचे तक कसकर बाँधा नहीं। उसकी मुक्ति की अर्गला अगर थोड़ी ढीली ही रह गयी तो रहने दो। मन ही अगर दिवालिया हो

जाये, तो फिर पुरोहित के मंत्र को महाजन बना के खड़ा करने से सूद भले ही अदा हो जाये, पर असल तो डूब ही जायेगा। मगर यह सब तुम से कहना व्यर्थ है, तुम समझोगे नहीं।''

राजेंद्र चुप रहा। कमल कहने लगी, ''तब सिर्फ यही बात मैं नहीं जानती थी कि उन्हें रुपयों का लोभ इतना जबरदस्त है। जानती होती तो कम से कम लांछना की आफत से बच जाती।''

राजेंद्र ने पूछा, ''इसके माने ?''

कमल ने सहसा अपने को रोक लिया, बोली, ''रहने दो माने। तुम सुनकर क्या करोगे ?''

कुछ देर हुई सूर्य अस्त हो चुका है, घर में बाहर का अँधेरा घना होता जा रहा है। कमल ने बत्ती जलायी और उसे टेबिल के एक किनारे रखकर अपनी जगह पर आते हुए कहा, ''खैर, जो भी हो, मुझे एक बार उनके घर पर ले चलो!''

''क्या करेंगी जाकर ?''

''अपनी आँखों से एक बार देखना चाहती हूँ। अगर जरूरत होगी तो रह जाऊँगी। नहीं तो तुम पर भार सौंप कर निश्‍चिंत हो जाऊँगी। इसीलिए तुम्हें बुलाया था। तुम्हारे सिवा यह काम और कोई नहीं कर सकता। उनके प्रति लोगों की नफरत की हद नहीं।'' कहते-कहते कमल सहसा बत्ती को जरा बढ़ा देने की गरज से उठी और राजेंद्र की तरफ पीठ करके खड़ी हो गयी।

राजेंद्र ने कहा, ''अच्छी बात है, चलिए। मैं एक ताँगा कर लाऊँ।'' और वह चला गया। होना चाहती हैं, सो मैं यह भार तो ले सकता था; लेकिन अब यहाँ मेरा रहना नहीं होगा, बहुत जल्द चले जाना पड़ेगा। आप और कोई इंतजाम करने की कोशिश करें तो अच्छा हो।''

कमल ने उद्विग्न होकर पूछा, ''क्यों, पुलिस शायद परेशान कर रही है ?''

''उसकी आत्मीयता का तो मैं आदी हो गया हूँ, इसके लिए नहीं।''

कमल हरेंद्र की बातें याद करके बोली, ''तो क्या आश्रम के लोग जाने के लिए कहते हैं लेकिन पुलिस के डर से जो लोग इस तरह आतंकित रहते हैं, उन्हें इतने समारोह के साथ देश के काम में उतरना ही नहीं चाहिए। फिर तुम्हें यहाँ से चले ही क्यों जाना पड़ेगा ? इसी आगरे शहर में एक ऐसा व्यक्ति है जो तुम्हें जगह देने में जरा भी नहीं डरेगा।''

राजेंद्र ने कहा, ''सो शायद खुद आप ही हैं। इसे सुन लिया, सहज ही भुला नहीं सकूँगा। लेकिन इस उपद्रव से डरते न हों, भारत में ऐसे आदमी बिरले ही हैं। अगर होते तो देश की समस्या बहुत कुछ हल हो जाती।''

जरा ठहरकर फिर बोला, "मगर मैं इस वजह से नहीं जा रहा हूँ। आश्रम को भी दोष नहीं दे सकता। और चाहे जिसके मुँह से निकल जाये, पर मेरे लिए चले जाने की बात हरेंद्र दादा के मुँह से नहीं निकल सकती।"

"तो क्यों जा रहे हो?"

"जा रहा हूँ अपने ही लिए। वह है जरूर देश का काम, पर मेरा उनके साथ मत नहीं मिलता, और न काम की धारा ही मेल खाती है। मेल हो सिर्फ प्रेम की दृष्टि से। हरेंद्र दादा को मैं सहोदर से प्रिय हूँ, उससे भी ज्यादा अपना हूँ। किसी दिन इसका व्यतिक्रम भी नहीं होने का।"

कमल की दुश्ंचिता दूर हो गयी। बोली, "इससे बढ़कर और क्या हो सकता है राजेंद्र? मन जहाँ मिल गया, वहाँ मत का मेल न हो, न सही, काम की धारा न मिले न सही, इससे क्या आता-जाता है? सब कोई एक ही तरह से सोचेंगे, एक ही तरह का काम करेंगे और तभी एक साथ रहेंगे, यह क्यों? और हम अगर दूसरे के मत पर श्रद्धा न कर सकें तो फिर शिक्षा ही क्या हुई? मत और कर्म दोनों ही बाहर की चीजें हैं राजेंद्र। एक मन ही सत्य है। और, इन बाहर की चीजों को ही बड़ा मानकर अगर तुम दूर चले जाओ तो तुम जो कह रहे थे कि तुम्हारे प्रेम में कोई व्यतिक्रम नहीं होने का, सो इस तरह तो उसे अस्वीकार करना होगा। यह जो किताब में लिखा है कि 'छाया के लिए काया छोड़ी' सो यह भी ठीक वैसी ही बात होगी!"

राजेंद्र कुछ बोला नहीं, सिर्फ हँस दिया।

"हँसे क्यों?"

"हँसा इसलिए कि तब हँसा नहीं था। आपने अपने खुद के विवाह के मामले में मन के मेल को ही एकमात्र सत्य स्थिर करके बाह्य अनुष्ठान को बेमेल 'कुछ नहीं' कहके उड़ा दिया था। वह सत्य नहीं था, इसलिए आज आप दोनों का सब कुछ असत्य हो गया।"

"इसके माने?"

राजेंद्र ने कहा, "मन के मेल को मैं तुच्छ नहीं समझता, मगर उसी को अद्वितीय कहकर उच्च स्वर से घोषित करने का भी आजकल एक उच्च दर्जे का फैशन हो गया है। इससे उदारता और महत्ता दोनों ही प्रकट होती हैं, परंतु सत्य नहीं प्रकट होता। यह कहना गलत है कि संसार में सिर्फ एक मन ही है और उसके बाहर जो कुछ है, सब छाया है।"

जरा ठहरकर वह फिर कहने लगा, "अभी-अभी विभिन्न मतवादों के प्रति श्रद्धा रख सकने को ही बड़ी भारी शिक्षा बता रही थीं, मगर आप जानती हैं कि सब तरह के मतों पर श्रद्धा कौन रख सकता है? जिसके अपने मत का कोई बल नहीं,

वही रख सकता है। शिक्षा के द्वारा विरुद्ध मत की चुपचाप उपेक्षा की जा सकती है, पर उस पर श्रद्धा नहीं की जा सकती।''

कमल को अत्यंत विस्मय हुआ, वह अवाक् रह गयी। राजेंद्र कहने लगा, ''हमारी ऐसी नीति नहीं है, झूठी श्रद्धा से हम संचार का सर्वनाश नहीं करते। मित्र के मत पर भी नहीं। उस श्रद्धा को तोड़-फोड़कर चकनाचूर कर डालते हैं। यही हम लोगों का काम है।''

कमल ने कहा, ''इसी को तुम लोग 'काम' कहते हो?''

राजेंद्र ने कहा, ''हाँ, कहते हैं। मत का बेमेल अगर हमारे काम में बाधा पहुँचाता रहे तो मन के मेल से हमें क्या करना है? हम चाहते हैं मत की एकता, काम की एकता, हमारे लिए भावों के विलास का कोई भी मूल्य नहीं शिवानी...''

कमल हैरान होकर बोली, ''मेरा यह नाम भी तुम्हें मालूम हो गया है?''

''हाँ। कर्म के जगत् में आदमी के व्यवहार का मेल ही बड़ा मेल है, मन का नहीं। मन हो तो बना रहे; अंत:करण का विचार अंतर्यामी करेंगे, हमारा काम व्यावहारिक एकता के बिना नहीं चल सकता। यही हमारी कसौटी है—इसी से हम जाँच करते हैं। बाहर से अगर स्वर में मेल न हो तो केवल दो जनों के मन के मेल से संगीत सृष्टि नहीं होती, वह तो सिर्फ कोलाहल ही कहलायेगा। राजा की जो सेनाएँ युद्ध करती हैं, उनकी बाहर की एकता ही राजा की शक्ति है। मन से उसे कोई मतलब नहीं। नियम का शासन संयम है—और यही हम लोगों की नीति है। इसे छोटा बनाने से मन के नाश के लिए खुराक जुटाई, यही है उनका घर।''

सामने एक पुराना टूटा-फूटा मकान है। दोनों चुपके से उतरकर नीचे की एक कोठरी में पहुँचे। आहट सुनकर शिवनाथ ने आँख खोलकर देखा, पर दिये के धुँधले उजाले में शायद पहचान न सका। क्षण-भर बाद ही उसने आँखें मींच लीं और फिर से तंद्रा-लीन हो गया।

17

चारों तरफ देख-भालकर कमल सन्न रह गयी। घर की सूरत क्या हो रही! सहसा किसी को विश्वास नहीं हो सकता कि यहाँ कोई आदमी भी रहता है। किसी के आने की आहट सुनाई दी और एक सत्रह-अठारह साल का लड़का आ खड़ा हुआ। राजेंद्र ने उसका परिचय देते हुए कहा, ''यह शिवनाथ बाबू का नौकर है। तथ्य बनाने से लेकर दबा खिलाने तक सब इसी की ड्यूटी में है। सूर्यास्त से ही शायद

सोना शुरू किया था इससे अभी उठकर आ रहा है। रोगी के संबंध में अगर कुछ उपदेश देना हो तो इसी को दीजिए। मालूम होता है कि समझ तो जायेगा, बिलकुल बेवकूफ नहीं है। नाम कल पूछा तो था पर याद नहीं रहा। क्या नाम है रे?''

''फगुआ।''

''आज दवा दी थी?''

लड़के ने बायें हाथ की दो उँगलियाँ दिखाते हुए कहा, ''दो खुराक दी हैं।''

''और कुछ दिया है।''

''हाँ, दूध भी पिला दिया है।''

''बहुत अच्छा किया। ऊपर के पंजाबी बाबुओं में से कोई आया था?''

लड़के ने याद करके कहा, ''शायद दोपहर को एक बाबू आये थे।''

''शायद? तब तुम क्या कर रहे थे, सो रहे थे?''

कमल ने कहा, ''फगुआ, यहाँ झाड़ू-आड़ू कुछ है या नहीं?''

फगुआ सिर हिलाकर झाड़ू लेने चला गया। राजेंद्र बोला, ''झाड़ू का क्या करेंगी? उसे पीटेंगी क्या?''

कमल ने गंभीर होकर कहा, ''यह क्या मजाक का वक्त है? माया-ममता क्या तुम्हारे में बिलकुल है ही नहीं?''

''पहले थी। फ्लड और फेमिन रिलीफ में उन्हें झाड़-पोंछकर अलग फेंक आया हूँ।''

फगुआ झाड़ू लेकर हाजिर हुआ। राजेंद्र ने कहा, ''मैं भूख के मारे मरा जा रहा हूँ, कहीं जाकर कुछ खा आऊँ। तब तक झाड़ू और इस लड़के का जो उपयोग कर सकें, आप कीजिए, वापस आकर आपको मैं घर पहुँचा दूँगा। डरिएगा नहीं, मैं दो घंटे में लौट आऊँगा।'' कहकर वह जवाब की प्रतीक्षा किये बगैर ही चल दिया।

बाहर के किनारे का यह स्थान थोड़ी ही देर में निःशब्द और निर्जन हो गया। जो लोग ऊपर रहते हैं उनका कोलाहल और चलने-फिरने का शब्द भी बंद हो गया। मालूम होता है कि वे सब सो गये हैं। शिवनाथ की खबर लेने कोई नहीं आया। बाहर अँधेरी रात्रि और भी गहरी होने लगी। जमीन पर कंबल बिछाकर फगुआ ऊँघने लगा। बाहर का दरवाजा बंद करने का समय हो रहा था। तभी सड़क पर साइकिल की घंटी सुनाई दी और दूसरे ही क्षण दरवाजा धकेलकर राजेंद्र भीतर आ गया। उसने इधर-उधर देखा और इस थोड़े-से समय में सारे कमरे में काफी परिवर्तन देखकर कुछ देर चुपचाप खड़ा रहा, फिर हाथ की पोटली बगल की तिपाई पर रखता हुआ बोला, ''आपको जैसा सोचा था दूसरी स्त्रियों की तरह, वैसी आप नहीं हैं। आप पर भरोसा किया जा सकता है।''

कमल ने कुछ जवाब नहीं दिया, चुपके से उसके मुँह की ओर देखा। राजेंद्र ने कहा, ''इस बीच में आपने तो बिस्तर तक बदल डाला है! और सब कुछ तो आपने ढूँढ़-खोजकर निकाल लिया, पर इन्हें उठाकर उस पर सुलाया कैसे?''

कमल ने आहिस्ते से कहा, ''तरकीब मालूम हो तो यह काम मुश्किल नहीं।''

''मगर मालूम कैसे हो? मालूम होने की तो कोई बात नहीं थी।''

कमल ने कहा, ''मालूम करना क्या सिर्फ तुम्हीं लोगों के हाथ की बात है? बचपन में चाय बगीचे में मैंने बहुत-से रोगियों की सेवा की है।''

''अच्छा, यह बात है!'' कहकर उसने चारों तरफ नजर दौड़ायी, फिर कहा, ''आते वक्त साथ में कुछ खाने को लेता आया हूँ। देख गया था कि सुराही में पानी है, लीजिए, मैं बैठा हूँ।''

कमल उसके चेंहरे की तरफ देखकर जरा हँस दी, बोली, ''खाने के बारे में तो मैंने कहा नहीं था। अचानक यह बात सूझ कैसे गयी?''

राजेंद्र बोला, ''बात सच है, सूझा तो अचानक ही। जब मेरा पेट भर गया। तब न जाने क्यों ऐसा लगा कि आपको भी भूख लगी होगी। आते वक्त दूकान से थोड़ा-सा लेता आया। देर न कीजिए, खाने बैठिए।'' कहकर वह खुद ही सुराही उठा लाया। पास ही कलईदार गिलास रखा था। बोला, ''ठहरिए, बाहर से इसे माँज लाऊँ।'' कहता हुआ उसे बाहर ले गया। वह कल ही जान गया था कि इस घर में कहाँ क्या रखा है। लौटा तो खोजकर साबुन का टुकड़ा उठा लाया और बोला, ''आपने बहुत व्यवस्था की है, जरा सावधान रहना अच्छा है। मैं पानी देता हूँ, आप पहले हाथ धो लीजिए।''

कमल को अपने पिता की याद आ गयी। उनकी भी बातों में इसी तरह रसकस कुछ नहीं होता था, मगर वे हार्दिकता से भरी रहती थीं। उसने कहा, ''हाथ धोने में मुझे कोई आपत्ति नहीं, पर खा नहीं सकूँगी भाई, तुम्हें तो शायद मालूम है कि मैं खुद अपने हाथ से बनाकर खाया करती हूँ और दूसरे, यह सब कीमती अच्छी-अच्छी मिठाइयाँ भी मैं नहीं खाती। मेरे लिए व्यस्त होने की जरूरत नहीं, मैं तो हमेशा की तरह घर जाकर ही खाऊँगी।''

''तो फिर ज्यादा रात न करके अब घर ही लौट चलिए, आपको पहुँचा दूँ।''

''आप फिर यहीं लौटकर आएँगे?''

''हाँ।''

''कब तक रहिएगा?''

''कम से कम कल सबेरे तक। ऊपर के पंजाबी भाइयों के हाथ कुछ रुपये दे गया था, उनसे एक बार मुलाकात बगैर किये नहीं हिलने का। जरा थक गया हूँ, पर

इसकी कुछ परवाह नहीं। मुझे नहीं मालूम था कि इतनी लापरवाही होगी। उठिए, फिर ताँगा नहीं मिलेगा, पैदल जाना पड़ेगा। लौटते वक्त मोचियों के मुहल्ले में भी जरा देखने जाना है। दो के मरने की बात थी, देखना है, उन लोगों ने क्या किया?''

कमल को फिर उस बात का खयाल आ गया कि इस आदमी के हृदय में अनुभूति नाम की कोई बला ही नहीं। लगभग यंत्र-सा काम करता है। न जाने कौन-सी अज्ञात प्रेरणा इसे बार-बार कार्य में जोत देती है, और यह काम करता चला जाता है! अपने लिए नहीं, और शायद कोई आशा लेकर भी नहीं करता। कार्य इसके रक्त में तथा सारे शरीर में जल-वायु की भाँति ही सहज स्वाभाविक हो गया है। मजा यह कि औरों के आश्चर्य का ठिकाना नहीं, वे सोचते हैं कि ऐसा होता कैसे है? कमल ने पूछा, ''राजेंद्र, आप खुद भी तो डॉक्टर हैं?''

''डॉक्टर? नहीं तो। सिर्फ जरा डॉक्टरी स्कूल में कुछ दिन पढ़ा था।''

''तो फिर उन लोगों का इलाज कौन करता है?''

''यम।''

''और आप क्या करते हैं?''

''मैं उनके कार्य में मदद करता हूँ, उनके गुण-लुब्ध पर भक्त हूँ।'' कहकर वह कमल के विस्मयाच्छन्न चेहरे की तरफ क्षण-भर देखता रहा; फिर जरा हँसकर बोला, ''यम नहीं, वे हैं यम-राज। बलिहारी है उसकी प्रतिभा की जिसने राजा कहकर इन्हें पहले पहल अभिनंदित किया था। सचमुच है तो राजा ही। जैसी दया है, वैसा ही विवेक। मैं होड़ बदकर कह सकता हूँ कि विश्व-जगत् में कोई अगर सृष्टिकर्ता है तो वे उसकी सर्वश्रेष्ठ सृष्टि हैं।''

कमल ने आहिस्ते से पूछा, ''क्या आप मजाक कर रहे हैं राजेंद्र?''

''कत्तई नहीं। सुनकर सतीश दादा मुँह गंभीर बना लेते हैं, हरेंद्र दादा गुस्सा हो जाते हैं, मुझे 'सिनिक' कहते हैं। और अपने आश्रम में उन सबने मिलकर स्वच्छता, संयम, त्याग और अद्‌भुत कठोरता के तरह-तरह के अस्त्र-शस्त्र पैनाकर मानो यम-राज के विरुद्ध विद्रोह घोषित कर रखा है। वे समझते हैं कि मैं उनका उपहास कर रहा हूँ। मगर सो बात नहीं है। गरीब दुखियों के मुहल्लों में वे जाते नहीं, अगर जाते तो मेरा विश्वास है कि वे भी मेरी तरह परम राज-भक्त हो जाते और श्रद्धा से झुककर यमराज का गुणगान करते, अकल्याण समझ कर उन्हें गाली देते न फिरते।''

कमल ने कहा, ''यही अगर तुम्हारा वास्तविक मत हो तो तुम्हें 'सिनिक' कहने में बुराई क्या है?''

''बुराई का विचार पीछे होगा। चलेंगी एक बार मेरे साथ मोचियों के मुहल्लों में? कतार की कतार पड़ी हैं, सिर्फ आजकल के एन्फ्लुएंजा की वजह से ही नहीं,

हैजा, चेचक, प्लेग, कोई भी बहाना-भर मिलना चाहिए। औषधि नहीं, पथ्य नहीं, सोने के लिए बिस्तर नहीं, ढकने के लिए कपड़ा नहीं, मुँह में पानी देने के लिए आदमी नहीं, देखते ही एकाएक घबरा जाना पड़ता है कि आखिर इसका किनारा कहाँ है? पर उसी वक्त किनारा नजर आ जाता है, चिंता दूर हो जाती है और मन-ही-मन कहने लगता हूँ—कोई डर नहीं भाई, कोई डर नहीं। समस्या चाहे कितनी भी गंभीर क्यों न हो, उसका समाधान करने की जिन पर जिम्मेदारी है, वे आ ही रहे होंगे। अलग-अलग देशों में अलग-अलग व्यवस्थाएँ हैं, पर हमारी इस देव-भूमि में सारी की सारी जिम्मेदारी यमराज ने ले रखी है, स्वयं राजाधिराज यमराज ने। एक हिसाब से हम ज्यादा सौभाग्यवान् हैं। लेकिन न जाने कहाँ से ये सब बातें निकल आयीं। चलिए, बहुत रात होती जा रही है। बहुत-सा रास्ता पैदल तय करना है।''

''मगर तुम्हें तो फिर उसी रास्ते वापस भी आना है?''

''सो तो आना ही है।''

''तुम्हारा मोची-मुहल्ला है कितनी दूर?''

''पास ही है, यानी यहाँ से एक मील के भीतर।''

''तो तुम साइकिल से घूम आओ, मैं बैठी हूँ।''

राजेंद्र हैरान, बोला, ''सो कैसे! आपने तो दो दिन से खाया नहीं है?''

''किसने दी तुम्हें यह खबर?''

''अभी-अभी ख़याल की बात हो रही थी न, उसी से। पर खबर मैंने खुद ही प्राप्त की है। आते वक्त आपका रसोईघर एक बार झाँककर देख आया था, आलू-भात तैयार रखा, बटलोई का चेहरा देखने से संदेह नहीं रहा कि वह गत रात्रि का बनाया हुआ है। अर्थात् दो दिन से आपका कोरा उपवास चल रहा है। लिहाजा या तो चलिए या फिर जो लाया हूँ उसे खा लीजिए। आज हाथ से बनाने का बहाना अवैध है।''

''मैं पूछती हूँ, आप मेरे लिए इतने परेशान क्यों हो रहे हैं?''

''क्यों का उत्तर अभी मेरे पास नहीं है। कारण अथवा उत्तर सूझ जाने पर आपको बता दूँगा।''

कुछ देर सोच-विचार में डूबी कमल बोली, ''अवश्य बताना, किसी संकोच में न पड़ना।'' फिर कुछ देर तक चुप रहकर बोली, ''मैं समझती हूँ कि तुम्हारे आश्रम में लोगों ने तुम्हें तुम्हारे सही रूप में नहीं पहचाना। इसीलिए वे तुम्हें ऊत कहते हैं। किंतु मैं तुम्हारे वास्तविक रूप को पहचान गयी हूँ और चाहती हूँ कि तुम भी मेरी सारी वास्तविकता को जान लो। इसके लिए वादविवाद से काम नहीं चलेगा, अपितु समय की अपेक्षा रहेगी।''

उसके पश्चात स्थिर और गंभीर होकर कमल बोली, ''राजेंद्र तुम्हें यह सब मालूम होना चाहिए कि मैं अपने हाथ का बना खाती हूँ और केवल एक समय खाती हूँ और बहुत सादा गरीबों वाला खाती हूँ। केवल मुट्ठीभर दाल-भात ही मेरा चौबीस घंटों का भोजन है। यह मेरा व्रत या अनुष्ठान नहीं, जिसे तोड़ने में मुझे संकोच हो, किंतु केवल दो दिनों से न खाया होने से इस नियम को तोड़ना मैं उचित नहीं समझती हूँ। तुम्हारे स्नेह के लिए मैं आभारी हूँ और इसके लिए मैं चिरकृतज्ञ रहूँगी। तुम्हारी बात न मानने के लिए तुमसे क्षमा प्रार्थना करती हूँ। मैं चाहती हूँ कि तुम मुझसे नाराज न होना।''

''ठीक है।''

''अच्छा बताइए, अब किस सोच में पड़ गये हो?''

''सोचता हूँ कि आपका यह प्रारंभिक परिचय भी अनोखा होने से अविस्मरणीय रहेगा।''

''मैं तुम्हें आसानी से अपने को भूलने भी नहीं दूँगी।'' कहती हुई कमल हँस दी और बोली, ''अब सोच-विचार छोड़ो, जल्दी से जाओ और काम निबटाकर यथाशीघ्र लौट आओ। इस बड़ी आरामकुर्सी पर तुम्हें कंबल बिछा मिलेगा, आकर लेट जाना, दो-चार घंटे आराम कर लेना। सबेरा होने पर घर चलेंगे। बोलो, क्या विचार है?''

राजेंद्र ने स्वीकृति में सिर हिला दिया और फिर बोला, ''मुझे डर था कि आज की रात भी आँखों में काटनी पड़ेगी, किंतु आपने अपने पति की सेवा का भार स्वयं सँभालकर मुझे छुट्टी देने की कृपा की, इसके लिए धन्यवाद! हाँ, मैं जाता हूँ, किंतु मुझे अधिक समय नहीं लगेगा। जल्दी लौटूँगा। इस बीच आप सो न जाना।''

कमल बोली, ''नहीं सोऊँगी, किंतु आपको यह किसने कहा कि यह मेरे पति हैं? जिस भी भले आदमी ने आपसे ऐसा कहा है, उसे आप मजाक ही समझिएगा। विश्वास न हो, तो स्वयं इनसे ही पूछ लीजिएगा, सत्य और झूठ सामने आ जायेगा।''

बिना कुछ उत्तर दिये राजेंद्र चुपके से खिसक लिया।

शिवनाथ मानो इसी अवसर की प्रतीक्षा में था। करवट बदलकर और आँखें खोलकर उसने पूछा, ''यह कौन था?''

शिवनाथ की बिल्कुल साफ और सही आवाज को सुनकर कमल चौंक पड़ी। उसने अनुभव किया कि यहाँ न तो किसी प्रकार की जड़ता थी और न ही शिथिलता थी। आँखों में थोड़ी-बहुत सुस्ती के लक्षण अवश्य थे, अन्यथा चेहरे पर किसी विकार का कोई चिह्न नहीं था। अधूरी नींद से जागने जैसी स्थिति थी। कमल को

ऐसे भयंकर रोग के इतनी शीघ्रता से ठीक हो जाने का विश्वास ही नहीं हो रहा था। शिवनाथ ने एक बार फिर से पूछा, ''यह आदमी कौन था? क्या यही आदमी तुम्हें अपने साथ यहाँ लाया है शिवानी?''

''हाँ ये भी मुझे यहाँ लाये हैं और तुम्हें भी कल इधर लाये हैं।''

''इसका नाम?''

''राजेंद्र।''

''क्या तुम दोनों अभी तक एक ही मकान में रह रहे हो?''

''मेरा प्रयास तो यही है, उनके मान जाने को मैं अपना सौभाग्य समझूँगी।''

''हूँ, उसे यहाँ क्यों लायी हो?''

न कमल ने इसका उत्तर दिया और न ही शिवनाथ ने फिर जोर देकर पूछा। वह काफी देर तक आँखें बंद किये पड़ा रहा और फिर बोला, ''मेरे तुम्हारे किसी संबंध के न रहने की बात तुमसे किसने कही है? क्या लोग मेरे द्वारा ऐसा कहा जाना बता रहे हैं?''

इसका उत्तर न देकर कमल ने पलटकर प्रश्न किया, ''तुमने मुझसे विवाह नहीं किया, इस पर मेरा विश्वास रहा हो, अथवा न रहा हो, किंतु तुम्हें तो विश्वास था। फिर मुझे छोड़कर आते समय विश्वास न होने की बात मुझसे क्यों नहीं कह दी? तुमने सोचा होगा, कि मैं शास्त्र की दुहाई देकर अथवा रो-पीटकर तुम्हें अपने यहाँ रहने को विवश कर दूँगी, किंतु तुम मेरे स्वभाव से भली प्रकार परिचित हो। जानते हो कि मैं ऐसा कुछ करने वाली नहीं। फिर तुम चोरों की भाँति बिना बताये क्यों खिसक आये?''

थोड़ी देर तक चुप रहा शिवनाथ बोला, ''काम के झंझट से अथवा रोजगार की उलझन से कुछ दिनों के लिए अलग मकान लेकर रहने को तुम संबंध विच्छेद कहती हो? मैं तो सोचता था...।''

शिवनाथ की बात को काटती हुई कमल बीच में ही बोल उठी, ''रहने दो अपनी चालाकियाँ। मैं कुछ जानना नहीं चाहती। बाँधकर रोक सकती हूँ या रो-पीटकर अनर्थ खड़ा कर सकती हूँ, ऐसा मेरा स्वभाव नहीं, सो तो तुम अच्छी तरह जानते ही थे, फिर कहकर क्यों नहीं आये?''

शिवनाथ थोड़ी देर नीरव रहकर बोला,''काम की झंझट के कारण यहाँ रोजगार के खातिर कुछ दिनों के लिए अलग मकान लेकर रहने लगना ही क्या त्यागना हो गया मैं तो सोचता था—''

शिवनाथ की बात मुँह की मुँह में ही रह गयी। कमल बीच में ही बोल उठी— ''रहने दो, मैं नहीं जानना चाहती।'' पर कहने के साथ ही वह अपनी उत्तेजना से

आप ही लज्जित हो गयी। कुछ देर चुप रहकर अपने को शांत करके अन्त में बोली—"तुम क्या सचमुच ही बीमार थे?"

"सच नहीं तो क्या झूठ?"

"सचमुच ही अगर बीमार थे तो वहाँ न जाकर आशु बाबू के घर किसलिए गये। तुम्हारे एक काम ने तो मुझे व्यथा ही पहुँचाई है, पर दूसरे काम ने मेरा इतना अपमान किया है कि जिसकी हद नहीं! मैं जानती हूँ, यह सुनकर कि मुझे दुःख हुआ है तुम हँसोगे; पर यह जानना ही मेरे लिए सान्त्वना है। तुम इतने ओछे हो सिर्फ इसीलिए, मैंने सह लिया, नहीं तो मुझसे नहीं सहा जाता।"

शिवनाथ चुप रहा; कमल उसके चेहरे की तरफ एकटक देखती रही और बोली—"तुम जानते हो, मुझे सब सहन हुआ, पर तुम्हें घर से निकाल देना मुझसे नहीं सहा गया। इसी से तुम्हारी सेवा करने आयी थी,—तुम्हें रिझाने नहीं।"

शिवनाथ ने धीरे-धीरे कहा—"तुम्हारी इस दया के लिए मैं कृतज्ञ हूँ शिवानी।"

कमल ने कहा, "तुम मुझे शिवानी कहकर मत पुकारो, कमल कहकर पुकारा करो।"

"क्यों?"

"सुनने में मुझे घृणा होती है, इसीलिए।"

"मगर एक दिन तो तुम इसी नाम को सबसे ज्यादा पसंद करती थीं।" कहते हुए शिवनाथ ने कमल का हाथ अपने हाथ में ले लिया। कमल चुप रही। अपने हाथ को लेकर खींचातानी करने में उसे संकोच मालूम हुआ।

"चुप हो रहीं, जवाब क्यों नहीं देतीं?"

कमल पूर्ववत् चुप रही।

"क्या सोच रही हो बताओ न शिवानी?"

"क्या सोच रही हूँ, जानते हो? सोच रही हूँ कि इन बातों की याद दिलाने वाले आदमी को कितना बड़ा पाखंडी होना चाहिए!"

अपनी इस उत्तेजना पर लज्जित अनुभव करती तथा अपने को शांत, संयत बनाने की चेष्टा करती कमल सामान्य स्वर में बोली, "क्या तुम सचमुच बीमार थे?"

"नहीं, बहाना बनाया था।"

"यदि सचमुच बीमार थे, तो मेरे यहाँ अपने घर पर न आकर आशु बाबू के घर क्यों गये थे? तुम्हारे एक आचरण से तो मैं व्यथित हुई हूँ, किंतु तुम्हारे दूसरे आचरण ने मुझे कहीं मुँह दिखाने लायक नहीं छोड़ा। मुझे मालूम है कि मेरे दुखी होने की जानकारी से तुम्हें सुख मिलेगा, किंतु तुम्हारे ओछेपन की जानकारी मेरे लिए सांत्वनाप्रद है, अन्यथा मैंने न मालूम, अपने साथ क्या कर लिया होता?"

चुप्पी साधे शिवनाथ के चेहरे पर देखती कमल बोली, ''तुम जानते हो कि मैंने और सब कुछ तो सह लिया, किंतु तुम्हें घर से निकाला जाना मुझसे नहीं सहा गया, इसलिए तुम्हारी सेवा करने आ गयी हूँ। यह मत समझना कि तुम्हें रिझाने आयी हूँ।''

शिवनाथ धीरे से बोला, ''शिवानी! तुम्हारी इसी कृपा के लिए तुम्हारे प्रति मैं अपना आभार प्रकट करता हूँ।''

''तुम मुझे शिवानी नहीं अपितु कमल कहकर पुकारा करो।''

''क्यों?''

''तुम्हारे मुँह से 'शिवानी' सुनने पर मुझे घृणा आती है।''

''किंतु एक दिन तुम्हें मेरे मुँह से यही नाम सुनना पसंद था।'' कहते हुए शिवनाथ ने कमल के हाथ को अपने हाथ में ले लिया। कमल चुप रही। यहाँ तक कि अपने हाथ को खींचने में भी उसे संकोच हुआ।

''चुप बैठी हो, कुछ बोलती क्यों नहीं?''

कमल का इस पर कुछ भी प्रभाव न पड़ा।

''शिवानी! क्या सोच रही हो? कुछ बताओगी नहीं?''

''सोच रही हूँ कि ऐसी बातें करने वाला व्यक्ति कितना बड़ा पाखंडी है।''

शिवनाथ की आँखों में आँसू छलक आये, उसने कहा, ''पाखंडी मैं नहीं हूँ शिवानी। एक दिन आयेगा जब अपनी भूल तुम आप ही समझ जाओगी, उस दिन तुम्हारे पश्चात्ताप की सीमा न रहेगी। क्यों मैंने अलहदा कमरा किराये पर लिया है?''

''लेकिन अलहदा कमरा किराये पर लेने का कारण तो तुम से मैंने एक बार भी नहीं पूछा? मैंने तो सिर्फ इतना ही जानना चाहा था कि यह बात तुम मुझे जताकर क्यों नहीं आये? तुम्हें एक दिन के लिए भी मैं पकड़कर नहीं रखती।''

शिवनाथ की आँखों से आँसू ढलक पड़े। उसने कहा, ''कहने की मुझे हिम्मत नहीं पड़ी शिवानी!''

''क्यों?''

शिवनाथ कुरते की आस्तीन से आँखें पोंछता हुआ बोला, ''एक तो रुपयों की तंगी, उस पर आये दिन बाहर जाना पड़ता पत्थर खरीदने। माल लादने–उतारने के लिए स्टेशन के पास एक...''

कमल बिस्तर से उठकर दूर एक कुर्सी पर जा बैठी। बोली, ''मुझे अपने लिए अब दुख नहीं होता। होता है एक दूसरे आदमी के लिए। पर आज तुम्हारे लिए भी दुख हो रहा है शिवनाथ बाबू!''

बहुत दिन बाद फिर आज उसने नाम लेकर पुकारा। बोली, ''देखो, कोरी

वंचना को ही मूल-धन मानकर दुनिया में रोजगार नहीं किया जा सकता। मेरे साथ, हो सकता है कि फिर कभी तुम्हारी मुलाकात न हो, लेकिन मेरी तुम्हें याद आयेगी। जो होना था सो तो हो चुका, वह अब वापस नहीं आ सकता; परंतु भविष्य में जीवन को और एक पहलू से देखने की कोशिश करोगे तो हो सकता है कि तुम्हारा भला हो, तुम अच्छी तरह रहो।''

कमल ने बड़ी मुश्किल से अपने आँसू रोके। वह शिवनाथ बाबू को आशु बाबू द्वारा अपने घर से हटाये जाने का वास्तविक कारण चाहकर भी न बता सकी। वस्तुतः शिवनाथ से इतनी अधिक रुष्ट होने पर भी कमल इस सत्य को बताकर उसे मर्मांतक आघात नहीं पहुँचाना चाहती थी।

बाहर से आ रही साइकिल की आवाज को सुनते ही चुप हुए शिवनाथ ने करवट बदलकर आँखें मींच लीं।

भीतर आकर राजेंद्र बोला, ''अच्छा तो आप सचमुच जाग रही हैं। रोगी का क्या हाल है? औषध अथवा पथ्य आदि कुछ दिया है अथवा नहीं?''

''नहीं, कुछ नहीं दिया।''

राजेंद्र बोला, ''चलो, सोने दो, रोगी के लिए नींद सबसे बड़ी औषध है। इन्हें तुमने कहीं जगाया तो नहीं?''

''नहीं। मोचियों के यहाँ क्या रहा?''

''वे भले आदमी थे; बात रख ली। मेरे पहुँचने के पहले ही यमराज के भैंसे आकर दो आत्माओं को ले गये। सबेरे दोनों मुर्दों को म्युनिसिपालिटी के भैंसों के हवाले कर छुट्टी पा लूँगा। और भी आठ-दस साँसें भर रहे हैं, कल एक बार आपको ले जाकर दिखा लाऊँगा। आशा है, आपको पर्याप्त ज्ञान प्राप्त होगा। मगर आराम-कुरसी पर मेरा कंबल का बिछौना कहाँ है? भूल गईं?''

कमल ने कंबल बिछा दिया।

''ओह! जान में जान आयी!'' कहकर उसने एक लम्बी साँस ली और आरामकुरसी के हत्थों पर पाँव पसारकर वह पड़ रहा। बोला, ''दौड़-धूप करते-करते पसीने से लथपथ हो गया हूँ, पंखा-बंखा कुछ है क्या?''

कमल हाथ में पंखा लेकर कुरसी खींचती हुई उसके सिरहाने बैठ गयी और बोली, ''मैं हवा कर रही हूँ, तुम सो जाओ। रोगी के लिए दुश्चिंता करने की जरूरत नहीं, वे अच्छे हैं।''

''वाह! तब तो सब तरफ शुभ-ही-शुभ समाचार है।'' कहते हुए उसने आँखें मींच लीं।

18

इंफ्ल्युएंजा इस देश में बिल्कुल नयी बीमारी नहीं, 'डेंगू' या हड्डी तोड़ बुखार के नाम से यहाँ वाले इसे बहुत कुछ अवज्ञा और उपहास की दृष्टि से देखते रहे हैं। लोगों की यही धारणा थी कि दो-तीन दिन तकलीफ देने के सिवा उसका और कोई गहरा उद्देश्य नहीं होता। परंतु इसकी किसी को कल्पना तक न थी कि सहसा ऐसी दुर्निवार महामारी के रूप में उसका प्रकोप हो सकता है। लिहाजा, इस बार अकस्मात इसी अपरिमेय शक्ति की सुनिश्ंचित कठोरता से लोग पहले तो हतबुद्धि-से हो गये, बाद में जिससे जिधर बन सका, भाग खड़ा हुआ। अपने और पराये में ज्यादा भेद-भाव न रहा। बीमार की तीमारदारी करना तो दूर रहा, मरते वक्त मुँह में पानी देने वाला भी बहुतों के भाग्य में न जुटा।

शहर और गाँव सर्वत्र ही एक-सी दशा थी। आगरे के भाग्य में भी अन्यथा कुछ नहीं हुआ। उस समृद्ध जन-बहुल प्राचीन नगरी की सूरत कुछ ही दिनों में बिलकुल ही बदल गयी। स्कूल-कॉलेज बंद हो गयें, बाजार और मंडियों की दुकानों में ताले लग गये हैं, जमुना का किनारा सुनसान है, हिंदू और मुसलमान शववाहकों के शंकाकुल त्रस्त पैरों की आवाज के सिवाय सड़कों पर बिलकुल सन्नाटा है।

किसी भी तरफ देखने से यही मालूम होता है कि मारे भय और आशंका के सिर्फ आदमियों की ही नहीं, बल्कि मकानों और पेड़-पौधों तक की शकल-सूरत बिगड़ गयी है। शहर की ऐसी हालत में चिंता दुख और शोक की ज्वाला के कारण बहुतों के साथ बहुतों का समझौता हो गया, कोशिश करके बातचीत द्वारा या मध्यस्थ मानकर नहीं, बल्कि यों ही अपने आप।

आज भी जो लोग जिंदा हैं, अभी तक इस दुनिया से अलग नहीं हुए, वे सभी मानो परस्पर एक-दूसरे के परम आत्मीय हो गये हैं। बहुत दिनों से जिनमें बातचीत तक बंद थी, सहसा रास्ते में भेंट होते ही उनकी भी आँखों में आँसू छलक आते हैं। किसी का भाई मर गया है तो किसी का लड़का, किसी की स्त्री मर गयी है तो किसी की लड़की, नाराजी से मुँह फेर लेने की ताकत अब किसी में नहीं रह गयी। कभी किसी से बात हुई और कभी वह भी नहीं हुई, चुपचाप मन-ही-मन एक-दूसरे की कल्याण-कामना करके बिदा ले ली है।

मोचियों के मुहल्ले में अब ज्यादा आदमी नहीं बचे हैं। जितने मरे उतने ही भाग गये हैं। बाकी के लिए राजेंद्र अकेला ही काफी है। उनकी गति और मुक्ति का भार स्वयं उसी ने अपने जिम्मे ले लिया है। सहकारिणी के तौर पर कमल हाथ बँटाने आयी थी। उसी का उसको भरोसा था कि बचपन में चाय के बगीचे में बीमार

कुलियों की उसने सेवा की थी, पर दो-ही-तीन दिन में वह समझ गयी कि उस पूँजी से यहाँ काम नहीं चल सकता।

उफ्! मोचियों की वह कैसी दुर्दशा थी! भाषा में उसका वर्णन करके विवरण देना असंभव है। झोंपड़ियों में पाँव धरते ही सारा शरीर काँप उठता था, कहीं भी बैठने को जगह नहीं। वहाँ आने के पहले कमल नहीं जानती थी कि गंदगी कैसा भयंकर रूप धारण कर सकती है। इस बात की कल्पना को भी वह अपने मन में स्थान न दे सकती कि इन सबके मध्य में हरदम रहते हुए, अपने को सावधानी से बचाये रखकर, रोगियों की सेवा और देखभाल की जा सकती है। बड़े दर्प के साथ वह राजेंद्र के साथ यहाँ आयी थी। दुस्साहसिकता में वह किसी से कम नहीं थी, संसार की किसी बात से वह डरती नहीं थी, मौत से भी नहीं, और उसने झूठ भी नहीं कहा था; पर यहाँ आकर उसने समझा कि इसकी भी एक सीमा है।

कुछ दिनों में ही डर के मारे उसकी देह का खून सूखने लगा। फिर भी बिलकुल ही दिवालिया होकर घर लौट आने के पहले राजेंद्र उसे आश्वासन देते हुए बार-बार कहने लगा, "ऐसी निर्भीकता मैंने जीवन में नहीं देखी। ठीक तूफान के मुँह को ही आपने सँभाल लिया। पर अब जरूरत नहीं, आप घर जाकर कुछ दिन आराम कीजिए। इनके लिए जो कुछ आप किये जा रही हैं उसका ऋण ये अपने जीवन में न चुका सकेंगे।"

"और तुम?"

राजेंद्र ने कहा, "इन बचे हुओं को महायात्रा कराकर मैं भी भागूँगा। नहीं तो, आप चाहती हैं कि इनके साथ मैं भी मर जाऊँ?"

कमल को जवाब ढूँढ़े न मिला। क्षण-भर उसकी तरफ देखती रही, फिर चली आयी। मगर इसके माने यह नहीं कि वह इन कई दिनों में अपने घर बिलकुल नहीं आ सकी हो। रसोई बनाकर साथ ले जाने के लिए उसे रोज एक बार अपने घर आना पड़ता था। पर आज यह जानकर कि उसे फिर उस भयानक स्थान में वापस न आना पड़ेगा, एक ओर जैसे उसे तसल्ली हुई, वैसे ही दूसरी ओर अव्यक्त उद्वेग से उसका सारा जी भर उठा। आते वक्त वह राजेंद्र से खाने के बारे में पूछना भूल गयी थी। मगर यह त्रुटि चाहे कितनी ही बड़ी क्यों न हो, जहाँ उसे वह छोड़ आयी है, उसके लेखे कुछ नहीं थी।

स्कूल कालेज बंद होने के समय से हरेंद्र का ब्रह्मचर्याश्रम भी बंद है। ब्रह्मचारी बालकों को किसी निरापद स्थान में पहुँचा दिया गया है और देख-रेख के लिए सतीश उनके साथ है। अविनाश की बीमारी के कारण हरेंद्र खुद नहीं जा सका। आज वह कमल के घर आया और नमस्कार करके बोला, "पाँच-छः दिनों से रोज

आ रहा हूँ, आपसे भेंट ही नहीं होती। कहाँ थीं?''

कमल ने मोचियों के मुहल्ले का नाम लिया तो वह अत्यंत विस्मित हुआ, बोला, ''वहाँ? वहाँ तो, सुनते हैं बहुत लोग मर रहे हैं! यह सलाह आपको दी किसने? पर किसी ने भी दी हो, अच्छा काम नहीं किया।''

''क्यों?''

''क्यों क्या? वहाँ जाने का अर्थ है लगभग आत्म-हत्या। मैं तो यह सोच रहा था कि शिवनाथ बाबू आगरे से चले गये हैं, सो शायद आप भी कहीं चली गयी होंगी। पर कुछ दिनों के लिए ही, नहीं तो मकान खाली किये बगैर नहीं जातीं। अच्छा राजेंद्र का पता है कुछ? वह क्या यहीं है या और कहीं चला गया? अचानक ऐसा गोता मारा कि कोई पता ही नहीं मिलता।''

''उनसे क्या आपको कोई खास काम है?''

''नहीं, खास काम के माने जो असाधारणतः समझे जाते हैं, वैसा तो कोई काम नहीं। फिर काम ही समझिए। कारण मैं भी अगर उसकी खोज-खबर लेना बंद कर दूँ तो सिवा पुलिस के और कोई उसका आत्मीयजन नहीं रह जाता। मुझे विश्वास है, आपको मालूम है कि वह कहाँ है।''

कमल ने कहा, ''मुझे मालूम है। पर आपको बताने में कुछ फायदा नहीं। यह अनुसंधान करना अनुचित कुतूहल है कि जिसे घर से भगा दिया है, अब वह बाहर निकलकर कहाँ गया।''

हरेंद्र कुछ देर चुप रहा। फिर बोला, ''मगर वह मेरा घर नहीं, आश्रम है। वहाँ उसे स्थान नहीं दे सका। मगर इसकी शिकायत दूसरे के मुँह से सुनना भी मुझे गवारा नहीं। अच्छी बात है, मैं जाता हूँ। उसे पहले भी बहुत बार ढूँढ़ निकाला है और इस बार भी ढूँढ़ लूँगा। आप ढककर नहीं रख सकेंगी।''

सुनकर कमल हँस दी। बोली, ''जैसा कि आप कह रहे हैं हरेंद्र बाबू, फिर अगर उन्हें मैं ढक रखूँगी तो क्या आप समझते हैं कि उससे मेरा दुख दूर हो जायगा?''

हरेंद्र खुद भी हँस दिया, पर उस हँसी के इर्द-गिर्द कुछ खोखलापन रह गया; उसने कहा, ''मेरे सिवा इस प्रश्न का जवाब देने वाले आगरे में और भी बहुतेरे हैं। वे क्या कहेंगे, मालूम है? कहेंगे—कमल, आदमी का दुख तो एक तरह का है नहीं, बहुत तरह का है। उनकी प्रकृतियाँ भी भिन्न हैं और दुख दूर करने के रास्ते भी भिन्न हैं। लिहाजा, उन दुखी लोगों के साथ अगर कभी मुलाकात हो जाय तो बातचीत करके उन्हीं से निर्णय कर लीजियेगा।'' फिर जरा ठहरकर बोला, ''लेकिन असल में आप भूल रही हैं। मैं उस दल का नहीं हूँ। व्यर्थ परेशान करने नहीं आया क्योंकि संसार में जितने लोग आप पर सचमुच श्रद्धा रखते हैं, उन्हीं में से मैं भी एक हूँ।''

कमल ने उसके चेहरे की तरफ एक नजर डालकर धीरे से पूछा, ''मुझ पर आप सचमुच श्रद्धा रखते हैं सो किस नीति से? मेरे मत या आचरण, किसी के भी साथ तो आप लोगों का मेल नहीं।''

हरेंद्र ने उसी वक्त उत्तर दिया, ''नहीं, कोई मेल नहीं। मगर फिर भी मैं गहरी श्रद्धा रखता हूँ। क्यों? यही आश्चर्य की बात मैं अपने आप से बार-बार पूछा भी करता हूँ।''

''कोई उत्तर नहीं पाते?''

''नहीं। मगर विश्वास है कि किसी-न-किसी दिन पा लूँगा जरूर।'' फिर जरा ठहरकर बोला, ''आपका इतिहास कुछ-कुछ आप के निज के मुँह से सुना है, कुछ अजित बाबू से मालूम हुआ है। हाँ, आपको मालूम होगा शायद, वे अब हमारे आश्रम में ही रहने लगे हैं।''

''सो तो आप पहले ही बता चुके हैं।''

हरेंद्र कहने लगा, ''आपके जीवन-इतिहास के विचित्र अध्याय ऐसी उदार सरलता से सामने आ खड़े हुए हैं कि उनके विरुद्ध सरसरी राय जाहिर करने में डर लगता है। अब तक जिन बातों को बुरा मानना सीखा है, आपके जीवन ने मानो उन्हीं के विरुद्ध मामला दायर कर दिया है! इन बातों का न्याय करने वाला कहाँ मिलेगा और उसका नतीजा क्या होगा सो मुझे कुछ भी नहीं मालूम; किंतु भला बताइए तो सही कि इस तरह से जो निर्भयता से आ सकती हैं और घूँघट की कोई आवश्यकता ही नहीं समझतीं, उनके प्रति श्रद्धा किये बगैर कैसे रहा जा सकता है?''

कमल ने कहा, ''निर्भयता से आपके सामने खड़ा हो जाना ही क्या कोई बहुत बड़ा काम है? दो कनकटों की कहानी क्या आप ने नहीं सुनी? वे भी बीच सड़क से चलते थे। आपने नहीं देखा, लेकिन मैंने चाय-बगीचों के साहबों को देखा है। उनका निर्भय, नि:संकोच बेहयापन देखकर दुनिया में लज्जा को भी लज्जा आती है। लज्जा को उन्होंने मानो गर्दनिया देकर बाहर निकाल दिया है। उनके दुस्साहस की तो सीमा नहीं, मगर उनकी यह बात क्या आदमी के लिए श्रद्धा की चीज है?''

हरेंद्र को ऐसे उत्तर की आशा और चाहे किसी से रही हो, इस स्त्री से नहीं थी। सहसा मानो उसे कोई बात ढूँढ़े न मिली, बोला, ''वह और बात है।''

कमल ने कहा, ''कैसे जाना कि और बात है? बाहर से मेरे पिता को भी लोग इन्हीं में से एक समझा करते थे। मगर मैं जानती हूँ, वह सच नहीं था। लेकिन सच तो सिर्फ जानने पर ही निर्भर नहीं है, दुनिया के आगे उसका प्रमाण क्या है?''

हरेंद्र इस प्रश्न का भी उत्तर न दे सका और चुप रहा।

कमल कहने लगी, ''मेरा इतिहास आप सबने सुना है, और खूब संभव है कि

उस कहानी का परमानंद के साथ उपभोग भी किया है। पर इस विषय में आप मौन हैं कि मेरे काम सब अच्छे हुए या बुरे, जीवन मेरा पवित्र है या कलुषित। मगर हाँ, वे काम गुप्तरूप से न होकर सब लोगों की आँखों के सामने, सबकी उपेक्षा दृष्टि के नीचे हुए हैं। मेरे प्रति आपकी श्रद्धा के आकर्षण का कारण यही है। हरेंद्र बाबू, दुनिया में आदमी की श्रद्धा मैंने इतनी ज्यादा नहीं पायी कि लापरवाही से बिना कहे-सुने उसका अपमान कर सकूँ, पर आप मेरे संबंध में जैसे और भी बहुत कुछ जानते हैं, वैसे ही यह भी जान रखिए कि अक्षय बाबुओं की अश्रद्धा से बढ़कर यह श्रद्धा ही मुझे पीड़ा पहुँचाती है। अश्रद्धा मुझसे सही जाती है, यह श्रद्धा भार मेरे लिए दुःसह है।''

हरेंद्र पहले की तरह ही क्षण-भर मौन रहा। कमल के वाक्यों से, खासकर उसके कंठ स्वर की शांत-कठोरता से मन-ही-मन उसे अपने अपमान का बोध हुआ। थोड़ी देर बाद उसने कहा, ''क्या इस पर आपको विश्वास नहीं होता कि विचार और व्यवहार से अनैक्य होते हुए भी किसी पर श्रृद्धा की जा सकती है, कम से कम मैं कर सकता हूँ?''

कमल ने बहुत ही सरलता से उसी वक्त जवाब दिया, ''ऐसा तो मैंने नहीं कहा हरेंद्र बाबू कि विश्वास नहीं होता। मैंने तो सिर्फ यही कहा है कि ऐसी श्रद्धा मुझे पीड़ा पहुँचाती है।'' फिर जरा ठहरकर कहा, ''आचार और विचार के लिहाज से अक्षय बाबू और आप में कोई विशेष भेद नहीं। उनमें बहुत जगह अनावश्यक और अत्यधिक कठोरता न होती तो आप एक-से ही होते। और अश्रद्धा के लिहाज से भी आप सब एक-से हैं। मेरे सिर्फ इस साहस ने कि मैं लज्जा और संकोच के मारे छिपी-छिपी नहीं फिरती, आप लोगों का आदर प्राप्त किया है। मगर इसकी कितनी-सी कीमत है हरेंद्र बाबू? बल्कि यह सोचकर कि आप लोग इसी के लिए अब तक मेरी वाहवाही करते आ रहे हैं, मेरे मन में एक अरुचि ही पैदा होती है।''

हरेंद्र ने कहा, ''इसके लिए वाहवाही अगर हो तो क्या वह असंगत है? साहस क्या दुनिया में कोई चीज नहीं?''

कमल ने कहा, ''आप लोग हर एक प्रश्न को इतना एकांगी करके क्यों पूछते हैं? यह तो मैंने नहीं कहा कि साहस कोई चीज ही नहीं, मैंने तो कहा था कि यह चीज संसार में दुर्लभ है और दुर्लभ होने से ही यह आँखों में चकाचौंध पैदा कर देती है। पर इससे भी बड़ी एक और चीज है, और वह चीज सहसा बाहर से साहस के अभाव जैसी ही मालूम देती है।''

हरेंद्र ने सिर हिलाते हुए कहा, ''समझ नहीं सका। आपकी बहुत-सी बातें बहुधा मुझे पहेली-सी मालूम देती हैं, लेकिन आज की बातें तो उन्हें भी लाँघ गयी हैं। मालूम होता है, आज आप बहुत ही अन्यमनस्क हैं। इसका आपको कुछ ख़याल

ही नहीं कि किसका जवाब किसे दिये चली जा रही हैं।''

कमल ने कहा, ''ठीक यही बात है।'' फिर क्षण-भर स्थिर रहकर बोली, ''हो भी सकता है। सचमुच की श्रद्धा पाना क्या चीज है, सो शायद अब तक मैं खुद ही नहीं जानती। उस दिन सहसा चौंक-सी गयी। हरेंद्र बाबू, आप दुखी न हों, परंतु उसके साथ तुलना करने से और सब बातें आज परिहास-सी ही मालूम होती हैं।'' कहते-कहते उसकी आँखों की प्रखर दृष्टि छायाच्छन्न-सी हो आयी, और सारे चेहरे पर ऐसी एक स्निग्ध सजलता प्रवाहित हो उठी कि हरेंद्र को अनुभव हुआ कि कमल की ऐसी मूर्ति उसने पहले कभी देखी ही न थी।

अब उसे जरा भी संशय न रहा कि ये बातें कमल किसी अनुर्दृष्ट व्यक्ति को लक्ष्य करके कह रही है। वह सिर्फ निमित्त मात्र है और इसीलिए शुरू से आखिर तक सब-कुछ उसे पहेली सा मालूम हो रहा है।

कमल कहने लगी, ''अभी-अभी आप मेरी दुर्दम्य निर्भीकता की प्रशंसा कर रहे थे, अच्छी बात है। आपने सुना है कि शिवनाथ मुझे छोड़कर चले गये हैं?''

हरेंद्र का मारे शर्म के सिर झुक गया। बोला, ''हाँ।''

कमल ने कहा, ''हम दोनों में मन-ही-मन एक शर्त थी कि संबंध-विच्छेद का दिन अगर कभी आयेगा तो सहज ही दोनों अलग हो जाएँगे। नहीं-नहीं, किसी दस्तावेज पर लिखा-पढ़ी करने की जरूरत न होगी, यों ही।''

हरेंद्र ने कहा, ''ब्रूट!''

कमल ने कहा, ''सो तो आपके मित्र अक्षय बाबू हैं। शिवनाथ गुणी आदमी हैं, उनके विरुद्ध मुझे अपनी तरफ से कोई बड़ी शिकायत नहीं। और शिकायत करने से लाभ ही क्या है? हृदय की अदालत में इकतरफा फैसला ही होता है, उसकी तो कोई अपील-कोर्ट है नहीं।''

हरेंद्र ने कहा, ''इसके मानी यह हुए कि प्रेम के सिवा और किसी बंधन को आप नहीं मानतीं?''

कमल ने कहा, ''पहली बात तो यह कि हमारे मामले में कोई और बंधन था ही नहीं, और दूसरी, यदि होता भी तो उसे मंजूर कराने से फायदा क्या था? देह का जो हिस्सा लकवे से बेकाम हो जाता है उसके लिए बाहर का बंधन भारी बोझ हो उठता है। उसके द्वारा काम कराना ही सबसे ज्यादा खटकता है।'' कहकर क्षण-भर वह चुप रही और फिर कहने लगी, ''आप सोचते होंगे कि सचमुच का ब्याह नहीं हुआ, इसी से ऐसी बात मुँह से निकाल रही हूँ, हुआ होता तो न निकाल पाती। परंतु यह बात नहीं है। हुआ होता तो भी निकाल सकती थी; पर हाँ, तब इतनी आसानी से इस समस्या का हल न कर पाती। नाकाम हिस्सा भी शायद देह से जुड़ा रह

जाता, और अधिकांश स्त्रियों के संबंध में जो होता है, मुझे भी उसी तरह आमरण उस दुख का बोझा लिये यह जिंदगी बितानी पड़ती। मैं बच गयी हरेंद्र बाबू, भाग्य से छुटकारे का दरवाजा खुला था, सो मुक्ति पा गयी।''

हरेंद्र ने कहा, ''आपको शायद मुक्ति मिल गयी। लेकिन इस तरह सभी अगर मुक्ति का द्वार खुला रखना चाहें तो संसार में समाज-व्यवस्था की बुनियाद तक उखड़ जायेगी। ऐसा कोई नहीं जो उस अवस्था की भयंकर मूर्ति को कल्पना में भी अंकित कर सके। इस संभावना को सोचा भी नहीं जा सकता।''

कमल ने कहा, ''सोचा जा सकता है, और एक दिन ऐसा आयेगा जब सोचा जायेगा। इसका कारण यह है कि मनुष्य के इतिहास का शेष अध्याय अभी तक पूरा लिखा नहीं गया। एक दिन के किसी एक अनुष्ठान के जोर से अगर उसका छुटकारे का रास्ता सारे जीवन के लिए रोक दिया जाय तो वह श्रेय की व्यवस्था नहीं माना जा सकता। संसार में सभी भूल-चूकों के सुधार की व्यवस्था है, कोई उसे बुरा नहीं बताता; फिर भी जहाँ भ्रांति की संभावना सबसे ज्यादा है और उसके निराकरण की आवश्यकता भी उतनी ही अधिक है, वहीं लोगों ने अगर सारे उपायों को अपनी इच्छा से बंद कर रखा हो तो वह अच्छा कैसे मान लिया जाये, बताइए भला?''

इस स्त्री की तरह-तरह की दुर्दशाओं के कारण हरेंद्र के मन में गहरी सहानुभूति थी। विरुद्ध आलोचना में वह जल्दी शामिल नहीं होता और जब विरोधी दल तरह-तरह की गवाहियों और प्रमाणों से उसे हीन साबित करने की कोशिश करता तब वह प्रतिवाद भी करता। विरोधी लोग कमल के प्रकट आचरण और वैसी ही निर्लज्ज उक्तियों की नजीरें दे-देकर जब धिक्कारते तब हरेंद्र तर्क-युद्ध में परास्त होकर भी जी-जान से यह समझाने की कोशिश किया करता कि कमल के जीवन में हर्गिज यह सच नहीं हो सकता। कहीं-न-कहीं कोई एक निगूढ़ रहस्य है जो एक-न-एक दिन अवश्य ही व्यक्त होगा। इस पर वे व्यंग्य से कहते, ''कृपाकर उसे व्यक्त कर दीजिए तो प्रवासी बंगाली समाज में हम लोग बदनामी से बच जायें। और यदि कहीं अक्षय मौजूद होता तो क्रोध से पागल होकर कहता, ''आप लोग सभी समान हैं। मेरे जैसी विश्वास की शक्ति किसी में नहीं है; आप लोग उसे अपना भी नहीं सकते, छोड़ भी नहीं सकते। आजकल के कुछ उग्र विलायती विचारों के भूत ने आप लोगों को ग्रस्त कर रक्खा है।''

अविनाश कहते, ''ये विचार कमल के मुँह से नये ही सुने हों, सो बात भी नहीं है अक्षय, मैंने तो वे पहले से ही सुन रखे हैं। आजकल की दो-चार अँग्रेजी की अनुवादित पुस्तकें पढ़ लेना ही इसके लिए काफी है। विचारों की इसमें कोई करामात नहीं!''

अक्षय कठोर होकर पूछता, ''तो किसकी करामात है? कमल के रूप की? अविनाश बाबू, हरेंद्र अविवाहित छोकरा है, उसे माफ किया जा सकता है; मगर आश्चर्य तो यह कि बुढ़ापे में आकर आप लोगों की आँखें भी चौंधिया गयीं।'' इतना कहकर वह कनखियों से आशु बाबू की तरफ देखता और कहता, ''मगर यह 'प्रेतनी' का उजाला है आशु बाबू, सड़े कीचड़ से इसकी पैदाइश है। साफ दिखाई दे रहा है कि उस कीचड़ में ही किसी दिन बहुतों को खींच ले जाकर मारेगा वह, सिर्फ अक्षय को वह भुलावा नहीं दे सकता। वही असल-नकल पहचानता है।''

आशु बाबू मुसकराकर रह जाते, पर अविनाश मारे क्रोध के लाल हो जाते। हरेंद्र कहता, ''आप बड़े बहादुर हैं अक्षय बाबू, आपका जयजयकार हो। हम सब मिलकर जब कीचड़ में डुबकियाँ लेने लगें तब आप किनारे पर खड़े-खड़े बगलें बजाकर नाचिएगा, हममें से कोई भी आपकी निंदा न करेगा।''

अक्षय जवाब देता, ''निंदा का काम मैं करता ही नहीं हरेंद्र, गृहस्थ आदमी हूँ, मैं सहज-सीधी बुद्धि से समाज को मानकर चलता हूँ। न तो मैं ब्याह की कोई नयी व्याख्या करना चाहता हूँ और न दुनिया-भर के वाहियात लड़कों को जमा करके ब्रह्मचारी-गिरी ही दिखाता फिरता हूँ। आश्रम में चरणों की धूल का वजन और जरा बढ़ा लेने की कोशिश करो दादा, फिर साधन-भजन के लिए चिंता न करनी होगी। देखते-देखते सारा का सारा आश्रम विश्वामित्र ऋषि का तपोवन बन जायेगा और शायद हमेशा के लिए तुम्हारी एक कीर्ति रह जायेगी।''

अविनाश गुस्सा भूलकर जोर से हँस पड़ते और निर्मल दबी मुसकान से आशु बाबू का चेहरा चमक उठता। हरेंद्र के आश्रम पर किसी की भी आस्था नहीं थी, उसे इन लोगों ने एक व्यक्तिगत खामख्याली भर समझ रखा था।

जवाब में हरेंद्र मारे गुस्से के लाल होकर कहता, ''पशु के साथ तो युक्ति-तर्क चल नहीं सकता, उसके लिए दूसरी विधि है। मगर, उसकी व्यवस्था करते नहीं बनती, इसीलिए आप चाहे जिसे सींग मारते फिरते हैं। छोटे-बड़े, नीच-ऊँच, स्त्री-पुरुष किसी का भी ख़याल नहीं करते।'' और यह कहते हुए अन्य दो-चार जनों को लक्ष्य करके कहता, ''पर आप लोग इसे प्रश्रय क्यों कर देते हैं? इतना बड़ा एक कुत्सित इंगित भी मानो कोई परिहास का विषय हो!''

अविनाश अप्रतिभ-से होकर कहते, ''नहीं-नहीं, प्रश्रय क्यों देने लगे, पर तुम जानते ही हो, अक्षय को बोलते वक्त उपयुक्त काल और क्षेत्र का ज्ञान नहीं रहता।''

हरेंद्र कहता, ''यह काल-ज्ञान सच पूछा जाय तो उसकी अपेक्षा आप लोगों को और भी कम है। मनुष्य के मन का चेहरा तो दिखाई देता नहीं दादा, नहीं तो हँसी-मजाक कम ही लोगों के मुँह से शोभा देता। विवाह के बहाने शिवनाथ ने कमल को

ठग लिया, मगर मेरा दृढ़ विश्वास है कि उस धोखे को भी कमल ने सत्य के समान ही मान लिया। गार्हस्थिक लेन-देन के नफे-नुकसान का बखेड़ा करके उसने उसे लोगों की निगाह में नीचे नहीं गिराना चाहा। पर उसके न चाहने पर भी आप लोग क्यों छोड़ने लगे? शिवनाथ उसके प्रेम की निधि हो सकता है, पर आप लोगों का कौन है? क्षमा का अपव्यय आप लोग न सह सके। यही है न आप लोगों की घृणा का मूल कारण? असल पूँजी? सो उसी को भँजा-भँजाकर आप लोगों से जितना चलाया जाय, चलाइए, पर मैं बिदा लेता हूँ।'' इतना कहकर हरेंद्र उस दिन गुस्सा होकर चला गया।

उसके मन में इस बात का दृढ़ विश्वास था कि किसी दिन कमल के मुँह से यह बात व्यक्त होगी कि शैव-विवाह को वास्तविक विवाह मानकर ही वह धोखे से छली गयी थी। अपनी इच्छा से, सब कुछ जानते हुए एक गणिका की तरह उसने शिवनाथ का आश्रय नहीं लिया था। परंतु आज उसके विश्वास की यह भीत भी मिट्टी में मिल गयी। हरेंद्र कोई अक्षय या अविनाश नहीं था। बिना किसी भेदभाव के नर-नारी सबके प्रति उसकी तबीयत में एक तरह की विस्तृत और गहरी उदारता थी। इसीलिए देश और दस के कल्याण के लिए सब तरह के अनुष्ठानों में उसने बचपन से अपने को लगा रखा था। उसके आश्रम, उसका उदार दान, सबके साथ अपना सब कुछ बाँट लेना, इन सबकी जड़ में उसकी वही उदार भावना काम कर रही है और उसकी इस प्रवृत्ति ने ही उसे शुरू से कमल के प्रति श्रद्धावनत रखा था। पर इसकी उसने कल्पना भी नहीं की थी कि आज वह उसी के मुँह पर उसी के प्रश्न के उत्तर में ऐसा भयानक जवाब दे बैठेगी। भारत के धर्म, नीति, आचार, उसके स्वातंत्र्य और विशिष्ट सभ्यता के प्रति हरेंद्र के मन में अच्छेद्य स्नेह और अपरिमेय भक्ति थी, फिर भी, लंबी पराधीनता और वैयक्तिक कमजोरियों के कारण उत्पन्न होने वाले उसके व्यतिक्रमों को भी वह अस्वीकार नहीं करता था। परंतु कमल के द्वारा ऐसी उग्र अवज्ञा के साथ उसके मूलभूत सिद्धांतों तक के अस्वीकार किये जाने के कारण उसकी वेदना की सीमा नहीं रही। इस बात की याद करके कि कमल के पिता यूरोपीय थे और माता कुलटा थी, उसकी नसों में व्यभिचार का खून डोल रहा है, मारे घृणा के वह मन-ही-मन स्याह पड़ गया है। दो-तीन मिनट चुप रहकर धीरे से बोला, ''तो अब जाता हूँ।''

कमल हरेंद्र के मन के भाव को ठीक से ताड़ न सकी, सिर्फ एक परिवर्तन पर उसका ध्यान गया। धीरे से उसने पूछा, ''मगर जिस काम के लिए आये थे, उसका तो कुछ किया ही नहीं?''

हरेंद्र ने सिर उठाकर पूछा, ''क्या काम?''

कमल ने कहा, ''राजेंद्र की खबर जानने आये थे, पर बगैर जाने ही चले जा रहे हैं। अच्छा, यहाँ उनके रहने के कारण क्या आप लोगों में बहुत भद्दी आलोचना हुआ करती है? सच बताइएगा?''

हरेंद्र ने कहा, ''यदि कभी होती भी है तो उसमें शरीक नहीं होता। मेरे लिए यही काफी है कि वह पुलिस के हाथ में न पड़े। उसे मैं पहचानता हूँ।''

''लेकिन मुझे?''

''लेकिन आप तो ऐसी बातों का ख़याल करती नहीं, और न आपके ऐसे विश्वास ही हैं।''

''बहुत कुछ ऐसा ही है। यानी ऐसी कोई कड़ी शपथ मैंने नहीं ले रखी है कि इन बातों का ख़याल करूँगी ही। पर मित्र का ही ख़याल करने से काम नहीं चलता हरेंद्र बाबू, और एक आदमी का भी ख़याल करना जरूरी है।''

''इसे मैं व्यर्थ समझता हूँ। बहुत दिनों के बहुत कामकाजों में जिसे मैंने बिना किसी संशय के पहिचान लिया है, उसके संबंध में मुझे कोई आशंका नहीं। उसकी जहाँ तबीयत हो, रहे; मैं निश्चिंत हूँ।''

कमल ने उसके चेहरे की तरफ क्षण-भर चुप रहकर देखा और कहा, ''आदमी को बहुत परीक्षाएँ देनी पड़ती हैं हरेंद्र बाबू। उसका एक दिन पहले का प्रश्न संभव है कि दूसरे दिन के उत्तर से मेल न खाये। किसी के संबंध में भी अपने विचार को इस तरह शेष बनाकर नहीं रखना चाहिए, धोखा खाना पड़ता है।''

हरेंद्र ने अनुमान किया कि कमल ने ये बातें सिर्फ तत्व-दृष्टि से ही नहीं कहीं, इनमें कुछ एक इशारा भी है। परंतु पूछताछ करके उस इशारे को स्पष्ट करने की उसे हिम्मत नहीं पड़ी।

राजेंद्र के प्रसंग को बंद करके उसने सहसा दूसरा प्रसंग छेड़ दिया। बोला, ''हम लोगों ने निश्चय किया है कि शिवनाथ को उचित दंड दिया जाये।''

कमल सचमुच ही आश्चर्य में पड़ गयी। उसने पूछा, ''हम लोगों ने किसने?''

हरेंद्र ने कहा, ''जो भी हों, उनमें मैं भी एक हूँ। आशु बाबू बीमार हैं, उन्होंने वचन दिया है कि अच्छे होने पर वे मेरी सहायता करेंगे।''

''वे बीमार हैं?''

''हाँ, आज सात-आठ दिन हुए उनकी तबीयत खराब है। मनोरमा पहले से ही चली गयी है। आशु बाबू के चाचा काशीवास कर रहे हैं; वे ही उसे ले गये हैं।''

सुन कर कमल चुप हो रही। हरेंद्र कहने लगा, ''शिवनाथ जानता है कि कानून की रस्सी उस तक पहुँच नहीं सकती। इसी बल पर उसने अपने मरे हुए मित्र की स्त्री को धोखा दिया, अपनी बीमार स्त्री को त्याग दिया और फिर बेखटके आपका

सर्वनाश किया। कानून को वह अच्छी तरह समझता हैं, सिर्फ यही नहीं जानता कि दुनिया में कानून ही सब कुछ नहीं, उसके बाहर भी कुछ और मौजूद है।"

कमल ने हँसते हुएं कौतुक के साथ पूछा, "लेकिन आप लोगों ने दंड उनके लिए क्या तय किया है? उन्हें पकड़ लाकर फिर एक बार मेरे साथ जोड़ देंगे, यही न?" और वह जरा हँस दी, उसका यह प्रस्ताव हरेंद्र को भी ऐसा हास्यास्पद प्रतीत हुआ कि उससे भी बगैर हँसे न रहा गया। बोला, "मगर यह भी तो नहीं हो सकता कि वह जिम्मेदारी को इस तरह छोड़कर अपने मन के माफिक बिना किसी बाधा-विघ्न के बचकर निकल जाये और इसके भी कोई माने नहीं कि आपके साथ उसे जोड़ ही देना होगा।"

कमल ने कहा, "तो आखिर उन्हें लाकर आप करेंगे क्या? मुझ पर पहरा देने के काम में लगायेंगे, या उनकी गरदन पकड़ेंगे और नुकसान वसूल कर मुझे दिलायेंगे? पहली बात तो यह कि रुपये मैं लूँगी नहीं, दूसरी वह चीज उनके पास है भी नहीं। शिवनाथ कितने गरीब हैं और कोई भले ही न जाने, मैं तो जानती हूँ।"

"तो क्या इतने बड़े अपराध का कोई दंड ही न होगा? और कुछ हो चाहे न हो, पर यह तो उन्हें जता देना जरूरी है कि बाजार से आज भी चाबुक खरीदा जा सकता है।"

कमल व्याकुल होकर कहने लगी, "नहीं-नहीं, ऐसा न कीजिएगा। उससे मेरा इतना बड़ा अपमान होगा कि मैं उसे सह नहीं सकूँगी।" फिर उसने कहा, "इतने दिन मैं गुस्से में ही जल-भुन रही थी कि इस तरह चोर की भाँति भागे फिरने की क्या जरूरत थी और साफ-साफ मुझसे कहके जाते तो क्या मैं उन्हें रोक लेती? तब मुझे यह चोरी-छिपते रहने का असम्मान ही मानो पर्वत के बराबर दिखाई देता था। उसके बाद सहसा एक दिन मौत के मुहल्ले से बुलाहट आयी। वहाँ न जाने कितनी मौतें अपनी आँखों देखकर आयी। आज मेरी चिंता की धारा एक दूसरे ही रास्ते से बहने लगी है। अब सोचती हूँ कि उनमें जो कहकर जाने का साहस नहीं था, सो वही तो मेरा सम्मान है, उनका छिपना, छल-कपट औरं सारे मिथ्याचर ने मेरी मर्यादा बढ़ा देने का ही काम किया है। पाने के दिन उन्होंने मुझे धोखा देकर ही पाया था, लेकिन छोड़ने के दिन उन्हें ब्याज और मूल सब चुकता करके जाना पड़ा है। अब मुझे कोई शिकायत नहीं, मेरा सबका सब वसूल हो गया है। आशु बाबू को नमस्कार जताकर कहिएगा कि मेरी भलाई करने की कामना से कहीं वे मेरा नुकसान न करें।"

हरेन्द्र एक भी बात न समझ सका, अवाक् होकर देखता रहा।

कमल ने कहा, "संसार की सब चीजें सबके समझने की नहीं होतीं हरेंद्र बाबू,

आप दुखित न हों। पर मेरी बात अब न कीजिए। दुनिया में सिर्फ शिवनाथ और कमल ही हों, सो बात नहीं। और भी लोग रहते हैं, और उनके भी सुख-दुख हैं।'' कहते हुए उसने निर्मल और प्रशांत हँसी से मानो दुख और वेदना की घनी भाप एक मुर्हूत-भर में दूर कर दी। बोली, ''कौन कैसे हैं सो खबर भी तो दीजिए?''

हरेंद्र ने कहा, ''पूछिए?''

''अच्छी बात है। पहले बताइए कि अविनाश बाबू का क्या हाल है? सुना था कि वे बीमार हैं, अब अच्छे हो गये?''

''हाँ। पूरी तरह अच्छे न होने पर भी बहुत अच्छे हैं। उनके एक चचेरे भाई रहते हैं लाहौर में, स्वास्थ्य ठीक करने के लिए वे लड़के को साथ लेकर वहीं गये हैं। लौटने में शायद दो-एक महीने की देर होगी।''

''और नीलिमा? वे भी क्या साथ गयी हैं?''

''नहीं, वे यहीं हैं।''

कमल ने आश्चर्य के साथ पूछा, ''यहीं हैं? अकेली, उस मकान में?''

हरेंद्र ने पहले तो जरा इधर-उधर किया, फिर कहा, ''भाभी की समस्या सचमुच ही जरा कठिन हो गयी थी, पर भगवान् ने बचा लिया; आशु बाबू की तीमारदारी के बहाने उन्हें यहीं छोड़ जाने का सुयोग मिल गया।''

यह संवाद इतना बेडौल था कि कमल आगे कुछ पूछ न सकी, सिर्फ विस्तृत विवरण की आशा से जिज्ञासु-मुख से उसकी तरफ देखती रह गयी। हरेंद्र की दुविधा मिट गयी और जब वह बोला तब उसके स्वर से गूढ़ क्रोध का चिह्न प्रकट हुआ। कारण इस मामले में अविनाश के साथ उसका जरा-कुछ कलह-सा भी हो गया था।

हरेंद्र ने कहा, ''परदेश में अपने डेरे पर जो चाहे सो किया जा सकता है, पर इसी कारण वयस्क विधवा साली को लेकर चचेरे भाई के घर जाकर नहीं रहा जा सकता। उन्होंने कहा, 'तुम भी तो मेरे अपने जन हो, तुम्हारे घर क्या...' मैंने जवाब दिया कि पहले तो मैं तुम्हारा अपना आदमी हूँ, सो बहुत दूर के नाते से, पर उनका कोई भी नहीं। दूसरे वह मेरा घर नहीं, आश्रम है; वहाँ रखने का नियम नहीं। तीसरे फिलहाल लड़के सब बाहर चले गये हैं, मैं अकेला हूँ। सुनकर भाई साहब को ऐसी चिंता हुई जिसकी हद नहीं। आगरे में भी नहीं रहा जा सकता, चारों तरफ महामारी फैल रही है, और उनके भाई के यहाँ से बार-बार चिट्ठी और तार आ रहे हैं। भाई साहब बड़े संकट में पड़ गये।''

कमल ने पूछा, ''पर सुना है कि नीलिमा का मायका भी तो है?''

हरेंद्र ने सिर हिलाकर कहा, ''है। और सुनते हैं, एक बड़ी भारी-सी ससुराल भी है। पर उन सबका कोई चिक्र ही नहीं उठा। अचानक एक दिन इसका विचित्र

समाधान हो गया। प्रस्ताव किस तरफ से पेश हुआ था, मुझे नहीं मालूम; पर, बीमार आशु बाबू की सेवा का भार भाभी ने ले लिया।''

कमल चुप रही।

हरेंद्र हँसता हुआ बोला,''मगर हाँ, आशा है कि भाभी की नौकारी नहीं जायगी। उन लोगों के वापस आने पर फिर वे अपने पुराने गृहिणी-पद पर बहाल हो सकेंगी।''

कमल ने इस श्लेष का भी कोई उत्तर नहीं दिया। वैसे ही मौन बनी रही।

हरेंद्र कहने लगा, ''मैं जानता हूँ, भाभी वास्तव में सच्चरित्र महिला हैं। अविनाश दादा को वे उनके बुरे से बुरे दिनों में छोड़कर नहीं जा सकी थीं, और उस रह जाने के कारण ही उधर के उनके सब रास्ते बंद हो गये हैं। मगर इधर भी देखा कि विपत्ति के दिनों में उनके लिए रास्ता खुला नहीं है। इसी से सोचता हूँ कि बिना किसी अपराध के भी इस देश की स्त्रियाँ कितनी बेबस हैं।''

कमल उसी तरह चुप मारे बैठी रही, कुछ बोली नहीं।

हरेंद्र ने कहा, ''ये बातें सुनकर आप शायद मन-ही-मन हँस रही हैं, क्यों?''

कमल ने सिर्फ सिर हिलाकर कहा, ''नहीं।''

हरेंद्र बोला, ''मैं अकसर जाया करता हूँ आशु बाबू को देखने। वे दोनों ही आपकी खबर जानना चाहते थे। भाभी के आग्रह की तो कोई सीमा ही नहीं। एक दिन चलिएगा वहाँ?''

कमल उसी वक्त राजी हो गयी। बोली, ''आज ही चलिए न हरेंद्र बाबू, उन्हें देख आयें।''

''आज ही चलेंगी? चलिए। अगर मिल जाये तो मैं ताँगा ले आऊँ,'' कहकर वह बाहर जा रही रहा था कि कमल ने उसे वापस बुलाकर कहा, ''ताँगे में हम दोनों के साथ जाने से शायद आश्रम के हितैषी लोग नाराज होंगे। चलिए, पैदल ही चले चलें।''

हरेंद्र ने पीछे को मुड़कर कहा, ''इसके माने?''

''माने कुछ नहीं, ऐसे ही। चलिए, चलें।''

19

लगभग तीसरे पहर हरेंद्र और कमल दोनों आशु बाबु के घर पहुँचे। खाट पर अधलेटी अवस्था में पड़े हुए अस्वस्थ घर-मालिक उस दिन का 'पायोनियर' पढ़

रहे थे। कई दिन से उन्हें बुखार नहीं है, अन्यान्य शिकायतें भी दूर होती जाती हैं, सिर्फ शारीरिक कमजोरी अभी तक नहीं गयी। इन दोनों के अंदर पहुँचते ही वे अखबार फेंक, उठकर बैठ गये और कितने खुश हुए सो उनके चेहरे से साफ मालूम हो गया। उनके मन में डर था कि कमल शायद अब न आयेगी। इसी से हाथ बढ़ाकर उसे ग्रहण करते हुए बोले, ''आओ, मेरे पास आकर बैठो।'' और हाथ पकड़कर उसे अपनी खाट के पास पड़ी कुरसी पर बिठाते हुए कहा, ''कैसी हो, बताओ तो कमल?''

कमल ने हँसते चेहरे से जवाब दिया, ''अच्छी ही हूँ।''

आशु बाबू ने कहा, ''सो तो भगवान् का आशीर्वाद है। नहीं तो जैसे कुदिन आये हैं, उसमें यह सोचा भी नहीं जा सकता कि कोई अच्छी तरह होगा। इतने दिन थी कहाँ, बताओ तो? हरेंद्र से रोज ही पूछता हूँ और रोज ही वह जवाब देता है—घर में ताला पड़ा है, उनका कोई पता नहीं। नीलिमा को शक हो रहा था कि तुम कुछ दिनों के लिए कहीं बाहर चली गयी हो।''

हरेंद्र ने उसका जवाब दिया। कहा, ''और कहीं नहीं, इसी आगरे में मोचियों के मुहल्ले में सेवा-कार्य में लगी हुई थीं। आज भेंट हो गयी सो पकड़ लाया।''

आशु बाबू भय-व्याकुल कंठ से बोले, ''मोचियों के मुहल्ले में! पर अखबार में खबर है कि वह मुहल्ला उजाड़ हो गया। इतने दिन वहीं थीं? अकेली?''

कमल ने सिर हिलाते हुए कहा, ''नहीं, अकेली नहीं थी, साथ में राजेंद्र थे।''

सुनते ही हरेंद्र ने उसके मुँह की तरफ देखा, पर कुछ कहा नहीं। इसका तात्पर्य यह था कि तुम्हारे बगैर कहे ही मैंने अंदाजा लगा लिया था। इस बात को मैं नहीं जानूँगा तो और कौन जानेगा कि जहाँ दैव का इतना जबरदस्त निग्रह शुरू हो गया है, वहाँ के उन अभागों को छोड़कर वह एक कदम भी इधर-उधर नहीं जा सकता।

आशु बाबू ने कहा, ''अद्भुत आदमी है यह लड़का। उसे मैंने दो-तीन बार से अधिक नहीं देखा, उसके बारे में कुछ जानता भी नहीं, फिर भी ऐसा लगता है कि वह किसी अजीब धातु का बना हुआ है। उसे ले क्यों नहीं आयीं, सब पूछता। अखबारों से तो सब बातें मालूम पड़ती नहीं।''

कमल ने कहा, ''नहीं। लेकिन उनके आने में अब भी देर है।''

''क्यों?''

''मुहल्ला अभी तक पूरा का पूरा खतम नहीं हुआ है। उनका प्रण है कि जो लोग अभी बचे हुए हैं, उन सबको रवाना किये बगैर वे वहाँ से छुट्टी न लेंगे।''

आशु बाबू ने उसके मुँह की तरफ देखते हुए पूछा, ''तो फिर तुम्हें कैसे छुट्टी मिल गयी? क्या तुम्हें वहाँ फिर जाना पड़ेगा? मैं मना तो नहीं कर सकता, पर यह

तो बड़ी चिंता की बात है कमल!''

कमल ने सिर हिलाते हुए कहा, ''चिंता की कोई बात नहीं आशु बाबू, चिंता कहाँ नहीं है, बताइए। पर मेरी घड़ी में जितनी चाबी भरी थी, उसे समाप्त कर तब मैं आयी हूँ। फिर से वहाँ जाने का सामर्थ्य मुझ में नहीं है। अब अकेले राजेंद्र वहाँ रह गये हैं। किसी-किसी के शरीर-यंत्र में प्रकृति ऐसी अनिबट चाबी भरकर दुनिया में भेज देती है कि न तो वह कभी खतम ही होती है और न वह यंत्र ही कभी बिगड़ता है। राजेंद्र उन्हीं में से एक हैं। शुरू-शुरू में ऐसा लगा कि इस भयानक मुहल्ले में वे जीते रहेंगे कैसे? और कितने दिन जीते रहेंगे? वहाँ से जब अकेली चली आयी तो किसी भी तरह मेरी चिंता न मिटी, पर अब मुझे कोई डर नहीं है। न जाने कैसे मैं निश्चित समझ गयी हूँ कि प्रकृति ही खुद अपनी गर्ज से ऐसे लोगों को जिलाये रखती है। नहीं तो गरीब-दुखियों के झोंपड़ों में जब बाढ़ की तरह मौत आ घुसती है तब उसकी ध्वंस-लीला का गवाह कौन रहेगा? आज ही हरेन बाबू से सब किस्सा कह रही थी। शिवनाथ बाबू के घर से आखिरी रात जब लज्जा से सिर झुकाये चली आयी...''

आशु बाबू इन घटनाओं को सुन चुके थे। बोले, ''इसमें तुम्हारे लिए लज्जा की क्या बात है कमल? सुना है, उनकी सेवा करने के लिए ही तुम बिना कहे अपने आप उनके घर पहुँच गयी थीं?''

कमल ने कहा, ''लज्जा उस बात की नहीं आशु बाबू! लज्जा तो मुझे तब हुई जब मैंने देखा कि उन्हें कोई बीमारी ही नहीं है, सब ढोंग है। किसी बहाने से आप लोगों की कृपा पाना ही उनका उद्देश्य था जो सफल न हो पाया। आखिर आपने अपने घर से उन्हें निकाल ही दिया। तब मेरा क्या हाल हुआ सो मैं आपको समझा नहीं सकती। राजेंद्र साथ था, उसे भी यह बात बता नहीं सकी, सिर्फ किसी तरह रात के अंधकार में उस दिन चुपचाप वहाँ से निकल आयी। रास्ते में बार-बार सिर्फ एक ही बात का ख़याल आता रहा कि इस अति क्षुद्र कंगाल आदमी को गुस्से में आकर सजा देना न तो धर्म है और न इसमें सम्मान है।''

आशु बाबू ने विस्मयापन्न होकर कहा, ''कह क्या रही हो कमल? शिवनाथ की बीमारी क्या सिर्फ एक बहाना था? सच नहीं थी?''

परंतु जवाब देने के पहले ही दरवाजे के पास पैरों की आहट सुनकर सबने उधर देखा कि नीलिमा आ रही है। उसके हाथ में दूध का कटोरा है। कमल ने हाथ उठाकर नमस्कार किया। उसने हाथ का कटोरा पलंग के सिरहाने तिपाई पर रखकर प्रति नमस्कार किया और यह समझकर कि इन लोगों की बातचीत में उसने बाधा पहुँचायी है, खुद कुछ न बोलकर एक तरफ बैठ गयी।

आशु बाबू ने कहा, "लेकिन यह तो कमजोरी है कमल! यह चीज तो तुम्हारे स्वभाव से मेल नहीं खाती। मैं बराबर सोचता था कि जो कार्य अनुचित है, जो मिथ्याचार है, उसे तुम माफ नहीं करतीं।"

हरेंद्र ने कहा, "इनके स्वभाव का तो मुझे पता नहीं, मगर मोची-मुहल्ले की मौतें देखकर इनकी धारणा बदल गयी है और यह खबर इन्हीं से मिली है। पहले इनके मन में चाहे जो बात रही हो, पर अब किसी के ही खिलाफ शिकायत करने से यह नाराज हो सकती हैं।"

आशु बाबू ने कहा, "मगर उसने जो तुम्हारे प्रति इतना बड़ा अत्याचार किया, उसका क्या होगा?"

कमल ने मुँह उठाते ही देखा कि नीलिमा उसकी तरफ एकटक देख रही है जवाब सुनने के लिए इसीलिए एक शब्द भी नहीं बोली। कमल ने कहा, "यह प्रश्न मेरे लिए अब असंगत मालूम होता है। सिर्फ इसके लिए कि जो नहीं है, वह क्यों नहीं, आँसू बहाने में मुझे शरम आती है। इस बात पर झगड़ा करने में कि जितना वे कर सके उससे ज्यादा उन्होंने क्यों नहीं किया, मेरा सिर झुक जाता है। आप लोगों से सिर्फ इतनी प्रार्थना है कि मेरे दुर्भाग्य को लेकर उनसे खींचातानी न करें।" इतना कहकर उसने मानो सहसा थककर कुरसी की पीठ लगा ली और आँखें मींच लीं।

घर की नीरवता भंग की नीलिमा ने। उसने आँख के इशारे से आशु बाबू को दूध का कटोरा दिखाते हुए आहिस्ते से कहा, "यह जो बिलकुल ही ठंडा हुआ जा रहा है। देखिए, पी सकेंगे या नहीं, नहीं तो फिर से गरम करने के लिए कह दूँ।"

आशु बाबू ने कटोरा मुँह से लगाकर जरा-सा पिया और फिर रख दिया। नीलिमा ने मुँह उठाकर देखा और कहा, "रख देने से काम नहीं चलेगा, डॉक्टर की व्यवस्था मैं तोड़ने नहीं दूँगी।"

आशु बाबू थके हुए-से होकर तकिये के सहारे पड़ रहे। बोले, "यह बात तुम्हें भूलनी नहीं चाहिए कि डॉक्टर से भी बड़ा व्यवस्थापक है हमारा अपना शरीर।"

"मैं नहीं भूलती, भूल जाते हैं आप खुद।"

"सो तो मेरी उमर का दोष है नीलिमा, मेरा नहीं।"

नीलिमा ने हँसते हुए कहा, "सो तो हैं ही। दोष लादने लायक उमर पाने में अब भी आपको बहुत देरी है। अच्छा, कमल को लेकर हम जरा उस कमरे में जा रही हैं। गप-शप करेंगी, आप आँखें बंद कर जरा आराम कीजिए। क्यों? जायें?"

आशु बाबू की शायद ऐसी इच्छा नहीं थी, फिर भी उन्हें सम्मति देनी पड़ी; बोले, "मगर एकदम तुम लोग चले मत जाना, आवाज देने पर सुन लेना।"

"अच्छी बात है। चलो जी छोटे बाबू, हम लोग बगलवाले कमरे में चलकर बैठें।" यह कह वह सबको साथ लेकर चली गयी। नीलिमा की बातें स्वभावतः ही मधुर होती हैं और कहने के ढंग में भी ऐसी एक विशिष्टता होती है जो सहज ही दिखाई दे जाती है; परंतु आज के ये थोड़े-से शब्द मानो उससे भी बढ़कर आगे निकल गये। हरेंद्र ने उधर ध्यान नहीं दिया, पर कमल ने गौर किया। पुरुष की दृष्टि में जो नहीं आया, वह पकड़ाई दे गया स्त्री की दृष्टि में।

नीलिमा तीमारदारी करने आयी है, और यह भी ठीक है कि साधारण लोगों की दृष्टि में इस बीमार आदमी की तंदुरुस्ती की तरफ खास सावधानी रखने में कोई आश्चर्य की बात नहीं, मगर उन साधारण जनों में कमल का शुमार नहीं किया जा सकता। नीलिमा की इस अत्यंत सावधानी की अपूर्व स्निग्धता से मानो उसे एक अनित्य विस्मय का सामना करना पड़ा। विस्मय सिर्फ एक तरफ से नहीं, बहुत तरफ से हुआ। ऐसे संदेह को कि संपत्ति के मोह ने इस विधवा को मुग्ध कर लिया है, कमल अपनी कल्पना में भी स्थान न दे सकी, क्योंकि नीलिमा का इतना परिचय तो वह पा ही चुकी थी। आशु बाबू के यौवन और रूप का प्रश्न तो इस मामले में सिर्फ असंगत ही नहीं बल्कि हास्यकर है।

तब फिर इसका पता कहाँ मिलेगा, मन-ही-मन कमल उसकी खोज करने लगी। इसके अलावा एक पहलू और भी है। वह है आशु बाबू का अपना पहलू। लोगों का दृढ़ विश्वास था कि इस सरल और सदाशिव भले आदमी के हृदय के नीचे की गहराई में पत्नी-प्रेम का आदर्श ऐसी अचंचल निष्ठा के साथ नित्य पूजित होता जा रहा है कि किसी दिन कोई भी प्रलोभन उस पर दाग नहीं लगा सकता। जब मनोरमा की माँ की मृत्यु हुई थी, उन दिनों आशु बाबू की उमर ज्यादा न थी। तब तक यौवन बीता नहीं था, उसी दिन से उस लोकांतरित पत्नी की स्मृति को उखाड़कर नवीन की प्रतिष्ठा करने के लिए घरवालों और इष्ट-मित्रों ने प्रयत्न करने में कुछ उठा नहीं रखा था, मगर फिर भी उस दुर्भेद्य दुर्ग का द्वार तोड़ने का कौशल किसी को भी ढूँढ़े नहीं मिला। ये सब बातें कमल ने बहुतों के मुँह से सुनी थीं। और दूसरे कमरे में आकर वह अन्यमनस्क-सी चुपचाप बैठी सिर्फ यही सोचने लगी कि नीलिमा के इस मनोभाव का लेशमात्र भी इस आदमी के ध्यान में आया है या नहीं? अगर आया हो तो दांपत्य के जिस सुकठोर व्रत की वे अत्याज्य धर्म की तरह एकाग्र सावधानी के साथ आजीवन रक्षा करते आये हैं, आसक्ति की इस नवजाग्रत चेतना से वह लेशमात्र विक्षुब्ध हुआ है या नहीं?

नौकर चाय-रोटी और फल वगैरह दे गया। अतिथियों के सामने उन सबको रखती हुई नीलिमा तरह-तरह की बातें करने लगी। आशु बाबू की बीमारी, उनकी

तंदुरुस्ती, उनकी सहज सज्जनता और बच्चों जैसी सरलता के छोटे-मोटे विवरण, और इसी तरह की और भी बहुत-सी बातें जो इधर कई दिनों में उसकी निगाह से गुजरी हैं। श्रोता के तौर पर हरेंद्र स्त्रियों के लिए लोभ की चीज था; उसके साग्रह प्रश्नों के उत्तर में नीलिमा की वाक्‌शक्ति उच्छ्‌वसित आवेग में शतमुखी होकर फूट निकली। उसके कहने की आंतरिकता से हरेंद्र ऐसा मुग्ध हुआ कि उसे फिर ध्यान ही नहीं रहा कि जिस भाभी को वह अविनाश के घर देखता आया है, वह यही है या नहीं। वह परिणत यौवन का स्निग्ध गांभीर्य, वह कौतुकपूर्ण उज्ज्वल परिमित परिहास, वैधव्य की वही सीमित संयमित बातचीत, वही सुपरिचित स्वभाव—यह सबका सब इन्हीं कई दिनों में छोड़-छाड़कर जो अकल्पित वाचालता से बालिका की तरह प्रगल्भ हो उठी है, सो क्या उसकी वही भाभी है?

बातें करते-करते नीलिमा की नजर कमल पर पड़ी, देखा कि चाय के प्याले में मुँह लगाने के सिवा उसने और कुछ खाया नहीं है। क्षुण्ण-स्वर में उसको उलाहना देते ही कमल ने हँसते हुए जवाब दिया, "इतने में ही मुझे भूल गयी क्या?"

"भूल गयी? इसके माने?"

"इसके माने यह कि मेरे खाने-पीने की बात आपको याद नहीं रही है। मैं तो बेवक्त कुछ खाती-पीती नहीं।"

"और हजार अनुरोध करने पर भी उसमें फर्क नहीं पड़ता।" हरेंद्र ने और पीछे से जोड़ दिया।

उत्तर में कमल ने वैसे ही हँसते हुए कहा, "यह दर्प तो मैं नहीं करती हरेंद्र बाबू, कि इस हठ में कोई परिवर्तन नहीं हो सकता, पर हाँ, यह मानती हूँ कि साधारणत: इस नियम का मुझे अभ्यास हो गया है।"

रास्ते में निकलकर कमल ने हरेंद्र से पूछा, "अब आप जा कहाँ रहे हैं, बताइए न?"

हरेंद्र ने कहा,"डरिए मत, आपके घर नहीं जाऊँगा, पर जहाँ से आपको लाया हूँ वहाँ न पहुँचा दूँ तो अनुचित होगा।"

तब काफी रात हो चुकी थी, रास्ते में लोगों का आना-जाना नहीं के बराबर था। चलते-चलते अकस्मात् अत्यंत घनिष्ठ की तरह कमल ने हरेंद्र का एक हाथ अपने हाथ में लेते हुए कहा, "चलिए मेरे साथ। उचित-अनुचित का विचार आपका कितना सूक्ष्म हो गया है, परीक्षा दीजिएगा।"

हरेंद्र मारे संकोच के व्यस्त हो उठा। स्पष्ट देखने लगा कि यह अच्छा नहीं हुआ। इस तरह रास्ते में चलना खतरे से खाली नहीं, और अगर कोई परिचित कहीं से सामने आ पड़ा तो शर्म का ठिकाना न रहेगा; परंतु बगैर कहे हाथ छुड़ा लेने की अशोभन कठोरता को भी वह मन में स्थान न दे सका। मामला अशोभन सा प्रतीत हो

रहा था और उसे संकट की अवस्था मानकर ही वह उसके घर के दरवाजे पर जा पहुँचा। जब उसने बिदा माँगी तो कमल ने कहा, "इतनी जल्दी क्यों? आश्रम में अजित बाबू के सिवा तो और कोई है नहीं?"

हरेंद्र ने कहा, "नहीं। आज वे भी नहीं हैं, सबेरे की गाड़ी से दिल्ली गये हैं, सम्भवतः कल लौट आयेंगे।"

कमल ने पूछा, "जाकर खायेंगे क्या? आश्रम में रसोइया रखने की तो व्यवस्था है नहीं?"

हरेंद्र ने कहा, "नहीं, हम लोग अपने हाथ से बनाते हैं।"

"अर्थात् आप और अजित बाबू?"

"हाँ।" पर आप हँसती क्यों हैं? निहायत खराब नहीं बनाते हम लोग।"

"अजित बाबू नहीं हैं, इसलिए घर जाकर आपको खुद ही बनाकर खाना होगा। मेरे हाथ की खाने में अगर आपको घृणा न हो तो मेरी बड़ी इच्छा है कि आपको निमंत्रित करूँ। खायेंगे मेरे हाथ का?"

हरेंद्र ने अत्यंत क्षुण्ण होकर कहा, "यह गलत धारणा है। आप क्या सचमुच ही समझती हैं कि मैं घृणा से नामंजूर कर सकता हूँ?" और वह क्षण-भर चुप रह कर बोला, "आपको यह बताने में मैंने कोई कसर नहीं रख छोड़ी है कि जो लोग आपको वास्तव में श्रद्धा की दृष्टि से देखते हैं, मैं उन्हीं में से एक हूँ। मेरी तरफ से आपत्ति सिर्फ इतनी ही है कि बेवक्त मैं आपको तकलीफ नहीं देना चाहता।"

कमल ने कहा, "सो आप खुद ही देख लीजिएगा, मुझे कोई खास तकलीफ नहीं होगी। आइए।"

रसोई बनाते हुए कमल ने कहा, "मेरी तैयारियाँ बहुत मामूली हैं, लेकिन आश्रमों में आप लोगों का जो कुछ देख आयी हूँ उसे भी प्रचुर नहीं कहा जा सकता। लिहाजा, मुझे भरोसा है कि यहाँ अगर खाने-पीने की कोई तकलीफ भी हो तो औरों की तरह वह आपको असह्य न होगी।"

हरेंद्र ने खुश होकर जवाब दिया, "हमारे यहाँ खाने-पीने की व्यवस्था वही है जो आप देख आयी हैं। सचमुच ही हम लोग बहुत कष्ट के साथ रहते हैं।"

"मगर रहते क्यों हैं? अजित बाबू बड़े आदमी हैं, आपकी अपनी अवस्था भी ऐसी बुरी नहीं, फिर कष्ट पाने की तो कोई वजह नहीं?"

हरेंद्र ने कहा, "वजह न हो, जरूरत तो है ही। मेरा विश्वास है कि इस जरूरत को आप भी समझती हैं और इसीलिए अपने संबंध में भी वही व्यवस्था कर रखी है। अगर कोई बाहर वाला आश्चर्य के साथ आपसे इसका कारण पूछ बैठे तो उसे क्या आप इसका कारण बता सकती हैं?"

कमल ने कहा, ''बाहरवालों को भले ही न बता सकूँ, पर भीतरवाले को तो बता ही सकती हूँ। बात यह है कि मैं सचमुच ही बहुत गरीब हूँ, अपने भरण-पोषण के लिए कमाने की जितनी मुझमें शक्ति है, उसमें इससे ज्यादा नहीं किया जा सकता। पिताजी मुझे कुछ भी नहीं दे जा सके, पर वे मुझे दूसरों के अनुग्रहों से बचने का यह बीज-मंत्र दे गये हैं।''

हरेंद्र उसके मुँह की तरफ चुपचाप देखता रहा। इस परदेश में कमल कैसी निरुपाय है, वह जानता है। सिर्फ रुपये-पैसे के लिए ही नहीं; समाज, सम्मान, सहानुभूति, किसी तरफ भी ताकने के लिए उसके पास कुछ नहीं है। मगर इस सत्य को भी वह याद किये बगैर न रह सका कि इतनी जबरदस्त निःसहायता भी इस रमणी को लेशमात्र दुर्बल नहीं कर सकी। आज भी वह किसी से भीख नहीं माँगती, बल्कि भीख देती है। जो शिवनाथ उसकी इतनी बड़ी दुर्गति का मूल कारण है, उसे भी दान करने लायक पूँजी अब तक उसकी खतम नहीं हुई।

हरेंद्र ने शायद साहस और सांत्वना देने के अभिप्राय से ही उससे कहा, ''आपके साथ मैं तर्क नहीं करना चाहता कमल, मगर इसके सिवा मैं और कुछ सोच भी नहीं सकता कि हमारी तरह आपकी गरीबी भी वास्तविक नहीं है, एक बार भी आप चाहें तो आपका यह दुख मरीचिका की तरह दूर किया जा सकता है। पर ऐसी इच्छा आप में नहीं है, कारण आप भी जानती हैं कि स्वेच्छा से ग्रहण किये हुए दुख को ऐश्वर्य के समान भोगा जा सकता है।''

कमल ने कहा, ''हाँ, भोगा जा सकता है। मगर क्यों, आप जानते हैं ? क्योंकि वह अनावश्यक दुख है, क्योंकि वह दुख का सिर्फ एक अभिनय है। सभी अभिनयों में थोड़ा-बहुत कौतुक रहता है, इसलिए उसका उपभोग करने में कोई बाधा भी नहीं।'' इतना कहकर वह खुद कौतुक से हँस पड़ी।

उसका हँसना सहसा न जाने कैसा बेसुरा-सा मालूम पड़ा। इस व्यंग्य को सुनकर हरेंद्र क्षण-भर चुप रहा। फिर बोला, ''मगर यह तो आप मानती हैं कि बहुतायत के भीतर जीवन तुच्छ होने लगता है, दुख-दैन्य में से गुजरकर मनुष्य का चरित्र महान् और सत्य भी हो जाता है।''

कमल ने 'स्टोव' पर से कड़ाही उतार कर नीचे रख दी और एक दूसरा बरतन चढ़ाकर कहा, ''सत्य बनने के लिए उधर भी तो थोड़ा-बहुत सत्य सत्य रहना चाहिए हरेंद्र बाबू! आप लोग बड़े आदमी हैं, वास्तव में आपको कोई कमी नहीं, फिर भी छद्म-अभाव की तैयारी में व्यस्त हैं। और फिर उसमें अजित बाबू भी जा मिले हैं। आपके आश्रम की फिलासफी मेरी तो कुछ समझ में आती नहीं, पर इतना समझती हूँ कि गरीबी के कष्ट भोगने की विडंबना से कभी महत्व को नहीं पाया जा

सकता। हाँ, पाया जा सकता है तो थोड़े-से दंभ और अहम्मन्यता को। संस्कारों से अंधे न होकर जरा आँख खोल कर आप देखें तो यह चीज स्पष्ट दिखाई दे जायगी। इसके दृष्टांत के लिए भारत-भ्रमण की जरूरत न होगी। पर बहस अभी छोड़िए, रसोई बन चुकी, आप खाने बैठिए।''

हरेंद्र ने हताश होकर कहा, ''मुश्किल तो यह है कि भारतवर्ष की फिलासफी समझना आपके बूते से बाहर की बात है। आपकी शिराओं में म्लेच्छ-रक्त बह रहा है। हिंदुओं का आदर्श आपकी दृष्टि में तमाशा ही मालूम देगा। दीजिए, क्या बनाया है, खाने को दीजिए।''

''देती हूँ।'' कहकर कमल ने आसन बिछा दिया। जरा भी नाराज नहीं हुई।

हरेंद्र उसकी तरफ देखकर सहसा बोल उठा, ''अच्छा, मान लीजिए कि कोई अगर वास्तव में अपना सब कुछ दान कर सचमुच के अभाव और दैन्य में अपने को घसीट लाये, तब तो अभिनय कहकर उसका मजाक नहीं किया जा सकेगा? तब तो...''

कमल ने बीच में ही रोकते हुए कहा, ''तब फिर मजाक नहीं, तब तो सचमुच का पागल मानकर उसके लिए सिर धुनधुनकर रोने का समय आ जायेगा। हरेंद्र बाबू, कुछ दिन पहले मैं भी कुछ-कुछ आप ही जैसा विचार किया करती थी, उपवास के नशे की तरह मुझे भी उसने मोहित कर रखा था, पर अब वह संशय मेरा जाता रहा है। गरीबी या अभाव इच्छा से आवे या इच्छा के विरुद्ध आवे, उसमें गर्व करने लायक कुछ नहीं होता। उसके भीतर है शून्यता, उसके भीतर है कमजोरी और उसके भीतर है पाप। अभाव मनुष्य को कितना हीन और कितना ओछा बना देता है, सो मैंने अपनी आँखों से देखा है, इस महामारी में मोचियों के मुहल्ले में जाकर। और भी एक आदमी ने यह देखा है, वे हैं आपके मित्र राजेंद्र। पर उनसे तो कुछ मिलने का नहीं, आसाम के गहरे जंगल की तरह क्या-क्या वहाँ छिपा हुआ है, कोई नहीं जानता। मैं अक्सर सोचा करती हूँ कि आप लोगों ने उन्हीं को बिदा कर दिया! कहावत है न, हीरे को फेंककर काँच के टुकड़े को गिरह में बाँध लेना, आप लोगों ने ठीक वही किया है। आपने भीतर कहीं से भी निषेध नहीं पाया? आश्चर्य!''

हरेंद्र ने उत्तर नहीं दिया, चुप रहा।

आयोजन मामूली था, पर कमल ने कैसे जतन से अतिथि को खिलाया सो कहा नहीं जा सकता। खाने बैठा तो हरेंद्र को बार-बार नीलिमा-भाभी की याद आने लगी। नारीत्व के शांत माधुर्य और शुचिता के आदर्श की दृष्टि से वह नीलिमा से बढ़कर, और किसी को भी न मानता था। मन-ही-मन बोला, 'शिक्षा, संस्कार, रुचि और प्रवृत्ति को देखते इन दोनों में चाहे कितना ही भेद क्यों न हो, पर सेवा और

ममता में दोनों बिलकुल एक-सी हैं। असल में वे बाहर की चीजें हैं, इसलिए विषमता का अंत नहीं और तर्क भी खतम नहीं होता; परंतु नारी की जो बिलकुल अपनी चीजें हैं, जो सब तरह के मतामत के घेरे के बाहर की वस्तु है, नारी के उस गूढ़ अंत:करण का रूप देखने से आँखें एकदम जुड़ा जाती हैं।'

नाना कारणों से आज हरेंद्र को भूख न थी, सिर्फ एक को प्रसन्न करने के लिए ही उसने बूते से बाहर खा लिया। कोई एक तरकारी 'बहुत अच्छी लगी है' कहकर उसने उसके बरतन को बिलकुल साफ कर दिया। बोला, "बहुत बार असमय में जा-जाकर भाभी का मैंने ठीक इसी तरह नाकों दम कर दिया है, कमल!"

"किसका, नीलिमा का?"

"हाँ।"

"उनके नाक में दम आता था।"

"जरूर, पर मानती न थीं।"

कमल ने हँसकर कहा, "सिर्फ आपकी ही नहीं, सभी पुरुषों की ऐसी मोटी अक्ल हुआ करती है।"

हरेंद्र ने बहस के ढंग पर कहा, "मैंने अपनी आँखों से देखा है।"

कमल ने कहा, "सो मैं जानती हूँ। और इन आँखों देखने के घमंड में ही आप लोग मरे जा रहे हैं।"

हरेंद्र ने कहा, "घमंड आप लोगों को भी कम नहीं। तब भाभी खाये बिना रह जातीं, उपासी रात बिता देतीं, फिर भी हार नहीं मानतीं।"

कमल चुपचाप उसके मुँह की तरफ देखती रही। हरेंद्र कहता रहा, "आप लोगों के आशीर्वाद से मोटी अक्ल ही हम लोगों के सदा बनी रहे, इसी में ज्यादा फायदा है। आप लोगों की सूक्ष्म बुद्धि की डाह से उपवासी मरना हमें मंजूर नहीं।"

कमल ने इस बात का भी कुछ जवाब नहीं दिया।

हरेंद्र बोला, "अबसे मैं आपकी सूक्ष्म बुद्धि की परीक्षा लिया करूँगा।"

"सो आप नहीं ले सकेंगे, गरीब होने से आपको मुझ पर दया आ जायेगी।"

सुनकर हरेंद्र पहले तो लज्जित-सा हुआ। फिर बोला, "देखिए, इस बात का जवाब देने में जबान रुकती है। क्यों, जानती हैं? जिसे राज-रानी होना शोभता, उसे यह कंगालपना अच्छा नहीं मालूम देता। मालूम होता है, आपकी गरीबी दुनिया की तमाम अमीर स्त्रियों का मजाक उड़ा रही है।"

बात तीर की तरह कमल के कलेजे में जा लगी। हरेंद्र कुछ और कहना चाहता था कि कमल ने उसे रोकते हुए कहा, "आप भोजन कर चुके हों तो उठिए। उस कमरे में जाकर सारी रात गप्प सुनूँगी, तब तक इस कमरे का काम खतम कर लूँ।"

थोड़ी देर बाद सोने के कमरे में आकर कमल ने कहा, "आज आपकी भाभी का सारा इतिहास सुने बगैर आपको छोड़ूगी नहीं, चाहे कितनी ही रात क्यों न हो जाये। सुनाइयेगा?"

हरेंद्र संकट में पड़ गया। बोला, "भाभी की सारी बातें तो मैं जानता नहीं। उनके साथ पहली जान-पहिचान मेरी इसी आगरे में हुई है अविनाश भइया के घर। वास्तव में उनके संबंध में मुझे लगभग कुछ भी नहीं मालूम। जो कुछ यहाँ के लोग जानते हैं, उतना ही मैं जानता हूँ। सिर्फ एक बात शायद संसार में सबसे ज्यादा जानता हूँ, और वह है उनकी अकलंक शुभ्रता। जब उनके पति मरे थे तब उनकी उमर उन्नीस-बीस साल की थी। भाभी ने उन्हें सर्वान्तःकरण से पाया था। वह स्मृति अब तक पुँछी नहीं है और न कभी पुँछ ही सकती है। जीवन के अंतिम दिन तक वह अक्षय बनी रहेगी। पुरुषों में जब आशु बाबू की बात उठती है, मैं मानता हूँ, उनकी निष्ठा भी असाधारण है, लेकिन..."

"हरेंद्र बाबू, रात बहुत हो गयी है, अब तो आपका घर जाना हो नहीं सकता, इसी कमरे में आपके लिए बिस्तर कर दूँ?"

हरेंद्र ने आश्चर्य से पूछा, "इसी कमरे में? और आप?"

कमल ने कहा, "मैं भी यही सोऊँगी। और तो कोई कमरा है नहीं।"

हरेंद्र मारे शरम के पीला पड़ गया। कमल ने हँसते हुए कहा, "आप ब्रह्मचारी जो हैं। आपको भी क्या डरने का कोई कारण हो सकता है?"

हरेंद्र स्तब्ध होकर एकटक उसकी तरफ देखता रह गया। यह कैसा प्रस्ताव है, उससे कल्पना करते भी न बना। स्त्री होकर मुँह से यह बात निकली कैसे?

उसकी हद से ज्यादा विह्वलता ने कमल को धक्का दिया। उसने कुछ क्षण चुप रहकर कहा, "मेरी ही गलती हुई, हरेंद्र बाबू, अपने घर जाइए। इसी कारण आपकी असीम श्रद्धा की पात्री नीलिमा को आश्रम में जगह नहीं मिली, जगह मिली तो आशु बाबू के घर में। सूने घर में अनात्मीय नर-नारी का सिर्फ एक ही संबंध आपको मालूम है, पुरुष के निकट औरत सिर्फ औरत ही है, उसके बारे में इससे ज्यादा खबर आप तक आज तक नहीं पहुँची। ब्रह्मचारी हो जाने पर भी नहीं। जाइए, अब देर न कीजिए, आश्रम जाइए।" इतना कहकर वह खुद ही बाहर के अँधेरे बरामदे में जाकर अदृश्य हो गयी।

हरेंद्र मूढ़ की तरह दो-तीन मिनट खड़ा रहा, फिर धीरे-धीरे नीचे उतर गया।

20

लगभग एक महीना बीत गया। आगरे में इंफ्लुएंजा की विकराल महामारी का रूप शांत हो गया है; कहीं-कहीं दो-एक नये आक्रमण होने की बात सुनी तो जाती है, पर ऐसे खतरनाक रूप में नहीं। कमल घर में बैठी सिलाई का काम कर रही थी, इतने में हरेंद्र आ गया। उसके हाथ में एक पोटली थी। उसे पास ही जमीन पर रखते हुए बोला, ''आपकी मेहनत देखकर तकाजा करने में शरम लगती है, मगर आदमी भी ऐसे बेहया हैं कि भेंट होते ही पूछते हैं 'बन गया?' मैं साफ-साफ जवाब दे देता हूँ कि अभी बहुत देर है। बहुत जरूरी हो तो कहिए, कपड़ा वापस ला दूँ। मगर मजे की बात तो यह है कि आपके हाथ की चीज जिसने एक बार बरती वह और कहीं सिलाना नहीं चाहता। यह देखिए न, लालाजी के घर से उनका नौकर फिर गरम रेशम का थान और नमूने का कुरता दे गया है।''

कमल ने सिलाई पर से आँख उठाकर कहा, ''ले क्यों लिया?''

''लिया क्या यों ही? कह दिया है कि छह महीने से पहले नहीं होगा, उस पर भी राजी हो गया। बोला, छह महीने बाद तो मिल जायेगा? कोई हर्ज नहीं। यह देखिए न, सिलाई के रुपये तक हाथ पर रख गया है।'' कहते हुए जेब से उसने एक नोट में मुड़े हुए रुपये निकाल कर कमल के सामने पटक दिये।

कमल ने कहा, ''इतना ज्यादा काम आता रहा तो मैं देखती हूँ, मुझे आदमी रखना पड़ेगा।'' फिर उसने पोटली खोलकर पुराना पंजाबी कुरता उठाकर देखा और कहा, ''किसी बड़ी दुकान का सिला हुआ मालूम होता है, बड़े कारीगर का काम है, मुझसे तो ऐसा सीते न बनेगा। कीमती कपड़ा है, खराब हो जायेगा, इसे वापस दे दीजिएगा।''

हरेंद्र ने आश्चर्य प्रकट करते हुए कहा, ''आपसे बढ़कर कारीगर और भी है क्या कोई?''

''यहाँ न हो, कलकत्ते में तो है। वहीं भेज देने को कहिए।''

''नहीं नहीं, सो नहीं होगा। आपसे जैसा बने वैसा बना दीजिए, उसी से काम चल जायेगा।''

''बनेगा नहीं हरेंद्र बाबू, बनता तो बना देती।'' कहकर वह अकस्मात् हँस पड़ी, बोली, ''अजित बाबू बड़े आदमी हैं और शौकीन-मिजाज ठहरे। ऐसा-वैसा बना देने से उनसे पहना कैसे जायेगा? व्यर्थ में कपड़ा खराब करने से कोई फायदा नहीं, आप वापस ले जाइए।''

हरेंद्र को अत्यंत आश्चर्य हुआ, उसने कहा, ''आपने कैसे जाना कि यह अजित बाबू का है?''

कमल ने कहा, "मैं ज्योतिष जो जानती हूँ। गरम-रेशम का थान, पेशगी रुपया और फिर छह महीने बाद मिले तो भी हर्ज नहीं! यहाँ के लाला लोग ऐसे मूर्ख नहीं होते। उनसे कह दीजिएगा कि उनका कुरता बनाने लायक योग्यता मुझमें नहीं है, मैं तो सिर्फ गरीबों के सस्ते दाम के कपड़े ही सीना जानती हूँ। यह नहीं सी सकती।"

हरेंद्र संकट में पड़ गया। अंत में बोला, "उनकी बड़ी इच्छा है कि आपके हाथ का सिला हुआ कुरता पहनें। लेकिन, आप कहीं जान न जायें और यह न समझ बैठें कि हम लोग किसी तरह आपकी सहायता करने की कोशिश कर रहे हैं, इससे मैं बहुत दिनों से इसे ला नहीं रहा था। उनसे कहा था कि कम दाम का कोई मामूली कपड़ा दें। पर वे राजी नहीं हुए। बोले, यह कोई मेरी रोज की पहनने की मिरजई थोड़े ही है। यह तो कमल के हाथ की सिली हुई चीज है जो सिर्फ किसी विशेष पर्व के दिन पहनने के काम आयेगी और रख छोड़ी जायेगी। इस संसार में उनसे बढ़कर आप पर शायद ही कोई दूसरा श्रद्धा करता हो।"

कमल ने कहा, "कुछ दिन पहले उनके मुँह से शायद ठीक इससे उलटी बात ही बहुतों ने सुनी होगी! ठीक है कि नहीं? जरा कोशिश करें तो शायद आपको भी स्मरण हो सकता है। जरा याद कर देखिए न?"

कुछ ही दिन पहले की बात थी, हरेंद्र को सब याद था। वह कुछ लज्जित-सा होकर बोला, "झूठ नहीं; मगर ऐसी धारणा तो एक दिन बहुतों की थी। शायद अकेले आशु बाबू की भले ही न हो; लेकिन उन्हें भी एक दिन विचलित होते देखा गया है। खुद मुझको ही देखिए न, आज तो कोई प्रमाण पेश करने की जरूरत नहीं, पर उस दिन की कसौटी पर आज भी अगर कोई मेरी भक्ति-श्रद्धा की जाँच करने लगे तो बताये मैं कहाँ खड़ा हो सकूँगा?"

कमल ने पूछा, "राजेंद्र का पता लगा?"

हरेंद्र ने समझ लिया कि यह हृदय-संबंधी आलोचना, पहले की तरह, आज फिर स्थगित रही। उसने कहा, "नहीं, अब तक तो नहीं लगा। उम्मीद है कि कहीं से आ खड़ा होगा तो लग जायेगा!"

कमल ने कहा, "सो तो मैं जानना चाहती नहीं, मैंने तो आपसे सिर्फ इतना ही पता लगाने को कहा था कि वह पुलिस का मेहमान हुआ है या नहीं।"

हरेंद्र ने कहा, "सो तो पता लगा लिया। उसके हाथ से तो बचा हुआ है।"

यह सुनकर कमल निश्चिंत तो नहीं हो सकी, पर उसे कुछ तसल्ली जरूर हुई। पूछा, "वे कहाँ गये हैं और कब गये हैं, मोचियों के मुहल्ले में जरा जा करके क्या उनका पता नहीं लगाया जा सकता। हरेंद्र बाबू? उनके प्रति आपको स्नेह कितना है, सो मैं जानती हूँ, इस बारे में पूछना ज्यादती होगी! पर इधर कई दिनों से मेरी ऐसी

दशा हो गयी है कि इसके सिवा और कुछ सोच ही नहीं सकती।'' इतना कहकर उसने ऐसी व्याकुल दृष्टि से हरेंद्र की ओर देखा और विस्मित हो गयी। पर दूसरे ही क्षण वह आँख नीची करके पहले की तरह अपने सिलाई के काम में लग गयी।

हरेंद्र चुपचाप खड़ा रहा। खड़े-खड़े उसके मन में एक-एक करके कई प्रश्न उठते रहे और कुतूहल भी होता रहा। मुँह से शब्दों ने भी निकलना चाहा; पर उसने अपने को हर बार सँभाल लिया। किसी तरह वह तय नहीं कर पाया कि इस पूछने का नतीजा क्या होगा। इस तरह पाँच-सात मिनट बीत जाने पर कमल ने खुद ही बात की। सिलाई को एक तरफ रखकर समाप्ति की एक साँस लेकर उसने कहा, ''रहने दो, अब नहीं करती।'' मुँह ऊपर उठाते ही आश्चर्य के साथ बोली, ''यह क्या? खड़े क्यों हैं? कुर्सी खींचकर बैठा भी नहीं गया आपसे?''

''बैठने को तो कहा नहीं आपने।''

''अच्छे रहे! कहा नहीं, सो बैठें भी नहीं?''

''नहीं, बगैर कहे बैठना उचित नहीं।''

''मगर खड़े रहने के लिए भी तो मैंने नहीं कहा, फिर खड़े क्यों हैं?''

''ऐसा अगर आप कहती हैं तो मेरा न खड़ा होना ही उचित था, अपना कसूर मंजूर करता हूँ।''

कमल हँस दी। बोली, ''तो मैं भी अपना कसूर मान लेती हूँ। अब तक अन्यमनस्क रहना मेरा अपराध है। अब बैठिए।''

हरेंद्र कुर्सी खींचकर उस पर बैठ गया। कमल सहसा जरा गंभीर हो गयी। एक बार कुछ सोचा, फिर बोली, ''देखिए हरेंद्र बाबू, मैं जानती हूँ और आप भी जानते हैं कि असल में इसके अंदर कुछ है नहीं। फिर भी बात खटकती ही है। यह जो मैं बैठने के लिए कहना भूल गयी, जो आदर अतिथि को देना चाहिए था, वह नहीं दिया। हजार घनिष्ठता के होते हुए भी इस त्रुटि पर आपकी निगाह पड़ ही गयी। नहीं नहीं, आप नाराज हुए हैं, सो मैं नहीं कहती, मगर फिर भी न जाने क्यों मन में कुछ लगता ही है। मनुष्य का यह संस्कार जाने पर भी नहीं जाना चाहता, कहीं-न-कहीं थोड़ा-बहुत रह ही जाता है। क्यों, ठीक है न?''

हरेंद्र इसका मतलब न समझ सका, आश्चर्य के साथ उसके मुँह की तरफ देखता रह गया। कमल कहने लगी, ''इससे संसार में न जाने कितना अनर्थ हो रहा है और मजा यह कि इसी को लोग सबसे ज्यादा भूलते हैं। क्यों, है न यही बात?''

हरेंद्र ने पूछा, ''यह सब आप मुझसे कह रही हैं, या अपने आपसे? अगर मेरे लिए हो तो और खुलासा करिए। यह पहेली मेरे मगज में घुस नहीं रही है।''

कमल हँसने लगी। बोली, ''है तो पहेली ही। सीधा-सरल रास्ता होता है,

मालूम ही नहीं होता कि विपत्ति आँखें लाल कर रही है। चलते-चलते ठोकर लगती है और उँगली से खून निकलने लगता है, तब कहीं जाकर होश आता है, कि और जरा देखकर चलना चाहिए था। क्यों, है न यही वात?''

हरेंद्र ने कहा, ''रास्ते के बारे में तो यह ठीक है। आगरे के रास्तों पर तो जरा होश सँभालकर ही चलना अच्छा। ऐसी दुर्घटनाएँ आश्रम के लड़कों पर प्रायः घटती हैं। मगर पहेली ही रह गयी, भीतरी मतलब तो कुछ समझ में नहीं आया?''

कमल ने कहा, ''उसका कोई चारा नहीं हरेंद्र बाबू। बता देने से ही सभी बातों का मतलब समझ में नहीं आ जाता। मुझको देखिए न, मुझे तो किसी ने बताया नहीं, फिर भी मतलब समझने में मुझे कोई अड़चन नहीं हुई।''

हरेंद्र ने कहा, ''इसका अर्थ यह है कि आप भाग्यवती हैं और मैं अभागा। या तो ऐसी भाषा में कहिए कि साधारण आदमी के दिमाग में भी घुस जाये या फिर रहने दीजिए, कुछ मत बोलिए। चीनी आतिशबाजी की तरह जितना इसे खोलना चाहता हूँ उतन्री ही यह उलझती जा रही है। अज्ञात अज्ञेय विरोध से शुरू होकर वक्तव्य अब कहाँ आकर रुका है, इसका ओर-छोर नहीं मिला। ये सब बातें क्या आप राजेंद्र की याद करके कह रही हैं? उसे मैं भी तो जानता हूँ, सरल बना करके कहें तो शायद कुछ-कुछ समझ भी सकूँ। नहीं तो फिर इस तरह एक स्वप्नमय आदमी की वक्तृता सुनते-सुनते मुझे अपनी बुद्धि पर विश्वास ही न रह जायेगा।''

कमल हँसते मुँह से बोली, ''किसकी बुद्धि पर? मेरी पर या अपनी पर?''

''दोनों की ही।''

कमल ने कहा, ''सिर्फ राजेंद्र की ही नहीं। मालूम नहीं क्यों, सबेरे से आज मुझे सभी की याद आ रही है—आशु बाबू, मनोरमा, अक्षय, अविनाश, नीलिमा, शिवनाथ, यहाँ तक कि अपने पिताजी की भी।''

हरेंद्र ने टोका, ''इस तरह नहीं चल सकता। आप फिर गंभीर होती जा रही हैं। आपके माता-पिता स्वर्ग गये हैं, उनको इस मामले में घसीटना मुझसे नहीं सहा जायेगा। हाँ, जो जिंदा हैं उनकी बात कीजिए। आप राजेंद्र की बात कहना चाहती थीं, उसी की कहिए, मैं सुनूँ। वह मेरा मित्र है, उसे मैं जानता हूँ, पहचानता हूँ, प्यार भी करता हूँ, मेरा विश्वास कीजिए, मैं चाहे आराम करता होऊँ या और कुछ करता होऊँ, आपको धोखा नहीं दूँगा। संसार में और लोगों की तरह मैं भी प्रेम की कहानी सुनना पसंद करता हूँ।''

कमल की गंभीरता सहसा हँसी में परिणत हो गयी, उसने पूछा, ''सिर्फ दूसरों की ही सुनना पसंद करते हैं? उससे आगे कुछ नहीं चाहते?''

हरेंद्र नें कहा, ''नहीं। मैं ब्रह्मचारियों का पंडा हूँ, अक्षय का दल सुन लेगा तो

मुझे खा ही जायेगा।''

यह उत्तर सुनकर कमल फिर हँस पड़ी। बोली, ''नहीं, वे नहीं खायेंगे। मैं उसका उपाय कर दूँगी।''

हरेंद्र ने सिर हिलाते हुए कहा, ''आप नहीं कर सकेंगी। आश्रम तोड़कर भाग जाने पर भी मन सन्मार्ग पर लगाये ही रखेगा। इससे अच्छा यह है कि आप अपनी ही बात कहें। राजेंद्र को आप अपने मन से किसी तरह भुला ही नहीं सकतीं। उसकी बात के सिवाय और कोई बात सोच ही नहीं सकतीं, तो फिर वहीं से शुरू कीजिए। किस तरह उस अभागे छोकरे को आप इतना चाहने लगी हैं, यह सुनने की मुझे बड़ी साध है।''

कमल ने कहा, ''ठीक यही प्रश्न मैं बार-बार अपने से भी कर रही हूँ।''

''कुछ पता नहीं पा रही हैं?''

''नहीं।''

''पाने की बात भी नहीं, और मुझे विश्वास भी नहीं होता कि यह सच है।''

''क्यों, विश्वास क्यों नहीं होता?''

''खैर, छोड़िए इस बात को। शायद एक बार मैं कह भी चुका हूँ कि इससे भी अच्छे 'कैंडिडेट' मौजूद हैं। आखिरी निर्णय करने के पहले उनके 'केसों' पर भी जरा नजर डाल देखिएगा। यही प्रार्थना है।''

''मगर केसों पर अनुमान के आधार पर तो विचार किया नहीं जा सकता हरेंद्र बाबू, बाकायदा गुनाह और प्रमाणों की जरूरत होती है। सो कौन हाजिर करेगा?''

''वे खुद ही करेंगे। गवाह और सुबूत के लिए वे तैयार हैं, पुकार होते ही हाजिर हो जायेंगे।''

कमल ने जवाब नहीं दिया। ऊपर मुँह उठाकर देखा और हँस दी।

उसके बाद पूरे और अधूरे सिले कपड़ों की एक-एक करके ठीक से तह की, उन्हें एक बेंत की टोकरी में जमाकर रख दिया और उठ खड़ी हुई।

फिर बोली, ''आपका शायद चाय पीने का वक्त हो गया हरेंद्र बाबू, जरा-सी चाय बनाकर ले आऊँ, आप बैठिए।''

हरेंद्र ने कहा, ''बैठा तो हूँ ही। लेकिन आप तो जानती हैं, चाय पीने के लिए मेरा कोई वक्त बेवक्त नहीं। मिले तो पी लेता हूँ, न मिले तो कोई बात नहीं। इसके लिए आपको तकलीफ उठाने की जरूरत नहीं। एक बात आपसे पूछूँ?''

''खुशी से।''

''बहुत दिनों से आप किसी के यहाँ गयीं नहीं, सो क्या जान बूझकर जाना बंद कर दिया है?''

कमल को आश्चर्य हुआ। बोली, ''नहीं तो। मुझे इसका ख़याल ही नहीं।''

''तो फिर चलिए न, आज जरा आशु बाबू के मकान तक घूम आवें। वे सचमुच ही बहुत खुश होंगे। जब वे बीमार थे तब एक बार आप गयी थीं, अब तो वे अच्छे हो गये हैं। सिर्फ डॉक्टर ने मना कर दिया है कि बाहर न निकलें। नहीं तो शायद वे किसी दिन खुद ही यहाँ आ जाते।''

कमल ने कहा, ''वे न आवें तो कोई आश्चर्य की बात नहीं। जाना मुझे ही चाहिए था, लेकिन काम की झंझट से जा नहीं सकी। बड़ी गलती हो गयी।''

''तो आज ही चलिए न?''

''चलिए। मगर शाम होने दीजिए। आप बैठिए, चट से एक प्याला चाय बनाये लाती हूँ।'' इतना कहकर वह बाहर चली गयी।

शाम के झुटपुटे में दोनों घर से निकल पड़े। रास्ते में हरेंद्र ने कहा,''जरा दिन रहते चलते तो अच्छा रहता।''

कमल ने कहा,''नहीं, जान-पहचान का शायद कोई देख लेता।''

''भले देख लेता। इन सब बातों की अब मैं परवाह नहीं करता।''

''पर मैं तो करती हूँ।''

हरेंद्र ने समझा कि मजाक किया गया है। वह बोला, ''लेकिन जान-पहचान वाले ही अगर सुनेंगे कि आप मेरे साथ अकेली निकलने में आजकल संकोच करने लगी हैं, तो वे क्या सोचेंगे?''

''शायद यही सोचेंगे कि मैंने मजाक किया होगा।''

''मगर आपको जो पहचानता है, वह क्या और कुछ सोच सकता है? बताइए?''

कमल चुप रही।

जवाब न पाकर हरेंद्र ने कहा, ''आज आपको क्या हो गया, मालूम नहीं, सब कुछ दुर्बोध्य हो रहा है।''

कमल ने कहा, ''जो समझने का नहीं है, उसे न समझना ही अच्छा है। राजेंद्र को भूलना चाहकर भी भूलती नहीं। इसका सबसे ज्यादा भान होता है आपके आने पर। उसके लिए आश्रम में स्थान नहीं हुआ, हालाँकि किसी पेड़ के नीचे पड़े रहने से भी उसका काम चल जाता है। सिर्फ मैंने ही वहाँ रहने नहीं दिया और आदर के साथ मैं उसे बुला लायी। मेरे घर आया, कहीं से भी उसके मन को कोई रुकावट नहीं आयी। हवा और प्रकाश की तरह उसके आने पर भी सब दिशाएँ खुली रहीं; पुरुष का मानो एक नया परिचय मिला। यह सोचने को मुझे समय ही नहीं मिला कि यह अच्छा है या बुरा, शायद समझने में देर भी लगे।''

हरेंद्र ने कहा, ''यह बड़ी भारी सांत्वना है।''

"सांत्वना क्यों है?"

"सो नहीं मालूम।"

फिर कोई भी कुछ नहीं बोला, दोनों ही न जाने कैसे अन्यमनस्क-से बने रहे।

हरेंद्र ने शायद जान-बूझकर ही जरा घुमाव का रास्ता अख्तियार किया था। जब वे आशु बाबू के घर पहुँचे तब शाम बीते बहुत देर हो चुकी थी। भीतर जाने के लिए खबर देने की जरूरत न थी, पर पाँच-छह दिन से हरेंद्र आ नहीं सका था इसलिए नौकर को सामने पाकर बोला, "बाबू साहब की तबीयत अच्छी है?"

उसने नमस्कार करके कहा, "जी हाँ, अच्छी है।"

"अपने कमरे में ही हैं क्या?"

"नहीं, ऊपर के सामने वाले कमरे में सबके साथ बैठे बातें कर रहे हैं।"

जीने पर चढ़ते कमल ने पूछा, "सब कौन।"

हरेंद्र ने कहा, "भाभी तो हैं ही, और भी शायद कोई होगा, मालूम नहीं।"

परदा हटाकर भीतर घुसते ही दोनों को जरा आश्चर्य हुआ। एमेन्स और चुरुट की तेज गंध ने एक साथ कमरे की हवा को भारी कर दिया था। नीलिमा मौजूद नहीं थी, आशु बाबू बड़ी आराम-कुरसी के हथेलों पर पैर फैलाये चुरुट पी रहे थे और पास ही सोफे पर सीधी बैठी एक अपरिचित महिला बातें कर रही थी। कमरे की आब-हवा की तरह ही उसके मुँह का भाव भी तेज था। बंगालिन थी, पर बंगला बोलने की उसमें रुचि नहीं थी। शायद आदत भी न हो। हरेंद्र और कमल ने कमरे में कदम रखते ही सुन लिया कि वह अनर्गल अंगरेजी बोल रही है।

आशु बाबू ने मुँह उठाकर देखा। कमल पर निगाह पड़ते ही उनका सारा चेहरा आनंद से उज्ज्वल हो उठा। शायद एक बार उठकर बैठने की भी कोशिश की, पर सहसा बैठा नहीं गया। मुँह का चुरुट फेंककर बोले, "आओ कमल, आओ।" और अपरिचिता को निर्दिष्ट करके बोले, "ये मेरी एक रिश्तेदार हैं। परसों आयी हैं, संभव है इन्हें कुछ दिन यहाँ रख भी सकूँ।"

जरा ठहरकर फिर बोले, "बेला, ये कमल हैं। मेरी लड़की की तरह।"

दोनों ने दोनों के लिए हाथ उठाकर नमस्कार किया।

हरेंद्र ने कहा, "और मैं?"

"ओ हो, तुम तो रह ही गये! ये हरेंद्र हैं, प्रोफेसर अक्षय के परम मित्र। बाकी परिचय यथासमय होता रहेगा, चिंता की कोई बात नहीं हरेंद्र।" और कमल को इशारे से पास बुलाते हुए बोले, "यहाँ मेरे पास आओ कमल, तुम्हारा हाथ लेकर कुछ देर चुप बैठा रहूँ। इसके लिए कई दिनों से मेरा जी तड़फड़ा रहा है।"

कमल हँसती हुई उनके पास जाकर बैठ गयी और दोनों हाथ बढ़ाकर उसने

उनके मोटे भारी हाथ को अपनी गोद में रख लिया।

आशु बाबू ने पूछा, "खा-पीकर आयी हो क्या?"

कमल ने सिर हिलाकर कहा, "नहीं।"

आशु बाबू ने छोटी-सी एक साँस लेकर कहा, "पूछने से फायदा ही क्या? यहाँ तुम्हें खिला तो सकता नहीं!"

कमल चुप रही।

21

बेला के मुँह की तरफ देखकर आशु बाबू जरा हँसे और बोले, "क्यों, वर्णन मेरा मिल तो गया? इसे बुढ़ापे की 'एकस्ट्रावेगंस' (बुड़भस) कहकर मजाक उड़ाना तो तुम्हारा ठीक नहीं हुआ, अब तो मान गयीं?"

महिला चुप रहीं। आशु बाबू कमल का हाथ हिलाने-डुलाने लगे और बोले, "इस लड़की को बाहर से देखकर जैसा आश्चर्य होता है, भीतर से देखकर वैसे ही दंग रह जाना होता है। क्यों हरेंद्र, ठीक है न?"

हरेंद्र चुप रहा। कमल ने हँसते हुए जवाब दिया, "ठीक है कि नहीं, इसमें संदेह है; लेकिन किसी ने अगर बुढ़ापे की 'एकस्ट्रावेगंस' कहके आपके कामों का मजाक किया हो तो इतना तो बेखटके कहा जा सकता है कि वह ठीक नहीं हैं। मात्रा-ज्ञान आपका इस दुनिया में अचल है।"

"ओह, ऐसा है!" आशु बाबू ने गंभीर स्नेह के स्वर में कहा, "जानता हूँ कि इस घर में मैं तुम्हें खिला-पिला कुछ भी न सकूँगा, पर यह तो बताओं अपने घर तुमने क्या-क्या खाया?"

"जो रोज खाया करती हूँ वही।"

"फिर भी, सुनूँ तो सही? बेला सोच रही थी कि यह भी मैंने बढ़ा-चढ़ा के कहा है।"

कमल ने कहा, "यानी मेरे विषय में मेरी अनुपस्थिति में बहुत-कुछ चर्चा हो चुकी है?"

"सो तो हुई है, अस्वीकार नहीं करूँगा।"

इतने में चाँदी की रकाबी में एक छोटा कार्ड लिये हुए बेयरा आ गया। उसकी लिखावट पर सबकी निगाह पड़ गयी और सभी को आश्चर्य हुआ। इस घर में अजित एक दिन घर के लड़के की तरह था, पर आगरे में रहते हुए भी वह नहीं

आता और शायद यही स्वाभाविक है। इस न आने की लज्जा और संकोच के द्वारा दोनों तरफ से ऐसा एक व्यवधान उठ खड़ा हुआ कि उसके इस अप्रत्याशित आगमन से सिर्फ आशु बाबू ही नहीं, उपस्थित सभी जरा चौंक-से पड़े। आशु बाबू के चेहरे पर उद्वेग की एक गहरी छाप पड़ गयी। बोले, ''उन्हें इसी कमरे में ले आ।''

थोड़ी देर बाद अजित आ पहुँचा। एक साथ इतने परिचित और अपरिचित जनों की उपस्थिति की संभावना का विचार या आशंका उसने नहीं की थी।

आशु बाबू ने कहा, ''बैठो अजित। अच्छे तो हो?''

अजित ने सिर हिलाते हुए कहा, ''जी हाँ, आपकी तबीयत अब कैसी है? अब तो अच्छी मालूम होती है?''

आशु बाबू ने कहा, ''बीमारी तो अच्छी हो गयी मालूम होती है।''

परस्पर का कुशल-प्रश्नोत्तर यहीं समाप्त हो गया। कमल न होती तो शायद और भी दो-एक बातें हो सकती थीं, परंतु चार आँखें होने के डर से अजित ने उधर कमल की ओर आँख उठाकर देखने का साहस ही नहीं किया। दो-तीन मिनट तक सब लोग चुप रहे।

हरेंद्र ने पूछा, ''यहाँ आप क्या अभी सीधे घर से ही आ रहे हैं?''

कुछ बोलने का मौका पाकर अजित के जी में जी आ गया। बोला, ''नहीं, ठीक सीधा नहीं आ रहा हूँ, आपको खोजते हुए जरा घूम-फिरकर आ रहा हूँ।''

''मुझे खोजते हुए? क्या काम है?''

''काम मेरा नहीं, और एक सज्जन का है। वे राजेंद्र की खोज में दोपहर से शायद चार बार आ चुके। उनसे बैठने के लिए कहा था, पर वे राजी नहीं हुए। स्थिरता से बैठकर प्रतीक्षा करना शायद उनको सहन नहीं है।''

हरेंद्र ने शंकित होकर पूछा, ''था कौन? देखने में कैसा था? कह क्यों नहीं दिया कि यहाँ नहीं है?''

अजित ने कहा, ''यह खबर तो उन्हें दे चुका हूँ। पर शायद उन्होंने विश्वास नहीं किया।''

हरेंद्र का चेहरा उद्विग्नता से भर उठा, वह उठ खड़ा हुआ और कमल को घर पहुँचाने का भार आशु बाबू पर छोड़कर चल दिया।

उसके चले जाने पर आशु बाबू ने कहा, ''कमल, इस लड़के राजेंद्र को मैंने दो-तीन बार से ज्यादा नहीं देखा, बिना किसी संकट में पड़े उसके दर्शन ही नहीं होते, पर ऐसा लगता है कि उससे मैं काफी स्नेह करने लगा हूँ। मालूम नहीं कौन-सी महामूल्य वस्तु वह अपने साथ लिये फिरता है, और मजा यह है कि हरेंद्र के मुँह से सुना करता हूँ कि वह बिलकुल 'वाइल्ड' है, पुलिस उसे संदेह की दृष्टि से

देखती है। डर रहता है, न जाने कब क्या उपद्रव खड़ा कर बैठे और शायद उसकी खबर भी न मिले। यही देखो न, किसी को पता ही नहीं लग रहा है कि अचानक कहाँ गायब हो गया।''

कमल पूछ बैठी, ''अचानक अगर मालूम हो जाये कि वे संकट में पड़ गये हैं, तो आप क्या करेंगे?''

आशु बाबू ने कहा, ''क्या करूँगा, यह तो तभी बताया जा सकता है, अभी नहीं। बीमारी के दिनों में नीलिमा ने और मैंने उसके बहुत-से किस्से हरेंद्र के मुँह से सुने हैं। दूसरों के लिए सचमुच ही अपने आपको किस तरह विलीन कर दिया जा सकता है, समर्पित किया जा सकता है, वह सुनते समय उसकी तसवीर-सी खिंच जाती थी सामने। भगवान से प्रार्थना है कि उस पर कभी कोई आफत न आवे।''

ऊपर से किसी ने कुछ नहीं कहा, पर मन-ही-मन शायद सभी ने इस प्रार्थना में साथ दिया।

कमल ने पूछा, ''नीलिमा नहीं दिख रही है। शायद काम में व्यस्त होंगी?''

आशु बाबू ने कहा, ''काम-काजी ठहरीं, दिन-रात काम-धंधे में ही लगी रहती हैं, मगर आज सुना है कि सिर-दर्द से बिस्तर पर पड़ी हैं। तबीयत शायद कुछ ज्यादा खराब है। नहीं तो पड़े रहने का उनका स्वभाव नहीं। अपनी आँखों से देखे बगैर विश्वास नहीं किया जा सकता कि कोई आदमी लगातार इतनी सेवा, इतना परिश्रम कर सकता है।''

फिर क्षण-भर चुप रहकर कहा, ''अविनाश के साथ मेरी जान-पहचान आगरे में ही हुई। बीच-बीच में आता-जाता रहा हूँ। कितना-सा परिचय है! फिर भी आज सोचता हूँ कि संसार में अपने-पराये का जो व्यवहार चल रहा है, वह कितना अर्थहीन है! दुनिया में अपना-पराया कोई नहीं। कमल, यह कोई नहीं जानता कि संसार के इस महासमुद्र के बहाव में पड़कर कौन कहाँ से बहता हुआ पास आ जाता है और कौन बहकर दूर चला जाता है।''

सिर्फ उस अपरिचित स्त्री बेला के सिवा दोनों ही समझ गये कि यह बात किसको लक्ष्य करके और किस दुख से कही गयी है। आशु बाबू कुछ-कुछ मानो अपने मन-ही-मन कहने लगे, ''इस बीमारी से उठने के बाद से संसार की बहुत-सी चीजें मानो कुछ दूसरी ही तरह की नजर आने लगी हैं। ऐसा लगता है कि क्यों इतनी खींच-तान, संग्रह और इतना भले-बुरे का वाद-विवाद किया जाता है? क्यों मनुष्य अपने चारों तरफ बहुत-सी भूलों और बहुत-से धोखों को जमा करके स्वेच्छा से अन्धा बन रहा है? अब भी उसे बहुत युगों का अज्ञात सत्य ढूँढ़ निकालना होगा, तब कहीं वह सच्चे अर्थों में मनुष्य हो सकेगा! आनंद तो नहीं, बल्कि निरानंद ही

मानो उसकी इस सभ्यता और भद्रता का अंतिम लक्ष्य बन गया है!''

कमल आश्चर्य से उनकी तरफ देखती रही। यह बात नहीं कि उनकी बात का मतलब वह बिना किसी संशय के समझ रही हो। उसे ठीक ऐसा लगता था जैसे कि कुहरे के बीच किसी आगंतुक का चेहरा अस्पष्ट-सा दीखता हो; मगर पैरों की चाल बिलकुल परिचित हो।

आशु बाबू खुद ही रुके। शायद कमल की विस्मित दृष्टि ने उन्हें सचेतन किया। बोले, ''तुम्हारे साथ मुझे और भी बहुत-सी बातें करनी हैं कमल, किसी दिन फिर आना।''

''आऊँगी। आज जाती हूँ।''

''अच्छा। गाड़ी नीचे खड़ी है, तुम्हें वह पहुँचा देगा, इसी से वासुदेव को छुट्टी नहीं दी है। अजित, तुम भी साथ क्यों नहीं चले जाते, लौटते वक्त तुम्हें आश्रम में उतारता आयेगा?''

दोनों नमस्कार करके बाहर निकल आये। बेला साथ-साथ गाड़ी तक आयी, बोली, ''आपके साथ बातचीत करने का आज वक्त नहीं रहा, मगर अगली बार, जब आयेंगी तब मैं नहीं छोड़ूँगी।''

कमल ने हँसकर सिर हिलाते हुए कहा, ''यह मेरा सौभाग्य है। लेकिन डर लगता है, परिचय पाकर कहीं आपका मन न बदल जाये?''

मोटर में दोनों जने पास-पास बैठे। चौराहे से मुड़ते वक्त कमल ने कहा, ''वह रात भी ऐसी ही अँधेरी थी; याद है?''

''हाँ, याद है।''

''और उस दिन का पागलपन?''

''सो भी याद है।''

''मैं राजी हो गयी थी, सो याद है?''

अजित ने हँसकर कहा, ''नहीं। मगर आपने जो व्यंग्य किया था, सो याद है।''

कमल ने आश्चर्य प्रकट करते हुए कहा, ''व्यंग्य किया था? नहीं तो!''

''जरूर किया था।''

कमल ने कहा, ''तो आपने गलत समझा था। खैर, उसे छोड़िए। आज तो व्यंग्य नहीं कर रही? चलिए न, आज ही दोनों जने चल दें?''

''धत्। आप बड़ी शरीर हैं।''

कमल ने हँसकर कहा, ''शरीर कैसी? बताइए, मेरे जैसी शांत-सीधी स्त्री कहाँ मिलेगी? अचानक हुक्म किया, कमल, चलो चलें, और मैं उसी वक्त राजी होकर बोली, चलिए।''

"लेकिन वह तो सिर्फ मजाक था।"

कमल ने कहा, "अच्छा, मजाक ही सही, लेकिन बताइए, अचानक ऐसा क्या कसूर हो गया जो 'तुम' छोड़कर अब 'आप' कहना शुरू कर दिया है? कितनी मुसीबत से दिन काट रही हूँ, भला आप ही लोगों के कपड़े सी-सीकर किसी तरह पेट चला रही हूँ, और आपके पास रुपयों का शुमार नहीं, पर एक दिन भी आपने मेरी सुधि ली? मनोरमा ऐसी तकलीफ में पड़ती तो क्या आपसे रहा जाता? देखिए, दिन-रात मेहनत-मजदूरी कर-कर के कितनी दुबली हो गयी हूँ?"

इतना कहकर जैसे ही उसने अपना बायाँ हाथ अजित के हाथ पर रखा वैसे ही अजित चौंक पड़ा और उसका सारा शरीर सिहर उठा। अस्फुट स्वर में उसके मुँह से कुछ निकला ही चाहता था कि कमल सहसा अपना हाथ उठाकर चिल्ला उठी, "ड्राइवर, रोको-रोको, यहाँ पागलखाने के पास कहाँ आ पड़े? गाड़ी घुमा लो। अँधेरे में कुछ ख़याल ही नहीं रहा।"

अजित ने कहा, "हाँ, कुसूर अँधेरे का ही है। तसल्ली सिर्फ यही है कि चाहे उस पर हजार अन्याय होता रहे, पर बेचारा प्रतिवाद नहीं कर सकता। इस अधिकार से वह वंचित है।" और वह हँस दिया।

सुनकर कमल भी हँस दी, बोली, "सो तो ठीक है, लेकिन न्याय-विचार ही संसार में सब कुछ नहीं है। यहाँ अन्याय अविचार के लिए भी स्थान है, इसी से आज तक दुनिया चल रही है, नहीं तो न जाने वह कबकी रुक गयी होती। ड्राइवर, रोको।"

अजित ने दरवाजा खोल दिया। कमल सड़क पर उतरकर बोली, "अँधेरे का इससे भी बढ़कर एक और अपराध है अजित बाबू, उसमें अकेले जाने में डर मालूम होता है।"

इस इशारे पर अजित नीचे उतरकर पास आ खड़ा हुआ। कमल ने ड्राइवर से कहा, "अब तुम घर जाओ, इन्हें जाने में अभी कुछ देर होगी।"

"सो कैसे! इतनी रात में मुझे गाड़ी कहाँ से मिलेगी?"

गाड़ी चली गयी।

अजित बोला, "मुझे मालूम है, कोई भी इंतजाम न होगा। मुझे अँधेरे में तीन-चार मील पैदल चलकर ही जाना पड़ेगा। और अभी मैं आपको पहुँचाकर आसानी से घर जा सकता था।"

"नहीं जा सकते थे। कारण, बगैर खिलाये मैं आपकी उस आश्रम की अनिश्चितता में नहीं भेज सकती। चलिए, आइए।"

घर पर नौकरानी आज बत्ती जलाये बाट देख रही थी। पुकारते ही उसने

दरवाजा खोल दिया। ऊपर रसोई-घर में जाकर कमल ने उसी सुंदर आसन को बिछाते हुए अजित से बैठने के लिए कहा। सामान सब तैयार था, स्टोव जलाकर कमल ने रसोई चढ़ा दी और पास ही बैठकर बोली, "ऐसी ही और एक दिन की बात याद है?"

"जरूर।"

"अच्छा, उस दिन और आज में कहाँ क्या फर्क है, बता सकते हैं?"

अजित ने इधर-उधर देखकर याद करने की कोशिश की कि कहाँ क्या था।

कमल ने हँसते हुए कहा, "उधर रात भर भी ढूँढ़ के न बता सकेंगे। किसी दूसरी ही तरफ देखना पड़ेगा।"

"किधर, बताइए तो?"

"मेरी तरफ।"

अजित सहसा मारे शरम के संकुचित-सा हो गया। आहिस्ते से बोला, "एक दिन भी मैंने आपका मुँह अच्छी तरह नहीं देखा। और सब देखा करते थे, पर मालूम नहीं क्यों, मुझसे देखते नहीं बनता था।"

कमल ने कहा, "औरों के साथ आप में यही तो फर्क है। वे जो देख सके उसका कारण यह था कि उनकी दृष्टि में मेरे प्रति सम्मान का भाव नहीं था।"

अजित चुप रहा। कमल कहने लगी, "मैंने तय किया था कि कैसे भी होगा आपको खोज निकालूँगी। मुझे आशा नहीं थी कि आशु बाबू के घर आज आपसे भेंट हो जायेगी, पर संयोग से जब भेंट हो गयी तब जान लिया कि पकड़ ही लाऊँगी। भोजन कराना तो महज एक छोटा-सा उपलक्ष्य है, इसलिए भोजन कर चुकने पर भी छुट्टी नहीं मिलेगी। आज रात को मैं आपको कहीं भी न जाने दूँगी। इसी घर में बंद करके रखूँगी।"

"पर इसमें आपको फायदा क्या होगा?"

"फायदे की बात पीछे बतलाऊँगी, पर आप मुझसे 'आप' कहते हैं तो सचमुच ही मुझे व्यथा होती है। एक दिन 'तुम' कहकर बोलते थे, उस दिन मैंने निहोरा नहीं किया था, आपने ही इच्छा से कहा था। आज उसे बदल देने लायक कोई भी कुसूर मैंने नहीं किया। रूठकर अगर उत्तर न दूँ तो आप ही कष्ट पायेंगे।"

अजित ने सिर हिलाकर कहा, "हाँ, शायद पाऊँगा।"

कमल ने कहा, "शायद नहीं, निश्चय से पायेंगे। आप आगरे आये थे मनोरमा के लिए। पर वह जब इस तरह से चली गयी तब सबने सोचा कि अब आप एक क्षण भी यहाँ नहीं ठहरेंगे। सिर्फ एक मैं ही जानती थी कि आप नहीं जा सकेंगे। अच्छा इस बात पर कि मैं आपको प्यार करती हूँ, आप विश्वास करते हैं?"

"नहीं, नहीं करता।"

"जरूर करते हैं। इसी से आपके खिलाफ मेरी बहुत-सी नालिशें हैं।"

अजित ने कुतूहलवश कहा, "बहुत-सी नालिशें? एकाध सुनाओगी भी?"

कमल ने कहा, "सुनाऊँगी, इसलिए मैंने जाने नहीं दिया। पहले अपनी बात कहती हूँ। और कोई चारा नहीं, इससे गरीबों के कपड़े सीकर अपनी गुजर करती हूँ, यह सब मुझे सह्य है। पर इसलिए कि संकट में पड़ी हूँ, यह कैसे सहा जा सकता है कि आपके भी कुरते सीकर दाम लूँ?"

"पर तुम किसी का दान तो लेती नहीं हो।"

"नहीं, दान मैं किसी का नहीं लेती, यहाँ तक कि आपका भी नहीं। लेकिन दान के सिवा क्या संसार में और देने का कोई रास्ता खुला ही नहीं? आपने आकर जोर देकर क्यों नहीं कहा कि कमल, यह काम मैं तुम्हें नहीं करने दूँगा। मैं उसका क्या जवाब देती? दुर्दैव से आज अगर मेरी मेहनत-मजदूरी करके खाने को शक्ति जाती रहे तो फिर आपके जीते जी भी क्या मैं दर-दर भीख माँगती फिरूँगी?"

इस दर्दभरी बात ने अजित को व्याकुल कर दिया, उसने कहा, "यह नहीं हो सकता कमल, मेरे जीते जी यह असंभव है। तुम्हारे विषय में मैंने एक दिन भी इस तरह नहीं सोचा। अब भी मानो मन में यह बात बैठती नहीं कि जिस कमल को हम सब जानते हैं, वही तुम हो।"

कमल ने कहा, "और लोग चाहे जो जानते रहें, पर आप क्या उन्हीं में से एक हैं? उनसे ज्यादा कुछ नहीं?"

इस प्रश्न का उत्तर नहीं मिला। शायद अत्यंत कठिन होने के कारण, और इसके बाद दोनों चुप हो रहे। शायद, दोनों ने यह अनुभव किया कि दूसरे से पूछने की अपेक्षा यह बात अपने से ही पूछने की ज्यादा जरूरत है।

कितना-सा राँधना था! तैयार होने में देर न लगी। खाते-खाते अजित ने गंभीर होकर कहा, "फिर भी, मजा यह कि पास चाहे कितना ही रुपया क्यों न हो, तुम्हारी कमाई का अन्न हाथ पसारकर खाये बगैर किसी को छुटकारा नहीं मिलता, और तुम न किसी का लेती हो न किसी का खाती हो, कोई सिर पटक कर मर जाये तब भी नहीं।"

कमल ने हँसकर कहा, "आप खाते ही क्यों हैं? इसके अलावा आपने सिर कब पटका है?"

अजित ने कहा, "सिर पटकने की इच्छा बहुत बार हुई है। तुम्हारा खाता इसलिए हूँ कि जबरदस्ती में तुम से जीत नहीं पाता। आज मैं अगर कहूँ कि कमल, आज से मैंने तुम्हारा सारा भार अपने ऊपर ले लिया, यह वृत्ति अब मत करो, तो

संभव है कि तुम कोई ऐसी बात कह बैठो कि मेरे मुँह से फिर दूसरा कोई वाक्य ही न निकले।''

कमल ने कहा, ''यह बात क्या कही थी कभी आपने?''

''शायद कही थी।''

''और मैंने सुनी नहीं वह बात?''

''नहीं।''

''तो आपने सुनने लायक तरीके से नहीं कही। शायद, मन-ही-मन सिर्फ इच्छा ही की, मुँह से वह जाहिर नहीं हुई।''

''अच्छा, मान लीजिए, आज ही अगर कहूँ?''

''और मैं भी अगर कहूँ कि नहीं?''

अजित ने हाथ का कौर नीचे रखते हुए कहा, ''यही तो मुश्किल है। तुम्हें एक दिन के लिए भी हम लोग समझ नहीं सके। जिस दिन ताजमहल के सामने पहले देखा था, उस दिन भी जैसे तुम्हारी बातें समझ में नहीं आयीं, वैसे ही आज भी हम लोगों के लिए तुम 'रहस्य' ही बनी हुई हो। अभी तुमने कहा था कि मेरा भार सँभाल लो और अभी की अभी कह रही हो नहीं!''

कमल हँस दी, बोली, ''ऐसी 'नहीं' जरा आप भी कह देखिए न? कहिए कि आज तो खाया है, फिर कभी न खाएँगे, देखूँ, कैसे आपकी बात रहती है?''

अजित ने कहा, ''रहेगी कैसे? बगैर खिलाये तुम तो छोड़ोगी नहीं।''

इस बार कमल नहीं हँसी। शांत भाव से बोली, ''आपके लिए मेरा भार उठाने का समय अभी नहीं आया। जिस दिन आयेगा उस दिन मेरे मुँह से भी 'ना' नहीं निकलेगा। रात बढ़ती जा रही है, आप खा लीजिए।''

''खाता हूँ। वह दिन कभी आयेगा या नहीं, बता सकती हो?''

कमल ने सिर हिलाते हुए कहा, ''सो मैं नहीं बता सकती। जवाब आपको खुद ही एक दिन खोज लेना पड़ेगा।''

''इतनी शक्ति मुझ में नहीं है। एक दिन बहुत खोजा था, पर मिला नहीं। इसी आशा से कि जवाब तुम्हीं से मिलेगा, मैं हाथ पसारे बैठा रहूँगा।''

इसके बाद वह चुपचाप खाने लगा। थोड़ी देर बाद कमल ने पूछा, ''इस घर के होते हुए भी अचानक हरेंद्र के आश्रम में रहने क्यों पहुँचे?''

अजित ने कहा, ''कहीं-न-कहीं तो पहुँचना ही था। तुम खुद ही जानती हो, आगरा छोड़कर मैं कहीं जा नहीं सकता था।''

''तो जानती हूँ न?''

''हाँ, जानती तो हो ही।''

"और यही अगर सच हो, तो सीधे मेरे पास क्यों न चले आये?"

"अगर आता, तो सचमुच ही जगह दे देतीं?"

"सचमुच तो आये नहीं। खैर, इसे छोड़िए, पर हरेंद्र के आश्रम में तो असुविधाओं का ओर-छोर नहीं, वही उनकी साधना ठहरी, मगर इतनी असुविधाएँ आप कैसे सह लेते हैं?"

"मालूम नहीं, कैसे सह लेता हूँ, पर आज मुझे उन सब बातों का मन में ख़याल भी नहीं आता। अब तो मैं उन्हीं में से एक हो गया हूँ। हो सकता है कि यही मेरा भविष्य का जीवन हो। अब तक चुप भी नहीं बैठा था। आदमी भेजकर जगह-जगह आश्रम कायम करने की कोशिश करता रहा हूँ। तीन-चार जगह से उम्मीद भी मिली है, जी चाहता है, एक बार खुद जाके घूम आऊँ।"

"यह सलाह आपको दी किसने? हरेंद्र ने शायद?"

"अगर दी भी हो तो निष्पाप होकर ही दी है। देश का सर्वनाश जिन लोगों ने अपनी आँखों से देखा, दारिद्रय का निष्ठुर दुख, धर्महीनता की गहरी ग्लानि, कमजोरी से उत्पन्न दयनीय भीरुता..."

कमल बीच में ही बोल उठी, "हरेंद्र ने यह सब देखा होगा, मैं इनकार नहीं करता, पर आपके निकट तो ये सब सुनी हुई बातें हैं। अपनी आँखों से तो आपको कभी कुछ देखने का मौका मिला नहीं?"

"पर बातें तो ये सब ठीक हैं?"

"सच नहीं हैं, सो मैं नहीं कहती, पर उसके प्रतिकार का उपाय क्या इन आश्रमों की प्रतिष्ठा में है?"

"नहीं क्यों? भारतवर्ष का अस्तित्व सिर्फ उत्तर में हिमालय और तीनों ओर समुद्र से घिरा हुआ थोड़ा-सा भूखंड ही तो नहीं? यहाँ की प्राचीन सभ्यता, यहाँ की धार्मिक विशिष्टता, यहाँ की नैतिक पवित्रता, न्याय-निष्ठा की महिमा—यही तो भारत है। इसी से इसका नाम है देवभूमि, इसे अत्यंत हीन दशा से बचाने के लिए तपस्या के सिवा और क्या मार्ग है? ब्रह्मचर्य-व्रतधारी निष्कलंक बच्चों के लिए जीवन में सार्थक होने और धन्य होने के..."

कमल ने उसे रोक दिया। बोल उठी, "आप भोजन कर चुके हों तो हाथ-मुँह धोकर उठिए। उस कमरे में चलिए। उठिए, अब नहीं।"

"तुम नहीं खाओगी?"

"मैं क्या दोनों वक्त खाती हूँ जो खाऊँगी? चलिए।"

"पर मुझे तो आश्रम वापस जाना है।"

"नहीं, नहीं जाना है, कमरे में चलिए। मुझे अपसे बहुत बातें सुननी हैं।"

"अच्छा, चलो। लेकिन बाहर रहने का हमारा नियम नहीं है, कितनी ही रात क्यों न हो, आश्रम में वापस जाना ही पड़ेगा।"

कमल ने कहा, "वह दीक्षित आश्रमवसियों के लिए है, आपके लिए नहीं।"

"मगर लोग क्या कहेंगे?"

इस उल्लेख से कि लोग क्या कहते हैं, कमल का धैर्य छूट जाता है। उसने कहा, "लोग सिर्फ आपकी निंदा ही करेंगे, रक्षा नहीं कर सकते। जो रक्षा कर सकेगी उसके निकट आपको कोई डर नहीं। आपके 'उन लोगों' से मैं कहीं ज्यादा आपकी अपनी हूँ। उस दिन आपने साथ चलने को कहा था, पर मैं जा नहीं सकी, आज बगैर चले मेरा काम नहीं चलेगा। चलिए उस कमरे में, मुझसे कोई डर नहीं। मैं उनकी जाति की नहीं हूँ जो पुरुष के भोग की ही वस्तु हैं। उठिए।"

कमरे में ले जाकर कमल ने अजित के लिए बिलकुल नये कपड़ों से पलंग पर सुंदर बिस्तर कर दिये और अपने लिए जमीन पर मामूली-सा बिछौना कर लिया। फिर उठकर बाहर जाते हुए उसने कहा, "मैं अभी आती हूँ। दस मिनट लगेंगे, मगर आप सो न जाइएगा।"

"नहीं।"

"नहीं तो मैं झकझोर कर जगा दूँगी!"

"उसकी जरूरत न होगी कमल, नींद मेरी आँखों से उड़ गयी है।"

"अच्छा, उसकी परीक्षा हो जायेगी।" कहकर वह कमरे से बाहर चली गई। रसोई के बर्तन यथास्थान उठाकर रखना, जूठे बरतन बरामदे में धरना, घर-गृहस्थी के ऐसे ही सब छोटे-मोटे काम जो बाकी थे उन्हें उसने पूरा किया, तब जाकर कहीं उसकी छुट्टी हुई।

सूने कमरे में कमल के हाथों बड़े जतन से बिछाई गई शुभ्र-सुंदर शय्या पर बैठकर अजित ने सहसा एक गहरी साँस ली। इसका खास कोई गहरा कारण नहीं था, सिर्फ मन के अंदर 'अच्छा लगने' की एक तृप्ति थी। हो सकता है कि उसमें थोड़ा-सा कुतूहल भी मिला हुआ हो, पर आग्रह का उत्ताप नहीं था। मालूम होता था कि मानो शांत आनंद का मधुर स्पर्श चुपके से उसके सारे शरीर में फैल गया है।

अजित धनाढ्य-घर की संतान है। जन्म से विलास के भीतर ही वह इतना बड़ा हुआ है। परंतु हरेंद्र के ब्रह्मचर्य-आश्रम में भरती होने के बाद से गरीबी और आत्म-निग्रह के दुर्गम मार्ग से भारतीय वैशिष्ट्य की मर्मोपलब्धि की एकाग्र साधना ने उधर से उसकी दृष्टि हटा दी है। सहसा उसकी नजर तकिये पर पड़ी। देखा कि उसके खोल पर चारों तरफ पीले सूत से छोटे चन्द्रमल्लिका के फूल काढ़े हुए हैं। बिछौने की चादर का जो कोना नीचे लटक रहा है, उस पर सफेद रेशम से कढ़ी हुई

किसी अज्ञात लता की तसवीर बनी हुई है। जरा-सी कारीगरी थी, मामूली बात, जो न जाने और कितने आदमियों के घर होगी। फुरसत के वक्त कमल ने इसे अपने हाथ से काढ़ा है। देखकर अजित मुग्ध हो गया। हाथ से उसे हिला-डुला रहा था कि कमल बाहर का काम निबटाकर कमरे में आ खड़ी हुई। अजित उसके चेहरे की तरफ देखकर बोल उठा, "वाह, बहुत सुंदर है!"

कमल ने आश्चर्य के स्वर में कहा, "क्या सुंदर है? यह बेल?"

"हाँ, और ये पीले रंग के फूल। तुमने अपने हाथ से काढ़े हैं, न?"

कमल ने हँसते हुए कहा, "खूब पूछा। अपने हाथ से नहीं काढ़ती तो क्या बाजार से कारीगर बुलाकर तैयार कराती? आपको चाहिए ऐसा?"

"नहीं, नहीं, मुझे नहीं चाहिए। मैं क्या करूँगा?"

उसके इस आकुल और सलज्ज इनकार से कमल हँस पड़ी। बोली, "आश्रम में जाकर इस पर सोइएगा और कोई पूछे तो कहिएगा कमल ने रात-भर जागकर इसे बना दिया है।"

"धत्!"

"धत् क्यों? ये सब चीजें कोई अपने लिए थोड़े ही बनाता है, दूसरे ही किसी आदमी के लिए बनायी जाती हैं। तकलीफ झेलकर जो फूल काढ़े थे, सो क्या अपने सोने के लिए? एक-न-एक दिन कोई-न-कोई आता ही, उसी के लिए ये चीजें उठा के रख दी थीं। सबेरे जब आप जाने लगेंगे तब ये आपके साथ रख दूँगी।"

अब की बार अजित भी हँस दिया, बोला, "अच्छा कमल, तुमने क्या मुझे बिलकुल ही मूर्ख समझ रखा है?"

"क्यों?"

"क्या इस बात पर भी मैं विश्वास कर लूँ कि तुमने मेरी ही याद करके ये सब चीजें तैयार की थीं?"

"क्यों नहीं करेंगे?"

"इसलिए कि बात सच नहीं है।"

"पर अगर कहूँ कि मैं सच कह रही हूँ, तो विश्वास करेंगे, कहिए?"

"जरूर करूँगा। मगर तुम्हारे मजाक की कोई हद नहीं, कहीं भी तुम्हें हिचकिचाहट नहीं होती। उन दिन की मोटर पर घूमने की बात याद आते ही लज्जा की हद नहीं रहती। वह बात दूसरी है, पर इसका मुझे भरोसा है कि मजाक के सिवाय और किसी बात के लिए तुम झूँठ नहीं बोलोगी।"

"अगर मैं कहूँ कि वास्तव में मैंने मजाक नहीं किया, बिलकुल सच कह रही हूँ, तो विश्वास करेंगे?"

"जरूर करूँगा।"

कमल ने कहा, "अगर करें तो आज मैं आपसे सच्ची बात ही कहूँगी। तब तक राजेंद्र नहीं आया था, अर्थात् आश्रम से निकलकर उसने मेरे यहाँ आश्रय नहीं लिया था। मेरी भी वही दशा थी। आप लोगों ने मिलकर जब मुझे घृणा से दूर कर दिया, इस परदेश में जब किसी के पास जाकर खड़े होने का उपाय नहीं रहा, उन गंभीर दुख के दिनों का ही यह काम है। शायद मुझे कभी मालूम भी न होता कि उस दिन ठीक किस की याद करके ये फूल काढ़े थे। लगभग भूल ही चुकी थी, मगर आज बिस्तर बिछाते वक्त अचानक ऐसा लगा कि नहीं-नहीं, उस पर नहीं, जिस पर कोई किसी दिन सो चुका है उस पर मैं आपको हर्गिज नहीं सुला सकती।"

"क्यों नहीं सुला सकतीं?"

"मालूम नहीं क्यों, जैसे कोई धक्का देकर यह बात कह गया हो।" कहकर वह क्षणभर मौन रही और फिर बोली, "उसी समय सहसा इन चीजों की याद आयी कि ये बकस में रखी हैं। आप तब बाहर हाथ-मुँह धो रहे थे। इस डर से कि आप झट से आ पहुँचेंगे, मैंने जल्दी-जल्दी इन्हें निकालकार बिछाना शुरू कर दिया। तब मेरे जी में पहले-पहल यह खयाल आया कि उस दिन जिसकी याद करके रात-भर जागकर ये फूल-पत्ती और बेलें काढ़ी थीं वह आप ही थे।"

अजित कुछ बोला नहीं। सिर्फ एक रंगीन आभा उसके चेहरे पर दिखाई दी और उसी क्षण विलीन हो गयी।

कमल खुद भी कुछ देर चुप रही, फिर बोली, "चुपचाप क्या सोच रहे हैं, बताइए न?"

अजित ने कहा, "सिर्फ चुप ही हूँ, कुछ सोच नहीं रहा हूँ।"

"इसकी वजह?"

"वजह? तुम्हारी बातें सुनकर मेरी छाती के भीतर मानो आँधी-सी उठ खड़ी हुई है। सिर्फ आँधी ही, न तो आया आनंद और न बँधी आशा ही।"

कमल ने चुपचाप उसकी तरफ देखा कि अजित धीरे-धीरे कहने लगा, "कमल, एक किस्सा कहता हूँ सुनो। मेरी माँ को एक बार हमारे गृह-देवता राधावल्लभजी ने पूजावाले कमरे में मूर्ति धारण करके दर्शन दिये और माँ के हाथ से भोग लेकर सामने बैठकर खाया। यह उनकी अपनी आँखों देखी बात थी, फिर भी घर में हम लोगों में से कोई उस पर विश्वास नहीं कर सका। सबने समझा कि सपना होगा, मगर हमारे इस अविश्वास का दुख उन्हें मरते दम तक बना रहा। आज तुम्हारी बात सुनकर मुझे वही बात याद आ रही है। मैं जानता हूँ कि तुम हँसी नहीं कर रही हो, मगर फिर भी, मेरी माँ की तरह तुमसे भी कहीं बड़ी भारी गलती हो

गयी। मनुष्य के जीवन में ऐसा बहुत-सा समय चला जाता है जब वह अपने संबंध में अँधेरे में रहता है। फिर शायद सहसा एक दिन आँख खुलती है। मेरा भी वही हाल है। यों तो मैं अब तक दुनिया में और भी बहुत जगह घूमता रहा हूँ, लेकिन सिर्फ इस आगरे में आकर ही मैंने ठीक से अपने को पहचाना है। मेरे पास है तो सिर्फ रुपया और वह भी पिता की कमाई का। इसके सिवा ऐसी कोई भी चीज मेरी अपनी नहीं, जिसके लिए तुम मेरी गैर जानकारी में मुझसे प्रेम कर सकती।''

कमल ने कहा, ''रुपयों की कोई फिकर न कीजिए आप। आश्रम-वासियों को जब कि एक मरतबा उसका पता चल गया है तब उसकी सब व्यवस्था वे ही कर डालेंगे।'' कहते-कहते वह जरा हँसी और फिर बोली, ''लेकिन और सब तरफ से आप ऐसे निःस्व हैं, सो इसकी खबर मैंने क्या पहले खाक पाई थी? अगर पाई होती तो क्या कभी प्रेम करने आती? इसके सिवा आपके स्वभाव की भलाई-बुराई समझने का वक्त ही कहाँ मिला था मुझे? मन में सिर्फ एक संदेह था, जिसका पता नहीं चल रहा था, पर अभी-अभी दस मिनट हुए, अकेली बिस्तर के सामने खड़ी थी कि अकस्मात् कोई ठीक खबर मेरे कान में आकर सुना गया।''

अजित ने गहरे आश्चर्य के साथ पूछा, ''सच कह रही हो? सिर्फ दस मिनट हुए? पर अगर सच हो तो यह पागलपन है!''

कमल ने कहा, ''पागलपन तो है ही। इसी से तो आपसे कहा था कि मुझे और कहीं ले चलिए। ऐसी भीख तो मैंने माँगी नहीं कि ब्याह करके मेरे साथ घर-गृहस्थी कीजिए।''

अजित अत्यन्त कुंठित हो गया। बोला, ''भीख क्यों कहती हो कमल, यह भीख माँगना नहीं है, यह तुम्हारा प्रेम का अधिकार है। मगर अधिकार का दावा तुमने नहीं किया, माँगी ऐसी चीज जो पानी के बुदबुदे की तरह अल्पायु है, और उसी की तरह मिथ्या।''

कमल ने कहा, ''हो भी सकता है कि उसकी आयु कम हो, मगर इससे वह मिथ्या क्यों होगी? आयु की दीर्घता को ही जो सत्य समझकर जकड़े रहना चाहते हैं, मैं उनमें से नहीं हूँ।''

''पर इस आनंद में तो कुछ भी स्थायित्व नहीं, कमल!''

''न रहे। लेकिन जो लोग, इस डर से कि असली फूल जल्दी से सूख जाते हैं, देर तक रहने वाले नकली फूलों का गुच्छा बनाते हैं और फूलदानी में सजाकर रखते हैं, उनके साथ मेरे मत का मेल नहीं खाता। आप से पहले भी मैंने एक बार ठीक यही बात कही थी कि किसी भी आनंद में स्थायित्व नहीं है। स्थायी हैं सिर्फ उस आनंद के क्षणस्थायी दिन, और वे दिन ही तो मानव-जीवन के चरम संचय हैं। उस

आनंद को बाँधने चले कि वह मरा। इसी से ब्याह में स्थायित्व तो है, पर उसका आनंद नहीं। दु:सह स्थायित्व की मोटी रस्सी गले में बाँधकर वह आनंद आत्महत्या करके मर मिटता है।''

अजित को याद आया कि ठीक यही बात उसने पहले भी कमल के मुँह से सुनी थी। सिर्फ मुँह की बात ही नहीं है यह, यही उसके अंत:करण का विश्वास है। शिवनाथ ने उससे ब्याह नहीं किया, किंतु धोखा दिया था, इस बात को लेकर एक दिन के लिए भी उसने कोई शिकायत नहीं की। क्यों नहीं की? आज यह पहले पहल अजित ने बिना किसी संशय के समझा कि इस धोखे में कमल की अपनी भी राय थी। संसार-भर की मानव-जाति के इस प्राचीन और पवित्र संस्कार के प्रति इतनी जबरदस्त अवज्ञा के कारण अजित का मन धिक्कार से भर उठा।

क्षणभर मौन रहकर वह बोला, ''तुम्हारे सामने गर्व करना मुझे शोभा नहीं देता। पर तुम से अब मैं कोई बात छिपाऊँगा नहीं। ये लोग कहते हैं कि संसार में कामिनी-कांचन का त्याग ही पुरुष का सबसे बड़ा पुरुषार्थ है। बुद्धि की तरफ से मैं इस पर विश्वास करता हूँ और यह भी मानता हूँ कि इस साधना में सिद्धि प्राप्त करने की अपेक्षा और कोई महत्त्वपूर्ण वस्तु नहीं। कांचन मेरे पास काफी है, उसकी मुझे इच्छा नहीं, परंतु जब मैं सोचता हूँ कि मुझे अपने संपूर्ण जीवन में न कोई प्यार करने वाला मिला और ना कोई मिलेगा, तब मेरा हृदय मानो सूख जाता है। डर लगता है कि हृदय की इस कमजोरी को शायद मैं मरते दम तक न जीत सकूँगा। भाग्य में यही अगर किसी दिन घटा तो मैं आश्रम छोड़कर चला जाऊँगा। पर तुम्हारा आह्वान तो उससे भी बढ़कर मिथ्या है। उस पुकार का मैं अनुकूल जवाब न दे सकूँगा।''

''इसे आप मिथ्या क्यों कह रहे हैं?''

''मिथ्या तो हैं ही। मनोरमा का आचरण समझ में आता है, क्योंकि वास्तव में कभी उसने मुझे प्यार नहीं किया, किंतु शिवनाथ के प्रति शिवानी का प्यार तो मैंने अपनी आँखों से देखा है। उस दिन मानो उसकी कोई सीमा ही नहीं थी, पर आज उसका निशान तक मिट गया है।''

कमल ने कहा, ''आज वह अगर मिट ही गया हो तो उस दिन का क्या सिर्फ मेरा छल ही आपकी निगाह में आया था?''

अजित ने कहा, ''सो तो तुम्हीं जानो, पर आज मुझे लगता है कि नारी के जीवन में इससे बढ़कर मिथ्या और कुछ है ही नहीं।''

कमल की दृष्टि प्रखर हो उठी। उसने कहा, ''नारी-जीवन के सत्यासत्य निर्णय का भार नारी पर ही रहने दीजिए। उसके निर्णय का दायित्व पुरुष को लेने की जरूरत नहीं, न मनोरमा का और न कमल का। इसी तरह से संसार में न्याय

चिरकाल से विडंबित होता आ रहा है, नारी असम्मानित होती रही है और पुरुष का चित्त संकीर्ण और कलुषित होता गया है, इसी से इस झूठे मामले का आज तक फैसला नहीं हुआ। अविचार से सिर्फ एक ही पक्ष क्षतिग्रस्त नहीं होता अजित बाबू, दोनों पक्षों का सर्वनाश होता है। उस दिन शिवनाथ ने जो कुछ पाया था, दुनिया के बहुत कम पुरुषों के भाग्य में उतना बदा होता है; पर आज वह नहीं है। यह तर्क उठाकर कि क्यों नहीं है, पुरुष अपने मोटे हाथ से मोटा डंडा घुमाकर शासन भले ही कर ले, पर उसे पा नहीं सकता। उस दिन का होना जितना बड़ा सत्य था, आज का न होना भी ठीक उतना ही बड़ा सत्य है। क्योंकि शठता की फटी गूदड़ी ओढ़ाकर इसे ढक देने में शर्म आती है, इसी वजह से पुरुष के विचार से यह हो गया नारी-जीवन का सबसे बड़ा मिथ्या? क्या इसी सुविचार की आशा से हम आप लोगों का मुँह ताका करती हैं?''

अजित ने जवाब दिया, ''मगर उपाय क्या है? जो इतना क्षणस्थायी है, इतना क्षणभंगुर है, उसे इससे ज्यादा सम्मान मनुष्य देगा ही क्यों?''

कमल ने कहा, ''देगा नहीं, यह मैं जानती हूँ। हमारे आँगन के किनारे जो फूल खिलते हैं उनका जीवन एक छाक से ज्यादा नहीं। उससे बल्कि वह मसाला पीसने का सिल-लोढ़ा कहीं ज्यादा टिकाऊ है, कहीं ज्यादा दीर्घस्थायी है। सत्य की जाँच का इससे ज्यादा मजबूत मापदंड आप लोग और पा ही कहाँ सकते हैं?''

''कमल, यह ठीक उदाहरण नहीं, यह तो सिर्फ गुस्से की बात है।''

''गुस्सा किस बात का अजित बाबू? सिर्फ स्थायित्व लेकर ही जिनका कारोबार है, वे इसी तरह कीमत आँका करते हैं। मेरे आह्वान पर जो आप से 'हाँ' कहते नहीं बना, उसकी जड़ में भी यही संशय है। दस्तखत करके जो चिरकाल के लिए बंधन नहीं लेना चाहती, उस पर आप विश्वास करेंगे किस तरह? फूल को जो नहीं जानता उसके लिए वह सिल-लोढ़ा ही सबसे बड़ा सत्य है, क्योंकि उस सिल-लोढ़े के सूखकर झड़ जाने की आशंका नहीं है। फूल की आयु सिर्फ एक छाक की है और सिल-लोढ़ा हमेशा के लिए है। रसोईघर की जरूरत के मुताबिक वह हमेशा रगड़-रगड़कर मसाला पीस दिया करेगा; रोटी निगलने के लिए तरकारी का वह उपकरण जो ठहरा, उस पर भरोसा किया जा सकता है। उसके न होने से संसार बेस्वाद हो जायेगा।''

अजित उसकी तरफ देखता हुआ बोला, ''यह व्यंग्य किसलिए कमल?''

कमल के कानों तक शायद यह प्रश्न पहुँचा ही नहीं, वह मानो अपने आप ही कहने लगी, ''मनुष्य यह समझ ही नहीं पाता कि हृदय लोहे से बना नहीं होता, इस तरह निश्चित निर्भयता से उस पर सारा बोझा नहीं लादा जा सकता। उसमें दुख न

होता हो सो बात नहीं, पर यही हृदय का धर्म है, यही उसका सत्य है। फिर भी यह बात कही भी नहीं जा सकती और न मानी ही जा सकती है। इससे बढ़कर अनीति संसार में और क्या है? इसी से तो किसी की समझ में न आया कि शिवनाथ को कैसे मैं सर्वान्त:करण से क्षमा कर सकी हूँ! रो-रोकर यौवन में जोगन बनना उनकी समझ में आ जाता, पर यह उनसे नहीं सहा गया; अरुचि और अवहेलना से सारा मन उनका कड़ूआ हो गया। पेड़ के पत्ते सूख के झड़ जाते हैं और उनके क्षत को नये पत्ते आकर भर देते हैं; यह तो हुआ मिथ्या और बाहर की लता मर जाने पर भी पेड़ से लिपटी रहती है, कसके चिपटी रहती है, यह हो गया सत्य?''

अजित एक मन से सुन रहा था, उसकी बात खतम होते ही एक गहरी साँस छोड़कर बोला, ''एक बात हम लोग अकसर भूल जाया करते हैं कि असल में तुम हमारी अपनी नहीं हो। तुम्हारा खून, तुम्हारा संस्कार, तुम्हारी सारी शिक्षा विदेश की है। इसके प्रचंड संघात को काटकर तुम किसी तरह ऊपर उठ नहीं सकतीं और इसी जगह हमारी तुम्हारे साथ निरंतर क्षथ होती है। रात बहुत हो गयी कमल, इस निष्फल झगड़े को बंद करो। यह आदर्श तुम्हारे लिए नहीं है।''

''कौन-सा आदर्श? आपके ब्रह्मचर्य आश्रम का?''

इस ताने की चोट से अजित मन में गुस्सा हो गया। बोला, ''अच्छा, सो ही सही। लेकिन इसे तुम नहीं समझोगी, इसका गूढ़ तत्व विदेशियों के लिए नहीं।''

''आपकी शागिर्दी करने पर भी नहीं।''

''नहीं।''

कमल हँस पड़ी। मानो अब वह पहले की रही ही नहीं। बोली, ''अच्छा, यह तो बताइए कि उन साधुओं के अड्डे में से आपका नाम कैसे कटवा सकती हूँ। वास्तव में वह आश्रम मेरी आँख का काँटा बन गया है।''

अजित बिस्तर पर पड़ रहा। बोला, ''राजेंद्र को बुलाकर तुमने अनायास ही जगह दे दी। तुम्हें कुछ भी हिचकिचाहट न हुई, क्यों?''

''हिचकिचाहट क्यों होती?''

''इन सब बातों की तुम परवाह ही नहीं करती क्या?''

''क्या परवाह नहीं करती? आप लोगों के मतामत की? सो तो नहीं करती?''

''अपने संबंध में भी शायद कभी किसी बात से डरतीं नहीं?''

कमल ने कहा, ''यह तो नहीं कह सकती कि कभी डरती ही नहीं, पर ब्रह्मचारी से डर किस बात का?''

''हूँ।'' कहके अजित चुप हो गया।

फिर कुछ देर बाद यकायक बोला, ''केंचुआ मिट्टी के नीचे अँधेरे में रहता है,

वह जानता है कि बाहर के उजाले में निकलने से उसका बचना मुश्किल है। उसे लील जाने के लिए बहुत से मुँह बाये फिर रहे हैं। छिपने के सिवा आत्मरक्षा का और कोई उपाय उसे मालूम नहीं। पर तुम जानती हो कि आदमी केंचुआ नहीं, यहाँ तक कि औरत होने पर भी नहीं। शास्त्रों में लिखा है, अपने स्वरूप को जान लेना ही परम शक्ति है—और तुम्हारा यह अपना स्वरूप-ज्ञान ही तुम्हारी असल शक्ति है—क्यों है न ठीक?''

कमल कुछ बोली नहीं, चुप रही।

अजित ने कहा, ''स्त्रियाँ जिस चीज को अपने इहजीवन का सर्वस्व समझती हैं, उस पर तुम्हारी ऐसी एक सहज उदासीनता है कि चाहे कोई कितनी ही निंदा किया करे, वह तुम्हारे चारों तरफ आग की चहारदीवारी बनकर प्रतिक्षण तुम्हें रखाया करती है। तुम तक पहुँचने के पहले ही वह निंदा खुद जलकर भस्म हो जाती है। अभी-अभी तुम मुझसे कह रही थीं कि जो पुरुष के भोग की वस्तु हैं उनकी जाति की तुम नहीं हो। आज की रात में तुम्हारे साथ आमने-सामने बैठकर उस बात का अर्थ स्पष्ट होता आ रहा है। मैं यह भी समझ रहा हूँ कि लोगों की निंदा-प्रशंसा की अवज्ञा करने की हिम्मत तुम्हें कहाँ से मिला करती है।''

कमल ने कृत्रिम आश्चर्य से मुँह ऊपर कर कहा, ''आपको हुआ क्या है अजित बाबू, बातें तो आज बहुत कुछ ज्ञानवानों की-सी कर रहे हैं?''

अजित ने कहा, ''अच्छा कमल, सच्ची बताओ, तुम्हारे लिए मेरा मतामत भी क्या और लोगों की तरह ही तुच्छ है?''

''पर यह बात जानकर आप क्या करेंगे?''

''कमल, अपने को शक्तिमान् समझकर मैंने कभी तुम्हारे आगे घमंड नहीं किया। वास्तव में भीतर-भीतर मैं जितना कमजोर हूँ, उतना ही असहाय भी। किसी काम को जोर से कर डालने की ताकत मुझमें नहीं है।''

कमल हँसकर बोली, ''सो तो मैं आपसे बहुत ज्यादा जानती हूँ।''

अजित ने कहा, ''मुझे क्या लगता है जानती हो? लगता है कि तुम्हें पाना जितना सरल है, गँवा देना भी उतना ही आसान है।''

कमल ने कहा, ''यह भी मुझे मालूम है।''

अजित अपने मन-ही-मन सिर हिलाकर बोला, ''यही तो मुश्किल है। तुम्हें आज पा लेना ही तो सब कुछ नहीं है। एक दिन अगर इसी तरह गँवा देना पड़ा तो क्या होगा?''

कमल ने शांत कंठ से कहा, ''कुछ भी न होगा, उस दिन गँवाना भी ऐसा ही सहज हो जायेगा। जितने दिन तक पास रहूँगी, उतने दिन आपको वही विद्या

सिखाया करूँगी।''

अजित भीतर से चौंक पड़ा। बोला, ''विलायत में रहते हुए मैंने देखा है कि वहाँ वाले कितनी आसानी से, कितने मामूली कारणों से हमेशा के लिए विच्छिन्न हो जाया करते हैं। मन में सोचता हूँ, क्या उन्हें जरा भी चोट नहीं लगती? और यही अगर उनके प्रेम का परिचय है तो वे सभ्यता का गर्व कैसे किया करते हैं?''

कमल ने कहा, ''अजित बाबू, बाहर से अखबारों में वह जितना सहज दीखता है, असल में वह उतना सहज नहीं है। मगर फिर भी मैं तो यही कामना करती हूँ कि नर-नारी का यह परिचय ही किसी दिन जगत् में प्रकाश और हवा की तरह सहज-स्वाभाविक बन जाये।''

अजित चुपचाप उसके मुँह की तरफ ताकता रह गया, कुछ बोला नहीं। उसके बाद आहिस्ते से दूसरी तरफ मुँह फेरकर लेटते ही, मालूम नहीं क्यों, उसकी आँखों में आँसू भर आये।

शायद कमल भाँप गयी। उठकर वह पलंग के सिरहाने के पास जा बैठी और उसके माथे पर हाथ फेरने लगी। मगर सांत्वना का एक शब्द भी उसने मुँह से नहीं निकाला।

सामने की खुली हुई खिड़की से दिखाई दिया कि पूर्व का आकाश स्वच्छ होता आ रहा है।

''अजित बाबू, सोने का अब शायद समय नहीं रहा।''

''नहीं, अब उठता हूँ।'' कहकर वह आँख मींचता हुआ उठकर बैठ गया।

22

आशु बाबू ने शायद अपने विधाता के आगे भी कभी इससे ज्यादा का दावा न किया होगा कि वे संसार के साधारण आदमियों में से एक हैं। जैसे शांति आनंद के साथ उन्होंने अपनी बड़ी भारी पैतृक धन-संपत्ति को ग्रहण किया था, वैसे ही अपने विराट् देह-भार और उसके साथी वात-रोग को भी साधारण दुख के रूप में स्वीकार कर लिया था। और इस सत्य को उन्होंने सिर्फ बुद्धि से ही नहीं, किंतु हृदय से भी अनुभव किया था कि संसार के सुख-दुख विधाता ने केवल उन्हीं को लक्ष्य करके नहीं गढ़े हैं बल्कि वे अपने नियमानुसार हुआ करते हैं, और इसकी प्राप्ति के लिए भी उन्हें कोई तपस्या नहीं करनी पड़ी, उनमें यह बात स्वाभाविक संस्कार के रूप में आयी है।

उस दिन, जिस दिन कि आकस्मिक स्त्री-वियोग की दुर्घटना से सारा संसार

उनकी दृष्टि में फीका और सूखा दिखाई दिया था, जैसे उन्होंने अपने भाग्य-देवता को हजारों धिक्कारों से लांछित नहीं किया, वैसे ही आज भी जबकि उनकी अत्यंत स्नेह की पूँजी मनोरमा ने उनकी तमाम आशा-कामनाओं में आग लगा दी, वे सिर धुन-धुन के रोने नहीं बैठे। क्षोभ और दुःसह नैराश्य के बीच भी उनके मन में न जाने कौन मानो अत्यंत परिचित कंठ से बार-बार कहता रहा कि यह ऐसा ही होता रहता है, ऐसे ही बहुत दुख मनुष्यों के भाग्य में बहुत बार आये हैं। ऐसे ही संसार चलता है। इस सुख-दुख की परंपरा में कोई नवीनता नहीं है। यह उतनी ही सनातन है जितनी कि सृष्टि। उफनते हुए शोक की लहरों को फिर से नवीन बनाने और संसार में उन्हें फैला देने में न तो कोई पौरुष है, और न इसकी कोई जरूरत ही है। इसी से सब तरह के दुख अपने आप शांत होकर, उनके भीतर चारों तरफ ऐसी एक स्निग्ध-प्रसन्नता की वेष्टनी बना लेते हैं कि उसके भीतर पहुँचते ही सबका, सब तरह का बोझ मानो अपने आप ही हल्का और अकिंचित्कर हो जाता है।

इसी तरह आशु बाबू की सारी जिंदगी बीती है। आगरे में आकर अनेक उलट-फेरों के बीच भी उसमें कोई फर्क नहीं आया; पर इधर कुछ दिनों से इसमें व्यतिक्रम लोगों की निगाह में आने लगा है। अकस्मात् देखने में आता है कि उनके आचरण में धैर्य की कमी अधिकांश स्थलों पर दबी रहना नहीं चाहती। मालूम होता है कि बातचीत में अकारण ही रूखापन आ जाता है, यहाँ तक कि नौकर-चाकरों तक को उनका कोई-कोई मंतव्य तीक्ष्ण और अद्‌भुत-सा सुनाई पड़ता है।

पर ऐसा क्यों हो रहा है, यह भी समझना मुश्किल है। रोग की ज्यादती में भी उनमें ऐसी विकृति आ जाना अविश्वास्य मालूम देता, फिर भी अब वे अच्छे हो गये हैं। परंतु कारण कुछ भी क्यों न हो, जरा ध्यान से देखा जाये तो मालूम होगा कि उनके अंतस्तल में मानो आग जल रही है और उसकी चिनगारियाँ कभी-कभी बाहर प्रकट हो जाती हैं।

प्रकट रूप में आज तक उन्होंने साफ-साफ जाहिर तो नहीं किया, पर मालूम होता है कि अब उनके आगरे में रहने के दिन खतम हो गये। शायद जरा और स्वस्थ होने की देर है। उसके बाद सहसा जैसे एक दिन यहाँ आ पहुँचे थे वैसे ही अचानक एक दिन चल देंगे।

शाम के वक्त आजकल बहुत से पदाधिकारी बंगाली सज्जन मुलाकात करने और राजी-खुशी पूछने आ जाया करते हैं। सपत्नीक मजिस्ट्रेट साहब, रायबहादुर, सदरआला, कॉलेज की अध्यापक-मंडली, नाना कारणों से जो आगरा छोड़ नहीं सके हैं वे, हरेंद्र, अजित और बंगाली मुहल्ले के वे लोग जो आनंद के दिनों में बहुत-सा पुलाव-मांस आदि खा गये हैं, कोई-न-कोई आते ही रहते हैं। आता नहीं तो

सिर्फ अक्षय, सो भी इसलिए कि यहाँ वह हैं नहीं। महामारी के शुरू होते ही वह सपत्नीक देश चला गया है और शायद बीमारी शांत होने की खबर की बाट देख रहा है। कमल भी नहीं आती। उस दिन जो आयी थी, उसके बाद फिर नहीं आयी।

आशु बाबू मजलिसी आदमी हैं, फिर भी पहले की तरह अब वे मजलिस में शरीक नहीं हो पाते। मौजूद रहने पर भी लगभग चुप बैठे रहते हैं। उनकी स्वास्थ्यहीनता का ख़याल करके लोग आनंद के साथ उन्हें माफी भी दे देते हैं। एक दिन जो काम मनोरमा किया करती थी, अब वे रिश्तेदार होने से बेला को ही करने पड़ते हैं। आतिथ्य में कहीं कोई त्रुटि नहीं होती। बाहर के लोग आकर सिर्फ उसका रस ही लेते हैं, और शायद मजलिस खतम होने पर परितृप्त चित्त से इस निरभिमान गृहस्वामी को मन-ही-मन धन्यवाद देते हुए आश्चर्य के साथ सोचते हैं कि आवभगत की ऐसी त्रुटिशून्य व्यवस्था इस बीमार आदमी से रोजमर्रा कैसे बन पड़ती है!

यह कैसे संभव होता है, इसका इतिहास छिपा का छिपा ही रह जाता है। नीलिमा सबके सामने निकलती नहीं, इसकी उसे आदत भी नहीं और न वह निकलना पसंद ही करती है! परंतु परदे की ओट में होते हुए भी उसकी जाग्रत दृष्टि इस घर में सर्वत्र प्रतिक्षण व्याप्त रहा करती है। वह दृष्टि जैसी निगूढ़ होती है वैसी ही नीरव। शिराओं में प्रवहमान रक्तधार की तरह वह निःशब्द प्रवाह शायद आशु बाबू को छोड़कर दूसरा कोई अनुभव भी नहीं कर पाता।

शीत ऋतु का प्रथमार्द्ध बीत चला है, फिर भी चाहे किसी भी कारण से हो, इस साल जाड़ा उतना कड़ाके का नहीं पड़ा। लेकिन आज सबेरे से ही थोड़ी-थोड़ी वर्षा हो रही है, और शाम के वक्त तो घर की खिड़कियाँ असमय में ही बंद कर दी गयी हैं और आशु बाबू पैरों पर दुशाला डाले आराम-कुरसी पर पड़े कोई किताब पढ़ रहे हैं। बेला शायद कुछ विरक्ति के कारण बोल उठी, ''इस अभागे देश में सभी कुछ उलटा है। कुछ दिन पहले जून या जुलाई महीने में जब यहाँ आयी थी तब वर्षा के लिए देशभर में ऐसा जबरदस्त हाहाकार मचा हुआ था कि बगैर आँखों देखे उसकी कल्पना भी नहीं की जा सकती। इसी से सोचती हूँ कि ऐसे कठोर शुष्क देश में आदमी ताजमहल बनाने बैठे सो किस अक्लमंदी पर?''

नीलिमा पास ही एक कुरसी पर बैठी कुछ सी रही थी, बगैर आँख उठाये ही उसने कहा, ''इसका कारण क्या सभी जान सकते हैं? सब नहीं जान सकते।''

बेला ने सरल चित्त से पूछा, ''क्यों?''

नीलिमा ने कहा, ''तमाम बड़ी चीजें आदमी के हाहाकार में से ही पैदा होती हैं। संसार के आमोद-प्रमोद में जो लोग मगन रहते हैं, उन्हें यह सूझ ही कैसे पड़ सकता हूँ?''

उसका यह जवाब ऐसे कल्पनातीत रूप में कठोर था कि सिर्फ बेला ही नहीं, बल्कि आशु बाबू तक आश्चर्य-चकित हो गये। उन्होंने किताब पर से मुँह उठाया तो देखा, नीलिमा पूर्ववत् सीने के काम में लगी हुई है। मानो यह बात उसके मुँह से कतई निकली ही नहीं।

एक तो बेला कलहप्रिय स्त्री नहीं और दूसरे वह सुशिक्षिता है। उसने बहुत कुछ देखा-सुना है और उमर भी शायद पैंतीस के ऊपर पहुँच चुकी है; किंतु सयत्न-सतर्कता से उसने अपने यौवन के लावण्य को आज भी पश्चिम की ओर ढलने नहीं दिया है। अकस्मात् ऐसा मालूम होता है कि शायद वह वैसा ही बना हुआ है। रंग उज्ज्वल है, चेहरे पर एक विशिष्ट रूप है, पर गौर से देखने से मालूम हो जाता है कि कोमलता के अभाव ने मानो उसे रूखा बना रखा है। आँखों की दृष्टि हास्य-कौतुक से चपल-चंचल है, और न तलदेश में कोई जड़ ही। आनंद-उत्सव में ही वह शोभती है; सहसा दुख के बीच आ जाने पर घर-मालिक को लज्जित होना पड़ता है।

जब बेला की विमूढ़ता का भाव दूर हो गया तब क्षण-भर के लिए मारे क्रोध के उसका चेहरा तमतमा उठा। पर नाराज होकर झगड़ा करना उसकी शिक्षा और सौजन्य के खिलाफ है, इसलिए उसने अपने को सँभलते हुए कहा, ''मुझ पर कटाक्ष करने से कोई लाभ नहीं। सिर्फ इसलिए ही नहीं कि यह अनधिकार-चर्चा है, बल्कि हाहाकार करते फिरना चाहे जितनी बड़ी-ऊँची बात क्यों न हो, वह मुझसे करते नहीं बनती और उससे कोई अभिज्ञता संचय करने में भी मैं असमर्थ हूँ। मेरा आत्म-सम्मान-ज्ञान बना रहे, उससे बढ़कर मैं कुछ नहीं चाहती।''

नीलिमा अपने काम में ही लगी रही, कुछ जवाब नहीं दिया।

आशु बाबू भीतर से क्षुण्ण हो गये थे, पर इस डर से कि बात आगे न बढ़े व्यस्त होकर बोल उठे, ''नहीं नहीं, तुम पर कोई कटाक्ष नहीं किया बेला, इसमें कोई शक नहीं कि बात उन्होंने साधारण भाव से ही कही है। नीलिमा का स्वभाव तो मुझे मालूम है, मैं तुमसे कहता हूँ न, ऐसा हर्गिज नहीं हो सकता।''

बेला ने संक्षेप में सिर्फ इतना ही कहा, ''न हो यही अच्छा है। इतने दिन से एक साथ रह रही हूँ, ऐसा तो मैं सोच भी नहीं सकती।''

नीलिमा ने 'हाँ-ना' कुछ भी जवाब नहीं दिया, अपने काम में वह ऐसी तन्मय रही मानो उस जगह और कोई है ही नहीं। कमरे में बिलकुल सन्नाटा छा गया।

बेला के जीवन का एक इतिहास है जिसे यहाँ देना आवश्यक है। उसके पिता वकालत का पेशा करते थे, पर अपने पेशे में वे यश या धन दोनों में से कुछ भी प्राप्त न कर सके थे। उनका धर्म क्या था, कोई भी नहीं जानता; और समाज की दृष्टि से

भी देखा जाये तो वे हिंदू, ब्राह्मण या क्रिस्तान किसी समाज को मानकर न चलते थे। लड़की को वे बहुत ज्यादा प्यार करते थे। उन्होंने सामर्थ्य के बाहर खर्च करके उसे शिक्षा देने की कोशिश की थी। यह हम पहले ही बता चुके हैं कि उनकी वह कोशिश बिलकुल व्यर्थ नहीं हुई। 'बेला' नाम उन्होंने अपने शौक से रखा था। किसी समाज को न मानने पर भी एक दल तो उनका अपना था ही, सुंदरी और शिक्षिता होने की वजह से बेला का नाम उस दल में सब की जबान पर चढ़ गया, और इसलिए उसे धनी पात्र मिलने में देर न हुई।

वे हाल ही विलायत से कानून पास करके लौटे थे। कुछ दिन देखा-भाला और परस्पर मन निरखने-परखने का सिलसिला चलता रहा, उसके बाद कानून के अनुसार रजिस्टरी करके ब्याह हो गया। इस तरह कानून के प्रति गहरे अनुराग का एक अंक समाप्त हुआ।

दूसरे अंक में भोग-विलास, साथ-साथ भ्रमण, पृथक्-पृथक् वायु परिवर्तन-आदि ऐसी ही बहुत-सी बातें हुईं। दोनों तरफ से तरह-तरह की अफवाहें सुनी गईं, परंतु उनकी आलोचना यहाँ अप्रासंगिक होगी। लेकिन उनमें जो अंश प्रासंगिक था, वह शीघ्र ही प्रकट हो गया। वर पक्ष हाथों-हाथ पकड़ा गया और कन्या-पक्ष विवाह-विच्छेद का मामला दायर करने की सोचने लगा। मित्र-मंडली में समझौता कराने की कोशिश हुई, किन्तु शिक्षिता बेला नर-नारी के समानाधिकार-तत्त्व की सबसे बड़ी पंडा थी। लिहाजा उसने इस असम्मान के प्रस्ताव पर कतई ध्यान नहीं दिया। पति बेचारा चरित्र की दृष्टि से चाहे जैसी हो, आदमी के लिहाज से बुरा नहीं था। पत्नी को वह शक्ति और सामर्थ्य के अनुसार प्यार ही करता था। उसने शर्म के साथ अपना कसूर मंजूर करके अदालत की दुर्गति से छुटकारा पाने के लिए हाथ जोड़कर क्षमा-प्रार्थना की, पर बेला ने क्षमा नहीं दी।

अंत में बड़े दुखपूर्ण ढंग से फैसला हुआ। एकमुश्त नगद और खाने-पहनने के लिए मासिक खर्च देना कबूल करके उसने किसी तरह मामले से अपना पिंड छुड़ाया। इधर दांपत्य-युद्ध में विजय पाकर बेला भग्न स्वास्थ्य की मरम्मत के लिए शिमला, मसूरी, नैनीताल आदि पार्वत्य प्रदेशों में दर्प के साथ सैर करने चल दी।

उस बात को आज लगभग छह-सात साल हो गये। इसके थोड़े ही दिन बाद उसके पिता का देहांत हो गया। इस मामले में उनकी यह राय नहीं थी, बल्कि इससे वे अत्यंत मर्माहत भी हुए थे। आशु बाबू की स्वर्गीया पत्नी के साथ उनका कोई दूर का रिश्ता था और उसी संबंध से बेला आशु बाबू की भी रिश्तेदार थी। उसके ब्याह में भी आशु बाबू निमंत्रित होकर गये थे, और उसके पति से भी परिचित होने का उन्हें मौका मिला था।

इस तरह कई रिश्तों के सिलसिले में बेला आगरा आयी थी; न बिलकुल गैर होकर आई थी और न निराश्रित होकर ही। तुलना में इसी जगह नीलिमा के साथ उसका काफी अंतर था।

फिर भी, हालात इससे बिलकुल दूसरी तरह के हो गये थे। इस विषय में कि इस घर में किसका कहाँ स्थान है, घर के किसी व्यक्ति को रंच-मात्र भी संदेह न था। पर उसका हेतु जैसा अज्ञात था, कर्तृत्व भी वैसा ही अविसंवादी था।

बहुत देर तक मौन रहकर बेला ही ने पहले बात की। कहा, "यह मैं मानती हूँ कि साफ-साफ कुछ नहीं कहा, पर इस विषय में मुझे जरा भी संदेह नहीं कि मुझे धिक्कारने के लिए ही नीलिमा ने ऐसी बात कही है।"

आशु बाबू के मन में भी शायद संदेह था, फिर भी विस्मय के स्वर में उन्होंने पूछा, "धिक्कार? धिक्कार किसलिए बेला?"

बेला ने कहा, "आपको तो सब कुछ मालूम है। निन्दा करने वालों की उस दिन भी कमी नहीं थी, और आज भी नहीं है। परंतु अपने सम्मान की, संपूर्ण नारी-जाति के सम्मान की रक्षा के लिए उस दिन भी मैंने किसी की परवाह नहीं की, आज भी नहीं करूँगी। मैं अपनी इज्जत-आबरू खोकर पति की घर-गृहस्थी चलाने को राजी नहीं हुई थी, इसलिए उस दिन ग्लानि-प्रचार का काम सबसे बढ़कर स्त्रियों ने ही किया था, और आज भी उन्हीं के हाथ से निस्तार पाना मेरे लिए सबसे कठिन हो रहा है। मगर चूँकि मैंने अनुचित कार्य नहीं किया, इसलिए उस दिन भी जैसे मैं नहीं डरी, आज भी उसी तरह निडर हूँ। अपनी विवेक-बुद्धि के आगे में बिलकुल चोखी हूँ।"

नीलिमा ने सिलाई पर से आँख नहीं उठायी, किंतु आहिस्ते से कहा, "एक दिन कमल कह रही थीं कि विवेक-बुद्धि ही संसार में सबसे बड़ी चीज नहीं है। विवेक की दुहाई देने से ही समस्त उचित-अनुचित की मीमांसा नहीं हो जाती।"

आशु बाबू ने आश्चर्य में आकर कहा, "वह कहती है क्या?"

नीलिमा ने कहा, "हाँ। कहती हैं कि वह तो सिर्फ मूर्खों के हाथ का अस्त्र है। आगे-पीछे दोनों तरफ चलाया जा सकता है, उसका कोई ठीक-ठिकाना नहीं।"

आशु बाबू ने कहा, "वह कहती है तो उसे कहने दो; पर ऐसी बात तुम अपने मुँह से न निकालो नीलिमा।"

बेला ने कहा, "इतने बड़े दुस्साहस की बात तो मैंने कभी सुनी ही नहीं।"

आशु बाबू क्षण भर मौन रहकर धीरे-धीरे कहने लगे, "दुस्साहस तो है ही। उसके साहस का अंत नहीं। वह अपने नियम पर चलती है, उसकी सब बातें न सब समय समझ में आती हैं और न मानी ही जा सकती हैं।"

बेला ने कहा, "अपने नियम पर तो मैं भी चलती हूँ आशु बाबू। इसी से बाबूजी की भी मनाही भी न मानी। पति को त्याग दिया, पर सिर न झुका सकी।"

आशु बाबू ने कहा, "इसमें शक नहीं कि यह गहरे पश्चात्ताप का विषय है, परंतु तुम्हारे पिता के सम्मति न देने पर भी मुझसे, तो बिना दिये रहा नहीं गया।"

बेला ने कहा, 'थेंक्स, सो मुझे याद है आशु बाबू!"

आशु बाबू बोले, "उसकी वजह थी। स्त्री-पुरुष के समान दायित्व और समान अधिकार पर मैं पूरा विश्वास करता हूँ। हमारे हिन्दू समाज में एक बड़ा भारी दोष यह है कि सौ-सौ अपराध करने पर भी पति को न्याय-विचार या दंड का डर नहीं और तुच्छ से तुच्छ दोष पर स्त्री को दंड देने के हजारों मार्ग खुले हुए हैं। इस व्यवस्था को मैं एक दिन के लिए भी उचित नहीं मान सका। इसी से तुम्हारे पिता ने मेरे पास राय जानने के लिए चिट्ठी लिखी थी उस वक्त मैंने उत्तर में यही बात कही थी कि हालाँकि यह कोई शोभा की बात नहीं और न सुख की ही, परंतु वह अगर अपने चरित्रहीन पति को सचमुच ही त्याग देना चाहती है, तो मैं अनुचित कहकर मना नहीं कर सकता।"

नीलिमा ने अकृत्रिम विस्मय से आँख उठाकर प्रश्न किया, "आपने सचमुच यही बात जवाब में लिखी थी?"

"सचमुच नहीं तो क्या?"

नीलिमा स्तब्ध हो रही।

उस निस्तब्धता में आशु बाबू को न जाने कैसी एक प्रकार की अशांति-सी मालूम होने लगी। उन्होंने कहा, "इसमें आश्चर्य करने की तो ऐसी कोई बात नहीं नीलिमा। बल्कि न लिखना ही मेरी तरफ से अनुचित होता।"

फिर जरा ठहरकर कहा, "तुम खुद भी तो कमल की बड़ी भक्त हो, बताओ, वह खुद ऐसी हालत में क्या करती? क्या जवाब देती? इससे तो उस दिन जब बेला से उसका परिचय कराया था, तब इस बात पर मैंने जोर दिया था कि कमल, तुम्हारी तरह विचार करने और तुम्हारी तरह साहस का परिचय देने में मैंने सिर्फ एक ही लड़की को देखा है, और वह है यह बेला।"

नीलिमा की आँखें सहसा व्यथा से भर आयीं। बोली, "वह बेचारी शिष्ट समाज से बाहर, यहाँ तक कि बस्ती के बाहर पड़ी हुई है। उसे आप लोग क्यों घसीटते हैं?"

आशु बाबू व्यस्त हो उठे। बोले, "नहीं-नहीं, घसीटने की बात नहीं नीलिमा, यह तो सिर्फ एक उदाहरण देना है।"

नीलिमा ने कहा, "यही तो घसीटना है। अभी-अभी आपने कहा था कि

उसकी सब बातें सब समय समझ में भी नहीं आतीं और न मानी ही जा सकती हैं। माना कुछ नहीं जा सकता, सिर्फ उदाहरण ही दिया जा सकता है?''

आशु बाबू को अपनी बात में दोष की कोई बात नजर नहीं आ रही थी। वे क्षुण्ण कंठ से बोले, ''किसी भी कारण से हो, आज तुम्हारा मन शायद बहुत ही अस्वस्थ हो रहा है। इस समय किसी विषय की आलोचना करना ठीक नहीं।''

नीलिमा ने इस बात पर ध्यान नहीं दिया, यह बोल उठी, ''उस दिन आपने इनके विवाह-विच्छेद में अपनी राय दी थी और आज बिना किसी संकोच के कमल का दृष्टांत दे रहे हैं। इनकी-सी हालत में कमल क्या करती सो तो वही जाने; मगर उसके दृष्टांत का वास्तव में अनुसरण करने के लिए आज इन्हें कुली मजदूरों के कपड़े सी करके अपनी गुजर करनी पड़ती, सो भी शायद हमेशा नहीं जुटते। कमल और चाहे जो करती, पर जिस पति को वह लांछन लगाकर घृणा से छोड़ देती उसी के दिये हुए अन्न का ग्रास मुँह में देकर और उसी के दिये कपड़ों से आबरू बचाकर हरगिज न जीना चाहती। अपने को इतनी छोटी या ओछी बनाने के पहले वह आत्म-हत्या करके मर जाती।''

आशु बाबू जवाब देने के बदले भावाविष्ट से हो गये, और बेला ठीक वज्राहत की भाँति निश्चल हो रही।

नीलिमा के दिन हँसी-मजाक में ही कट जाते हैं। सबका मुँह ताकना ही मानो उसका काम है, दोनों में से कोई भी इस बात का अंदाजा नहीं लगा सका कि वह सहसा इस तरह निर्मम हो सकती है।

नीलिमा क्षण-भर स्थिर रहकर फिर बोली, ''आप लोगों की मजलिस में मैं नहीं बैठती, लेकिन लोगों को लेकर जो सब तरह की आलोचनाएँ हुआ करती हैं, वे मेरे कानों तक पहुँच जाती हैं। नहीं तो मैं कोई बात कहती भी नहीं। कमल ने एक दिन के लिए भी शिवनाथ की निंदा नहीं की, एक भी आदमी के आगे अपना दुखड़ा नहीं रोया, क्यों जानते हैं?''

आशु बाबू ने विमूढ़ की भाँति पूछा, ''क्यों?''

नीलिमा ने कहा, ''क्यों, सो कहना व्यर्थ है। आप लोग समझ नहीं सकेंगे।'' फिर जरा ठहरकर कहा, ''आशु बाबू, यह एक अत्यंत मोटी बात है कि पति-पत्नी का अधिकार समान है, मगर इसके माने यह न सोचिएगा कि स्त्री होकर स्त्रियों की तरफ से इस दावे का मैं प्रतिवाद कर रही हूँ। प्रतिवाद मैं नहीं करती, मैं जानती हूँ कि वह सत्य है, मगर साथ ही यह भी जानती हूँ कि सत्य-सत्य चिल्लाने वाले एक सत्य-विलासी गिरोह ने नर-नारी के मुँह के द्वारा और तरह-तरह के आंदोलनों से उस सत्य को ऐसा गंदा कर दिया है कि आज उसे मिथ्या कहने को ही जी चाहता

है। आज मेरी हाथ जोड़ के प्रार्थना है कि सबके साथ मिलकर आप कमल के विषय में कोई चर्चा न किया करें।''

आशु बाबू ने जवाब देना चाहा, पर उनके कुछ कहने के पहले ही वह सिलाई की चीजें लेकर भीतर चली गयी।

तब क्षुब्ध-विस्मय से एक लंबी उसाँस लेकर आशु बाबू सिर्फ यह कहकर रह गये, ''उसने कब क्या सुना है मालूम नहीं, पर मेरे विषय में यह बिलकुल असत्य दोषारोपण है।''

बाहर कुछ देर के लिए वर्षा रुक गयी थी, किंतु ऊपर के मेघाच्छन्न आकाश ने घर के भीतर असमय में अंधकार फैला दिया। नौकर जब बत्ती जला गया तब आशु बाबू ने फिर एक बार पुस्तक उठाकर आँखों के सामने रख ली। पर छापे के अक्षरों में मन लगाना संभव न था और इधर बेला के साथ आमने-सामने बैठकर बातचीत करना और भी असंभव मालूम दिया।

इतने में भगवान् ने दया की। एक ही छतरी में रास्ते-भर धक्कमधक्का करते हुए कृच्छव्रतधारी हरेंद्र, अजित आँधी की तरह कमरे में आ घुसे। दोनों जने आधे-आधे भीग चुके थे।

हरेंद्र बोला, ''भाभी कहाँ हैं?''

आशु बाबू के मानो चाँद हाथ लग गया। उनको विश्वास नहीं था कि आज के दिन कोई आयेगा। साग्रह उठकर बैठ गये और स्वागत के स्वर में बोले, ''आओ अजित, बैठो हरेंद्र।''

''बैठता हूँ। भाभी कहाँ हैं?''

''ओह! दोनों के दोनों खूब भीगे मालूम होते हो।''

''जी हाँ, वे हैं कहाँ?''

''बुलवाता हूँ।'' कहकर आशु बाबू ने ज्यों ही पुकारने का उद्योग किया कि भीतर से परदा हटाती हुई नीलिमा स्वयं ही बाहर निकल आयी। उसके हाथ में दो धोतियाँ और एक कुरता था।

अजित ने कहा, ''यह क्या? आप ज्योतिष भी जानती हैं क्या?''

नीलिमा ने कहा, ''ज्योतिष जानने की जरूरत नहीं लालाजी, खिड़की से ही देख लिया था। एक टूटी छतरी में जिस तरह एक-दूसरे की तकलीफ का ख़याल रखते हुए तुम दोनों चले आ रहे थे, उसे एक मैं ही क्यों, शायद शहर भर के लोगों ने देखा होगा।'

आशु बाबू ने कहा, ''एक छतरी में दो-दो जने? तभी तो दोनों को भीगना पड़ा है।'' और वे हँस दिये।

नीलिमा ने कहा, "शायद दोनों जने समानाधिकार-तत्त्व पर विश्वास करते हैं, अन्याय नहीं करते, इसी से छतरी का ठीक-ठीक बँटवारा करके चल रहे थे। लो लालाजी, कपड़े बदल लो।" कहते हुए उसने कपड़े हरेंद्र के हाथ में दे दिये।

आशु बाबू चुप रहे।

हरेंद्र ने कहा, "धोतियाँ तो दो दे दीं, लेकिन कुरता एक ही है ?"

"कुरता बहुत बड़ा है लालाजी, एक से ही काम चल जायेगा।" कहकर वह गंभीर बनकर पास की कुरसी पर बैठ गयी।

हरेंद्र ने कहा, "कुरता आशु बाबू का है, लिहाजा इसमें दो ही क्यों, और चार जने समा सकते हैं, मगर तब इसे मसहरी की तरह लटकाना पड़ेगा, यह पहना नहीं जा सकेगा!"

बेला अब तक विषण्ण-मुख से चुपचाप बैठी थी, हँसी रोक न सकने के कारण बाहर उठकर चली गयी और नीलिमा खिड़की के बाहर देखती हुई चुप बैठी रही।

आशु बाबू छद्म-गांभीर्य के साथ कहने लगे, "बीमारी में पड़ा-पड़ा सूख के आधा रह गया हूँ हरेंद्र, अब तुम टोको मत। देखते नहीं, औरतों को कैसा बुरा मालूम हुआ, एक तो उठ के बाहर चली गयी और एक ने मारे गुस्से के मुँह फेर लिया।"

हरेंद्र ने कहा, "खोदाई नहीं की आशु बाबू, विराट की महिमा गाई है। खोदने का दुष्प्रभाव तो सिर्फ हमारे जैसी नर-जाति को ही विपत्ति में डाल सकता है, आप लोगों को छू भी नहीं सकता। अतएव चिरस्तूयमान हिमालय के समान यह देह अक्षय बनी रहे, स्त्रियाँ निःशंक हों और आँधी पानी के बहाने समागत जनों के भाग्य में जो दैनंदिन मिष्टान्नादि बदा है, उसमें आज भी रंचमात्र कमी न हो।"

नीलिमा ने इधर मुँह उठाया और हँस दी। बोली, "बड़ों का स्तुतिवाद तो अनादि काल से चला आ रहा है छोटे देवरजी, वही निर्दिष्ट धारा है और उसमें तुम सिद्धहस्त हो; पर आज जरा नियम से व्यतिक्रम करना पड़ेगा। आज छोटों की खुशामद बगैर किये इतर जनों के भाग्य में मिष्टान्न की जगह कोरा शून्य पड़ेगा।"

बेला बरामदे से लौटकर भीतर आ बैठी।

हरेंद्र ने पूछा, "क्या भाभी ?"

गंभीर स्नेह से नीलिमा की आँखें भर आयीं, बोली, "ऐसी मीठी बात बहुत दिनों से सुनी नहीं है भाई, इसी से सुनने को जी लुभाता है।"

"तो शुरू कर दूँ क्या ?"

"अच्छा अभी रहने दो। पहले तुम लोग उस कमरे में जाकर कपड़े बदल लो, मैं कुरता भेजे देती हूँ।"

"मगर कपड़े बदल चुकने के बाद? फिर क्या होगा?"

नीलिमा ने हँसते हुए कहा, "फिर कोशिश करके देखूँगी कि इतर जनों के भाग्य से ही अगर कहीं से खाने-पीने को कुछ जुटा पाऊँ।"

हरेंद्र ने कहा, "तकलीफ उठाकर कोशिश करने की जरूरत न पड़ेगी भाभी, सिर्फ एक बार आँख खोल के देख-भर लीजिएगा। आपकी अन्नपूर्णा की-सी दृष्टि जहाँ पड़ेगी, वहीं अन्न का भंडार निकल पड़ेगा। चलो अजित, अब कोई फिकर की बात नहीं, हम लोग तब तक भीगे कपड़े बदल आयें।" कहकर अजित को पकड़कर बगल के कमरे में खींच ले गया।

23

अजित ने कहा, "पानी थमने का तो कोई लक्षण नहीं दिखाई देता?"

हरेंद्र ने कहा, "नहीं। लिहाजा फिर हम दोनों को उसी टूटी छतरी में सिर से सिर भिड़ाकर समानाधिकार तत्त्व की सत्यता प्रमाणित करते हुए अंधकार-मार्ग में चलते हुए अंत में आश्रम पहुँच जाना चाहिए। अवश्य ही उसके बाद की चिंता नहीं रही, उसे यहीं पूरा कर चुके हैं, लिहाजा, फिर से एक बार भीगे कपड़े बदलना और सो जाना रह जायेगा।"

आशु बाबू व्यग्र होकर बोले, "तो फिर तुम लोगों ने पेट भर के ही क्यों नहीं खा लिया?"

हरेंद्र कह उठा, "नहीं-नहीं, रहने दीजिए, इससे क्या हुआ? आप इसके लिए कोई चिंता न करें।"

नीलिमा पहले तो खिलखिलाकर हँस पड़ी, उसके बाद शिकायत के स्वर में बोली, "लालाजी, क्यों यों ही रोगी आदमी की व्याकुलता बढ़ा रहे हो?"

फिर आशु बाबू से बोली, "ये संन्यासी आदमी ठहरे। बैरागीगिरी में पक्के हो गये हैं, लिहाजा खाने-पीने की तरफ इनकी त्रुटि किसी को नजर नहीं आ सकती। हाँ, अजित बाबू के लिए जरूर सोच है। इनका आज का खाना देखकर समझा जा सकता है कि ऐसे संसर्ग में भी ये जल्दी पक नहीं पाये हैं।"

हरेंद्र ने कहा, "शायद मन में पाप होगा, इससे। पकड़े तो जायेंगे ही किसी-न-किसी दिन।"

अजित का चेहरा मारे शरम के सुर्ख हो उठा। बोला, "आप न जाने क्या कह रहे हैं हरेंद्र बाबू!"

नीलिमा क्षण-भर हरेंद्र के मुँह की तरफ देखती रही और बोली, "तुम्हारे मुँह पर फूल-चंदन पड़े लालाजी, ऐसा ही हो। उनके मन में थोड़ा-बहुत पाप हो और किसी दिन पकड़े जायें तो मैं कालीघाट जाकर ठाठ से पूजा दे आऊँ।"

"तो फिर तैयारियाँ करना शुरू कर दीजिए।"

अजित बहुत ही नाराज हो गया। बोला, "आप क्या वाहियात बक रहे हैं हरेंद्र बाबू, बड़ा भद्दा मालूम होता है।"

हरेंद्र ने फिर कुछ नहीं कहा। अजित के मुँह की तरफ देखकर नीलिमा का कुतूहल तीक्ष्ण हो उठा, पर वह भी चुप रही।

इसके कुछ देर बाद हरेंद्र ने नीलिमा को लक्ष्य करके कहा, "हमारे आश्रम पर कमल बहुत नाराज हैं। आपको शायद याद होगा भाभी?"

नीलिमा ने कहा, "हाँ, है। अब भी उनका वही रुख है क्या?"

हरेंद्र ने कहा, "वही रुख नहीं, बल्कि उससे भी जरा बढ़ गया है, इतना फर्क है। और सिर्फ हम ही लोगों पर नहीं, सब तरह की धार्मिक संस्थाओं पर उनका आत्यंतिक अनुराग है। चाहे ब्रह्मचर्य को ले लीजिए, चाहे वैराग्य की बात लीजिए; या ईश्वर की चर्चा कीजिए, सुनते ही अहेतुक भक्ति और प्रीति की बहुलता से वे अग्निवत् हो उठती हैं। और मिजाज अनुकूल हो तो बूढ़ों और बच्चों के खेल में भी कौतुक का आनंद लेने में वे असमर्थ नहीं। कमाल ही समझिए।"

बेला चुप बैठी सुन रही थी, बोल उठी, "ईश्वर भी उनके लिए लड़कों का खेल है और आप उन्हीं के साथ मेरी तुलना कर रहे थे, आशु बाबू?" इतना कहकर उसने एक तरफ से सब के मुँह की ओर देखा, पर किसी की तरफ से कोई उत्साह नहीं मिला। उसका रुका स्वर किसी के कान तक पहुँचा या नहीं, सो भी ठीक समझ में नहीं आया।

हरेंद्र कहने लगा, "और मजा यह कि उनके अपने अंदर एक ऐसा निर्द्वंद्व संयम, नीरव मिताचार और निःशंक तितिक्षा है कि देखकर आश्चर्य होता है। आपको शिवनाथ का मामला तो याद होगा आशु बाबू? वह हम लोगों का कौन था? फिर भी इतना बड़ा अन्याय हम से सहा नहीं गया और दंड देने की आकांक्षा से हमारे मन के भीतर आग जल उठी। पर कमल ने कहा, 'नहीं।' उसका उस दिन का चेहरा स्पष्ट याद है। उसकी 'नहीं' में विद्वेष नहीं था, जलन नहीं थी, ऊपर से हाथ बढ़ाकर दान देने की श्लाघा नहीं थी और क्षमा दंभ भी नहीं था। उसका दाक्षिण्य मानो अविकृत करुणा से भरा हुआ था। शिवनाथ ने चाहे कितना ही बड़ा अन्याय क्यों न किया हो, फिर भी, मेरे प्रस्ताव पर कमल ने चौंककर सिर्फ यही कहा, 'छिःछिः, नहीं नहीं, ऐसा नहीं हो सकता।' अर्थात् एक दिन जिसे उसने प्यार

किया है, उसके प्रति निर्ममता की तुच्छता की वह कल्पना ही न सह सकी, और सब की निगाह के ओझल उसके सब दोष चुपके से पोंछकर फेंक दिये। उसमें न कोई कोशिश थी न चंचलता थी, और न शोकाच्छन्न हाहाकार का कोई भाव। मानो पहाड़ के शिखर से जल की धारा लीलामात्र में स्वत: ही बह आई हो।''

आशु बाबू ने एक गहरी साँस ली और कहा, ''सच्ची बात है।''

हरेंद्र कहने लगा, ''पर मुझे ज्यादा गुस्सा तब आता है जब वह सिर्फ हमारे आदर्श को ही नहीं बल्कि हमारे धर्म, इतिहास, रीति, नैतिक अनुशासन आदि सब को मजाक में उड़ा देना चाहती है। मैं जानता हूँ कि उसके शरीर में उत्कट विदेशी खून है और मन में भी वैसी ही उग्रता के साथ परधर्म का भाव प्रवाहित है, फिर भी उसके मुँह के सामने खड़े होकर जवाब नहीं दे पाता। उसके कहने में न मालूम कैसी एक दृढ़ निश्चय की दीप्ति फूट निकलती है कि मालूम होता है मानो उसने जीवन के तत्त्व को खोज लिया है। शिक्षा के जरिये नहीं, और न अनुभव-उपलब्धि के जरिये ही, बल्कि ऐसा लगता है कि तत्त्व को जैसे वह आँखों से साफ-साफ प्रत्यक्ष देख रही हो।''

आशु बाबू खुश होकर बोले, ''ठीक यही बात मेरे भी मन में अनेक बार आयी है। यही वजह है कि जैसी उसकी बातें हैं वैसे ही उसके काम हैं। वह अगर असत्य भी समझी हो तो वह असत्य भी गौरवपूर्ण हो उठा है।'' फिर जरा ठहरकर बोले, ''देखो हरेंद्र, एक तरह से अच्छा ही हुआ जो वह पाखंडी चला गया। उसको हमेशा ढककर रखने से न्याय की मर्यादा नहीं रहती। सूअर के गले में मोती की माला की तरह यह भी अपराध होता है।''

हरेंद्र ने कहा, ''और फिर, दूसरी तरफ ऐसी माया-ममता है कि सिर्फ एक भाभी को छोड़कर मैं और किसी स्त्री को उसके समान नहीं पाता। सेवा में ऐसी समझिए जैसे लक्ष्मी। शायद पुरुषों से बहुत-सी बातों में बहुत बड़ी होने के कारण ही वह अपने को उनके सामने ऐसी साधारण बनाये रखती है कि आश्चर्य होता है। मन लुढ़ककर मानो पैरों पर लोट जाना चाहता है।''

नीलिमा ने हँसते हुए कहा, ''लालाजी, तुम पहले जनम में शायद किसी राजरानी के स्तुति-पाठक थे इसी से इस जनम में भी वह संस्कार दूर नहीं हुआ। लड़के पढ़ाने का काम छोड़कर अगर यह रोजगार करते तो इससे कहीं ज्यादा आराम पाते।''

हरेंद्र हँस दिया। बोला, ''क्या करूँ भाभी, मैं सरल सीधा आदमी हूँ, जो मन में सोचता हूँ वही कह डालता हूँ। लेकिन, आप इन अजित बाबू से पूछ देखिए जरा; अभी आस्तीन चढ़ाकर मारने को तैयार हो जायेंगे। भले हो जायें पर जिंदा रहीं तो

देख लीजिएगा किसी दिन..."

अजित क्रुद्ध कंठ से बोल उठा, "आह, आप क्या कहते हैं हरेंद्र बाबू, आपके आश्रम से तो मालूम होता है, अब चला ही जाना पड़ेगा किसी दिन।"

हरेंद्र ने कहा, "सो मैं जानता हूँ। पर जब तक गये नहीं हैं तब तक तो सहन करना पड़ेगा।"

"तो आप कहते जाइए जो तबीयत में आवे, मैं जाता हूँ।"

नीलिमा ने कहा, "लालाजी, तुम अपने ब्रह्मचर्याश्रम को उठा क्यों नहीं देते? तुम भी बच जाओ और लड़कों की भी जान बचे।"

हरेंद्र ने कहा, "लड़के तो बच सकते हैं भाभी, पर मेरे बचने की कोई आशा नहीं; कम से कम अक्षय के जीते जी तो कतई नहीं। वह मुझे यमराज के हवाले किये बगैर पीछा नहीं छोड़ने का।"

आशु बाबू ने कहा, "तब तो, मालूम होता है, अक्षय से तुम लोग डरते हो?"

"जी हाँ, डरते हैं। विष खाना सहज है, पर उसके कटाक्ष हजम करना असाध्य है। इंफ्लुएंजा में इतने लोग मर गये, पर वह नहीं मरा। ठीक वक्त पर भाग गया।"

सब हँस पड़े। नीलिमा ने कहा, "अक्षय बाबू से मैं बोलती नहीं, पर अबकी बार बाहर निकलकर तुम्हारी तरफ से मैं क्षमा की भीख माँग लूँगी। भीतर-ही-भीतर जल-भुनकर खाक हुए जा रहे हो!"

हरेंद्र ने कहा, "हम लोग ही तो पकड़े जायेंगे भाभी, आप लोग तो सब जलने-भुनने के परे पहुँच चुकी हैं। विधाता ने आग की सृष्टि सिर्फ हम ही लोगों को जलाने के लिए की थी, आप लोग उसके इलाके से बाहर हैं!"

नीलिमा मारे शर्म के सुर्ख हो उठी, बोली, "और नहीं तो क्या!"

बेला ने कहा, "ठीक तो है। बाहर तो हैं।"

क्षण-भर सब चुप रहे। अजित ने कहा, "उस दिन ठीक इसी विषय पर एक बड़ी सुंदर कहानी पढ़ी थी।" फिर आशु बाबू की तरफ देखकर पूछा, "आपने कहीं पढ़ी क्या?"

"कौन-सी, याद तो नहीं पड़ता।"

"आपके जो मानसिक पत्र विलायत से आते हैं, उन्हीं में से किसी में है। किसी फ्रांसीसी लेखिका की कहानी का अंग्रेजी अनुवाद है। लेडी-डॉक्टर अपने परिचय में कहती है : मैंने यौवन पार करके प्रौढ़त्व में कदम रखा है। वह है सामने के शेल्फ पर..." कहता हुआ वह पत्रिका उठा लाया।

आशु बाबू ने पूछा, ‘‘कहानी का नाम क्या है?’’

अजित ने कहा, ‘‘नाम जरा अजीब-सा है : एक दिन : जिस दिन मैं नारी थी।’’

बेला बोली, ‘‘इसके माने? लेखिका अब पुरुषों में शामिल हो गयी हैं क्या?’’

अजित ने कहा, ‘‘लेखिका ने आप-बीती लिखी है और शायद डॉक्टर होने की वजह से नारी-देह के क्रम-विकास का जो चित्र खींचा है वह कहीं-कहीं रुचि को चोट पहुँचाता है। जैसे...’’

नीलिमा चट से बोली, ‘‘बताने की जरूरत नहीं अजित बाबू, रहने दीजिए।’’

अज़ित ने कहा, ‘‘मगर उन्होंने नारी के भीतर का, यानी उसके हृदय का जो चित्र खींचा है, वह मधुर न होते हुए भी आश्चर्यजनक है।’’

आशु बाबू को कुतूहल हुआ। बोले, ‘‘अच्छी बात है अजित, जरा-कुछ काट-छाँट करके संक्षेप में सुनाओ तो सुनें। वर्षा भी अभी रुकी नहीं और रात भी ज्यादा नहीं हुई।’’

अजित ने कहा, ‘‘कहानी बहुत बड़ी है, इसलिए काट-छाँट कर ही पढ़ी जा सकती है। आप चाहें तो पीछे पढ़ लीजिएगा।’’

बेला ने कहा, ‘‘पढ़िए, जरा सुनें। कम से कम वक्त तो कटेगा।’’

नीलिमा के मन में आया कि उठकर चली जाये, पर जाने का कोई बहाना न मिलने के कारण वह संकोच के साथ वहीं बैठी रही।

बत्ती के सामने बैठकर अजित किताब खोलकर कहने लगा, ‘‘शुरू-शुरू में जरा भूमिका-सी है, उसे संक्षेप में कह देना जरूरी है। जिसकी यह आत्म-कहानी है वह सुंदरी है, सुशिक्षिता है और बड़े घर की लड़की है। चरित्र निष्कलंक था या नहीं, इसका कहानी में स्पष्ट उल्लेख नहीं है, पर इतना निःसंदेह समझ में आ जाता है कि अगर उसके कोई दाग किसी दिन किसी कारण से लगा भी हो तो वह यौवन के प्रारंभ में, बहुत दिन पहले लगा होगा।’’

‘‘उस दिन उसको बहुतों ने चाहा था; एक ने तो समस्या का कोई हल न पाकर आत्म-हत्या कर ली और एक चला गया समुद्र के उस पार कनाडा में। चला तो गया, पर आशा न छोड़ सका। दूर से कृपा-भिक्षा माँगते हुए उसने इतनी चिट्ठियाँ लिखीं कि उन्हें अगर इकट्ठा किया जाता तो एक समूचा जहाज भर जाता, लेकिन जवाब की आशा उसने नहीं की और न जवाब पाया ही। उसके बाद एक दिन दोनों में मुलाकात हुई। देखते ही सहसा मानो वह चौंक पड़ा। इस बीच पंद्रह वर्ष बीत गये थे, और इसकी उसे धारणा ही नहीं थी कि जिसे वह पचीस साल की युवती देखकर विदेश चला गया था, उसकी उमर अब चालीस साल की हो गयी है। कुशल-प्रश्न अनेक हुए, उलाहने भी कम पेश नहीं किये गये, परंतु पहले आँखें चार

होते ही उसकी आँखों के कानों से जो चिनगारियाँ निकलने लगती थीं, और उन्मत्त-कामना का जो झंझावात समस्त इंद्रियों के बंद दरवाजों को तोड़कर बाहर निकलना चाहता था, आज उसका कोई चिह्न तक कहीं दिखाई नहीं दिया। अब वह न जाने कब का स्वप्न-सा मालूम देने लगा। स्त्रियों को और सब विषयों में धोखा दिया जा सकता है, पर इस विषय में नहीं। यहीं से कहानी शुरू होती है।''

कहकर अजित आगे पढ़ने के विचार से किताब के पन्ने पर झुक पड़ा।

आशु बाबू ने टोकते हुए कहा, ''नहीं-नहीं, अंग्रेजी नहीं अजित, अँग्रेजी नहीं। तुम्हारे मुँह से बंगला में कहानी का सहज भाव बहुत मीठा लग रहा है, तुम बाकी का हिस्सा भी इसी तरह कहते जाओ।''

''मुझसे बनेगा कैसे?''

''बनेगा, बनेगा। जैसे अभी कह रहे थे वैसे ही कहते जाओ।''

अजित ने कहा, ''हरेंद्र बाबू की तरह मुझे भाषा का ज्ञान नहीं; भाषा के दोष से अगर सारा का सारा कडुआ हो जाये तो उसमें मेरी ही असमर्थता समझिएगा।'' इसके बाद वह कभी किताब के पन्ने की तरफ देखकर और कभी बगैर देखे ही कहने लगा।

''फिर वह घर पहुँची। उस आदमी को उसने कभी प्यार नहीं किया था और न करना चाहा था; बल्कि, सर्वान्तःकरण से उसने हमेशा यही प्रार्थना की थी कि भगवान् किसी दिन उसे मोह-मुक्त कर दें, उसे इस निष्फल प्रणय के दाह से छुटकारा दे दें, असंभव वस्तु के लुब्ध आश्वासन से वह अब तकलीफ न पाये। देखा गया, कि भगवान् ने इतने दिनों बाद उसकी वही प्रार्थना मंजूर की है। कोई बात नहीं हुई, मगर फिर भी इतना तो निःसंदेह समझ में आ गया कि वह कनाडा वापस जाये या न जाये, पर दीनता से प्रणय की भीख माँगकर न अब वह खुद ही निरंतर दुख पायेगा और न उसे ही दुख देगा। दुःसाध्य समस्या की आज मानो अंतिम मीमांसा हो गयी। हमेशा से 'नहीं' कहकर बराबर वह स्त्री अस्वीकार ही करती आयी है, और आज भी उसमें व्यतिक्रम नहीं हुआ, किंतु वह अंतिम 'नहीं' आज आयी उलटी तरफ से।

''उस स्त्री ने इसकी स्वप्न में भी कल्पना नहीं की थी कि दोनों 'नहीं' में इतना जबरदस्त प्रभेद होगा। पुरुषों की लोलुप दृष्टि ने हमेशा उसे परेशान ही किया है, लज्जा से पीड़ित ही किया है, आज ठीक उसी दिशा से अगर उसे मुक्ति मिली हो, और शरीर-धर्म के कारण उसके अस्तप्राय यौवन ने अगर पुरुषों की उद्दीप्त कामना, उन्माद और आसक्ति का रास्ता रोक दिया हो तो इसमें शिकायत की कौन-सी बात है? मगर फिर भी, घर लौटते समय, रास्ते में मानो आज सारा विश्व-संसार उसे

बिलकुल अपरिचित मूर्ति धारण करके दिखाई देने लगा। प्रेम नहीं, हृदय में मिलने की व्याकुलता नहीं, ये सब तो दूसरी बातें हैं, बड़ी बातें हैं। किंतु आज के पहले उसे इसकी क्या खबर थी कि जो बड़ी नहीं, जो रूपज हैं, अशुभ हैं, असुंदर हैं, अत्यंत क्षणस्थायी हैं, उन सब कुत्सित बातों के लिए भी उस नारी के अविज्ञात चित्त के नीचे इतना बड़ा आसन बिछा हुआ था। और उनके कारण पुरुष की विमुखता उसे ऐसे निर्मम अपमान से आहत कर सकती है!"

हरेंद्र ने कहा, "अजित कहते तो बड़े अच्छे ढंग से हैं। कहानी को खूब ध्यान से पढ़ा है।"

स्त्रियाँ चुपचाप बैठी सिर्फ देखती रहीं, उन्होंने कुछ राय जाहिर नहीं की।

आशु बाबू ने कहा, "हाँ। उसके बाद, अजित?"

अजित कहने लगा, "फिर उस महिला को अचानक ख़याल आया कि सिर्फ एक ही पुरुष तो उसे नहीं चाहता था, बहुत-से लोग बहुत दिनों से उससे प्रेम करते आ रहे थे, प्रार्थना करते आ रहे थे। उस दिन उसकी जरा-सी मुसकान और मुँह के एक शब्द के लिए उनकी व्याकुलता की हद न थी। प्रतिदिन के प्रत्येक पदक्षेप में से वे न जाने कहाँ से और किस जमीन को फोड़कर बाहर निकल आते थे। पर वे सब भी आज कहाँ गये? कहीं भी तो नहीं गये। अब भी तो कभी-कभी दिखाई दे जाते हैं। तो क्या उसके अपने कंठ का स्वर बिगड़ गया है? उसकी हँसी का रूप बदल गया है? अभी-अभी उस दिन की बात ही तो है, दस-पंद्रह वर्ष, सो ऐसे कितने दिन हो गये, इतने में क्या उसका सब कुछ बीत गया, सब कुछ खो गया?"

आशु बाबू सहसा बोल उठे, "गया कुछ भी नहीं अजित, गया हो तो शायद उसका यौवन, उसकी माँ होने की शक्ति खो गयी होगी।"

अजित उनकी तरफ देखकर बोला, "यही बात है। कहानी आपने पढ़ी थी?"

"नहीं।"

"नहीं तो ठीक यही बात आपने कैसे जान ली?"

आशु बाबू उत्तर में सिर्फ हँस दिये, बोले, "तुम आगे पढ़ो।"

अजित कहने लगा, "घर लौटकर वह अपने शयनागार में खूब बड़े आईने के सामने बत्ती जलाकर खड़ी हो गयी। बाहर जाने की पोशाक उतारकर रात के सोने के कपड़े पहनते-पहनते अपनी छाया पर आज पहले-पहल उसकी नजर पड़ी और पड़ते ही यकायक मानो उसकी दृष्टि ही बदल गयी। इस तरह धक्का खाये बगैर शायद अब भी उसे दिखाई न देता कि नारी की जो सबसे बड़ी संपदा है, आप जिसे बता रहे थे कि उसकी माँ होने की शक्ति, वह शक्ति आज बिलकुल निस्तेज और म्लान हो चुकी है; वह आज सुनिश्चित मृत्यु के मार्ग पर कदम बढ़ाये खड़ी है; इस

जीवन में अब उसे वापस नहीं लाया जा सकता। उसकी निश्चेतन देह के ऊपर से अविच्छिन्न जल-धारा की तरह बहकर वह संपदा प्रतिदिन की व्यर्थता में क्षय हो चुकी है। यह बात उसे आज इस शेष समय में मालूम हुई कि इतना बड़ा ऐश्वर्य इतना स्वल्पायु है!''

आशु बाबू ने एक गहरी उसाँस ली और कहा, ''ऐसा ही होता है अजित, ऐसा ही होता है। जीवन की बहुत-सी बड़ी चीजों को हम तब पहचान पाते हैं जब उन्हें खो देते हैं। हाँ, फिर?''

''फिर उस आईने के सामने खड़ी-खड़ी वह अपने यौवनांत शरीर का सूक्ष्मातिसूक्ष्म विश्लेषण करती है। एक दिन क्या थी और अब क्या होने जा रही है? मगर उस वर्णन को न मैं कह सकता हूँ और न पढ़ ही सकता हूँ।''

नीलिमा पहले की भाँति ही व्यस्त होकर बोल उठी, ''न न न, अजित बाबू उसे रहने दीजिए। उसे छोड़कर आगे कहिए।''

अजित कहने लगा, ''उस महिला ने विश्लेषण के अंत में कहा है कि जिस तरह नारी के दैहिक सौंदर्य के समान सुंदर वस्तु इस संसार में नहीं है, उसी तरह इसकी विकृति के समान असुंदर वस्तु भी शायद ही पृथ्वी पर कोई हो।''

आशु बाबू ने कहा, ''यह जरा कुछ ज्यादती है अजित।''

नीलिमा ने सिर हिलाते हुए प्रतिवाद किया, ''नहीं, जरा भी ज्यादती नहीं, यह बिलकुल सच है।''

आशु बाबू ने कहा, ''मगर उसकी जो उमर है उसे तो विकृति की उमर नहीं कहा जा सकता, नीलिमा।''

नीलिमा ने कहा, ''कहा जा सकता है। कारण वह तो कोई सालों की गिनती से स्त्रियों के जीने का हिसाब नहीं है; इस बात को चाहे जो भूल जाये, पर स्त्रियों के भूलने से काम नहीं चलेगा कि यौवन का आयुष्काल अत्यंत ही कम है।''

अजित सिर हिलाकर और खुश होता हुआ बोला, ''ठीक यही उत्तर उसने खुद दिया है। कहा है—आज से समाप्ति की शेष प्रतीक्षा करते रहना होगा। अवशिष्ट जीवन का एकमात्र सत्य है। मैं जानती हूँ कि इसमें कोई सांत्वना नहीं, आनंद नहीं, आशा नहीं, फिर भी उपहास की लज्जा से तो बच ही जाऊँगी। ऐश्वर्य का भग्न स्तूप आज भी शायद किसी अभागे का मन हर सके, परंतु वह मुग्धता जैसे उसके लिए विडंबना के सिवा कुछ नहीं, वैसे ही मेरे लिए भी वह मिथ्या है, झूठ है। यह मुझसे नहीं होगा कि रूप का सचमुच का प्रयोजन खतम हो चुका है, उसी को नाना प्रकार से, नाना वेशभूषा से सजाकर कहूँ कि 'खतम नहीं हुआ' तथा अपने को और दूसरों को धोखा देकर ठगती फिरूँ।''

इस पर और किसी ने कुछ नहीं कहा, सिर्फ नीलिमा बोल उठी, ''बहुत सुंदर है। ये शब्द उसके मुझे बहुत ही सुंदर लगे अजित बाबू।''

अन्य लोगों की तरह हरेंद्र भी खूब ध्यान से सुन रहा था; वह इस मंतव्य से खुश न हुआ, बोला, ''यह आपके भावावेश का उफान है भाभी, खूब सोच विचारकर नहीं कहा आपने। ऊँची डाल पर सेमर का फूल भी सहसा सुंदर दीख पड़ता है, फिर भी फूलों के दरबार में उसकी कोई कदर नहीं। रमणी की देह क्या ऐसी तुच्छ चीज है कि इसके सिवा उसका और कोई उपयोग ही न हो?''

नीलिमा ने कहा, ''नहीं है, सो तो लेखिका ने कहा नहीं। यह आशंका उसे खुद भी थी कि अभागे आदमियों की आवश्यकता आसानी से नहीं मिटती।''

फिर जरा हँसकर कहा, ''और उफान की जो बात कह रहे थे, सो अक्षय बाबू मौजूद नहीं, वे होते तो समझ जाते कि उफान की ज्यादती किस ओर है।''

हरेंद्र ने जवाब दिया, ''आप गाली-गलौज करती रहेंगी तो मैं ऊब जाऊँगा, सो नहीं होगा भाभी।''

सुनकर आशु बाबू खुद भी जरा हँस दिये। बोले, ''वास्तव में हरेंद्र, मुझे भी ऐसा लगता है कि इस कहानी में लेखिका ने स्त्रियों के रूप के वास्तविक प्रयोजन की तरफ ही इशारा किया है।''

''मगर, क्या यही ठीक है?''

''ठीक नहीं, यह बात दुनिया की तरफ देखते ख़याल करना कठिन है?''

हरेंद्र उत्तेजित हो उठा, कहने लगा, ''दुनिया की तरफ देखकर आप चाहे कुछ भी खयाल करें, मनुष्य की तरफ देखकर इसे स्वीकार करना मेरे लिए भी कठिन है। मनुष्य का प्रयोग जगत् के साधारण प्रयोजन को पार करके बहुत दूर चला गया है; इसी से तो उसकी समस्या ऐसी विचित्र, ऐसी दुरूह होती जा रही है। इसी में तो उसकी मर्यादा है कि चलनी से छानकर उसे अलग नहीं किया जा सकता?''

''सो हो सकता है। कहानी का बाकी हिस्सा क्या है, सुनाओ तो अजित।''

हरेंद्र क्षुण्ण हो गया। बाधा देते हुए बोला, ''सो नहीं होगा आशु बाबू। यह मैं नहीं होने दूँगा कि इस बात को तुच्छ समझकर आप जवाब देने से बच जायें। या तो मेरी बात स्वीकार कीजिए या फिर मेरी गलती दिखा दीजिए। आपने बहुत कुछ देखा है, बहुत पढ़ा है, बहुत बड़े विद्वान् हैं आप। यह मुझसे नहीं सहा जायेगा कि इस अनिर्दिष्ट ढीली-ढाली बात की सेंध में से भाभी जीत जायें। कहिए?''

आशु बाबू हँसते हुए बोले, ''तुम ब्रह्मचारी आदमी ठहरे, रूप के विवेचन में हार भी जाओ तो इसमें तुम्हारे लिए लज्जा की कोई बात नहीं हरेंद्र।''

''नहीं, सो मैं नहीं सुनूँगा।''

आशु बाबू क्षण-भर चुप रहे, फिर धीरे-धीरे बोले, ''तुम्हारी बात अप्रमाणित ठहराने के लिए कमर बाँधकर बहस करने में मुझे शर्म आती है। वास्तव में यही अच्छा है कि नारी के रूप का निगूढ़ अर्थ अपरिस्फुट ही रहे। अजित की कहानी सुनते-सुनते मुझे बहुत दिन पहले की एक दुख की कहानी याद आ रही थी। बचपन में मेरे एक अँग्रेज मित्र थे; वे एक पोलिश स्त्री को प्यार करते थे। लड़की बहुत ही सुन्दर थी; छात्राओं को पियानो सिखाकर जीविका चलाती थी। सिर्फ रूप में ही नहीं, अनेक गुणों में गुणवती भी थी। हम सभी उनकी शुभ कामना करते थे और निश्चित जानते थे कि उनके विवाह में कहीं भी कोई विघ्न न आयेगा।''

अजित ने पूछा, ''विघ्न कैसे आया?''

आशु बाबू ने कहा, ''सिर्फ उमर की बात पर। देश से एक दिन उसकी माँ आ पहुँची। उसी के मुँह से बातों ही बातों में अचानक पता लगा कि उसकी उमर पैंतीस पार कर चुकी है।''

सुनकर सब चौंक पड़े। अजित ने पूछा, ''उस महिला ने क्या आप लोगों से अपनी उमर छिपायी थी?''

आशु बाबू ने कहा, ''नहीं। मेरा विश्वास है कि पूछने पर वह छिपाती नहीं; उसकी ऐसी प्रकृति ही न थी, मगर पूछने की बात किसी के ध्यान में ही न आयी। उसकी देह की गठन ऐसी थी, चेहरे की ऐसी सुकुमार श्री थी और ऐसा मधुर कंठ स्वर था कि कभी किसी को आशंका ही न हुई कि उसकी उमर तीस से ज्यादा हो सकती है।''

बेला ने कहा, ''आश्चर्य है! आप में से किसी के क्या आँख ही न थी?''

''थीं क्यों नहीं। मगर दुनिया के सभी आश्चर्य आँखों से नहीं पकड़े जा सकते। इसे उसी का एक दृष्टांत समझो।''

''और उस आदमी की उमर क्या थी?''

''वह मेरी ही उमर का था, तब शायद अट्ठाईस-उन्तीस से ज्यादा न होगी उसकी उमर।''

''फिर?''

आशु बाबू ने कहा, ''फिर की घटना अत्यन्त संक्षिप्त है। उस युवक का सारा हृदय एक ही क्षण में उस प्रौढ़ा रमणी के विरुद्ध मानो पाषाण बन गया। उस बात को जमाना बीत गया, पर आज भी सोचता हूँ तो मन में एक तरह की टीस उठती है। कितने आँसू, कितनी हाय-हाय, कितना जाना-आना, कितना मनाना-रिझाना होता रहा; पर उसके मन से उस नफरत को जरा भी हिलाया-डुलाया नहीं जा सका। इस बात के आगे वह और कुछ सोच ही न सका कि यह विवाह असंभव है।''

क्षण-भर सभी चुप रहे। नीलिमा ने पूछा, "मगर बात इससे ठीक उल्टी होती तो शायद असंभव न होता?"

"शायद न होता।"

"पर ऐसा ब्याह क्या उस देश में एक भी नहीं होता? ऐसे पुरुष क्या वहाँ हैं ही नहीं?"

आशु बाबू ने हँसते हुए जवाब दिया, "हैं क्यों नहीं। इस कहानी की लेखिका ने शायद खास तौर से ऐसे पुरुषों को लक्ष्य करके 'अभागे' विशेषण का प्रयोग किया है। लेकिन अब रात तो बहुत हो गयी अजित, इसका अंत क्या है?"

अजित ने चौंककर उनकी ओर देखा, और कहा, "मैं आपकी ही कहानी की बात सोच रहा था। इतना प्रेम होते हुए क्यों वह उसे ग्रहण नहीं कर सका? इतनी बड़ी सत्य वस्तु किधर से कैसे एक क्षण में झूठी हो गयी?

"जिंदगी-भर शायद वह महिला यही सोचती रही होगी, 'एक दिन, जिस दिन मैं नारी थी।' इसके पहले शायद उस विगतयौवना नारी ने कभी इस बात की चिंता भी न की होगी कि नारीत्व की वास्तविक समाप्ति नारी के बिना जाने ही कब और कैसे हो जाती है।"

"लेकिन तुम्हारी कहानी का शेष?"

अजित शांत भाव से बोला, "रहने दीजिए। यौवन का वह शेष अभी तक निःशेष नहीं हुआ, अपने और दूसरों के आगे स्त्रियों की इस प्रतारणा की करुण कहानी के साथ कहानी खतम होती है। अब आज रहने दीजिए, फिर किसी दिन सुनाऊँगा।"

नीलिमा ने सिर हिलाते हुए कहा, "नहीं नहीं, इससे तो बल्कि उसे असमाप्त ही रहने दीजिए।"

आशु बाबू ने हाँ में हाँ मिला दी, वेदना के साथ बोले, "वास्तव में स्त्रियों के लिए यही समय निःसंग जीवन होने के कारण सबसे बुरा होता है। इसी से शायद असहिष्णु, कपटी, पर-छिद्रान्वेषी, यहाँ तक कि निष्ठुर होकर सब देश के पुरुष इन अविवाहिता प्रौढ़ा स्त्रियों से बचकर चलना चाहते हैं नीलिमा।"

नीलिमा ने हँसकर कहा, "ऐसा कहना ठीक नहीं आशु बाबू, बल्कि यों कहिए कि हम जैसी पति-पुत्रहीना अभागी स्त्रियों से बचकर चलना चाहते हैं।"

आशु बाबू ने इसका कोई जवाब नहीं दिया, पर इशारे को स्वीकार कर लिया। बोले, "पर मजा तो यह है कि जो पति-पुत्र से सौभाग्यवती हैं, वे स्नेह-प्रेम और सौंदर्य-माधुर्य से ऐसी परिपूर्ण हो उठती हैं कि उन्हें पता भी नहीं लग पाता कि जीवन का इतना-बड़ा संकट काल कब और किस रास्ते से निकल गया।"

नीलिमा ने कहा, ''उन भाग्यवतियों से मैं डाह नहीं करती आशु बाबू, ऐसी प्रेरणा आज तक मन में अभी नहीं आयी, पर भाग्य के दोष से जो हमारी तरह भविष्य की सारी आशाओं को जलांजलि दे चुकी हैं, बता सकते हैं कि उनके मार्ग का निर्देश किस तरफ है?''

आशु बाबू कुछ देर तक तो स्तब्ध हुए बैठे रहे, फिर बोले, ''इसके जवाब में मैं सिर्फ बड़ों की बात की प्रतिध्वनि मात्र कर सकता हूँ नीलिमा, उससे ज्यादा मुझमें शक्ति नहीं। वे कह गये हैं कि दूसरों के लिए अपने को उत्सर्ग कर देना चाहिए। संसार में न तो दुख का ही अभाव है और न आत्मनिवेदन के दृष्टांतों का असद्भाव है। यह सब मैं भी जानता हूँ, परंतु इसे मैं आज तक निःसंशय होकर नहीं जान पाया कि इसके भीतर नारी का सचमुच का अविरुद्ध कल्याणमय आनंद है या नहीं।''

हरेंद्र ने पूछा, ''यह संदेह क्या आपका शुरू से ही था?''

आशु बाबू मन-ही-मन कुछ कुंठित से हुए। जरा ठहरकर बोले, ''ठीक याद नहीं पड़ता हरेंद्र। मनोरमा को गये तब दो-तीन दिन हुए होंगे। मन बोझिल था और शरीर विवश। इसी कुरसी पर चुपचाप पड़ा था, अचानक देखा कि कमल आ पहुँची है। आदर से बुलाकर उसे पास बिठाया। मेरी व्यथा की जगह को सावधानी से बचाते हुए उसने निकल भी जाना चाहा, पर वह निकल नहीं सकी। बातों ही बातों में कुछ ऐसा प्रसंग उठ खड़ा हुआ कि फिर उसे कुछ होश ही न रहा। तुम लोग तो उसे जानते ही हो, जो भी कुछ प्राचीन है उस पर उसे कैसी प्रबल वितृष्णा है। उसे झकझोरकर तोड़ डालना ही मानो उसका 'पैशन' है। मन गवाही नहीं देना चाहता, हमेशा का संस्कार मारे डर के सिकुड़ जाता है। फिर भी जवाब ढूँढ़े नहीं मिलता और हार माननी पड़ती है।

''याद है, उस दिन भी मैंने उसके सामने स्त्रियों के आत्मोत्सर्ग का उल्लेख किया था, मगर उसने उसे मंजूर ही नहीं किया। कहने लगी, 'स्त्रियों की बात मैं आपसे ज्यादा जानती हूँ। वह प्रवृत्ति उनमें है, पर वह उनके भीतर की पूर्णता से नहीं आती, आती है सिर्फ शून्यता से, और उठती है हृदय खाली करके। वह तो स्वभाव नहीं अभाव है, और अभाव के आत्मोत्सर्ग पर मैं कानी-कौड़ी का भी विश्वास नहीं करती।' मेरी तो समझ में ही न आया कि इसका क्या जवाब दूँ, फिर भी मैंने कहा था, कमल, सभ्यता की मूल वस्तु से तुम्हारा परिचय होता तो आज शायद तुम्हें मैं समझा देता कि त्याग और विसर्जन की दीक्षा में सिद्धि प्राप्त करना ही हमारी सबसे बड़ी सफलता है और इसी मार्ग का अनुसरण कर हमारी कितनी ही विधवा स्त्रियाँ जीवन की सर्वोत्तम सार्थकता अनुभव कर गई हैं।''

''इस पर कमल हँसकर बोली, 'करते हुए देखा है आपने? एक आध नाम तो

बताइए?' मुझे नहीं मालूम था कि वह ऐसा प्रश्न कर बैठेगी, बल्कि मैंने तो यह सोचा था कि शायद वह बात को मान लेगी। मैं बड़े चक्कर में पड़ गया..."

नीलिमा बोला उठी, "खूब! आपने मेरा नाम क्यों नहीं बता दिया? याद नहीं आयी होगी शायद?"

कैसा कठोर परिहास है! हरेंद्र और अजित ने सिर झुका लिया, और बेला ने दूसरी तरफ मुँह फेर लिया।

आशु बाबू कुछ अप्रतिभसे तो हुए, पर उन्होंने यह जाहिर नहीं होने दिया, बोले, "नहीं, याद ही नहीं आयी। आँखों के सामने की चीज पर जैसे कभी-कभी नजर नहीं पड़ती वैसे ही। तुम्हारा नाम ले लेने से सचमुच ही उसका माकूल जवाब हो आता, किंतु तब वह याद ही नहीं आया।"

"तब कमल ने कहा, 'मुझे जिस शिक्षा का आपने उलाहना दिया है, खुद आप लोगों के संबंध में भी क्या वह सोलहों आने सच नहीं? सार्थकता का जो आइडिया बचपन से ही लड़कियों के दिमाग में आप लोग भरते आये हैं, उसकी रटी हुई बातों को ही तो वे दर्प के साथ दुहराकर सोचा करती हैं कि शायद वही सत्य है। नतीजा यह होता है कि आप लोग भी धोखा खाते हैं और आत्म प्रसाद के व्यर्थ अभिमान से वे खुद भी मर मिटती हैं।'

"इतना कहके वह फिर बोली, 'सहमरण की बात तो आपके ध्यान में आनी चाहिए। जो स्त्रियाँ जलकर मरती थीं और जो उन्हें प्रेरणा दिया करते थे; दोनों ही पक्षों का दंभ उस दिन यह सोचकर आकाश से जा छूता था कि वैधव्य जीवन के इतने बड़े आदर्श का दृष्टांत संसार में और है कहाँ!'

"इसका मैं क्या उत्तर देता, कुछ समझ में ही न आया। मगर उसने उत्तर की अपेक्षा भी नहीं की, खुद ही कहने लगी, 'उत्तर है ही नहीं, देंगे क्या?' फिर जरा ठहरकर मेरे मुँह की तरफ देखकर बोली, 'लगभग सभी देशों में आत्मोत्सर्ग शब्द से एक तरह का बहुव्याप्त और बहुप्राचीन पारमार्थिक मोह है। उस मोह का नशा जिसे चढ़ता है, उसकी दृष्टि में परलोक की असाधारण अवस्तु भी इस लोक की संकीर्ण साधारण वस्तु को ढक देती है, वह उसे सोचने ही नहीं देती कि उसमें नर और नारी इन दोनों में से किसी के संस्कार उससे मानो कान पकड़वा के मनवा लेते हैं, उसी तरह जिस तरह कि लगभग सहमरण को उन्होंने मनवा लिया था। बस अब और नहीं, मैं जाती हूँ।' कहकर उसे सचमुच ही चले जाते देखकर मैंने व्यस्त होकर कहा, कमल, प्रचलित नीति और समस्त प्रतिष्ठित सत्य को अवज्ञा से चूर-चूर कर देना ही मानो तुम्हारा व्रत है। यह शिक्षा जिसने तुम्हें दी है उसने जगत् का कल्याण नहीं किया है।"

"कमल ने कहा, 'मेरे पिता ने दी है।'

"मैंने कहा, 'तुम्हारे ही मुँह से सुना है कि वे ज्ञानी और विद्वान् आदमी थे। यह बात क्या उन्होंने कभी तुम्हें सिखाई ही नहीं कि अंत तक सर्वस्व दान करके ही आदमी सत्य-रूप में अपने को पाता है? स्वेच्छा से दुख स्वीकार करने में ही आत्मा की यथार्थ प्रतिष्ठा है।'

"कमल ने कहा, 'वे तो यही कहा करते थे कि आदमी का सर्वस्व चूस लेने का जिन्होंने षड्यंत्र रच रखा है, जिन्हें दुख का अनुभव नहीं, वे ही दुख स्वीकार करने की महिमा गाने में पंचमुख हो जाया करते हैं। वह दुख संसार के दुर्लंघ्य शासन का नहीं है, वह तो मानो उसे स्वेच्छा से जान-बूझकर बुला लाना है, अर्थहीन शौक की चीज की तरह महज एक लड़कों का खेल है वह। उससे बड़ा नहीं।'

"मैं तो आश्चर्य से हतबुद्धि-सा हो गया। बोला, 'कमल, तुम्हारे पिता क्या तुम्हें शुद्ध भोग का मंत्र ही दे गये हैं, और जगत् में जो कुछ महान् है, उस पर अश्रद्धा से अवज्ञा करने को ही कह गये हैं?'

"कमल ने इस तरह के दोषारोपण की शायद मुझसे आशा नहीं की थी। उसने क्षुब्ध होकर उत्तर दिया, 'यह आपकी असहिष्णुता की बात है बाबू। आप निश्चित जानते हैं कि कोई भी पिता अपनी कन्या को ऐसा मंत्र नहीं दे जा सकता। मेरे पिता के प्रति आप अविचार कर रहे हैं। वे साधु पुरुष थे।'

"मैंने कहा, 'जैसे कि तुम कह रही हो, यदि वास्तव में यह शिक्षा वे तुम्हें दे गये हों तो उनके प्रति सुविचार करना भी कठिन है। मनोरमा की जननी की मृत्यु के बाद अन्य किसी स्त्री को जो मैं प्यार न कर सका इसे सुनकर तुमने कहा था कि यह चित्त की कमजोरी है, कमजोरी को लेकर गर्व नहीं किया जा सकता। मृत पत्नी की स्मृति के सम्मान को तुमने निष्फल आत्म-निग्रह कहकर उपेक्षा की दृष्टि से देखा था। संयम के कोई माने ही उस दिन तुम्हारे ध्यान में नहीं आये थे।"

"कमल ने कहा, 'आज भी नहीं आते आशु बाबू। जो संयम उद्धत आस्फालन से जीवन के आनंद को म्लान कर देता है, वह तो कोई चीज ही नहीं, महज मन की एक लीला है, उसे बाँधने की जरूरत है। सीमा मानकर चलना ही तो संयम है। शक्ति की स्पर्धा में भी संयम की सीमा को लाँघ जाना संभव है। तब फिर उसे उतनी इज्जत नहीं दी जा सकती। यह बात क्या आपने कभी विचार करके नहीं देखी कि अति-संयम भी एक तरह का असंयम है?'

"विचार करके नहीं देखी, यह सच था। इसी से विचार करके देखने की बात चट से याद आ गयी। मैंने कहा, यह तो सिर्फ तुम्हारी बातों की जादूगरी है, उसी भोग की वकालत से भरी हुई। पर आदमी जितना ही ज्यादा जकड़-पकड़ के भोग को लील जाना चाहता है उतना ही उसे खो बैठता है। उसकी भोग की भूख भी

मिटती नहीं, बल्कि निरंतर अतृप्ति ही बढ़ती चलती है। इसी से हमारे शास्त्रकार कह गये हैं कि उस मार्ग में शांति नहीं है, तृप्ति नहीं है, उससे मुक्ति की आशा व्यर्थ है। उनका कहना है कि 'न जातु कामः कामानामुपभोगेन शाम्यति, हविषा कृष्णवर्त्मेव भूय एवाभिवर्द्धते।' आग में घी देने से वह और भी जोर से जलने लगती है, वैसे ही भोग-उपभोगों के द्वारा कामना बढ़ती ही जाती है, कभी घटती नहीं।''

हरेंद्र उद्विग्न होकर बोल उठा, ''उसके सामने शास्त्र-वाक्य आप क्यों कहने गये? हाँ, फिर?''

आशु बाबू ने कहा, ''तुमने ठीक कहा। सुनकर वह हँस पड़ी और बोली, 'शास्त्र में ऐसी बात है क्या? सो तो होगी ही। उन्हें यह भी तो मालूम था कि ज्ञान की चर्चा से ज्ञान की इच्छा बढ़ती है, धर्म की साधना से धर्म की प्यास भी उत्तरोत्तर बढ़ती जाती है, पुण्य के अनुशीलन से पुण्य का लोभ भी क्रमशः उद्यत होता जाता है, मालूम होता है मानो अभी बहुत बाकी है। इसकी भी ठीक वही हालत है। यह कामना भी शांत नहीं होती। इसलिए, इस क्षेत्र में भी वे लोग क्यों यही आक्षेप नहीं कर गये? उनमें विवेक था, शायद इसलिए?'''

हरेंद्र, अजित, बेला और नीलिमा चारों के चारों हँस पड़े।

आशु बाबू बोले, ''हँसने की बात नहीं। लड़की के उपहास और व्यंग्य से मानो मैं हतवाक् हो गया, अपने को संभालकर बोला, नहीं, उनका यह अभिप्राय नहीं, वे तो यही निर्देश कर गये हैं कि भोग से तृप्ति नहीं हो सकती, कामना से निवृत्ति नहीं हो सकती।''

''कमल जरा रुककर बोली, 'मालूम नहीं, ऐसे बाहुल्य का इंगित वे क्यों कर गये? यह क्या बाजार में बैठकर 'यात्रा' के गान सुनना है या पड़ोसी के घर का ग्रामोफोन है जो बीच में ही मालूम हो जायेगा कि जाने दो, काफी तृप्ति हो चुकी, अब जरूरत नहीं। इस तृप्ति-अतृप्ति की असल सत्ता तो बाहर के भोग में है नहीं, उसका स्रोत तो है जीवन के मूल में। वहीं से वह हमेशा, जीवन की आशा, आनंद और रस जुटाया करती है और शास्त्र का धिक्कार व्यर्थ होकर दरवाजे पर पड़ा रह जाता है—उसे छू तक नहीं पाता।'

''मैंने कहा, 'सो हो सकता है, मगर है तो आखिरकार वह शत्रु ही, हमें उसे जीतना तो चाहिए ही?'

''कमल ने कहा, 'मगर शत्रु कहके गाली देने से ही तो वह छोटा न हो जायेगा। प्रकृति के लिखे पक्के पट्टे के अनुसार वह दखलदार है, उसके किस स्वत्व को कब कौन सिर्फ विद्रोह करके ही उड़ा सका है? दुख से घबराकर आत्महत्या करना तो दुख को जीतना नहीं है? फिर भी मजा यह कि ऐसी ही युक्तियों के बल

पर आदमी अकल्याण के सिंहद्वार पर शांति का रास्ता टटोलता फिरता है। इससे शांति तो मिलती नहीं, स्वस्थता भी चली जाती है।'

"सुनकर मुझे ऐसा लगा कि शायद वह सिर्फ मुझको ही कोंच रही है।"

इतना कहके वे क्षण-भर चुप रहे, फिर कहने लगे, "और न जाने मेरा कैसा जी हो गया कि मुँह से चट से निकल पड़ा, 'कमल, तुम अपने जीवन पर तो एक बार विचार कर देखो।' बात मुँह से निकल जाने के बाद खुद मुझे ही अपने कानों को खटकी, कारण कटाक्ष करने लायक उसके पास कुछ था ही नहीं।

"कमल को खुद भी आश्चर्य हुआ, पर वह न तो गुस्सा हुई, न रूठी; शांत चेहरे से मेरी तरफ देखती हुई बोली, 'मैं प्रतिदिन ही विचार कर देखती हूँ आशु बाबू। दुख नहीं पाती हूँ सो मैं नहीं कहती, पर मैंने उस दुख को ही जीवन का चरम नहीं मान लिया है। शिवनाथ को जो कुछ देना था, वे दे चुके, मुझे जो मिलना था, सो मिल गया। आनंद के वे छोटे-छोटे क्षण ही मेरे मन में मणि-माणिक्य की तरह संचित हैं। न तो निष्फल मानसिक दाह से मैंने उन्हें जलाकर खाक किया और न सूखे झरने के नीचे रीते हाथ पसारकर भीख माँगने के लिए ही खड़ी हुई। उनके प्रेम की आयु जब पूरी हो चुकी तो शांत मन से मैंने उन्हें विदा दे दी; पछतावे और शिकायत के धुएँ से आकाश काला करने की मेरी प्रवृत्ति ही नहीं हुई। इसी से उनके संबंध में मेरा उस दिन का आचरण आप लोगों को अद्‌भुत-सा लगा। आप लोगों ने सोचा था कि इतने बड़े अपराध को कमल ने माफ कैसे कर दिया? मगर मेरे मन में उस दिन उनके अपराध से बढ़कर अपने ही दुर्भाग्य की बात ज्यादा आयी थी।'

"सुनते-सुनते मुझे ऐसा लगा कि मानो उसकी आँखों से आँसू छलक आये हैं। हो सकता है कि सच हो, या शायद मेरी भूल हो। उस वक्त मेरा हृदय मानो वेदना से ऐंठ गया, उसमें और मुझमें प्रभेद ही कितना-सा था! मैंने कहा, कमल ऐसे मणि-माणिक्यों का संचय मैंने भी अपने मन में किया है, वही तो मेरे लिए सात राज्यों का धन है, अब हम लोग किसके लिए लोभ करने जायें बतलाओ?"

"कमल चुपचाप देखती रह गयी। मैंने पूछा, इस जीवन में क्या अब तुम और किसी को प्यार कर सकती हो कमल? इस तरह समस्त देह-मन से अंगीकार कर सकती हो और किसी को?"

कमल ने अविचलित कंठ से जवाब दिया, "कम से कम जिंदा तो यही आशा लेकर रहना पड़ेगा आशु बाबू। असमय में बादलों की ओट में आज अगर सूर्य अस्त हो गया-सा मालूम दे तो क्या वह अंधकार ही सत्य हो जायेगा और कल प्रभात में अरुण प्रकाश से अगर आकाश छा जाये तो क्या अपनी आँखों को बंद करके यह कह दूँगी कि यह प्रकाश नहीं है, अंधकार है? जीवन को क्या ऐसे ही बच्चों के खेल-

खेल में खत्म कर दूँगी।''

''मैंने कहा, रात तो सिर्फ एक ही नहीं होती कमल, प्रभात का प्रकाश खत्म करके वह तो दुबारा भी आ सकती है।''

''उसने कहा, 'आया करे। तब भी प्रभात पर विश्वास करके फिर रात बिता दूँगी।'''

''मैं तो मारे आश्चर्य के सन्न होकर बैठा रहा। कमल चली गयी।''

''बच्चों का खेल! सोचा था, शोक में से गुजरकर हम दोनों की चिंतन-धारा शायद एक ही स्रोत में मिल गयी है। परंतु देखा कि नहीं, सो बात नहीं है। जमीन-आसमान का फर्क है। उसके दृष्टिकोण से तो जीवन का अर्थ ही अलग है, हम लोगों के साथ उसका कोई मेल ही नहीं। वह न तो अदृष्ट को ही मानती है और न अतीत की स्मृति उसके आगे का रास्ता ही रोकती है; उसके लिए अनागत ही सब कुछ है, जो सिर्फ इसी वजह से कि किसी गैर ने उसके जीवन को धोखा दिया है, वह अपने जीवन को धोखा देने या वंचित रखने के लिए किसी तरह तैयार नहीं।''

सब चुप रहे।

उठते हुए दीर्घ निःश्वास को दबाकर आशु बाबू फिर कहने लगे, ''विलक्षण लड़की है! उस दिन नफरत और पछतावे का ठिकाना न रहा, पर साथ ही यह बात भी मन-ही-मन स्वीकार किये बिना न रहा गया कि सिर्फ बाप से सीखकर रटी हुई भाषा नहीं है। जो कुछ उसने सीखा, बिलकुल निःसंशय होकर पूरी तरह खुद ही सीखा है। ऐसी विशेष उमर भी नहीं, पर फिर भी मालूम होता है कि अपनी आत्मा को उसने इसी उमर में पूरी तरह उपलब्ध कर लिया है।''

फिर जरा ठहरकर कहने लगे, ''और बात भी सच हैं। वास्तव में जीवन कोई बच्चों का खेल तो है नहीं। भगवान का इतना बड़ा दान इसलिए नहीं आया। ऐसी बात भी भला मैं कैसे कह सकता था कि कोई एक आदमी किसी दूसरे के जीवन में विफल हो गया तो उसी शून्यता की जीवनभर जय घोषणा करता रहे?''

बेला ने आहिस्ते से कहा, ''बात तो बड़ी सुंदर है।''

हरेंद्र चुपके से उठके खड़ा हो गया।

बोला, ''रात काफी हो गयी, वर्षा भी कम हो गयी, आज इजाजत मिले।''

अजित भी उठ खड़ा हुआ, कुछ बोला नहीं।

दोनों नमस्कार करके बाहर हो गये।

बेला सोने चली गयी। नीलिमा को छोटे-मोटे दो-एक काम करने बाकी थे, पर आज वे यों ही अधूरे पड़े रहे और अन्यमनस्क की तरह वह भी चुपचाप चल दी।

नौकर की प्रतीक्षा में आशु बाबू आँखों पर हाथ धरे पड़े रहे।

बड़ा भारी मकान था। बेला और नीलिमा के सोने के कमरे आमने-सामने थे। दोनों कमरों में बत्ती जल रही थी; इतनी सबकी सब बातें और आलोचनाएँ सूने निःसंग कमरों में पहुँचने के बाद मानो धुँधली-सी हो गयीं; फिर भी, परम आश्चर्य की बात यह है कि कपड़े बदलने के पहले दर्पण के सामने जाकर खड़े होने पर दोनों नारियों के मन में, एक ही समय में, ठीक एक ही प्रश्न उठ खड़ा हुआ :

'एक दिन, जिस दिन मैं नारी थी!'

24

दस-बारह दिन हुए कमल आगरा छोड़कर कहीं बाहर चली गयी है। इधर आशु बाबू को उसकी सख्त जरूरत है। थोड़ी बहुत चिंता तो सभी को हुई थी, पर उद्वेग के काले बादल सबसे ज्यादा हरेंद्र के ब्रह्मचर्य-आश्रम के माथे पर मँडराये। ब्रह्मचारी हरेंद्र और अजित व्याकुलता की प्रतिस्पर्धा में ऐसे सूखने लगे कि शायद उनका 'ब्रह्म' भी खो जाता तो ऐसे परेशान न होते।

अंत में उन्होंने एक दिन उसे ढूँढ़ ही निकाला।

घटना अत्यंत साधारण थी। कमल का चाय के वगीचे का एक घनिष्ठ परिचित फिरंगी साहब वहाँ का काम छोड़कर टूँडला में रेलवे की नौकरी करने आया है; उसकी पत्नी नहीं है, दो-ढाई साल की एक छोटी लड़की है। बड़ी परेशानी में पड़कर वह कमल को टूँडला ले गया। उसकी घर-गृहस्थी ठीक करने में कमल को इतनी देर लग गयी। आज सबेरे वह घर लौटी है और तीसरे पहर उसके लिए मोटर भेजकर आशु बाबू बाट देख रहे हैं।

सिलाई करते-करते नीलिमा सहसा बोल उठी, "उस आदमी की पत्नी नहीं, एक नन्ही-सी लड़की के सिवा और कोई औरत भी नहीं, फिर भी उसके घर कमल ने आसानी से दस दिन बिता दिये।"

आशु बाबू ने बड़ी मुश्किल से सिर घुमाकर उसकी तरफ देखा; पर वे समझ न सके कि इस बात का तात्पर्य क्या है।

नीलिमा मानो अपने मन-ही-मन कहने लगी, "वह तो मालूम होता है, नदी की मछली है जिसके पानी में भीगने-न-भीगने का कोई प्रश्न ही नहीं उठता, खाने-पहनने की उसे चिंता नहीं, बिलकुल स्वाधीन है।"

आशु बाबू ने सिर हिलाते हुए मृदु कंठ से कहा, "बात तो करीब-करीब ऐसी ही है।"

"उसके रूप-यौवन की सीमा नहीं, बुद्धि भी वैसी ही अनंत है। राजेंद्र के साथ उसकी कितने दिन की जान-पहचान थी, मगर उपद्रव के डर से जब कहीं उसे जगह नहीं मिली, तो उसे भी उसने बिना किसी संकोच के अपने घर बुला लिया। किसी के मतामत की परवाह ने उसके कर्तव्य में विघ्न नहीं डाला। जो किसी से नहीं बना, उसे वह बड़ी आसानी से कर गुजरी। सुनकर ऐसा लगा जैसे सब उससे छोटे हो गये हैं, इसके लिए दूसरी औरतों को न जाने कितनी-कितनी बातों का ख़याल रखना पड़ता है।"

आशु बाबू ने कहा, "खयाल तो रखना ही चाहिए नीलिमा?"

बेला ने कहा, "हम भी चाहें तो वैसी ही बेपरवाह, स्वाधीन बन सकती हैं।"

नीलिमा ने कहा, "नहीं, नहीं बन सकतीं। मैं भी नहीं बन सकती और आप भी नहीं। कारण, दुनिया हम पर जो स्याही उँड़ेल देगी, उसे धो-पोंछकर साफ कर डालने की शक्ति हम लोगों में नहीं है।"

जरा ठहरकर नीलिमा कहने लगी, "वैसी इच्छा एक दिन मेरी भी हुई थी, इससे सब ओर से मैंने इस बात को सोच देखा है। पुरुषों के बने हुए अविचार और अत्याचार से हम जल-जल मरी हैं और कितनी जली हैं, यह कह नहीं सकतीं, सिर्फ जलना ही सार हुआ है। पर समाज के इस अत्याचार का असली रूप कमल को देखने के पहले हमें कभी नहीं दिखाई दिया। स्त्रियों की मुक्ति, स्त्रियों की स्वाधीनता तो आजकल हर एक स्त्री-पुरुष की जबान पर है, पर वह जबान के आगे एक कदम भी आगे नहीं बढ़ती। सो क्यों, जानती हैं? अब मालूम हुआ है कि स्वाधीनता तत्त्व-विचार से नहीं मिलती, न्याय और धर्म की दुहाई देने से भी नहीं मिल सकती, सभा में खड़े होकर पुरुषों के साथ कलह करने से भी नहीं मिलती, असल में स्वाधीनता जैसी चीज कोई किसी को दे ही नहीं सकता, लेने-देने की वह चीज ही नहीं। कमल को देखते ही दीख जाता है कि यह स्वाधीनता हमारी अपनी पूर्णता से, आत्मा के अपने विस्तार से, स्वत: ही आती है। बाहर से अंडे का छिलका तोड़कर भीतर के जीव को मुक्ति देने से वह मुक्ति नहीं पाता, बल्कि मर जाता है। हमारे साथ यहीं पर उसका पार्थक्य है।"

फिर बेला से बोली, "अभी जो वह दस-बारह दिन के लिए न जाने कहाँ चली गयी, सबों के डर का ठिकाना न रहा, पर यह आशंका किसी को स्वप्न में भी न हुई कि ऐसा कोई काम वह कर सकती है जिससे उसकी इज्जत पर बट्टा लगे? बताइए, हम होतीं तो आदमी के दिलों में इतना जबरदस्त विश्वास का जोर कहाँ पातीं? यह गौरव हमें कौन देता? न पुरुष ही देते, न औरतें ही।"

आशु बाबू आश्चर्य के साथ उसके मुँह की तरफ क्षण-भर देखते रहे, फिर

बोले, ''वास्तव में यह सच है नीलिमा।''

बेला ने पूछा, ''लेकिन उसका पति होता तो वह क्या करती?''

नीलिमा ने कहा, ''उसकी सेवा करती, रसोई बनाती-खिलाती, घर-द्वार झाड़ती-बुहारती, बच्चे होते तो उनकी परवरिश करती, और क्या करती? अभी तो वह अकेली है और रुपये-पैसे से भी तंग है, नहीं तो वैसी हालत में, मैं तो समझती हूँ, समय के अभाव में वह हम लोगों से मिलने-जुलने तक न आ पाती।''

बेला ने कहा, ''तब फिर?''

''तब फिर क्या?'' कहकर नीलिमा हँस दी और बोली, ''घर का कामकाज नहीं करें, तंगी या शिकायत कुछ रहे नहीं, हरदम सैर-सपाटा करती फिरें, क्या यही स्त्रियों की स्वाधीनता का मान-दंड है? स्वयं विधाता के भी कामकाज का अंत नहीं, लेकिन कोई क्या इस कारण उन्हें पराधीन सोचता है? इस संसार में हमारी खुद की मेहनत-मशक्कत भी क्या कुछ कम है?''

आशु बाबू गहरे आश्चर्य के साथ मुग्ध दृष्टि से उनकी तरफ देखते रहे। असल में इस ढंग की कोई बात अब तक उन्होंने नीलिमा के मुँह से नहीं सुनी थी।

नीलिमा कहने लगी, ''कमल बैठी रहना तो जानती ही नहीं, तब वह पति-पुत्र और घर-गृहस्थी के कामों में तल्लीन हो जाती, आनंद की जलधारा की तरह घर-गृहस्थी उसके माथे पर से बही चली जाती, उसे पता भी न लगता। मगर जिस दिन समझती कि पति का काम बोझ बनकर उसके सिर पर सवार हो गया है, उस दिन मैं सौगंध खाकर कह सकती हूँ कि उसे संसार में कोई एक दिन के लिए भी पकड़कर नहीं रख पाता।''

आशु बाबू आहिस्ते से बोले, ''सो ही ठीक है। ऐसा ही मालूम होता है।''

इतने में परिचित मोटर का हॉर्न सुनाई दिया। बेला ने खिड़की से झाँककर देखा और कहा, ''अपनी ही गाड़ी है।''

थोड़ी देर बाद नौकर बत्ती रखने आया और कमल के आने की खबर दे गया।

कई दिन से आशु बाबू उसी की प्रतीक्षा कर रहे थे, मगर फिर भी खबर पाते ही उनका चेहरा अत्यंत म्लान और गंभीर हो गया। अभी-अभी वे आराम-कुरसी पर सीधे होकर बैठे थे, अब फिर पीठ टेककर लेट गये।

भीतर आकर कमल ने सबको नमस्कार किया, और आशु बाबू के पास की कुरसी पर जाकर बैठ गयी। बोली, ''मैंने सुना कि आप मेरे लिए बड़े व्यग्र हैं, किसे मालूम था कि आप लोग मुझे इतना चाहते हैं, नहीं तो जाने के पहले अवश्य ही आपको खबर दे जाती।'' कहते हुए उसने आशु बाबू का शिथिल हाथ बड़े स्नेह के साथ खींचकर अपने हाथ में ले लिया।

आशु बाबू का मुँह दूसरी ओर था, और अब भी वह उधर ही रहा। उसकी बात का वे कुछ भी उत्तर न दे सके।

कमल ने पहले तो समझा कि उनके संपूर्ण स्वस्थ होने के पहले ही वह चली गयी थी और अब तक कोई खबर-सुध नहीं ली, इसी से उनका यह अभिमान है। फिर उसने उनकी मोटी उँगलियों में अपनी चंपा की कली-सी उँगलियाँ उलझाते हुए कान के पास मुँह ले लाकर चुपके से कहा, "मुझसे भूल हुई है, मैं माफी माँगती हूँ।" मगर इसका भी जब कोई जवाब नहीं मिला, तब उसे सचमुच ही बड़ा आश्चर्य हुआ और साथ ही डर भी लगा।

बेला जाने के लिए कदम बढ़ा चुकी थी, खड़े होकर उसने विनय के साथ कहा, "अगर मालूम होता आप आयेंगी तो आज मालिनी का निमंत्रण मैं हर्गिज स्वीकार न करती, लेकिन अब तो न जाने से उन लोगों को बड़ी निराशा होगी।"

कमल ने पूछा, "मालिनी कौन?"

नीलिमा ने जवाब दिया, "यहाँ के मॅजिस्ट्रेट साहब की पत्नी, नाम शायद तुम्हें याद नहीं रहा।" फिर बेला की तरफ मुखातिब होकर कहा, "सचमुच ही आपका जाना जरूरी है। नहीं जाने से गाने की सारी महफिल बिलकुल मिट्टी हो जायेगी।"

"नहीं नहीं; मिट्टी नहीं होगी, मगर हाँ, रंज जरूर होगा। सुना है कि उन्होंने और भी दो-चार सज्जनों को आमंत्रित किया है। अच्छा तो आज तो वहीं जाती हूँ, फिर और किसी दिन बातचीत होगी, नमस्कार।" कहकर वह जरा कुछ व्यग्रता के साथ बाहर चली गयी।

नीलिमा ने कहा, "अच्छा ही हुआ जो आज उनका बाहर निमंत्रण था, नहीं तो सब बातें खुलासा करने में हिचकिचाहट होती। अच्छा कमल तुम्हें मैं 'आप' कहती थी या 'तुम' कहकर पुकारती थी?"

कमल ने कहा, "तुम कहकर। मगर मैं तो कोई ऐसे निर्वासन में नहीं गयी थी जो इस बीच में ही भूल जातीं?"

"नहीं, सिर्फ जरा खटका हो गया था। और होने की बात भी है। खैर, इसे जाने दो। सात-आठ दिन से तुम्हें हम लोग ढूँढ़ रहे थे। हमारा यह सिर्फ खोजना ही नहीं था, बल्कि मेरी तो यह तुम्हें पाने के लिए मन-ही-मन की तपस्या थी।"

परंतु तपस्या का शुष्क गांभीर्य उसके चेहरे पर न था, सो अकृत्रिम स्नेह के मीठे परिहास की कल्पना करके कमल हँसती हुई बोली, "इस सौभाग्य का कारण? मैं तो सबकी परित्यक्ता हूँ दीदी, शिष्ट-समाज का तो कोई मुझे चाहता तक नहीं।"

उसका यह 'दीदी' का संबोधन बिलकुल नया था। नीलिमा की आँखें सहसा भर आयीं, पर वह चुप रही।

आशु बाबू से न रहा गया, उसकी तरफ मुँह करके बोले, ''शिष्ट-समाज को जरूरत होगी तो इस अनुयोग का जवाब वही देगा; लेकिन मैं जानता हूँ, जीवन में किसी ने अगर वास्तव में तुम्हें चाहा है तो नीलिमा ने ही चाहा है। इतना प्रेम तुमने शायद किसी का भी न पाया होगा कमल।''

कमल ने कहा, ''सो मैं जानती हूँ।''

नीलिमा चंचल पैरों से उठ खड़ी हुई। कहीं जाने के लिए नहीं, बल्कि इसलिए कि इस ढंग की आलोचना में व्यक्तिगत इशारे से वह हमेशा कुछ अस्थिर-सी हो जाया करती है, बहुत से मौकों पर प्रिय जनों को इससे गलतफहमी हुई है, फिर भी ऐसा ही उसका स्वभाव है।

बात को झटपट दबाकर उसने कहा, ''कमल तुम्हें आज दो खबरें सुनानी हैं।''

कमल उसके मन का भाव समझ गयी, हँस कर बोली, ''तो फिर सुनाइए।''

नीलिमा ने आशु बाबू की तरफ इशारा करके कहा, ''ये शरम के मारे तुम से मुँह छिपाये हुए हैं, इससे मैंने ही भार लिया है सुनाने का। मनोरमा के साथ शिवनाथ का ब्याह होना स्थिर हो गया है, पिता और भावी श्वसुर की अनुमति और आशीर्वाद पाने के लिए दोनों ने पत्र दिये हैं।''

सुनते ही कमल का चेहरा फक पड़ गया; पर उसी क्षण अपने को सँभालते हुए उसने कहा, ''इसमें इनके लिए लज्जा की क्या बात है?''

नीलिमा ने कहा, ''इनकी लड़की है इसलिए। और चिट्ठी पाने के बाद से इन कई दिनों में इनके मुँह से सिर्फ एक ही बात बार-बार निकली है कि आगरे में इतने आदमी मर गये, भगवान् ने मुझ पर दया क्यों नहीं की? अपनी जान में किसी दिन कोई अनुचित काम नहीं किया, इसी से इनका अनन्य विश्वास था कि ईश्वर मुझ पर सदय हैं। और यह अभिमान की व्यथा ही मानों इनकी सारी वेदनाओं से बढ़ गयी है। मेरे सिवा किसी से कुछ कह नहीं सके हैं, रात-दिन मन-ही-मन सिर्फ तुम्हीं को पुकार रहे हैं। शायद, इनकी धारणा है कि सिर्फ तुम ही इससे परित्राण का रास्ता बता सकती हो।''

कमल ने झुककर देखा कि आशु बाबू की मिची आँखों के कोनों से आँसू ढलक रहे हैं, हाथ से उन आँसुओं को चुपचाप पोंछकर वह खुद भी स्तब्ध हो रही।

बहुत देर बाद बोली, ''एक खबर तो यह हुई और दूसरी।''

नीलिमा ने कुछ परिहास के ढंग पर बात कहनी चाही, पर ठीक से कहते नहीं बना, बोली, ''मामला जरा अचिंतनीय जरूर है, पर ऐसा कुछ भयंकर नहीं। हमारे मुखर्जी महाशय के स्वास्थ्य के विषय में सब कोई बहुत चिंतित थे, सो वे स्वस्थ हो गये हैं और उसके बाद उनके भाई और भाभी ने मिलकर उनकी इच्छा के सर्वथा

विरुद्ध जबरन उनका ब्याह कर दिया। और बड़ी शर्म के साथ उन्होंने यह संवाद आशु बाबू को अपने पत्र में लिखा है, बस।'' इतना कहकर अबकी बार वह खुद ही हँसने लगी।

उसकी इस हँसी में न तो सुख था और न कौतुक ही।

कमल उसके मुँह की तरफ देखकर बोली, ''दोनों ही ब्याह की खबरें हैं। एक हो गया, और एक का होना तय हो गया है, लेकिन मेरी पुकार क्यों हुई? इनमें से किसी को भी तो मैं रोक नहीं सकती?''

नीलिमा ने कहा, ''पर, रुकवाने की कल्पना करके ही शायद ये तुम्हें ढूँढ़ रहे थे। लेकिन मैंने तुम्हें नहीं ढूँढ़ा बहन, मैं तो काय-मन से भगवान् से यही चाह रही थी कि भेंट होने पर तुम्हारी प्रसन्न दृष्टि प्राप्त कर सकूँ। इस देश में स्त्री के रूप में जन्म लेकर भाग्य को दोष देने चलूँ तो उसका किनारा न खोज पाऊँगी; अपनी बुद्धि के दोष से मायका और ससुराल दोनों ही खो दिये हैं, उस पर ऊपरी नुकसान जो हुआ है उसका विवरण नहीं दे सकूँगी। अब बहनोई का आश्रय भी जाता रहा।''

फिर आशु बाबू की तरफ इशारा करके कहा, ''इनके तो दया-दाक्षिण्य की हद ही नहीं, जितने दिन ये यहाँ हैं, किसी तरह दिन कट ही जायेंगे। मगर उसके बाद मुझे अंधकार के सिवा अपनी आँखों के आगे और कुछ नहीं सूझ रहा है। सोचा है, अबकी बार तुम्हीं से जगह देने को कहूँगी, और न मिली तो मर जाऊँगी। अब पुरुषों से कृपाभिक्षा माँगती हुई नदी के कूड़े की तरह घाट-घाट टकराती हुई आयु के अंत तक प्रतीक्षा न कर सकूँगी।'' कहते-कहते उसका स्वर भारी हो आया, पर आँखों का पानी उसने किसी तरह जबरदस्ती दबा लिया।

कमल उसके मुँह की तरफ देखकर सिर्फ जरा हँस दी।

''हँसी क्यों?''

''इसलिए कि हँसना जवाब देने की अपेक्षा सहज है।''

नीलिमा ने कहा, ''सो जानती हूँ, पर आजकल बीच-बीच में न जाने कहाँ अदृश्य हो जाया करती हो? डर तो इस बात का है।''

कमल ने कहा, ''होती रहूँ अदृश्य, लेकिन जरूरत पड़ने पर मुझे ढूँढ़ने नहीं जाना पड़ेगा दीदी, मैं ही आपको देश-भर में ढूँढ़ने निकल पड़ूगी। इस विषय में आप निश्चिंत रहें।''

आशु बाबू ने कहा, ''अब इसी तरह मुझे भी अभय दो कमल, मैं भी जिससे इनकी तरह निश्चिंत हो सकूँ।''

''आदेश दीजिए, मैं आपके लिए क्या कर सकती हूँ?''

''तुम्हें और कुछ नहीं करना होगा कमल, जो करना होगा मैं खुद ही करूँगा।

मुझे सिर्फ इतना उपदेश दो कि पिता के कर्तव्य के खिलाफ मैं कोई अपराध न कर बैठूँ। इतना ही नहीं कि इस ब्याह में सिर्फ राय ही नहीं दे सकता, बल्कि मैं उसे होने भी नहीं दे सकता।''

कमल ने कहा, ''राय आपकी है, सो आप नहीं भी दें। पर ब्याह नहीं होने देंगे, सो कैसे? लड़की तो आपकी बड़ी हो चुकी है।''

आशु बाबू अपनी उत्तेजना को दबा न सके, कारण, यह बात उनके मन में भी दिन-रात चक्कर काटती रही है कि अस्वीकार करने का कोई उपाय नहीं। बोले, ''सो मैं जानता हूँ। लेकिन लड़की को भी मालूम होना चाहिए कि बाप से बड़ा नहीं हुआ जा सकता। सिर्फ मतामत ही मेरी अपनी चीज नहीं कमल, संपत्ति भी मेरी अपनी है। आशु वैद्य की कमजोरी के परिचय का ही लोगों को अभ्यास हो गया है, पर उसका एक दूसरा पहलू भी है, उसे लोग भूल गये हैं।''

कमल ने उनके मुँह की तरफ देखकर स्निग्ध कंठ से कहा, ''आपके उस पहलू को लोग भूले ही रहें तो अच्छा, आशु बाबू। लेकिन, अगर ऐसा न हो, तो क्या उसका परिचय सबसे पहले अपनी लड़की को ही देना होगा?''

''हाँ, अबाध्य लड़की की।'' वे क्षण-भर चुप रहकर बोले, ''वह मेरी मातृहीन एकमात्र संतान है, किस तरह मैंने उसे आदमी बनाया है, इसे वे ही जानते हैं जिन्होंने पितृ-हृदय की सृष्टि की है। इसकी मार्मिक व्यथा कितनी बड़ी है, उसे अगर मुँह से व्यक्त किया जाये तो उसकी विकृति सिर्फ मेरा ही नहीं, बल्कि सबके पिता के जो पिता हैं उन तक का उपहास करने लगेगी। इसके सिवा इसे तुम समझ भी कैसे सकती हो! लेकिन पिता केवल स्नेह ही नहीं कमल, उसका कर्तव्य भी तो है? शिवनाथ को मैं पहचान गया हूँ। उसके सत्यानाशी ग्रास से लड़की को बचाने का इसके सिवा और कोई रास्ता ही मुझे नजर नहीं आता। कल उन लोगों की चिट्ठी में लिख दूँगा कि इसके बाद मणि मुझ से एक कौड़ी की भी आशा न रखे।''

''पर उस चिट्ठी पर अगर वे विश्वास न करें? अगर सोच लें कि यह गुस्सा ज्यादा दिन न रहेगा, एक दिन आप अपनी गलती को खुद ही सुधार लेंगे, तब?''

''तब वे उसका फल भोगेंगे। लिखने की जिम्मेदारी मेरी है, विश्वास करने का दायित्व उन पर है।''

''यही क्या आपने वास्तव में तय किया है?''

''हाँ।''

कमल चुप बैठी रही और प्रतीक्षा में सिर ऊपर उठाए आशु बाबू खुद भी। कुछ देर तक चुप बने रहे फिर मन ही मन व्याकुल होकर बोले, ''चुप हो रहीं कमल, जवाब नहीं दिया?''

"आपने तो कोई प्रश्न नहीं किया? संसार में यह व्यवस्था तो प्राचीन काल से ही चली आ रही है कि एक के साथ जब दूसरे के मत का मेल नहीं खाता, तो जो शक्तिशाली होता है, वह कमजोर को दंड देता है। इसमें कहने की क्या बात है?"

आशु बाबू के क्षोभ की सीमा न रही। बोले, "यह तुम्हारी कैसी बात है कमल? संतान के साथ पिता का शक्ति-परीक्षा का संबंध तो है नहीं, जो उसके कमजोर होने के कारण ही मैं उसे दंड देना चाहता हूँ? कठोर होना कितना कठिन है, सो सिर्फ पिता ही जानता है; फिर भी मैंने जो इतना कठोर संकल्प किया है वह सिर्फ इसलिए कि उसे गलती से बचा लूँ। सचमुच ही क्या तुम इसे समझ नहीं सकी हो?"

कमल ने सिर हिलाते हुए कहा, "समझ तो सकी हूँ, पर अगर आपकी बात न मानकर वह भूल ही कर बैठे, तो उसका दुख भी तो वही पायेगी। अगर उस दुख को दूर न कर सकें तो इसलिए क्या आप गुस्से में आकर उसके दुख के बोझ को और भी हजार-गुना बढ़ा देना चाहेंगे?"

फिर जरा ठहरकर कहा, "आप उसके सब आत्मीयों से बढ़कर परमात्मीय हैं। जिस आदमी को आपने बहुत ही बुरा समझ लिया है, क्या उसी के हाथ अपनी लड़की को हमेशा के लिए निःस्व निरुपाय करके विसर्जित कर देंगे? किसी दिन लौटने का कोई रास्ता ही किसी तरफ से खुला न रहने देंगे?"

आशु बाबू विह्वल दृष्टि से सिर्फ देखते रह गये, एक शब्द भी उनके मुँह से न निकला। सिर्फ देखते-देखते उनकी दोनों आँखों से आँसुओं की बड़ी-बड़ी बूँदें ढलक पड़ीं।

कुछ देर इसी तरह बीत जाने पर उन्होंने अपनी आस्तीन से आँखें पोंछीं और रूँधे हुए कंठ को साफ करके धीरे-धीरे सिर हिलाकर कहा, "लौटने का रास्ता अभी ही है, बाद में नहीं। पति को त्यागकर जो लौटना है, जगदीश्वर करें कि वह मुझे अपनी आँखों से न देखना पड़े।"

कमल ने कहा, "यह अनुचित है, बल्कि, मैं तो यह कामना करती हूँ कि भूल अगर उसे कभी अपनी आँखों से दिखाई दे जाये, तो उस दिन उसके संशोधन का मार्ग किसी भी तरफ से बंद न रहे। इसी तरह तो मनुष्य अपने को सुधारते-सुधारते आज मनुष्य हो सका है। भूल से तो कोई डर नहीं आशु बाबू जब तक कि दूसरी तरफ का मार्ग खुला है। वह मार्ग आँखों के सामने बंद दिखाई देता है तभी तो आज आपकी आशंका की सीमा नहीं है।"

मनोरमा उनकी कन्या न होकर अगर और कोई होती तो यह सीधी-सी बात सहज ही में उनकी समझ में आ जाती; परंतु एकमात्र संतान के भयंकर भविष्य की

निसंदिग्ध दुर्गति की कल्पना ने कमल के संपूर्ण आवेदन को विफल कर दिया।

उन्होंने अनुनय के स्वर में कहा, "नहीं कमल, इस ब्याह को रोकने के सिवा और कोई रास्ता मुझे नहीं सुझाई देता। इसका कोई भी उपाय नहीं बता सकती?"

"मैं?" उनका इशारा इतनी देर बाद कमल की समझ में आया, और उसी को स्पष्ट करने में उसका स्निग्ध कंठ क्षण-भर के लिए गंभीर हो उठा, पर वह सिर्फ एक ही क्षण के लिए। नीलिमा की तरफ नजर जाते ही उसने अपने को सँभालते हुए कहा, "नहीं, इस विषय में कोई भी सहायता मैं आपकी न कर सकूँगी। नहीं जानती कि उत्तराधिकार से वंचित करने का डर दिखाने से वह डरेगी या नहीं। पर अगर डर जाये तो मैं कहूँगी कि आपने खिला-पिलाकर और स्कूल-कालेज की किताबें रटाकर लड़की को बड़ा भले ही किया हो पर उसे मनुष्य नहीं बनाया। उस अभाव को दूर करने का सुयोग दैव ने आज ला ही दिया हो, तो मैं उसके बीच में अंतराय बनने क्यों जाऊँ?"

बात आशु बाबू को अच्छी नहीं लगी। उन्होंने कहा, "तो क्या तुम यह कहना चाहती हो कि रोकना मेरा कर्तव्य नहीं?"

कमल ने कहा, "कम से कम डर दिखाकर रोकना तो नहीं। फिर भी मैं इतना कह सकती हूँ कि मैं आपकी लड़की होती और शायद बाधा पाती, तो इस जीवन में फिर कभी आप पर श्रद्धा न कर पाती। मेरे पिता मुझे इसी तरह से गढ़ गये हैं।"

आशु बाबू ने कहा, "इसमें कोई असंभव बात नहीं कमल, तुम्हारे कल्याण का मार्ग उन्होंने इधर ही देखा होगा। पर मुझे नहीं दीखता। फिर भी, मैं पिता हूँ कमल, मैं स्पष्ट देख रहा हूँ कि शिवनाथ से वह यथार्थ प्रेम नहीं कर सकती, यह उसका मोह है। यह मिथ्या है और जिस दिन जिस क्षण इस नशे की खुमारी दूर होगी, उस दिन मणि के दुख का अंत नहीं रहेगा। मगर तब उसे बचाओगी कैसे?"

कमल ने कहा, "नशे में ही चिंता की बात है, पर जब नशा दूर हो जायेगा और वह स्वस्थ हो जायेंगी तब तो फिर डर की कोई बात रह नहीं जायेगी। तब तो वह स्वस्थता ही उनकी रक्षा करेगी।"

आशु बाबू ने अस्वीकार करते हुए कहा, "यह सब बातचीत का दाँव-पेंच है कमल, युक्ति नहीं। सत्य इससे बहुत दूर है। भूल का दंड उसे बड़े रूप में पाना ही होगा, वकालत के जोर से उससे उसे छुटकारा नहीं मिल सकता।"

कमल ने कहा, "छुटकारे की बात मैंने नहीं कही आशु बाबू! मैं जानती हूँ कि भूल का दंड पाना ही पड़ता है। पर उस दंड पाने में दुख है, लज्जा नहीं, क्योंकि मणि ने किसी को ठगना नहीं चाहा। यही भरोसा आपको मैंने दिलाना चाहा था कि भूल मालूम होने पर वह अगर जहाँ की तहाँ लौट आना चाहे तो उसे सिर नीचा

करके न आना पड़े।''

''फिर भी तो भरोसा नहीं हो रहा है कमल। मैं जानता हूँ, उसे भूल मालूम पड़े बिना न रहेगी; लेकिन उसके बाद भी तो उसे लंबे समय तक जिंदा रहना है, तब जीयेगी क्या लेकर? किस आधार पर दिन काटेगी?''

''ऐसी बात न कहिए। मनुष्य का दुख ही यदि दुख पाने का अंतिम परिणाम होता तो उसका कोई मूल्य नहीं था। एक तरफ का नुकसान दूसरी तरफ के भारी लाभ से पूरा हो जाता है; नहीं तो, मैं ही भला आज कैसे जी सकती? बल्कि आप तो यह आशीर्वाद दीजिए कि किसी दिन भूल अगर मालूम पड़े तो वह अपने को मुक्त कर ले सके, तब उसे कोई लोभ, कोई भय राहुग्रस्त न कर रखे।''

आशु बाबू चुप हो रहे। जवाब देने में उन्हें हिचकिचाहट-सी हुई; पर स्वीकार करने में वे भी ज्यादा हिचकिचाये। बहुत देर बाद बोले, ''पिता की दृष्टि से मैं मणि का भविष्य अंधकारमय देख रहा हूँ। इस पर भी तुम क्या यही कहोगी कि वास्तव में मुझे रुकावट नहीं डालनी चाहिए, और चुपचाप मान लेना ही मेरा कर्तव्य है?''

''मैं माँ होती तो अवश्य मान लेती। उसके भविष्य की आशंका से शायद आप जैसी ही व्यथा पाती, फिर भी इस तरीके से रुकावट डालने को तैयार न होती। और यह भी मुझे स्वीकार करना होगा कि मैं तब मन-ही-मन कहती कि इस जीवन में जिस रहस्य के सामने आकर आज वह खड़ी हुई है, वह मेरी समस्त दुश्चिंताओं से बढ़कर है।''

आशु बाबू फिर कुछ देर मौन रहे, फिर बोले, ''फिर भी मैं न समझ सका कमल। शिवनाथ का चरित्र और उसकी सभी दुष्कृतियों का हाल मणि जानती है, एक दिन इस घर में आने देने में भी उसे आपत्ति थी; मगर आज जिस सम्मोहन से उसका हिताहित-ज्ञान, उसकी सारी की सारी नैतिक बुद्धि ढँक गयी है वह यथार्थ प्रेम नहीं है, वह जादू है, वह मोह है; यह असत्य, चाहे जैसे भी हो, दूर करना ही पिता का कर्तव्य है।''

अब की बार कमल एकदम स्तब्ध हो रही। इतनी देर में जाकर दोनों की चिंता-धारा के मौलिक भेद पर उसकी दृष्टि पड़ी। इन दोनों चिंता-धाराओं की जाति ही अलग-अलग है, और चूँकि यह भेद तक की चीज नहीं है, इस कारण अब तर्क की इतनी आलोचना और बातचीत बिलकुल विफल सिद्ध हुई। कमल इस बात को समझ गयी कि जिस तरफ उनकी दृष्टि लगी हुई है, उधर हजारों वर्ष देखते रहने पर भी इस सत्य का साक्षात्कार नहीं हो सकता, और समझ गयी कि इसमें वही बुद्धि की जाँच, वही हिताहित-बोध, वही भले-बुरे और सुख-दुख का अतिसतर्क हिसाब, वही मजबूत नींव डालने के लिए इंजीनियर बुलाना है, इसके सिवा और

कुछ नहीं। गणित फैलाकर ये लोग प्रेम का फल या नतीजा निकाल लेना चाहते हैं।

अपने जीवन में आशु बाबू ने अपनी पत्नी को अत्यंत एकांत भाव से प्रेम किया था। उनकी स्त्री को मरे जमाना बीत गया, फिर भी आज तक शायद उस प्रेम की जड़ उनके हृदय में शिथिल नहीं हुई। संसार में इसकी तुलना बहुत कम मिलती है। फिर भी, यह सत्य होते हुए भी, यह मानना पड़ता है कि ये हैं दोनों भिन्न जातीय।

इन दोनों धाराओं की भलाई-बुराई का प्रश्न उठाकर बहस करना निष्फल है। अपने दांपत्य जीवन में एक दिन के लिए भी पत्नी के साथ आशु बाबू का मतभेद नहीं हुआ, हृदय में मालिन्य तक ने स्पर्श नहीं किया। निर्विघ्न शांति और अविच्छिन्न सुख-चैन के साथ जिनका दीर्घ विवाहित जीवन बीता है, उनके गौरव और माहात्म्य को भला कौन गर्व न करेगा? संसार ने मुग्धचित्त से उनका स्तव-गान किया है, उनकी दुर्लभ कहानियाँ लिखकर कवि अमर हो गये हैं और अपने जीवन में इसी को प्राप्त करने की व्याकुलतापूर्ण वासना से मनुष्य के लोभ की सीमा नहीं रही है। जिसकी निःसंदिग्ध महिमा स्वतःसिद्ध प्रतिष्ठा से चिरकाल अविचलित है, उसे कमल तुच्छ करेगी किस आधार पर?

किंतु मनोरमा? जिस दुःशील अभागे के हाथ अपने को वह विसर्जन करने को तैयार है, उसका सब कुछ जानते हुए भी संपूर्ण जानने के बाहर कदम बढ़ाते हुए उसे डर नहीं मालूम होता। दुखमय परिणाम की चिंता से पिता शंकित है, इष्टमित्र दुखित हैं, सिर्फ वह अकेली निःशंक है। आशु बाबू जानते हैं कि इस विवाह में सम्मान नहीं है, यह शुभ भी नहीं, वंचना पर इसकी नींव है। यह स्वल्पकाल-व्यापी मोह जिस दिन दूर हो जायेगा, उस दिन आजीवन लज्जा और दुख रखने को जगह न रहेगी। हो सकता है कि आशु बाबू की यह चिंता सत्य हो, किंतु यह बात आशु बाबू को वह कैसे समझावे कि वह कुछ खोने के बाद भी इस प्रवंचित लड़की के पास जो वस्तु बाकी बचेगी, वह पिता के शांति, सुखमय दीर्घ-स्थायी दांपत्य जीवन की अपेक्षा बड़ी है। परिणाम ही जिसकी दृष्टि में मूल्य-निर्णय का एकमात्र मान-दंड है, उसके साथ तर्क कैसे चल सकता है?

कमल के मन में एक बार आया कि कहे, आशु बाबू, मोह भी मिथ्या नहीं है। हो सकता है कि कन्या के चित्ताकाश में क्षण-भर के लिए भी चमक जाने वाली बिजली की रेखादीप्ति की तुलना में आपके हृदय में प्रतिष्ठित अनिर्वापित दीपशिखा को भी लाँघ जाये। पर उससे यह कहते नहीं बना और वह चुप बैठी रही।

पिता के कर्तव्य के संबंध में अपना स्पष्ट अभिमत प्रकट करके आशु बाबू उतर की प्रतीक्षा में अधीर हो रहे थे, परंतु कमल को वैसे ही निरुत्तर और सिर झुकाये बैठे देख उनकी समझ में आ गया कि वह वाद-विवाद नहीं करना चाहती। इसलिए

नहीं कि उसके पास शब्द नहीं, बल्कि इसलिए कि अब इसकी जरूरत नहीं।

पर इस तरह एक के चुप हो जाने से तो दूसरे के मन में शांति नहीं आती। वास्तव में इस प्रौढ़ आदमी के गहरे अंत:करण में सत्य के प्रति एक वास्तविक निष्ठा है। एकमात्र संतान के भावी बुरे दिनों की आशंका से लज्जित और उद्‌भ्रांत-चित्त वे मुँह से चाहे कुछ भी क्यों न कहें, पर वास्तव में बल प्रयोग को वे घृणा की दृष्टि से देखते हैं। कमल को उन्होंने जितना देखा है, उतना ही उनका आश्चर्य और श्रद्धा बढ़ती चली गई है। लोक दृष्टि में वह हेय है, निंदित है; शिष्ट-समाज द्वारा परित्यक्ता है, सभाओं में शरीक होने का उसे निमंत्रण नहीं मिलता; फिर भी इस लड़की की नीरव अवज्ञा का उन्हें सबसे ज्यादा डर है, उसी के सामने उनका संकोच नहीं मिटता।

आशु बाबू ने कहा, ''कमल, तुम्हारे पिता यूरोपियन थे, फिर भी तुम कभी उस देश में नहीं गयी हो। मगर मैंने उन लोगों के बीच बहुत दिन बिताये हैं, उनका बहुत कुछ देखा है। बहुत-से प्रेम के विवाहोत्सवों में भी जब कभी निमंत्रण मिला है, आनंद के साथ शामिल हुआ हूँ, और जब वह संबंध अनादर और अनाचार से टूटा है तब भी मैंने आँसू पोंछे हैं। वहाँ जातीं तो तुम भी ऐसा ही देखतीं।''

कमल ने उनकी तरफ मुँह उठाकर कहा, ''बगैर गये भी देखा करती हूँ आशु बाबू! संबंध-विच्छेद की नजीरें उस देश में प्रतिदिन पुंजीभूत हुआ करती हैं, और होने की बात भी है, मगर जैसे यह सच है, वैसे ही उन नजीरों के द्वारा वहाँ के समाज के स्वरूप को समझने की कोशिश भी भूल है। विचार की यह पद्धति ही नहीं आशु बाबू।''

आशु बाबू अपनी गलती को समझकर जरा अप्रतिभ हुए। इस तरह इसके साथ तर्क नहीं चल सकता। बोले, ''उसे जाने दो, पर हमारे अपने देश की तरफ भी जरा गौर से आँख पसारकर एक बार देखो। जो प्रथा चिरकाल से चली आ रही है, उसके सृष्टिकर्ताओं की दूरदर्शिता को भी जरा देखो। यहाँ वर-कन्या पर दायित्व नहीं होता, दायित्व होता है माँ-बाप और गुरुजनों पर। इसी कारण विचार-बुद्धि यहाँ आकुल-असंयम से भ्रष्ट नहीं हो जाती, बड़े-बूढ़ों की एक शांत और अविचलित मंगल-भावना जीवन-भर सदा उनके साथ बनी रहती है।''

कमल ने कहा, ''मगर मणि तो मंगल का हिसाब लगाने नहीं बैठी आशु बाबू, उसने चाहा है प्रेम; एक का हिसाब बुजुर्गों की सुयुक्तियों से मिल जाता है, पर दूसरे का हिसाब हृदय के देवता के सिवा और कोई नहीं जानता। लेकिन मैं बहस करके व्यर्थ में आपको परेशान कर रही हूँ। जिसके घर में पश्चिम की खिड़की के सिवा और सब खिड़कियाँ बंद हैं, वह प्रभात में सूर्य का आविर्भाव नहीं देख पाता, देख

पाता है सिर्फ संध्या का अवसान। परंतु संध्या के उस चेहरे और रंग का सादृश्य मिलाकर अगर वह प्रभात पर तर्क करता रहे तो सिर्फ बात ही बढ़ेगी, मीमांसा नहीं हो सकती। मुझे लेकिन रात हुई जा रही है, अब जाती हूँ।''

नीलिमा अब तक चुप थी। इतनी देर तक इतनी बातें हुईं पर किसी भी बात में उसने योग नहीं दिया। अब बोली, ''मैं भी सब बातें तुम्हारी साफ-साफ नहीं समझ पायी कमल, पर इतना महसूस कर रही हूँ कि घर की और खिड़कियाँ भी खोल देनी चाहिए। पर यह तो आँखों का दोष नहीं, दोष है बंद खिड़कियों का। नहीं तो, जिधर खुला है उधर मृत्युकालपर्यंत खड़े-खड़े देखते रहने पर भी, जो दिखाई दे रहा है, उसको छोड़कर कभी कोई चीज दिखाई नहीं देगी। ''

कमल उठके खड़ी हो गयी तो आशु बाबू व्याकुल कंठ से कह उठे, ''जाओ मत कमल, और जरा बैठो। मुँह में अन्न नहीं जाता, आँखों में नींद नहीं, लगातार छाती के भीतर ऐसा कुछ हो रहा है कि तुम्हें मैं समझा नहीं सकता। तो भी, और एक बार कोशिश कर देखूँ, तुम्हारी बातें अगर सचमुच ही समझ सकूँ। तुम क्या यथार्थ ही कह रही हो कि मैं चुप रहूँ, और यह भद्दी घटना हो जाने दी जाये?''

कमल ने कहा, ''मनोरमा यदि वास्तव में उनसे प्रेम करती हैं तो मैं उसे भद्दा नहीं कह सकती।''

''मगर यही तो मैं तुम्हें सौ-सौ बार समझाना चाहता हूँ कमल, कि यह मोह है, यह प्रेम नहीं, यह गलती उसकी दूर होगी ही होगी।''

कमल ने कहा, ''सिर्फ गलती ही, सिर्फ मोह ही दूर होता है सो नहीं आशु बाबू, सचमुच प्रेम भी संसार में नष्ट हो जाया करता है। इसी से अधिकांश प्रेम के विवाह क्षण स्थायी हो जाते हैं। इसीलिए उस देश की इतनी बदनामी है और इतने विवाह-विच्छेद के मामले वहाँ चला करते हैं।''

सुनकर आशु बाबू को सहसा मानो एक प्रकाश दिखाई दिया। उच्छ्वसित आग्रह के साथ वे कह उठे, ''यही कहो, यही कहो। यह तो मैं अपनी आँखों से देख आया हूँ।''

नीलिमा अवाक् होकर उनकी तरफ देखती रही।

आशु बाबू ने कहा, ''मगर हमारे देश की विवाह-प्रथा? उसे तुम क्या कहोगी? यह तो सारी जिंदगी नहीं टूटता?''

कमल ने कहा, ''टूटने की वजह भी नहीं आशु बाबू। वह तो अनभिज्ञ यौवन का पागलपन नहीं, बहुदर्शी बड़े-बूढ़ों का हिसाब से किया गया कारोबार है। स्वप्न का मूलधन नहीं, आँखों-देखी पक्के आदमी की जाँच-पड़ताल की हुई खालिस चीज है। गणित करने में कोई सांघाति गलती जब तक न हो गयी हो तब तक उसमें

दरार नहीं पड़ती। क्या इस देश में और क्या उस देश में, सभी जगह वह बड़ी मजबूत चीज होती है, जिंदगी-भर वज्र की तरह टिकी रहती है।''

आशु बाबू एक उसाँस लेकर स्थिर हो रहे। कोई उत्तर जबान पर न आया।

नीलिमा चुपचाप देख रही थी; अब उसने धीरे से पूछा, ''कमल, तुम्हारी बात ही अगर सच हो, यथार्थ प्रेम भी अगर भूल के प्रेम के समान ही टूट जाता हो तो मनुष्य खड़ा काहे पर होगा? उसके पास आशा करने के लिए बाकी क्या रहेगा?''

कमल ने कहा, ''जिस स्वर्गवास की मियाद निबट चुकी है, रह जायेगी उसी की एकांत मधुर स्मृति और रह जायेगा उसी की बगल में व्यथा का समुद्र। आशु बाबू के सुख और शांति की सीमा नहीं थी, लेकिन उससे अधिक उनकी और पूँजी नहीं है। भाग्य ने जिन्हें इतनी-सी पूँजी देकर बिदा कर दिया है, उनके लिए हम सिवा क्षमा करने के और कर ही क्या सकती हैं दीदी?''

फिर जरा ठहरकर बोली, ''लोग बाहर से सहसा ऐसा समझ लेते हैं कि गया, अब सब गया। इष्ट-मित्रों के डर का ठिकाना नहीं रहता। फिर तो वे दोनों हाथों से उसका रास्ता रोकना चाहते हैं; और निश्चित समझ लेते हैं कि उनके हिसाब के बाहर सिवा शून्य के और कुछ है ही नहीं। पर शून्य नहीं होता दीदी। सब चला जाने पर भी जो बच जाता है, वह मणि-माणिक्य की तरह मुट्ठी में ही आ जाता है। मगर हाँ, दर्शकों का दल जब देखता है कि चीजों की भरमार से रास्ता भर के जुलूस तो निकाला नहीं जा सकता तब वे उसे धिक्कारते हुए अपने-अपने घर लौट जाते हैं और कहते हैं, यही तो सर्वनाश है।''

नीलिमा ने कहा, ''कहने का कारण है कमल, असल में मणि-माणिक्य सबके पास नहीं होता, और न वह सर्व साधारण के लिए है। पाँव से लेकर चोटी तक सोने-चाँदी के गहने मिले बिना जिनका मन ही नहीं भरता, वे तुम्हारे उस मुट्ठी भर मणि-माणिक्य की कदर नहीं समझेंगी। जिन्हें बहुत चाहिए वे गाँठ पर बहुत-सी गाँठें लगाकर निश्िंचत हो सकते हैं। उनके लिए बहुत-सा बोझ, बहुत-सा आयोजन, बहुत-सी जगह घिरनी चाहिए तब कहीं वे चीज की कीमत का अंदाज लगा सकते हैं। पश्चिम का दरवाजा खोलकर सूर्योदय दिखाने की कोशिश व्यर्थ होगी कमल, बंद करो यह चर्चा।''

आशु बाबू के मुँह से फिर एक दीर्घ निःश्वास निकल पड़ी।

धीरे-धीरे बोले, ''व्यर्थ क्यों होगी नीलिमा, व्यर्थ नहीं होगी। अच्छी बात है, न हो तो मैं चुप ही रहूँगा।''

नीलिमा ने कहा, ''नहीं, सो आप मत कीजिएगा। सत्य क्या सिर्फ कमल के विचारों में ही है, और पिता की शुभ-बुद्धि में नहीं है? ऐसा हो ही नहीं सकता।

कमल के लिए जो सत्य है, मणि के लिए वह सत्य नहीं भी हो सकता है। स्त्री के दुश्चरित्र पति को त्याग देने में चाहे जितना भी सत्य हो, यह मैं जोर के साथ कह सकती हूँ कि बेला के पति-परित्याग में रत्ती-भर भी सत्य नहीं। सत्य न तो पति के त्याग में है, और न पति की दासी-वृत्ति करने में, ये दोनों ही सिर्फ दायें-बायें के रास्ते हैं; गंतव्य स्थान तो अपने आप ढूँढ़ लेना पड़ता है, तर्क करके उसका पता नहीं लगाया जा सकता।''

कमल चुपचाप उसकी ओर देखती रही।

नीलिमा कहने लगी, ''सूर्य का उदय होना ही उसका सब कुछ नहीं है, उसका अस्त होना भी उतना ही महत्त्व रखता है। रूप और यौवन का आकर्षण ही अगर प्रेम का सर्वस्व होता तो लड़की के संबंध में आपकी दुश्चिंता की कोई जरूरत ही न थी, मगर ऐसा नहीं है। मैंने किताबें नहीं पढ़ीं, ज्ञान-बुद्धि भी कम है; तर्क से मैं तुम्हें समझा नहीं सकती; लेकिन मुझे मालूम होता है कि असल चीज का पता तुम्हें अभी तक मिला ही नहीं। श्रद्धा, भक्ति, स्नेह, विश्वास, इन्हें कड़ाई करके नहीं पाया जा सकता; बड़े दुख से और बहुत देर में ये दिखाई देते हैं। मगर जब दिखाई देते हैं कमल, तब रूप यौवन का प्रश्न जाने कहाँ मुँह छिपाकर दुबक जाता है, कुछ पता ही नहीं पड़ता।''

तीक्ष्ण-बुद्धि कमल एक क्षण में यह समझ गयी कि उपस्थित आलोचना में उसका यह कथन अग्राह्य है। यह न तो प्रतिवाद ही है और न समर्थन ही। ये सब नीलिमा की अपनी बातें हैं। उसने देखा कि उज्ज्वल दीपालोक में नीलिमा के बिखरे हुए घने काले बालों की श्यामल छाया ने उसके चेहरे पर एक अकल्पित सुंदरता ला दी है और उसकी प्रशांत आँखों की सजल दृष्टि सकरुण स्निग्धता से ऊपर तक लबालब भर उठी है। कमल ने मन-ही-मन कहा, यह पूछना व्यर्थ है कि यह नवीन सूर्योदय है या थके हुए सूर्य का अस्त-गमन, रक्तिम आभा से आकाश की जो दिशा आज रंगीन ही उठी है, पूर्व-पश्चिम दिशा का निर्णय किये बिना ही उसके लिए मेरा श्रद्धा के साथ नमस्कार है।

दो-तीन मिनट बाद आशु बाबू सहसा चौंककर बोले, ''कमल, तुम्हारी बातें मैं फिर एक बार अच्छी तरह विचार कर देखूँगा, पर हमारी बातों की भी तुम इस तरह अवज्ञा मत करना। अनेकानेक मानवों ने इसे सत्य मानकर स्वीकार किया है, असत्य के द्वारा कभी इतने आदमियों को नहीं बहकाया जा सकता।''

कमल ने अन्यमनस्क की भाँति जरा हँसकर सिर हिला दिया; लेकिन जवाब दिया उसने नीलिमा को। बोली, ''जिस चीज से एक बच्चे को बहकाया जा सकता है, उसी से लाखों बच्चों को भी बहकाया जा सकता है। संख्या का बढ़ जाना ही

बुद्धि बढ़ने का प्रमाण नहीं, दीदी। एक दिन जिन लोगों ने कहा था, कि नर-नारी के प्रेम का इतिहास ही मानव-सभ्यता का सबसे सत्य इतिहास है, उन्हीं ने सबसे बढ़कर सत्य का पता पाया था; किंतु जिन लोगों ने यह घोषणा की कि पुत्र के लिए भार्या की आवश्यकता है, वे स्त्रियों का सिर्फ अपमान ही करके शांत नहीं हुए, बल्कि अपने बड़े होने का रास्ता भी वे चिरकाल के लिए बंद कर गये। और चूँकि उस असत्य पर ही उन्होंने सारी भीत उठायी थी, इसलिए आज तक भी उनकी संतान को दुख का कोई किनारा नहीं मिला।

"पर यह बात मुझे क्यों कह रही हो कमल?"

"क्योंकि, आज मुझे आपको ही जताने की सबसे ज्यादा जरूरत है। हमें चाटु-वाक्यों में नाना अलंकार पहनाकर जिन लोगों ने यह प्रचार किया था कि मातृत्व में नारी की चरम सार्थकता है, उन लोगों ने समस्त नारी-जाति को धोखा दिया था। जीवन में किसी भी अवस्था में क्यों न पड़ना पड़े, दीदी, पर इस मिथ्या नीति को हर्गिज न मानना। यही मेरा अंतिम अनुरोध है। पर अब नहीं, मैं जाती हूँ।"

आशु बाबू ने थके स्वर में कहा, "अच्छा जाओ। नीचे तुम्हारे लिए गाड़ी खड़ी है, पहुँचा आयेगी।"

कमल ने व्यथा के साथ कहा, "आप मुझसे स्नेह करते हैं, पर हम दोनों में कहीं भी तो मेल नहीं।"

नीलिमा ने कहा, "है क्यों नहीं कमल। पर वह मालिक की फरमाइश के अनुसार काँट-छाँट कर बनाया हुआ मेल नहीं, विधाता की सृष्टि का मेल है। चेहरा अलग-अलग है, पर खून एक ही है, आँखों की ओझल नसों में बहा करता है वह। इसी से तो बाहर का अनैक्य चाहे कितनी गड़बड़ी क्यों न पैदा करे, भीतर का प्रचंड आकर्षण हर्गिज नहीं छूटता।"

कमल ने पास आकर आशु बाबू के कंधे पर हाथ रख कर धीरे-धीरे कहा, "लड़की के बदले आप मेरे ऊपर गुस्सा नहीं हो सकेंगे, मैं कहे देती हूँ।"

आशु बाबू कुछ बोले नहीं, सिर्फ स्तब्ध होकर बैठे रहे।

कमल ने कहा, "अँग्रेजी में एक शब्द है, 'इमेंसिपेशन'। आप तो जानते हैं, प्राचीन काल में पिता की कठोर अधीनता से संतान का मुक्त किया जाना भी उसका एक बड़ा अर्थ था। उस जमाने के लड़के-लड़कियों ने मिलकर इस शब्द का आविष्कार नहीं किया था, आविष्कार किया था जो आप जैसे महान् पिता थे उन्होंने। अपनी बंधन की रस्सी ढीली करके जिन्होंने अपनी कन्याओं को मुक्ति दी थी, उन्होंने। आज भी इमेंसिपेशन के लिए चाहे कितनी ही स्त्रियाँ मिलकर झगड़ा क्यों न करती रहें, देने वाले असल मालिक पुरुषगण ही हैं, हम स्त्रियाँ नहीं। जगत्-

व्यवस्था के इस सत्य को मैं एक दिन के लिए भी नहीं भूलती।

"मेरे पिता अकसर कहा करते थे कि संसार के क्रीत दासों को उनके मालिकों ने ही एक दिन स्वाधीनता दी थी, और उस दिन उनकी तरफ से लड़े भी थे, वे ही जो उनके मालिकों की जाति के थे—दासों ने युद्ध के बल पर या युक्तियों के बल पर स्वाधीनता नहीं पायी। ऐसा ही होता है। विश्व का नियम ही यह है; शक्तिमान ही शक्ति के बंधन से दुर्बलों को परित्राण देते हैं।

"उसी तरह नारियों को भी पुरुष ही मुक्ति दे सकते हैं। दायित्व तो उन्हीं का है। मनोरमा को मुक्ति देने का भार आपके हाथ में है। मणि विद्रोह कर सकती है, पर पिता के अभिशाप में तो संतान की मुक्ति नहीं रहती, उसकी मुक्ति तो उनके आशीर्वाद में ही निहित है।"

आशु बाबू भी कुछ न बोल सके। इस उच्छृंखल प्रकृति की लड़की ने संसार में असम्मान और अमर्यादा के बीच में ही जन्म-लाभ किया है, किंतु जन्म की उस लज्जाजनक दुर्गति को हृदय से संपूर्ण विलुप्त करके अपने लोकांतरित पिता के प्रति उसने जो भक्ति और स्नेह का भाव संचित कर रखा है उसकी सीमा नहीं है!

कमल के पिता को उन्होंने देखा नहीं, और अपने संस्कार और प्रकृति के अनुसार उस आदमी पर श्रद्धा करना भी कठिन है, फिर भी उस व्यक्ति के लिए उनकी आँखों में पानी भर आया।

अपनी लड़की का विच्छेद और दुराचरण उनके हृदय में शूल की तरह चुभा हुआ है, मगर फिर भी इस पराई लड़की के मुँह की तरफ देखकर मानो उन्हें इस बात का आभास-सा मिला कि सब बंधन तोड़कर भी आदमी को कैसे हमेशा के लिए बाँध के रखा जा सकता है; और वे अपने कंधे पर का उसका हाथ खींचकर क्षण-भर चुपचाप बैठे रहे।

कमल ने कहा, "अब मैं जाऊँ?"

आशु बाबू ने हाथ छोड़ दिया, कहा, "जाओ।"

इससे ज्यादा उनके मुँह से और कुछ निकला ही नहीं।

25

जाड़ों का सूर्य अस्त हो गया है। संध्या की छाया ने घर के भीतर का हिस्सा धुँधला-सा कर दिया है। सिलाई का एक जरूरी काम थोड़ा-सा बचा है, जिसे कमल दिया-बत्ती के पहले ही पूरा कर देना चाहती है। पास ही कुरसी पर अजित बैठा है।

उसकी भावभंगिमा से मालूम होता है कि कोई बात कहते-कहते अचानक रुक गया है और व्याकुल आग्रह के साथ उत्तर की प्रतीक्षा कर रहा है।

मनोरमा और शिवनाथ का मामला सबको मालूम हो चुका है। आज का प्रसंग उसी विषय को लेकर शुरू हुआ है। अजित ने शुरू-शुरू में कहा था कि उसने आगरे में आते ही संदेह किया था कि अंत में जाकर ऐसी ही बात होगी।

पर संदेह के कारण के संबंध में कमल ने कोई उत्सुकता नहीं दिखाई!

उसके बाद अजित अनर्गल बकते-बकते अंत में ऐसी जगह आकर रुका जहाँ दूसरी तरफ से उत्तर पाये बिना नहीं बढ़ा जा सकता।

कमल अत्यंत तल्लीनता के साथ सिलाई करने में ही लगी रही, मानो उसे सिर उठाने की भी फुरसत नहीं।

दो-तीन मिनट सन्नाटे में बीते। आगे न जाने और कितनी देर लगे, इसलिए अजित को फिर कोशिश करनी पड़ी, बोला, ''आश्चर्य तो यह है कि शिवनाथ का आचरण तुम्हारी निगाह में पकड़ाई नहीं दिया।''

कमल ने मुँह नहीं उठाया, किंतु सिर हिलाकर कहा, ''नहीं।''

''तुम ऐसी भोली-भाली हो कि तुम्हें कुछ संदेह नहीं हुआ, इस पर क्या कोई विश्वास कर सकता है?''

''और कोई कर सकता है या नहीं, मुझे नहीं मालूम। पर क्या आप भी नहीं कर सकते?''

अजित ने कहा, ''शायद कर सकता हूँ, लेकिन तुम्हारे मुँह की ओर देखकर, ऐसे ही नहीं।''

अब कमल ने मुँह ऊपर किया और हँसकर कहा, ''तो देखिए, और कहिए, कर सकते हैं या नहीं?''

अजित की आँखें चमक उठीं। बोला, ''तुम्हारी बात सच है। उस पर अविश्वास नहीं किया; उसी का यह नतीजा हुआ।''

''हुआ है सो मैं मानती हूँ, पर यह भी तो खुलासा कर बताइए कि आपने अपने संदेह का अच्छा नतीजा किस परिमाण में पाया?'' कहकर वह फिर जरा हँसी और काम में लग गयी।

इसके बाद अजित संबद्ध और असंबद्ध बहुत-सी बातें दस-पंद्रह मिनट तक लगातार कहता रहा। अंत में थककर बोला, ''कभी हाँ, कभी ना, पहेली बुझाने के सिवा क्या तुम सीधी बात करना जानती ही नहीं?''

कमल ने सिलाई का काम सीधा करते हुए कहा, ''स्त्रियाँ पहेली बुझाना ही पसंद करती हैं, उनका यह स्वभाव है।''

"तो उस स्वभाव की मैं तारीफ नहीं कर सकता। स्पष्ट करना भी जरा सीखो, उसके बिना संसार में काम नहीं चलता।"

"आप भी पहेली समझना जरा सीखिए, अन्यथा दूसरे पक्ष को भी ऐसी ही असुविधा होती है।" कमल ने हाथ की चीज तह करके टोकरी में रखते हुए कहा, "स्पष्ट कहने का लोभ जिन्हें बहुत ज्यादा होता है, वे अगर वक्ता हुए तो अखबार में वक्तृता छपाते हैं, लेखक हुए तो अपने ग्रंथ की भूमिका लिखते हैं और अगर नाट्यकार हुए तो खुद ही अपने नाटक के नायक बनकर अभिनय करते हैं! सोचते हैं; शब्दों से जो व्यक्त नहीं हो सका उसे हाथ-पैर हिलाकर व्यक्त कर देना चाहिए। पर सिर्फ यही मैं नहीं जानती कि अगर वे प्रेम करते हैं तो क्या करते हैं? लेकिन जरा बैठिए आप, मैं बत्ती जला लाऊँ।"

कहकर वह जल्दी से दूसरे कमरे में चली गयी।

पाँच-छह मिनट बाद वह लौट आयी और टेबिल पर बत्ती रख कर जमीन पर बैठ गयी।

अजित ने कहा, "वक्ता, लेखक या नाटककार; इनमें से मैं कोई भी नहीं, लिहाजा, उनकी तरफ से मैं कैफियत नहीं दे सकता, लेकिन अगर वे प्रेम करते हैं तो क्या करते हैं, सो मैं जानता हूँ। वे शैव विवाह का कूट-कौशल नहीं रचते; बल्कि साफ और जानी हुई राह पर कदम रखकर चलते हैं। वे इस बात का ख़याल रखते हैं कि उनके पीछे कहीं घर वालों को खाने-पहनने की तकलीफ न उठानी पड़े, आश्रय के लिए मालिक-मकान का मुँह न ताकना पड़े, असम्मान की चोट..."

कमल बीच ही में रोककर बोल उठी, "बस-बस, हो गया।" और फिर हँसते हुए कहा, "यानी वे शुरू से आखिर तक इमारत को ऐसे भयंकर रूप से ठोस और मजबूत बना देते हैं कि कब्र के मुरदे के सिवा उसमें जिंदा आदमी के लिए दम लेने की भी संधि नहीं रहती। वे साधु पुरुष हैं..."

सहसा दरवाजे के बाहर से अनुरोध आया, "हम लोग भीतर आ सकते हैं?"

हरेंद्र की आवाज थी। पर 'हम लोग' कौन?

"आइए, आइए।" कहती हुई कमल अभ्यर्थना के लिए दरवाजे के पास जा खड़ी हुई।

हरेंद्र था और साथ में एक और युवक। हरेंद्र ने कहा, "सतीश को हमारे आश्रम में तुमने सिर्फ एक दिन देखा था, फिर भी आशा है कि भूली न होगी।"

कमल ने मुसकराते हुए जवाब दिया, "नहीं। फर्क सिर्फ इतना है कि उस दिन कपड़े सफेद थे, आज हैं पीले।"

हरेंद्र ने कहा, "यह तो उच्चतर भूमि पर आरोहण की बाह्य घोषणा मात्र है और

कुछ नहीं। काशीधाम से सद्य: प्रत्यागत हुए हैं, दो घंटे से ज्यादा नहीं हुए। एक तो थके हुए हैं, और दूसरे तुम्हारे प्रति प्रसन्न नहीं, फिर भी मुझे यहाँ आते देख आवेग का संवरण न कर सके। यह हम ब्रह्मचारी लोगों के मत का औदार्य है और कुछ नहीं।'' कहते हुए उसने भीतर की तरफ झाँका, और कहने लगा, ''अरे आप हैं! यहाँ तो और भी एक नैष्ठिक ब्रह्मचारी पूर्वाह्न में ही समुपस्थिति हैं। खैर, अब कोई आशंका का कारण नहीं। मेरा आश्रम तो टूट रहा है, लेकिन दूसरा नया पैदा हुआ ही समझो।'' यह कहकर वह भीतर घुसा, दूसरी कुरसी सतीश को दिखाता हुआ बोला, ''बैठो'' और आप खाट पर जा डटा।

यह देखकर कि कमल खड़ी है, और तीसरा आसन है नहीं, सतीश बैठने में दुविधा कर रहा था; हरेंद्र इस बात को न समझा हो सो बात नहीं, फिर भी वह हँसकर बोला, ''बैठो भी सतीश, जाति न जायेगी। काशी हो आने के कारण तुम चाहे जितने भी ऊँचे चढ़ गये हो, पर इस बात को न भूलो कि संसार में उससे भी ऊँची कोई जगह है।''

''नहीं नहीं, इसलिए नहीं?'' कहकर सतीश अप्रतिभ-सा होकर बैठ गया।

उसका मुँह देखकर कमल हँसी। उसने कहा, ''किसी पर व्यंग्य करना आपके मुँह से शोभा नहीं देता हरेंद्र बाबू। आश्रम के प्रतिष्ठाता भी आप हैं और महंत भी आप ही हैं। ये लोग उमर में भी छोटे हैं और पंडागिरी में भी पीछे हैं। इनका काम तो सिर्फ आपके उपदेश और आदेश के अनुसार चलना है। इसलिए...''

हरेंद्र ने कहा, ''आपका यह 'इसलिए' तो बिलकुल ही अनावश्यक है। आश्रम का प्रतिष्ठाता शायद मैं ही हूँ, पर महंत और महाराज हैं ये ही दोनों मित्र सतीश और राजेंद्र। एक का काम है मुझे उपदेश देना और दूसरे का काम था यथासाध्य मेरी न मानकर चलना। एक का तो पता ही नहीं और दूसरे लौटे हैं बहुत ज्यादा तत्त्व-संचय करके। मुझे डर है कि इनके साथ कदम से कदम मिलाकर शायद ही मैं चल सकूँगा। अब सिर्फ उन अर्ध उपासे लड़कों की चिंता है जिन्हें काशी-कांची-भ्रमण कराकर ये वापस ले आये हैं। मैंने उनकी तरफ देखते ही समझ लिया कि इस बीच में उनकी आचार-निष्ठा में रंच-मात्र भी त्रुटि नहीं हुई। क्षोभ सिर्फ इतना ही है कि और जरा जोर से तपस्या करा दी जाती तो वापस आने का रेल-किराया मेरा नहीं लगता।''

कमल ने हार्दिक-वेदना के साथ पूछा, ''लड़के बहुत दुबले हो गये होंगे?''

हरेंद्र ने कहा, ''दुबले? आश्रम की परिभाषा में शायद उसके लिए एक अच्छा-सा शब्द है, सतीश को मालूम होगा, आधुनिक काल में अंकित किया हुआ 'शुक्राचार्य के तपोवन में कच का चित्र' क्या तुमने देखा है? नहीं देखा? तो तुम मेरी

बात नहीं समझ सकोगी। मैंने जब ऊपर के बरामदे से देखा तो मालूम हुआ कि कचों का एक झुंड सहसा पंक्तिवार स्वर्ग से उतरकर आश्रम में प्रवेश कर रहा है। मुझे उम्मीद बंधी कि आश्रम जब टूटेगा तब, खाना-पीना न मिलने पर भी वे न मरेंगे, किसी भी चित्रकारी के स्कूल में जाकर चित्र के लिए मॉडेल का काम दे सकेंगे।''

कमल ने कहा, ''सुना है आप आश्रम बंद कर रहे हैं। यह क्या सच है?''

''सच है। तुम्हारे वाक्य-बाण मुझसे सहे नहीं जाते। सतीश के यहाँ आने का यह भी एक कारण है। इसकी धारणा है कि तुम असल में भारतीय रमणी नहीं हो। इसलिए भारत की निगूढ़ सत्य वस्तु को पहचान ही नहीं सकतीं। तुम्हें यह यही बात समझा देना चाहता है। समझोगी या नहीं सो तो तुम्हीं जानो, पर इसे मैंने आश्वासन दे दिया है कि मैं कुछ भी क्यों न करूँ, उन लोगों के लिए डर की कोई बात नहीं। कारण, मालूम नहीं, चतुर्विध आश्रमों में से अजित कुमार स्वयं कौन-सा आश्रम ग्रहण करेंगे; पर फिर भी, परंपरा से इतनी खबर मुझे मिल गयी है कि वे बहुत-सा अर्थ-व्यय करके ऐसे और भी दस-बीस आश्रम जगह-जगह खोल देना चाहते हैं। उनके पास अर्थ भी है और देने की सामर्थ्य भी। सो उनमें से एक का नायकत्व तो सतीश को मिल ही जायेगा।''

कमल भीतर-ही-भीतर मुसकराती हुई बोली, ''दानशीलता जैसी दृष्कृति को ढँकने के लिए इससे अच्छा आच्छादन और नहीं हो सकता। पर भारत की सत्य वस्तु को मुझे समझाने से सतीश बाबू को क्या फायदा होगा? हरेंद्र बाबू से मैंने आश्रम बंद कर देने के लिए भी नहीं कहा, और रुपयों के बल पर भारत-भर में आश्रम खोलने के लिए भी अजित बाबू को मैं मना नहीं करूँगी। मेरी आपत्ति तो सिर्फ उसी को सत्य मान लेने में है। उसमें किसी का क्या नुकसान?''

सतीश विनीत स्वर में बोला, ''नुकसान का परिणाम बाहर से नहीं दिखाई देता। बहस के लिए नहीं, बल्कि शिक्षार्थी के तौर पर मैं आपसे अगर कुछ प्रश्न करूँ तो क्या आप उनका उत्तर देंगी?''

''मगर आज तो मैं बहुत थकी हुई हूँ सतीश बाबू।''

सतीश ने उसकी बात पर कुछ ध्यान ही नहीं दिया। बोला, ''हरेंद्र भइया ने अभी-अभी हँसी के तौर पर कहा था कि मैं काशी जाकर चाहे जितना भी ऊँचा चढ़ गया होऊँ, संसार में उससे भी ऊँचा और स्थान है सो, वह यही घर है। मैं जानता हूँ कि आपके प्रति इनकी श्रद्धा असीम है। आश्रम टूट जाने से हानि नहीं, किंतु आपकी बातों से इनका अगर मन टूट गया तो नुकसान की पूर्ति होना कठिन है।''

कमल चुप रही। सतीश कहने लगा, ''राजेंद्र को आप अच्छी तरह जानती होंगी, वह मेरा मित्र है। मूल विषय पर मत का मेल न होता तो हम दोनों की मित्रता होती ही

नहीं। उसी के समान मैं भी चाहता हूँ कि भारत की सर्वांगीण मुक्ति में से स्वजाति का परम कल्याण हो। उसी आशा से हम लड़कों को संघबद्ध करके गढ़ना चाहते हैं। हमें मृत्यु के बाद कल्पकाल तक बैकुंठवास करने का लोभ नहीं, लेकिन नियम के कठोर बंधन के बिना संघ की सृष्टि हरगिज नहीं हो सकती। और सिर्फ लड़कों के लिए ही नहीं, उस बंधन को हम लोगों ने स्वयं अपने ऊपर भी लागू किया है। कष्ट वहाँ जरूर है, और रहेगा ही; क्योंकि बहुत 'श्रम' करके महान् वस्तु को प्राप्त करने के स्थान को ही तो 'आश्रम' कहते हैं। इसमें उपहास की तो कोई बात नहीं।''

कोई जवाब न पाकर सतीश फिर कहने लगा, ''हरेंद्र भैया का आश्रम चाहे जैसा भी हो, उसके विषय में मैं आलोचना नहीं करूँगा; कारण, तब उसके व्यक्तिगत हो जाने पर डर है। परंतु इसे तो अस्वीकार नहीं किया जा सकता कि भारतीय आश्रमों में भारत के अतीत के प्रति निष्ठा और परम श्रद्धा निहित होनी चाहिए। त्याग, ब्रह्मचर्य, संयम, ये सब शक्तिहीन असमर्थों के धर्म नहीं हैं। जाति-गठन के प्राण और उपादान उस समय इन्हीं में निहित थे, और आज इस युग में भी वे उपेक्षा की सामग्री नहीं। मरणोन्मुख भारत को सिर्फ एक इसी मार्ग से पुनर्जीवित किया जा सकता है। आश्रम के आचार और अनुष्ठान के द्वारा हम अपने इसी विश्वास और इसी श्रद्धा को जगाये रखना चाहते हैं। एक दिन इस मंत्र-मुखरित, होमाग्नि-प्रज्वलित, तपस्या-कठोर भारत में जो आश्रमों की प्रतिष्ठा हुई थी वह जाति-जीवन के एक मौलिक कल्याण को सफल करने के उद्देश्य से ही हुई थी और इस सत्य को कौन ऐसा मूर्ख होगा जो स्वीकार नहीं करेगा कि वह प्रयोजन आज भी मिटा नहीं है ?''

सतीश की वक्तृता में हार्दिकता का जोर था। उसकी बातें अच्छी थीं और निरंतर कहते रहने के कारण कंठस्थ हो गयी थीं। आखिर में उसका मुलायम स्वर तेज हो गया और मारे उत्तेजना के काला चेहरा बैगनी हो उठा। उसी की तरफ चुपचाप और निष्पलक दृष्टि से देखते रहने के कारण एक प्रकार के धार्मिक जोश से अजित का आपाद-मस्तक रोमांचित हो उठा; साथ ही हरेंद्र भी, यद्यपि इसके पहले वह अपने आश्रम के विरुद्ध कितना ही मौखिक आस्फालन कर चुका है, आश्रम के विगत गौरव के वर्णन से विश्वास और अविश्वास के बीच आँधी के वेग से झूलने लगा। उसी के मुँह की तरफ तीक्ष्ण दृष्टि रखकर सतीश कहने लगा, ''हरेंद्र भैया, हम भले ही मर जायें, पर इस सत्य को कि इस तरह के आश्रमों में ही हमारे नव-जन्म-लाभ का विज्ञान है, आप भूले जा रहे हैं; किस युक्ति पर ? आप तोड़ना चाहते हैं, पर तोड़ना ही क्या बड़ी बात है ? आप ही बताइए कि बनाना क्या उससे बहुत बड़ी बात नहीं है ?''

फिर कमल के मुँह की तरफ देखकर उसने पूछा, "जीवन में कितने आश्रम आपने अपनी आँखों देखे हैं? और कितनों के साथ यथार्थ गूढ़ परिचय हुआ है?"

"कठिन प्रश्न है।" कमल ने कहा, "वास्तव में एक भी नहीं देखा और आप लोगों के आश्रम के सिवा और किसी के साथ मेरा कोई परिचय भी नहीं हुआ।"

"तब बताइए?"

कमल ने हँसते चेहरे से कहा, "आँखों से क्या सभी कुछ देखा जा सकता है? आप लोगों के आश्रम का 'श्रम' ही आँखों से देख आयी थी, मगर उससे किसी महान् वस्तु के प्राप्त करने की बात तो ओट की ओट में ही रह गयी।"

सतीश ने कहा, "आप फिर हँसी उड़ा रही हैं।"

उसका क्रुद्ध चेहरा देखकर हरेंद्र स्निग्ध स्वर में बोल उठा, "नहीं-नहीं सतीश हँसी नहीं उड़ा रहीं, यों ही सिर्फ विनोद कर रही हैं। यह तो इनका स्वभाव है।"

सतीश बोला, "स्वभाव है? पर स्वभाव कहने से ही कैफियत नहीं हो जाती हरेंद्र भैया। यह तो भारत के अतीत काल का जो भी कुछ नित्य पूजनीय और नित्य-आचारणीय तत्त्व है, उसी का अपमान, उसी के प्रति अश्रद्धा दिखाना है। उसकी तो उपेक्षा नहीं की जा सकती।"

हरेंद्र ने कमल की तरफ इशारा करके कहा, "इस बात पर इनसे अनेक बार बहस हो चुकी है। इनका कहना है कि अतीत का इसमें कोई महत्त्व नहीं। वस्तु अतीत होती है काल के धर्म से, मगर अच्छी होती है अपने गुण से। सिर्फ प्राचीन होने से ही वह पूज्य नहीं हो जाती। जो बर्बर जाति किसी जमाने में अपने बूढ़े माँ-बाप को जिंदा गाड़ देती थी, वह आज भी उस प्राचीन अनुष्ठान की दुहाई देकर अपने कर्तव्य का निर्देश करना चाहे तो उसे भी तो रोका नहीं जा सकता सतीश?"

सतीश क्रोध में आकर ऊँचे स्वर में कह उठा, "प्राचीन भारत के साथ बर्बरों की तुलना नहीं हो सकती हरेंद्र दादा।"

हरेंद्र ने कहा, "सो मैं जानता हूँ। पर यह तो युक्ति नहीं सतीश, यह तो गले के जोर की बात है।"

सतीश और भी उत्तेजित हो उठा। बोला, "यह हम लोगों ने स्वप्न में भी न सोचा था हरेंद्र दादा कि आप भी एक दिन इस नास्तिकता के चक्कर में पड़ेंगे।"

हरेंद्र ने कहा, "तुम जानते हो कि मैं नास्तिक नहीं हूँ। लेकिन यह गाली देकर सिर्फ अपमान ही किया जा सकता है सतीश, मत की प्रतिष्ठा नहीं की जा सकती। कठोर बात ही दुनिया में सबसे ज्यादा कमजोर होती है।"

सतीश शर्मिंदा हो गया। उसने झुककर हरेंद्र के पाँव छू लिये और कहा, "अपमान मैंने नहीं किया हरेंद्र भइया। आप तो जानते हैं, हम लोग आपकी कितनी

भक्ति करते हैं, मगर हमें दुख होता है जब सुनते हैं कि भारत की शाश्वत तपस्या पर भी आप अविश्वास करने लगे हैं! एक दिन जिन उपादानों और जिस साधना से उन तपस्वियों ने भारत की इस विशाल जाति और विराट् सभ्यता का निर्माण किया था, वह सत्य कभी विलुप्त नहीं हुआ। स्वर्णाक्षरों में लिखा हुआ मैं स्पष्ट देख रहा हूँ कि वही भारत का धर्म है, वही हमारी अपनी चीज है। इस ध्वंसोन्मुख विराट् जाति को फिर उन्हीं उपादानों से जिलाया जा सकता है भइया, और कोई मार्ग नहीं।''

हरेंद्र ने कहा, ''न भी जिलाया जा सके, सतीश। यह तुम्हारा विश्वास है, और इसकी कीमत सिर्फ तुम्हीं तक सीमित है। एक दिन ठीक इसी ढंग की बात के जवाब में कमल ने कहा था, 'जगत् के आदिम युग में एक दिन विराट् अस्थि, विराट् क्षुधा वाले एक विराट् जीव की सृष्टि हुई थी; उसी देह और क्षुधा से वह संसार को जय करता फिरता था, और उस दिन वे थे उसके सत्य उपादान। किंतु फिर एक दिन ऐसा आया कि उसी देह और उसी क्षुधा ने उसकी मृत्यु ला दी। एक दिन के सत्य के उपादानों ने दूसरे मिथ्या उपादान बनकर उसे संसार से निश्चिह्न कर दिया, जरा भी दुविधा नहीं की। उसकी अस्थि आज पत्थर में परिणत हो गयी है, और अब वह सिर्फ पुरातत्व के विद्वानों की गवेषणा की चीज रह गयी है।''

सतीश को सहसा जवाब ढूँढ़े न मिला। वह कहने लगा, ''तो क्या हमारे पूर्व-पुरुषों का आदर्श भ्रांत था? उनके तत्त्व-निरूपण में सत्य नहीं था?''

हरेंद्र ने कहा, ''हो सकता है कि उस दिन उसमें सत्य रहा हो, पर आज उस सत्य के न रहने में कोई बाधा नहीं। उस दिन जो पथ स्वर्ण का पथ था अगर आज वही हमें यमराज के दक्षिण द्वार पर पहुँचा दे तो मुँह फुलाने का मैं तो कोई कारण नहीं देखता, सतीश।''

सतीश अपने गूढ़ क्रोध को जी-जान से दबाकर बोला, ''हरेंद्र दादा, यह सब सिर्फ आप लोगों की आधुनिक शिक्षा का फल है और कुछ नहीं।''

हरेंद्र ने कहा, ''असंभव नहीं। किंतु आधुनिक शिक्षा अगर आधुनिक काल में हमें कल्याण का मार्ग दिखा सके तो मैं उसमें लज्जा की कोई बात नहीं देखता।''

सतीश बहुत देर तक निर्वाक् होकर स्तब्ध बैठा रहा, फिर धीरे-धीरे बोला, ''मगर मैं तो लज्जा का बल्कि महा लज्जा का कारण देखता हूँ, हरेंद्र दादा। भारत का ज्ञान और भारत का प्राचीन तत्त्व इस भारत का ही वैशिष्ट्य और प्राण है। उस तत्त्व को तिलांजलि देकर अगर देश को स्वाधीनता प्राप्त करना हो तो वह स्वाधीनता भारत की जय न होगी, बल्कि उससे तो सिर्फ पाश्चात्य नीति और पाश्चात्य सभ्यता की ही जय होगी। वह तो पराजय का ही नामांतर है। उससे तो मृत्यु अच्छी।''

सतीश की वेदना हार्दिक है। उस व्यवस्था का परिणाम अनुभव करके हरेंद्र

मौन हो रहा और अबकी बार जवाब दिया कमल ने। उसके मुँह पर सुपरिचित परिहास का चिह्न तक न था, और कंठ स्वर संयत, शांत और मृदु था।

उसने कहा, ''सतीश बाबू, आपने जीवन में जैसे अपने आपको समर्पित कर दिया है, अपने संस्कारों को भी वैसे ही अगर समर्पित कर सकते तो आज यह बात भी अनुभव करने में आपको कठिनाई न होती कि किसी विशेष भाव के लिए या किसी वैशिष्ट्य के लिए आदमी नहीं है, बल्कि आदमी के लिए ही उस वैशिष्ट्य कर आदर है, मूल्य है। पर मानव ही अगर नष्ट हो जाये तो उस तत्त्व की महिमा की प्रचेष्टा से लाभ ही क्या होगा? भारत के मत की जय न भी हो तो क्या हुआ, मनुष्य की जय तो होगी। तब मुक्ति पाकर इतने नर-नारी धन्य हो जायेंगे। जरा नवीन तुर्की की तरफ तो देखिए। जब तक वह अपनी प्राचीन रीति-नीति, आचार-विचार और परंपरागत पुराने अनुष्ठान-मार्ग को सत्य जानकर पकड़े रहा, तब तक उसकी बार-बार पराजय ही होती रही। आज उसने क्रांति में से सत्य को पाया है—उसका सारा का सारा, कूड़ा-करकट बह गया है, किसकी ताकत है कि आज उसका उपहास करे? और मजा यह कि किसी दिन उसके प्राचीन मत और मार्ग ने ही उसे विजय दी थी, ऐश्वर्य दिया था, कल्याण दिया था, मनुष्यत्व दिया था। पहले उसने सोचा था कि वही शायद चिरंतन सत्य है। सोचा था कि उसी को जी-जान से पकड़ रहने से विगत गौरव को आज भी वापस पाया जा सकता है। उसे इस बात का ख़याल भी न था कि उसका भी विवर्तन है। आज उसका वह मोह तो मर गया, पर आदमी जी उठा। ऐसे दृष्टांत और भी हैं, और भी होंगे। सतीश बाबू, आत्म-विश्वास और आत्म-अहंकार दोनों एक चीज नहीं हैं।''

सतीश ने कहा, ''जानता हूँ। मगर ऐसा भी तो हो सकता है कि पश्चिम के लोगों ने मनुष्य के प्रश्न का जो उत्तर दिया है वह शेष उत्तर न हो? ऐसा भी तो हो सकता है कि उनकी सभ्यता का भी किसी दिन ध्वंस हो जाये?''

कमल ने सिर हिलाकर कहा, ''हाँ, हो सकता है। और मेरी धारणा है कि ध्वंस होगा भी।''

''तब फिर?''

कमल ने कहा, ''उसमें धिक्कार की कोई बात नहीं होगी सतीश बाबू। बुरा तो अच्छे का दुश्मन नहीं हुआ करता, अच्छे का दुश्मन तो वह है जो उससे और भी अच्छा है। वह और भी अच्छा जिस दिन अच्छे के सामने उपस्थित होकर प्रश्न का जवाब चाहता है, उस दिन उसी के हाथ में राजदंड सौंपकर उसे अलग हो जाना पड़ता है। एक दिन शक, हूण और तातारों ने आकर भारत को शारीरिक बल पर जय कर लिया, मगर यहाँ की सभ्यता को वे नहीं बाँध सके, वे खुद ही बँध गये। जानते

हैं इसका कारण क्या था? असल कारण यह था कि वे खुद ही छोटे थे। पर मुगल पठानों की परीक्षा बाकी ही रह गयी, क्योंकि इसी बीच फ्रांसीसी और अँग्रेज आ धमके। लेकिन उनकी मियाद आज भी खत्म नहीं हुई है। भारत को इसका जवाब उन्हें एक दिन देना ही होगा। खैर, उस प्रश्न को जाने दीजिए, लेकिन पश्चिम के ज्ञान-विज्ञान और सभ्यता के सामने भारतवर्ष को आज अगर नीचा देखना पड़े तो उससे उसके दंभ को चोट जरूर पहुँचेगी, किंतु यह मैं निश्चय से कह सकती हूँ कि उससे उसके कल्याण को चोट न पहुँचेगी।''

सतीश ने जोर से सिर हिलाते हुए कहा, ''नहीं, नहीं, नहीं। जिनमें आस्था नहीं, श्रद्धा नहीं, विश्वास की नींव जिनकी बालू पर है, उनके सामने यह कहना तो सर्वनाश को निमंत्रण देना होगा।'' कहकर उसने कनखियों से हरेंद्र को देखा और कहा, ''ठीक इसी तरह एक दिन बंगाल में, अभी ज्यादा दिन नहीं हुए, विदेश के विज्ञान, विदेश के दर्शन और विदेश की सभ्यता को बड़ा मानकर कुछ सत्य भ्रष्ट और आदर्श भ्रष्ट लोगों ने अपनी अधूरी शिक्षा के विजातीय दंभ से स्वदेश का जो कुछ अपना था उसी को तुच्छ करके देश के मन को विक्षिप्त और कदाचारी बना डाला था। मगर इतना बड़ा अकल्याण विधाता से सहा न गया, उसकी प्रतिक्रिया हुई और विवेक लौट आया। भूल दिखाई दे गयी। उन विषम दिनों में जो मनस्वी अपनी जाति के केंद्र-विमुख उद्भ्रांत चित्त को अपने घर की ही ओर फिर से वापस ले आये थे, वे सिर्फ बंगाल के ही नहीं, समग्र भारत के वंदनीय हैं।'' यह कहते हुए उसने दोनों हाथ जोड़कर माथे से लगा लिये।

बात सच थी और सभी जानते थे। लिहाजा हरेंद्र और अजित दोनों ने जो उसका अनुकरण करके वंदनीयों के लिए नमस्कार किया, उसमें आश्चर्य की कोई बात नहीं थी। अजित ने मृदु स्वर में कहा, ''नहीं तो शायद बहुत से लोग उस समय ईसाई हो जाते। सिर्फ उन्हीं के कारण ऐसा न हो सका।''

बात कहने के बाद ही उसने कमल के मुँह की तरफ देखा, उसकी आँखों में इसका अनुमोदन नहीं था, सिर्फ तिरस्कार का भाव ही दिखाई दिया। फिर भी वह चुप ही रही। शायद, जवाब देने की इच्छा भी नहीं थी। अजित को वह जानती थी, पर हरेंद्र ने इसी की अस्फुट प्रतिध्वनि-सी की, तब उसकी कुछ देर पहले कही हुई बातों के साथ यह ससंकोच जड़ता ऐसी भद्दी दीख पड़ी कि वह चुप न रह सकी। बोली, ''हरेंद्र बाबू, कुछ ऐसे आदमी होते हैं जो भूत तो नहीं मानते, पर भूत से डरते जरूर हैं। आप उन्हीं में से एक हैं और इसी का नाम है भाव के घर चोरी। इतना अनुचित और कुछ हो ही नहीं सकता। इस देश में आश्रम जैसी संस्थाओं के लिए न कभी रुपयों की कमी होगी और न लड़कों का अकाल पड़ेगा; इसलिए, आपके

बिना भी सतीश बाबू का काम चल जायेगा मगर इन्हें त्याग देने का मिथ्याचार आपको हमेशा खलता रहेगा।''

फिर जरा ठहरकर बोली, ''मेरे पिता ईसाई थे; पर मैं कौन हूँ, इस बात की खोज न तो कभी उन्होंने की और न मैंने ही। उन्हें इसकी कोई जरूरत नहीं थी, और मुझे कुछ याद न था। मैं तो यही कामना करती हूँ कि धर्म को आमरण इसी तरह भूली रह सकूँ। परंतु अभी-अभी उच्छृंखल और अनाचारी कहकर आपने जिनका तिरस्कार किया और वंदनीय कहकर जिन्हें नमस्कार किया, उनमें से स्वदेश के सर्वनाश में किनका दान भारी है, इस प्रश्न का जवाब लोग किसी-न-किसी दिन अवश्य चाहेंगे।''

सतीश की देह पर मानो किसी ने कस कर चाबुक मार दिया। तीव्र वेदना से वह अकस्मात् उठकर खड़ा हो गया और बोला, ''आप जानती हैं, उनके नाम? कभी सुने हैं किसी के मुँह से?''

कमल ने सिर हिलाकर कहा, ''नहीं।''

''तो, पहले जान लीजिए।''

कमल ने हँसते हुए कहा, ''अच्छा। पर नाम का मोह मुझे नहीं है। नाम जानने को ही मैं जानने का शेष नहीं मान सकती।''

प्रत्युत्तर में सतीश अपनी आँखों से सिर्फ अवज्ञा और घृणा बरसाता हुआ तेज कदमों से बाहर चला गया।

वह गुस्से में चला गया है, इसमें कोई संदेह नहीं रहा। इस अप्रीतिकर घटना को कुछ हलका करने के लिए कुछ देर बाद हरेंद्र ने हँसने की कोशिश करते हुए कहा, ''कमल की आकृति तो प्राच्य की है पर प्रकृति बिलकुल प्रतीच्य की। एक तो दिखाई देती है और दूसरी बिलकुल आँखों के ओझल रह जाती है। यही आदमी को गलतफहमी होती है। इनकी परोसी हुई चीज खायी तो जा सकती है, पर हजम करते वक्त पेट की बत्तीसों नाड़ियों में मानो मरोड़ा उठने लगता है। हमारी किसी भी प्राचीन चीज पर न तो इन्हें विश्वास है और न सहानुभूति। बेकाम कहकर रद्द कर देने में इन्हें जैसे कुछ दर्द ही नहीं मालूम होता। लेकिन, इस बात को ये समझ ही नहीं सकतीं कि सूक्ष्म काँटा हाथ आ जाने से ही सूक्ष्म वजन करना नहीं आ जाता।''

कमल ने कहा, ''समझ सकती हूँ, लेकिन सिर्फ दाम देते वक्त एक के बदले दूसरी चीज नहीं ले सकती। मेरी आपत्ति वहीं है।''

हरेंद्र ने कहा, ''मैंने तय कर लिया है कि आश्रम जरूर उठा दूँगा। मुझे संदेह हो गया है कि उस शिक्षा से लड़के आदमी बनकर देश की मुक्ति और परम कल्याण को पुनः प्राप्त कर सकेंगे या नहीं। लेकिन समझ में नहीं आता कि दीनहीन

घरों के जिन लड़कों को सतीश घर छुड़ा कर ले आया है उनका क्या करूँ? सतीश के हाथ सौंप देना भी मुझसे नहीं हो सकता।''

कमल ने कहा, ''सौंपने की कोई जरूरत नहीं। जरूरत सिर्फ इस बात की है कि उनके द्वारा कोई असाधारण या अलौकिक बात करवा डालने की ख्वाहिश न रखी जाये। दीन-दुखी घरों के लड़के सभी देशों में हैं; वहाँ वाले जैसे उन्हें बड़ा करते हैं वैसे ही आप भी इन्हें आदमी बनाने की कोशिश करते रहें।''

हरेंद्र ने कहा, ''इस विषय में भी अभी तक मैं निःसंशय नहीं हो सका हूँ कमल। शिक्षक लगाकर मैं उन्हें पढ़ा-लिखा सकता हूँ, पर इसका मुझे भय है कि जिस संयम और त्याग की शिक्षा उन्हें दी जा रही थी उससे दूर करके भी उन्हें आदमी बनाया जा सकता है या नहीं।''

कमल ने कहा, ''हरेंद्र बाबू, सभी बातों को आप लोग इस तरह एकांगी ढंग से सोचा करते हैं, इसी से किसी प्रश्न का सीधा उत्तर आप लोगों को नहीं मिल सकता। आपका ख़याल है कि लड़के या तो देवता बनेंगे, या फिर बिलकुल ही उच्छृंखल पशु बन जायेंगे। जगत् का सहज सरल स्वाभाविक सौंदर्य आपकी दृष्टि के सामने आता ही नहीं। आप लोग दूसरों के हाथ के मनगढ़ंत अन्याय की अनुभूति से अपने संपूर्ण चित्त को शंका से त्रस्त और मलिन रखा करते है। उस दिन मैं आश्रम में जो कुछ देख आयी हूँ वह क्या संयम और त्याग की शिक्षा है? उन लोगों को मिला ही क्या है? सिर्फ दूसरों का दिया हुआ दुख का बोझ ही तो मिला है, अनधिकार मिला है, और मिली है प्रवंचित की क्षुधा। चीन देश में लड़कियों के पाँव जन्म से छोटे बनाये जाते हैं। मेरे लिए यह सह्य है कि पुरुष वर्ग उन्हें सुंदर बतावे, पर वहाँ की स्त्रियाँ ही जब अपने उन पंगु और विकृत पैरों की सुंदरता पर खुद मोहित हो जाती हैं, तब फिर सुधार की कोई आशा शेष नहीं रह जाती। इस समय आप लोग अपने कृतित्व पर खुद ही मुग्ध हो रहे हैं। मैंने उन लोगों से पूछा, 'बच्चो, कैसे रहते हो तुम लोग, बताओ?' लड़कों ने एक साथ जवाब दिया, 'बहुत अच्छी तरह।' उन्होंने एक बार भी नहीं सोचा कि 'अच्छी तरह' किसे कहते हैं। सोचने-विचारने की शक्ति भी उनकी जाती रही है, ऐसा जबर्दस्त शासन है उन पर। नीलिमा दीदी ने मेरी तरफ देखकर शायद इसका उत्तर चाहा था, पर छाती पीटकर रोने के सिवा मुझे इस बात का कोई जवाब ही ढूँढ़े न मिला। मन-ही-मन सोचने लगी, ये ही लोग क्या भविष्य में देश की स्वाधीनता अर्जन करेंगे?''

हरेंद्र ने कहा, ''लड़कों की बात जाने दो, लेकिन राजेंद्र-सतीश वगैरह तो युवक हैं? ये भी तो सर्व-त्यागी हैं?''

कमल ने कहा, ''राजेंद्र को आप लोग पहचाने नहीं, लिहाजा उसकी चर्चा

छोड़िए। बात असल में यह है कि वैराग्य-यौवन के सर पर ही ज्यादा सवार होता है। वह जहाँ शक्ति बनकर बैठा हुआ है वहाँ विरुद्ध शक्ति के बिना उसे वश में कौन करेगा?''

हरेंद्र ने कहा, ''गुस्सा मत होना कमल, तुम्हारे खून में तो वैराग्य है ही नहीं। तुम्हारे पिता यूरोपियन थे और उन्हीं के हाथ से तुम्हारा शिशु-जीवन गढ़ा गया है। माँ इस देश की थीं, पर उनका जिक्र न करना ही अच्छा है। इसी से, पश्चिम की शिक्षा से तुमने भोग को ही जीवन की सबसे बड़ी चीज समझ लिया है।''

कमल ने कहा, ''गुस्सा मैं नहीं करती, हरेंद्र बाबू। पर ऐसी बात आप न कहें। सिर्फ भोग को ही जीवन की सबसे बड़ी चीज समझकर संसार में कोई भी जाति बड़ी नहीं हो सकती। मुसलमानों ने जिस दिन ऐसी गलती की, उस दिन उनका त्याग भी गया और भोग भी छूट गया। ऐसी ही गलती यदि पश्चिम वालों ने की, तो वे भी मरेंगे। पश्चिम भी तो कोई दुनिया से अलग नहीं है। अगर वे इस विधान की उपेक्षा करके चलेंगे तो उनके भी जीने का फिर कोई रास्ता नहीं रह जायेगा।''

थोड़ी देर मौन रहकर फिर कहने लगी, ''लेकिन तब मन-ही-मन मुस्कराकर आप लोग कहेंगे—'क्यों, कहा था न! हम तो पहले से ही जानते थे कि यह थोड़े दिनों की उछलकूद है इनकी, सो एक दिन खतम हो जायेगी। इधर देखो, हम लोग शुरू से आखिर तक वैसे ही टिके हुए हैं!'''और कहते-कहते सुनिर्मल हँसी से उसका सारा का सारा चेहरा विकसित हो उठा।

हरेंद्र बोला, ''ऐसा ही हो, वही दिन आये।''

कमल ने कहा, ''ऐसी बात नहीं कहनी चाहिए हरेंद्र बाबू। इतनी बड़ी जाति अगर गिर जाये, तो उसकी धूल से ही संसार के बहुत से प्रकाश-स्तंभ म्लान हो जायेंगे। मनुष्य जाति के लिए वे बहुत ही बुरे दिन साबित होंगे।''

हरेंद्र उठ खड़ा हुआ। बोला, ''उसमें अभी देर है; पर अपने बुरे दिनों का आभास मैं अभी से ही पा रहा हूँ। बहुत-से प्रकाश-स्तंभ बुझते दिखाई दे रहे हैं। अपने पिता से तुमने उन्हें बुझाने का ही कौशल सीखा है कमल, जलाने की विद्या नहीं सीखी। अच्छा, अब चल दिया। अजित बाबू को अभी देर होगी शायद?''

अजित उठने के लिए जरा हिला-डुला, पर उठा नहीं।

कमल ने कहा, ''हरेंद्र बाबू, प्रकाश स्तंभ का प्रकाश रास्ते पर न पड़कर अगर आँखों पर पड़े तो ठोकर खाकर नाली में गिरना पड़ता है। उस प्रकाश को जो बुझा देता है उसे हितैषी मित्र ही समझिएंगा।''

हरेंद्र ने एक गहरी साँस ली और कहा, ''बहुत बार ख़याल आता है कि तुम्हारे साथ अशुभ घड़ी में परिचय हुआ था। विश्वास का इतना जोर तो मुझमें नहीं है

जितना कि तुम में है, फिर भी मैं कह सकता हूँ कि वे विद्या, बुद्धि, ज्ञान और पौरुष की चाहे जितनी चकाचौंध दिखलावें, भारत के सामने वह कुछ भी नहीं, सब अकिंचत्कर है।''

कमल ने कहा, ''यह तो ऐसी बात हुई जैसे क्लास में प्रमोशन न पाने वाले विद्यार्थी का एम.ए. पास करने वाले को धिक्कार देना। हरेंद्र बाबू, 'आत्म-सम्मान-ज्ञान' जैसे एक शब्द है, वैसे ही 'बड़ाई करना' भी एक शब्द है।''

हरेंद्र को क्रोध आ गया। कहने लगा, ''शब्द तो बहुत हैं। लेकिन यह भारत ही एक दिन सारे जगत् का गुरु था। बहुतों के पुरखे तो तब शायद पेड़ों की डालियों पर उछला करते थे। और, फिर एक दिन ऐसा आयेगा जब भारतवर्ष ही जगत् के शिक्षक का आसन ग्रहण करेगा। करेगा, अवश्य ही करेगा।''

कमल को गुस्सा नहीं आया, वह हँस दी। बोली, ''आज तो वे लोग डालियों पर से नीचे उतर आये हैं। पर यदि इसी आलोचना का आनंद उठाना हो कि कौन-से महा-अतीत काल में किसके पूर्वपुरुष जगत् के गुरु थे और कौन-से महा-भविष्य काल में उनके वंशधर फिर पैतृक पेशा अख्तियार कर लेंगे, तो अजित बाबू को जाकर पकड़िए। मुझे बहुत काम करना है।''

हरेंद्र ने कहा, ''अच्छा, नमस्कार।''

और वह विषण्ण गंभीर चेहरा लिये घर से निकल गया।

26

आठ दिन बाद कमल आशु बाबू के घर मिलने गई। जिन लोगों को लेकर यह कहानी है, उनके जीवन में इधर कई दिनों में एक उलटफेर हो गया है। किंतु न तो उसे आकस्मिक कहा जा सकता है और न अप्रत्याशित ही। इधर कुछ दिनों से जो आकाश में इधर-उधर से हवा में उड़ते हुए बादलों के टुकड़े जमा हो रहे थे, उनके परिणाम के संबंध में विशेष संशय न था, और हुआ भी वही।

फाटक पर दरबान हाजिर नहीं है। नीचे के बरामदे में साधारणत: कोई बैठता न था फिर भी वहाँ कुछ मेजें और कुर्सियाँ पड़ी रहती थीं, दीवार पर बड़े आदमियों की कई एक तस्वीरें थीं, किंतु आज वे सब नदारद हैं। सिर्फ छत से एक काली-कलूटी लालटेन लटक रही है। जगह-जगह कूड़ा-करकट जमा हो रहा है, उसे साफ करने की अब शायद आवश्यकता नहीं रह गयी है। न जाने कैसा एक श्रीहीन वातावरण है, जिसे देखकर सहज ही अनुमान किया जा सकता है कि मकान-मालिक अब

यहाँ से पलायन कर रहे हैं।

कमल ऊपर जाकर आशु बाबू की बैठक में पहुँची। दिन ढल रहा था। आशु बाबू आराम-कुर्सी पर पैर फैलाये पड़े थे। कमरे में और कोई न था। परदा हटने के शब्द से उन्होंने आँखें खोलीं और वे उठकर बैठ गये। कमल के आने की शायद उन्होंने आशा नहीं की थी; इससे कुछ ज्यादा खुश होकर उन्होंने अभ्यर्थना की। बोले, ''कमल हो! आओ बेटी, आओ।''

उनके चेहरे की तरफ देखकर कमल के हृदय में चोट पहुँची। उसने कहा, ''यह क्या? आप तो बूढ़े-से दिखाई देने लगे हैं, चाचाजी?''

आशु बाबू हँस दिये। बोले, ''बूढ़ा? यह तो भगवान् का आशीर्वाद है कमल। भीतर-ही-भीतर जब उमर बढ़ती है तब मनुष्य के लिए इससे बढ़कर दुर्भाग्य और नहीं हो सकता कि बाहर से बूढ़ा न दिखाई दे। यह अवस्था बचपन में ही गंजे हो जाने जैसी करुण है।''

''लेकिन तबीयत भी तो अच्छी नहीं दीख रही है?''

''नहीं।''

इसके बाद, फिर उन्होंने आगे प्रश्न करने का मौका नहीं दिया, बोले, ''तुम कैसी हो, सो तो बताओ?''

''अच्छी हूँ। मैं तो कभी बीमार पड़ती नहीं, चाचाजी।''

''सो तो मालूम है। न देह और न मन, तुम्हारे दोनों ही बीमार नहीं होते। कारण इसका है कि तुम्हें लोभ नहीं। तुम कुछ भी चाहती नहीं, इसी से भगवान् ने तुम्हें दोनों हाथों से सब कुछ उँड़ेल कर दे दिया है।''

''मुझे? क्या देते देखा आपने, बताइए तो?''

आशु बाबू ने कहा, ''यह डिप्टी साहब की अदालत नहीं जो धमकी देकर मामला जीत जाओगी। खैर, कुछ भी हो, पर मैं मानता हूँ कि दुनिया के विचार से मैंने खुद भी कम नहीं पाया। यही तो मैं आज सबेरे से थैली झाड़कर और फर्द मिला-मिलाकर देख रहा था। देखा कि शून्य के अंकों ने ही इतने दिनों से तहबील फैला रखी थी, अंततः सारहीन थैली के भारी-भरकम आकार ने आदमियों की आँखों को महज धोखा ही दिया, भीतर कोई चीज उसमें थी ही नहीं। लोग सिर्फ गलती से ही सोचा करते हैं बेटी, कि गणित-शास्त्र के अनुसार शून्यों की भी कीमत है। मैंने तो देखा कि उनकी कोई भी कीमत नहीं। एक के अंक की दाहिनी तरफ वे अगर पंक्तिवार खड़े हो जायें तो उस एक को ही एक करोड़ बना देते हैं, पर अगर सिर्फ शून्य ही अपनी संख्या के जोर से चाहें कि करोड़ हो जायें तो नहीं हो सकते। जहाँ कोई और अंक नहीं, वहाँ तो वे सिर्फ माया ही हैं। मेरा पाना भी ठीक उन

शून्यों को पाने जैसा है।''

कमल ने बहस नहीं की, वह उनके पास कुरसी खींचकर बैठ गयी। आशु बाबू ने अपना दाहिना हाथ कमल के हाथ पर रखते हुए कहा, ''बेटी, अब तो सचमुच ही मेरे जाने की पारी आ गयी, कल-परसों तक चला जाऊँगा। बूढ़ा हो गया, न जाने अब फिर कब भेंट होगी। पर इतना तुम भरोसा दो कि मुझे कभी भूलोगी नहीं।''

कमल ने कहा, ''नहीं, भूलूँगी नहीं। और भेंट भी होगी फिर कभी। आपको अपनी थैली सूनी मालूम पड़ रही है, पर मैंने अपनी थैली शून्यों से नहीं भर रखी है चाचाजी, उसमें सचमुच की चीज है, माया नहीं।''

आशु बाबू ने इस बात का कुछ जवाब नहीं दिया, पर मन में समझ लिया कि लड़की ने रंचमात्र भी झूठ नहीं कहा।

कमल ने कहा, ''मैं घर में घुसते ही समझ गयी कि आप यहाँ हैं जरूर, पर आपका मन यहाँ से विदा हो गया है। इसलिए अब आपको पकड़कर नहीं रखा जा सकता। कहाँ जायेंगे? कलकत्ते?''

आशु बाबू धीरे से सिर हिलाते हुए बोले, ''नहीं, वहाँ नहीं। इस बार जरा दूर जाने की सोची है। पुराने मित्रों को वचन दिया था कि अगर जिंदा रहा तो फिर एक बार आऊँगा। यहाँ तुम्हें तो कोई काम नहीं, चलोगी बिटिया, मेरे साथ विलायत? अगर वहाँ से मैं न लौट सका तो तुम्हारे मुँह से कोई खबर तो सुन ही लेगा।''

इस अनुद्दिष्ट सर्वनाम का उद्दिष्ट कौन है, सो कमल को समझने में देर न लगी; परंतु इस अस्पष्टता को सुस्पष्ट कर देना भी उसने अनावश्यक समझा।

आशु बाबू कहने लगे, ''डर की कोई बात नहीं बेटी, इस बूढ़े की तुम्हें सेवा न करनी होगी। इस अकर्मण्य देह की कीमत ही क्या है? इसे ढोते रहने के लिए मैं अपने ऊपर किसी का ऋण नहीं बढ़ाना चाहता। पर कौन जानता था कमल, कि इस मांस-पिंड को लेकर भी प्रश्न जटिल हो सकता है? ऐसा लगता है कि मारे लज्जा के जमीन में गड़ा जा रहा हूँ। इस दुनिया में इतनी बड़ी आश्चर्य की बात भी होती है, सो भला कब कौन सोच सकता है, बताओ?''

कमल संदेह से चौंक पड़ी। बोली, ''नीलिमा दीदी को नहीं देख रही हूँ चाचाजी, वे कहाँ हैं?''

आशु बाबू ने कहा, ''शायद अपने कमरे में होगी, कल सबेरे से ही नहीं दिखाई दे रही है। सुना है कि हरेंद्र आकर उसे अपने घर ले जायेगा।''

''अपने आश्रम में?''

''आश्रम अब नहीं रहा। सतीश चला गया है, कुछ लड़कों को भी अपने साथ ले गया है। चार-पाँच लड़कों को हरेंद्र ने नहीं जाने दिया है, वे यहीं हैं। उनके माँ-

बाप या रिश्तेदार कोई भी नहीं हैं। वह चाहता है कि उन्हें वह अपने आइडिया के अनुसार नवीन ढंग से तैयार करे। तुमने सुना नहीं शायद? सुनतीं भी किससे?''

जरा ठहरकर फिर कहने लगे, ''परसों शाम को लोगों के चले जाने पर अधूरी चिट्ठी पूरी करके नीलिमा को सुनाने लगा। कई दिनों से वह बराबर कुछ अन्यमनस्क-सी रहती थी, इधर उसे देख भी कम पाता था। चिट्ठी थी कलकत्ते के अपने कर्मचारी के नाम, मेरे विलायत जाने का सारा आयोजन जल्दी पूरा करने के लिए। एक नये वसीयतनामा का मसविदा भी भेजा था, शायद यही मेरा आखिरी वसीयतनामा, अटर्नी को दिखाकर पक्का करके दस्तखत के लिए वापस भेजने को लिखा था। और भी बहुत-सी आशाएँ थीं। नीलिमा कुछ सी रही थी। उसकी तरफ से भला-बुरा कुछ भी उत्तर न पाकर मैं मुँह उठाकर उसकी तरफ देखने लगा तो देखा, उसके हाथ का सिलाई का कपड़ा जमीन पर पड़ा है, सिर चौकी के एक किनारे लुढ़क गया है, आँखें मिंची हैं और चेहरा बिलकुल सफेद हो गया है। मेरी कुछ समझ ही में न आया कि अचानक क्या हो गया। झटपट उठकर जमीन पर लिटाया, गिलास में पानी था उसके मुँह और आँखों पर छींटे मारे। पंखा था नहीं, सो अखबार उठाकर उससे हवा करने लगा। नौकर को पुकारना चाहा, मुँह से आवाज ही न निकली। शायद दो-तीन मिनट ही यह अवस्था रही, ज्यादा नहीं, इसके बाद उसने आँखें खोलीं और झिझक के साथ उठकर बैठ गयी। एक बार सारा शरीर काँप उठा और फिर वह औंधी होकर मेरी गोद में मुँह छिपाकर जोर से रोने लगी! ऐसी रोयी कि कुछ पूछो मत। मालूम हुआ कि जैसे उसकी छाती ही फट जायेगी। बहुत देर बाद मैंने उठाकर बिठाया। कितने दिनों की कितनी ही बातें और कितनी ही घटनाएँ याद आ गयीं, फिर मुझे समझने में कुछ भी बाकी न रह गया।

कमल चुपचाप उनके मुँह की तरफ देखती रही।

आशु बाबू ने क्षण-भर अपने को सँभालने में लगाया और फिर कहा, ''मैं समझता हूँ, इस तरह दो-तीन मिनट बीते होंगे। मेरे यह सोचने के पहले ही कि ऐसी हालत में मुझे क्या कहना चाहिए, वह तीर की तरह उठ खड़ी हुई, मेरी ओर एक बार देखा तक नहीं, और कमरे से बाहर निकल गयी। न तो उसने कोई बात कही और न मैं ही कुछ बोल सका। उसके बाद फिर मुलाकात नहीं हुई।''

कमल ने कहा, ''यह क्या आप पहले समझ नहीं पाये थे?''

आशु बाबू ने कहा, ''नहीं। कभी स्वप्न में भी न सोचा था। और कोई होता तो संदेह करता कि महज छल है, स्वार्थ है। पर उसके विषय में ऐसी बात सोचना भी अपराध है। यह स्त्रियों का मन कितनी अबूझ चीज है! इससे बढ़कर संसार में और क्या आश्चर्य की बात होगी कि यह रोगातुर शरीर, ऐसा अक्षम और अवसन्न मन,

जीवन की यह संध्या वेला जिसमें जीवन की कोई कीमत नहीं, इस पर भी किसी सुन्दरी युवती का मन आकृष्ट हो? फिर भी, यह सच है, जरा भी झूठ नहीं।''

इतना कहकर वह सदाचारी प्रौढ़ आदमी क्षोभ, वेदना और निष्कपट लज्जा से एक साँस लेकर चुप हो रहा।

आशु बाबू कुछ देर इसी तरह रहकर फिर कहने लगे, ''मगर मैं यह निश्चित जानता हूँ कि यह बुद्धिमती नारी मुझसे कुछ भी प्रत्याशा नहीं करती। वह सिर्फ चाहती है मेरी सेवा करना, और वह भी इसलिए कि सेवा के अभाव में मेरे जीवन के बाकी दिन कहीं दुख में न बीतें। केवल दया और अकृत्रिम करुणा, बस।''

कमल को चुप देख वे कहने लगे, ''बेला ने विवाह-विच्छेद का जब मामला चलाया था तब मैंने अपनी सम्मति दी थी। बातों ही बातों में उस दिन जब प्रसंग उठ पड़ा तो नीलिमा बहुत नाराज हुई और उसके बाद से तो बेला उसके लिए असह्य हो गयी। अपने पति को इस तरह सर्वसाधारण के सामने लज्जित और बेइज्जत करने की प्रतिहिंसा को नीलिमा हृदय से पसंद न कर सकी। उसने कहा कि 'पति को त्याग देना कोई बड़ी बात नहीं, उसे फिर से पाने की साधना ही स्त्री के लिए परम सार्थकता है। अपमान का बदला लेने में ही स्त्री की वास्तविक मर्यादा नष्ट होती है, अन्यथा, वही तो कसौटी है जिस पर जाँचकर प्रेम की कीमत आँकी जाती है। और फिर यह कैसा आत्म-सम्मान का भाव कि जिसे असम्मान के साथ अलग कर दिया, उसी से अपने खाने-पहनने का खर्च हाथ पसारकर लिया जाये? क्या गले में फाँसी डालने के लिए रस्सी भी नहीं जुटी?'

''सुनकर मैंने सोचा था कि नीलिमा की यह बात बेजा है, ज्यादती है। पर आज सोचता हूँ कि प्रेम क्या नहीं कर सकता। रूप, यौवन, सम्मान, संपदा, यह सब कुछ नहीं बेटी, क्षमा ही उसकी वास्तविक आत्मा है। जहाँ क्षमा नहीं, वहाँ प्रेम सिर्फ विडंबना है, वहाँ पर रूप-यौवन का विचार-वितर्क उठता है और वहीं पर आता है आत्मसम्मान ज्ञान का 'टग ऑफ्-वार'।''

कमल उनके मुँह की तरफ देखती हुई चुप हो रही।

आशु बाबू कहने लगे, ''कमल, तुम ही उसकी आदर्श हो, पर चाँद की चाँदनी मानो सूर्य-किरणों से भी बढ़ गयी है। तुमसे जो कुछ उसने पाया है, अपने हृदय के रस में भिगोकर स्निग्ध माधुर्य के साथ उसने उसे न जाने कितनी तरफ बिखेर दिया है। मैंने इन दो दिनों में दो सौ वर्ष की चिंता की है, कमल। स्त्री का प्रेम मैंने पाया था, उसका स्वाद मैं पहचानता हूँ, स्वरूप जानता हूँ; परंतु इस नवीन तत्त्व ने, कि नारी के प्रेम का वह सिर्फ एक ही पहलू था, सहसा आज मुझे आच्छन्न कर दिया है। इसमें न जाने कितनी बाधा है, न जाने कितनी व्यथा है, अपने को विसर्जन करने

की न जाने कितनी बिन जानी तैयारियाँ हैं। यद्यपि मैं उसे हाथ पसारकर ले नहीं सका, पर क्या कहकर उसे नमस्कार करूँ सो भी समझ में नहीं आ रहा है कमल।''

कमल समझ गयी कि पत्नी-प्रेम की सुदीर्घ छाया ने इतने दिन जिन दिशाओं में अँधेरा कर रखा था, आज वे ही दिशाएँ धीरे-धीरे उज्ज्वल होती जा रही हैं।

आशु बाबू ने कहा, ''ठीक है; मणि को मैंने क्षमा कर दिया है। बाप के अभिमान को मैं अब उसके आगे लाल आँखें न करने दूँगा। मैं जानता हूँ कि वह दुख पायेगी, जगत् का, विधिबद्ध शासन उसे छुटकारा नहीं देगा। अनुमति तो नहीं दे सकूँगा, पर जाते समय यह आशीर्वाद छोड़ जाऊँगा कि दुख में से वह फिर अपने को किसी दिन खोज कर पा ले। उसकी भूल भ्रांति और प्रेम, भगवान् उन लोगों का सुविचार करें।'' कहते-कहते उनका गला भारी हो आया।

इसी तरह नीरवता में बहुत क्षण कट गये। उनके मोटे हाथ पर कमल धीरे-धीरे हाथ फेर रही थी। बहुत देर बाद उसने मृदु कंठ से कहा, ''चाचाजी, नीलिमा दीदी के विषय में आपने क्या निर्णय किया?''

आशु बाबू अकस्मात् सीधे होकर बैठ गये। जैसे किसी ने उन्हें ठेलकर उठा दिया हो, बोले, ''देखो बेटी, तुम्हें मैं पहले भी नहीं समझा सका हूँ और अब भी न समझा सकूँगा और शायद अब सामर्थ्य भी नहीं। पर ऐसा संशय मेरे मन में कभी नहीं आया कि एकनिष्ठ प्रेम का आदर्श मनुष्य का सच्चा आदर्श नहीं। नीलिमा के प्रेम पर मैं संदेह नहीं करता; पर जैसे वह सत्य है वैसे ही उसे अस्वीकार करना भी मेरे लिए वैसा ही सत्य है। किसी तरह भी मैं इसे निष्फल आत्म-वंचना नहीं कह सकता। तर्क से इसका मेल नहीं खायेगा, पर यह सच है कि निष्फलता में से होकर मनुष्य आगे बढ़ेगा। मैं नहीं मानता कि कहाँ जायेगा, पर जायेगा जरूर। यद्यपि वह मेरी कल्पना से अतीत है, पर मैं यह निश्चय से जानता हूँ कि इतनी बड़ी व्यथा का प्रतिफल मनुष्य किसी-न-किसी दिन पायेगा अवश्य। नहीं तो संसार असत्य, सृष्टि असत्य हो जायेगी।''

वे कहने लगे, ''इसी नीलिमा को ही ले लो, किसी भी आदमी के लिए जो नारी अमूल्य संपदा हो सकती है, उसके लिए कहीं भी खड़े होने की जगह नहीं। उसकी व्यर्थता मेरे बाकी दिनों को शूल की तरह चुभती रहेगी। इसी से सोचता हूँ, अगर वह और किसी से प्रेम करती। यह उसकी कैसी भूल है!''

कमल ने कहा, ''भूल सुधार के दिन तो अभी खतम नहीं हो गये चाचाजी!''

''कैसे? तुम समझती हो, अब क्या वह फिर किसी से प्रेम कर सकती है?''

''कम से कम, असंभव तो नहीं है। इसे भी क्या आपने कभी संभव समझा था कि आपके अपने जीवन में कभी ऐसी घटना हो सकती है?''

''लेकिन नीलिमा? उसके जैसी स्त्री?''

कमल ने कहा, "सो नहीं जानती। पर उसके लिए क्या आप यही प्रार्थना करेंगे कि जिसे उसने पाया नहीं, और पा सकती नहीं, उसी की याद में सारा जीवन व्यर्थ निराशा में काट दे?"

आशु बाबू के चेहरे की दीप्ति बहुत कुछ मलिन हो गयी। बोले, "नहीं, ऐसी प्रार्थना नहीं करूँगा।" फिर क्षण-भर चुप रहकर कहने लगे, "मगर मेरी बात भी तुम नहीं समझोगी, कमल। मैं जो कर सकता हूँ, वह तूम नहीं कर सकतीं। सत्य का मूलगत संस्कार तुम्हारे और मेरे जीवन का एक नहीं, बिलकुल भिन्न है। इस जीवन को ही जिन लोगों ने मानव-आत्मा की परम प्राप्ति समझा है, उनके लिए प्रतीक्षा करना मुश्किल है, वे तो आजन्म-भोग की अंतिम बूँद तक इसी जीवन में पी लेना चाहेंगे; परंतु हम जन्मांतर मानते हैं, प्रतीक्षा करने का समय हमारे लिए अनंत है, उसमें औंधे होकर पीने की जरूरत नहीं पड़ती।"

कमल ने शांत कंठ से कहा, "यह बात मैं आपकी मानती हूँ चाचाजी। लेकिन, सिर्फ इसी कारण तो आपके संस्कार को युक्ति के रूप में स्वीकार नहीं किया जा सकता; और आकाश-कुसुम की आशा से विधाता के दरवाजे पर हाथ पसारे जन्मांतर-काल तक प्रतीक्षा करने लायक धैर्य भी मुझमें नहीं है। जिस जीवन को सबके बीच सहज-बुद्धि से पाया है, वही मेरे लिए सत्य है, वही महान् है। फूल-फल और शोभा-संपदा से मेरा यह जीवन भर उठे, परलोक के विशाल लाभ की आशा से मैं जीवन की उपेक्षा, अवज्ञा और अपमान न करूँ, इतना ही मैं ठीक समझती हूँ। चाचाजी, इसी तरह आप लोग आनंद से और सौभाग्य से स्वेच्छापूर्वक वंचित रहा करते हैं। आप लोग इहलोक को तुच्छ समझते हैं, इसी से इहलोक ने भी आप लोगों को सारे जगत् के सामने तुच्छ बना रखा है। नीलिमा जीजी से भेंट होगी या नहीं, सो नहीं मालूम, अगर होगी तो मैं उनसे यही बात कह जाऊँगी।"

कमल उठकर खड़ी हो गयी। आशु बाबू ने सहसा जोर से उसका हाथ पकड़ लिया। बोले, "जा रही हो बेटी? यह सोचते ही क्रि 'तुम जा रही हो' मेरी छाती के भीतर हाहाकार-सा मच जाता है।"

कमल बैठ गयी। बोली, "पर आपको तो मैं किसी भी तरह से तसल्ली दे नहीं पाती चाचाजी, देह और मन से जब आप अत्यंत अस्वस्थ हैं; और सांत्वना देना ही सबसे जरूरी वस्तु है, तब मैं सब तरफ से मानो आपको चोट ही पहुँचाया करती हूँ। फिर भी, यह सत्य है कि मैं आपको किसी से भी कम प्यार नहीं करती चाचाजी।"

आशु बाबू ने इसे मन-ही-मन स्वीकार करते हुए कहा, "इसके सिवा नीलिमा, वह भी क्या साधारण आश्चर्य है! पर जानती हो इसका कारण क्या है कमल?"

कमल ने मुसकराते हुए कहा, "शायद आपके अंदर दलदल नहीं है। दलदल अपने शरीर का भी बोझ नहीं ढो सकता, पाँवों के नीचे से अपने को हटाकर अपने आपको डुबा देता है। लेकिन ठोस मिट्टी लोहे और पत्थर का भी बोझ झेल लेती है, इमारत उसी पर बनायी जा सकती है। नीलिमा दीदी को सब स्त्रियाँ नहीं समझ सकतीं; हाँ जिनके अपने को लेकर खेल खेलने के दिन बीत चुके हैं और सिर का बोझ उतारकर जो सहज निश्वास लेती हुई जीना चाहती हैं, वे उन्हें समझ सकेंगी।"

"हाँ" कहकर, आशु बाबू ने गहरी साँस ली, और कहा, "और शिवनाथ?"

कमल ने कहा, "जिस दिन से मैंने उन्हें सचमुच समझा है, उस दिन से क्षोभ और अभिमान मेरे मन से बिलकुल धुल-पुँछ गया है, ज्वाला बुझ गयी है। शिवनाथ गुणी आदमी हैं, कलाकार हैं, कवि हैं। चिरस्थायी प्रेम कलाकारों के मार्ग का विघ्न है, उनकी सृष्टि के लिए अंतराय है, उनके स्वभाव का परम विरोधी है। यही बात उस दिन ताज के सामने खड़ी होकर मैं कहना चाहती थी। स्त्रियाँ तो एक उपलक्ष्य-मात्र हैं, नहीं तो, असल में वे प्रेम करते हैं सिर्फ अपने आप से। अपने मन को दो भागों में विभक्त करके उनकी दो दिन की लीला चलती है—उसके बाद वह खतम हो जाती है। इसीलिए उनके गले का स्वर ऐसा विचित्र होकर बजता है—अन्यथा वह बजता नहीं, सूखकर जम जाता। मैं तो समझती हूँ, शिवनाथ ने उसे नहीं ठगा, मनोरमा ने अपने आप ही भूल की है। सूर्यास्त के समय बादलों पर जो रंग खिलने लगता है चाचाजी, वह न तो स्वार्थी होता है और न उसका वह स्वाभाविक रंग ही है। लेकिन फिर भी उसे झूठ कौन कह सकता है?"

आशु बाबू ने कहा, "सो मालूम है, पर केवल रंग से ही तो आदमी के दिन नहीं कटते बेटी, और न उपमा से उसकी व्यथा ही मिटती है। बताओ बेटी, इसका क्या उपाय है?"

कमल का चेहरा क्लांति से मलिन हो गया, उसने कहा, "इसी से घूम-फिरकर एक ही प्रश्न बार-बार सामने आ जाया करता है चाचाजी, वह जैसे शेष ही नहीं होता। बल्कि यही ठीक है कि जाते समय आप अपना यही आशीर्वाद छोड़ जायें कि मणि दुख के दिनों में अपने आपको ढूँढ़ निकाले, जो झड़नेवाला है उसके झड़ जाने के बाद वह बिना किसी संशय के अपने को पहचान सके। और आपसे भी मैं कहूँगी कि संसार में होने वाली अनेक घटनाओं में से विवाह भी एक घटना है, उससे ज्यादा कुछ नहीं। उसी को जिस दिन से नारी का सर्वस्व मान लिया गया है उसी दिन से स्त्रियों के जीवन की सबसे बड़ी ट्रेजडी शुरू हो गयी है। विदेश जाने के पहले अपने मन की असत्य की जंजीर से अपनी लड़की को मुक्त कर जाइए। चाचाजी, यही आपसे मेरी अंतिम प्रार्थना है।"

सहसा दरवाजे के पास किसी के पैरों की आहट सुनकर दोनों उधर देखने लगे। हरेंद्र ने भीतर आकर कहा, "भाभीजी को मैं लिवाने आया हूँ, आशु बाबू, वे भी तैयार हैं, ताँगा लाने के लिए आदमी भेज दिया है।"

आशु बाबू का चेहरा फक पड़ गया।

बोले, "अभी? लेकिन अब तो दिन नहीं रहा?"

हरेंद्र ने कहा, "दस-बीस कोस नहीं है, पाँच मिनट में पहुँच जायेंगी।"

उसका चेहरा जैसा गंभीर था बातें भी उसकी वैसी ही नीरस थीं।

आशु बाबू ने आहिस्ते से कहा, "सो तो ठीक है। पर शाम का वक्त है, आज जाये बगैर नहीं चलेगा?"

हरेंद्र ने जेब में से कागज का एक टुकड़ा निकालकर आगे बढ़ाते हुए कहा, "आप ही विचार कीजिए।"

उसमें लिखा था, "लालाजी, यहाँ से मुझे ले जाने का उपाय तुम न कर सको, तो मुझे खबर दे देना। पर कल मत कहना कि मुझसे कहा क्यों नहीं?—नीलिमा।"

आशु बाबू सन्न रह गये।

हरेंद्र ने कहा, "निकट-आत्मीय के रूप में तो मैं दावा नहीं कर सकता, पर उन्हें तो आप जानते हैं, उनकी इस चिट्ठी के पाने के बाद देर करने की भी हिम्मत नहीं पड़ती।"

"तुम्हारे ही घर पर तो रहेंगी?"

"हाँ, कम से कम उससे अच्छी व्यवस्था जब तक न हो सके तब तक। सोचा कि इस घर में उनके इतने दिन बीत गये तो उस घर में भी कुछ अनुचित न होगा।"

आशु बाबू चुप रहे। इतना भी न कहा कि यह सुबुद्धि अब तक कहाँ रही?

इतने में बेहरा आया और बोला, "मेम साहब का सामान लेने मजिस्ट्रेट साहब के यहाँ से आदमी आया है।"

आशु बाबू ने कहा, "उनका जो कुछ सामान है सब बता दो।"

कमल की आँखों से आँखें मिलते ही उन्होंने कहा, "कल सबेरे बेला यहाँ से चली गयी है। मजिस्ट्रेट की पत्नी उसकी सहेली है। तुम्हें एक सुसंवाद देना तो भूल ही गया कमल, बेला के पति आये हैं उसे लेने के लिए, मालूम होता है शायद आपस में उनका 'रिकंसोलिएशन' हो गया है।"

कमल ने जरा भी हैरान न होते हुए कहा, "लेकिन यहाँ क्यों नहीं आये?"

आशु बाबू ने कहा, "शायद आत्म-गौरव पर आँच आती। जब विवाह-बंधन तोड़ने का मामला चला था तब बेला के पिता की चिट्ठी के उत्तर में मैंने अपनी तरफ से सम्मति दी थी। उसके पति शायद इस बात को क्षमा न कर सके होंगे।"

"आपने सम्मति दी थी?"

आशु बाबू ने कहा, "इसमें आश्चर्य की बात क्या है कमल? जो पति चरित्र दोष का अपराधी है, उसे त्यागने में मैं अन्याय नहीं देखता। मैं नहीं मान सकता कि यह अधिकार सिर्फ पति को ही है, स्त्री को नहीं।"

कमल चुप हो रही। उसे फिर एक बार स्मरण हो आया कि इस आदमी की विचारधारा में किसी तरह का कपट नहीं, मन और वचन एक ही स्वर में बँधे हुए हैं।

नीलिमा दरवाजे के पास से नमस्कार करके चली गयी। न तो भीतर आयी, और न उसने किसी की तरफ आँख उठाकर देखा ही।

बहुत देर तक कमल उसी तरह आशु बाबू के हाथ पर हाथ फेरती रही, कुछ बोली-चाली नहीं। अंत में जाने के पहले, उसने धीरे से कहा, "यदु के सिवा इस घर में पुराना और कोई नहीं रह गया।"

"यदु?"

"हाँ, आपका पुराना नौकर।"

"पर वह तो यहाँ है नहीं, बिटिया। उसका लड़का बीमार है, सो चार-पाँच दिन हुए छुट्टी लेकर घर गया है।"

फिर बहुत देर तक कोई बातचीत नहीं हुई। आशु बाबू अकस्मात् पूछ बैठे, "अच्छा, वह राजेंद्र लड़का कहाँ है, कुछ मालूम है तुम्हें, कमल?"

"नहीं, चाचाजी।"

"जाने के पहले उसे एक बार देखने की इच्छा हो रही है। तुम दोनों मानो बहन-भाई हो, एक ही पेड़ के दो फूल से लगते हो।" इतना कहकर वे चुप होना चाहते थे कि सहसा एक बात याद आ गयी, बोले, "तुम लोगों का दारिद्र्य ऐसा लगता है जैसे महादेव का दारिद्र्य। तुम्हारे पास धन-ऐश्वर्य काफी है, पर अन्यमनस्क से होकर जैसे उसे कहीं भूल आये हो। ऐसी उदासीनता कि उसे ढूँढ़ने की भी कोई गर्ज नहीं।"

कमल ने हँसते हुए कहा, "ऐसा क्यों कहते हैं चाचाजी? राजेंद्र की बात मैं नहीं जानती, पर मैं तो पैसे-पैसे के लिए दिन-रात मेहनत किया करती हूँ।"

आशु बाबू ने कहा, "सो मैंने सुना है। यही तो बैठा सोचा करता हूँ।"

* * * *

उस दिन कमल को घर लौटने में काफी देर हो गई। आते समय आशु बाबू ने कहा, "डरने की कोई बात नहीं बेटी, जो आज तक कभी मुझे छोड़कर नहीं रही, आज

भी वह मुझे छोड़कर न जायेगी। निरुपाय का उपाय वही करेगी।'' कहते हुए उन्होंने हाथ उठाकर सामने की दीवार पर टँगी हुई अपनी स्वर्गीया धर्म-पत्नी की तस्वीर दिखा दी और चुप हो रहे।

* * * *

कमल ने घर पहुँचकर देखा कि ऊपर जाने का रास्ता ही बंद है, बक्सों का ढेर सीढ़ी के सामने अड़ा पड़ा है। यकायक उसकी छाती के भीतर छौंक-सा लग गया। किसी तरह रास्ता निकालकर वह ऊपर पहुँची। रसोई घर में शोरगुल सुनकर उसने झाँककर देखा कि अजित ने नौकरानी की मदद से स्टोव जलाकर चाय के लिए पानी चढ़ा दिया है, और चाय-चीनी आदि की तलाश में घर-भर की तमाम चीजें उथल-पुथल कर डाली हैं।

''यह क्या कर रखा है?''

अजित ने चौंककर कमल की ओर देखा। बोला, ''चाय-चीनी क्या तुम लोहे की तिजोरी में बंद रखती हो? पानी सब कब से खौलकर मिट्टी हुआ जा रहा है।''

''लेकिन मेरे घर की चीज आपको मिलेगी कैसे, सो तो बताइए? चलिए, इधर आइए, मैं तैयार किये देती हूँ।''

अजित हटकर अलग खड़ा हो गया।

कमल ने कहा, ''पर आज बात क्या है? बक्स-ट्रंक, गठरी-पोटली, यह सब किसका सामान है?''

''मेरा। हरेंद्र बाबू ने नोटिस दे दिया है।''

''नोटिस दिया है तो वहाँ से चले जाने का दिया होगा। पर यहाँ आने की बुद्धि किसने दी?''

''वह मेरी अपनी है। इतने दिनों से पराई बुद्धि पर ही चलता आ रहा हूँ, अब मैंने अपनी बुद्धि ढूँढ़ निकाली है।''

कमल ने कहा, ''अच्छा किया है। पर सामान क्या सब नीचे ही पड़ा रहेगा? कोई चुरा नहीं ले जायेगा वहाँ से?''

सुनते ही अजित चंचल हो उठा। बोला, ''चुरा तो नहीं ले गया कोई कुछ? एक चमड़े के सूट-केस में बहुत-से रुपये रखे हैं।''

कमल ने सिर हिलाकर कहा, ''बहुत अच्छा किया है! एक खास जाति के आदमी होते हैं जो अस्सी वर्ष की उमर तक भी बालिग नहीं हुआ करते; उनके सर पर एक-न-एक अभिभावक होना ही चाहिए। पर इसकी व्यवस्था भगवान् स्वयं

कृपा करके कर देते हैं। चाय रहने दीजिए। चलिए, नीचे चलिए पहले, किसी तरह पकड़-थामकर सामान ऊपर लाने की कोशिश की जाये।"

27

मकान वाला अभी-अभी पूरे महीने का किराया लेकर गया है। इधर-उधर बिखरे हुए सामान के बीच, विशृंखल कमरे के एक किनारे, केनवास की आराम कुरसी पर अजित आँखें मींचे पड़ा है। मुँह सूखा हुआ है, देखते ही पता चल जाता है कि उसके चिंताग्रस्त मन में सुख का लेश भी नहीं है। कमल सिलसिलेवार बँधी चीजों को फर्द से मिलाकर एक कागज पर लिख रही है। स्थान छोड़ने का समय सन्निकट है, इस कारण उसके काम में किसी तरह की चंचलता नहीं आयी है। ऐसा लगता है मानो यह उसका रोजमर्रा का काम हो। सिर्फ नीरवता कुछ अधिक है।

इतने में हरेंद्र के यहाँ से शाम के भोजन का निमंत्रण आया। किसी आदमी के मारफत नहीं, डाक से। अजित ने चिट्ठी खोलकर पढ़ी। आशु बाबू की विदाई के उपलक्ष्य में यह आयोजन है। बहुत-से परिचित लोगों को आमंत्रित किया गया है। नीचे एक एक कोने में छोटे हरफ में लिखा है :

'कमल, जरूर आना बहन।—नीलिमा।'

अजित ने उसे दिखाते हुए पूछा, "जाओगी क्या?"

"जाऊँगी क्यों नहीं। मेरी कदर इतनी थोड़े बढ़ गयी है कि निमंत्रण जैसी चीज की उपेक्षा कर सकूँ। मगर तुम?"

अजित ने दुविधा के स्वर में कहा, "यही सोच रहा हूँ। आज तबीयत कुछ..."

"तो जरूरत नहीं जाने की।"

अजित की निगाह अब तक चिट्ठी पर ही थी। नहीं तो वह कमल के ओठों पर आयी हुई कौतुकपूर्ण मुस्कराहट जरूर देख लेता।

चाहे जैसे भी हो, बंगाली-समाज में यह खबर सब को लग गयी है कि ये दोनों आगरा छोड़कर कहीं जा रहे हैं। पर इस विषय में कि किस तरह और कहाँ, लोगों का कुतूहल अभी तक सुनिश्चित मीमांसा पर नहीं पहुँचा है। असमय के बादलों की तरह वह अंदाज और अनुमान की हवा में ही उड़-उड़कर भटकता रहता है और मजा यह कि जानना कोई कठिन बात नहीं थी, कमल से पूछने से ही मालूम हो सकता था कि फिलहाल उनका गंतव्य स्थान अमृतसर है। पर पूछने का किसी को साहस न हुआ।

अजित के पिता गुरु गोविन्दसिंह के परम भक्त थे। इससे सिखों के महातीर्थ अमृतसर में उन्होंने खालसा कालेज के पास खुले मैदान में एक बंगला बनवाया था। समय और सुविधानुसार वे वहाँ जाकर रहा करते थे। उनकी मृत्यु के बाद बंगला किराये पर उठा दिया गया था; पर अब वह खाली है। दोनों वहीं जाकर कुछ दिन रहेंगे। असबाब सब लॉरी में जायेगा, और शेष-रात्रि में पौ फटते-फटते ये दोनों मोटर से रवाना होंगे, उसी प्रथम दिन की स्मृति में, यही कमल की अभिलाषा है।

अजित ने कहा, "हरेंद्र के यहाँ क्या तुम अकेली ही जाओगी?"

"जाऊँगी नहीं? आश्रम का दरवाजा तो तुम्हारे लिए हमेशा ही खुला रहेगा, जब चाहो तब भेंट कर आ सकते हो। पर मेरे लिए तो उसके खुलने की आगे कोई आशा नहीं, अंतिम बार जाकर मिल आऊँ, क्यों, क्या कहते हो?"

अजित चुप रहा। उसे स्पष्ट ही दिखाई देने लगा कि वहाँ तरह-तरह के छल से तथा व्यक्त और अव्यक्त इशारों से तीखे और कडुए वाक्य-बाण आज सिर्फ उसी को लक्ष्य करके छूटेंगे और उन आक्रमणों के सामने इस अकेली रमणी को छोड़ देना कितनी बड़ी कायरता है! पर उसमें साथ देने की भी हिम्मत नहीं थी और मना करना भी उतना ही कठिन था।

नयी मोटर खरीदी गयी है; शाम होने के कुछ देर बाद शोफर कमल को लेकर चला गया।

हरेंद्र के घर, दूसरी मंजिल पर लम्बा हॉल था। उसी में नया कीमती कार्पेट बिछाकर अतिथियों के लिए इंतजाम किया गया है। बहुत-सी बत्तियाँ जल रही हैं, कोलाहल भी कम नहीं हो रहा है। बीच में आशु बाबू हैं, और उन्हें घेरे हुए कुछ सज्जन बैठे हैं। बेला आयी है और उनके साथ एक और महिला, मजिस्ट्रेट की पत्नी मालिनी भी आयी हैं। एक सज्जन इधर की ओर पीठ किये हुए उनसे बातें कर रहे हैं। नीलिमा नहीं है, शायद अन्यत्र कहीं काम में फँसी हुई होगी।

हरेंद्र भीतर पहुँचा और पहुँचते ही उसने देखा कि दरवाजे के पास कमल खड़ी है। आश्चर्य के साथ उसने मीठे स्वर में उसका स्वागत किया, "ओ हो, कमल आ गयी! कब आयी? अजित कहाँ है?"

सबकी दृष्टि एकाग्र होकर उसी तरफ मुड़ गयी। कमल ने देखा कि जो व्यक्ति महिलाओं के साथ बातचीत कर रहा था वह और कोई नहीं, स्वयं अक्षय है। कुछ दुबला हो गया है। इंफ्लुएंजा से तो बच गया, पर बंगाल के मलेरिया से न बच सका। अच्छा ही हुआ जो वह लौट आया, नहीं तो अंतिम बार उससे भेंट न हो पाती, मन में पछतावा रह जाता।

कमल ने कहा, "अजित बाबू नहीं आये, तबीयत जरा ठीक नहीं है। मैं तो

बहुत देर की आयी हूँ।''

''बहुत देर की? कहाँ थीं?''

''नीचे। लड़कों की कोठरियाँ घूम-घूमकर देख रही थी। देख रही थी कि धर्म को तो धोखा दिया है, साथ ही कर्म को भी धोखा दिया या नहीं।'' कहकर वह हँसती हुई कमरे के भीतर जाकर बैठ गयी।

मानो वह वर्षा ऋतु की वन्य-लता हो जो दूसरों की आवश्यकता के लिए नहीं, बल्कि अपनी ही आवश्यकता के लिए आत्मरक्षा का संपूर्ण संचय लेकर मिट्टी फोड़कर ऊपर सिर उठाती आ रही हो। पारिपार्श्विक विरोध का उसे न तो जरा डर है, और न चिंता है। काँटों का घिराव बनाकर उसकी रक्षा की कोशिश ही मानो ज्यादती है। आखिर वह ऐसी क्या थी! परंतु फिर भी जब भीतर जाकर बैठी तब ऐसा मालूम हुआ जैसे रूप, रस और गौरव से उसने अपनी महिमा का एक स्वच्छंद प्रकाश सब चीजों पर बिखेर दिया है।

ठीक यही भाव हरेंद्र की बात से भी प्रकट हुआ। अन्य दो नारियों के सामने शालीनता में भले ही कुछ त्रुटि हो गयी हो, पर वह आवेग में आकर कह ही बैठा, ''अब कहीं हमारी मिलन-सभा पूर्णता को प्राप्त हुई।'' कमल के सिवा शायद वह और किसी के लिए ऐसी बात नहीं कह सकता था।

अक्षय ने कहा, ''क्यों? इससे दर्शनशास्त्र का ऐसा कौन-सा सूक्ष्म तत्त्व परिस्फुटित हो गया, जरा बताओ तो सही?''

कमल ने हरेंद्र से हँसते हुए कहा, ''अब बताइए? दीजिए इसका जवाब?''

हरेन्द्र तथा औरों ने भी मुँह फेरकर अपनी हँसी छिपाने की कोशिश की।

अक्षय ने नीरस-कंठ से पूछा, ''क्यों कमल, मुझे पहचाना कि नहीं?''

आशु बाबू मन-ही-मन असंतुष्ट हुए। बोले, ''तुम पहचान लो इतना ही काफी है। तुमने तो पहचान लिया न?''

कमल ने कहा, ''यह प्रश्न आपका बेजा है आशु बाबू। आदमी पहचानना तो इनका खास पेशा है। इसमें भी संदेह करना इनके पेशे पर चोट पहुँचाना है।''

बात उसने इस ढंग से कही कि अब की बार किसी से हँसी दबाये नहीं दबी; मगर साथ ही इस डर से कि यह दु:शासन आदमी कहीं कुछ कुत्सित बात न कह बैठे, सब शंकित हो उठे। आज के दिन अक्षय को बुलाने की हरेंद्र की इच्छा नहीं थी; पर यही सोचकर निमंत्रण दे दिया गया था कि वह बहुत दिन बाद घर से आया है, न देना अनुचित होगा।

हरेंद्र ने डरते हुए और विनय के साथ कहा, ''हमारे इस शहर से, यों कहिए कि इस देश से ही आशु बाबू चले जा रहे हैं। इनके साथ परिचित होना किसी भी

आदमी के लिए सौभाग्य की बात है और वह सौभाग्य हम लोगों को प्राप्त हुआ है। आज आपकी तबीयत ठीक नहीं है, मन भी अवसन्न है, इसलिए हमें आशा करनी चाहिए कि आज हम आपको सहज-सौजन्य के साथ बिदा कर सकेंगे।''

बातें साधारण-सी थीं, पर उस शांत सहृदय प्रौढ़ व्यक्ति के चेहरे की तरफ देखते ही वे सबके हृदय में पैठ गयीं।

आशु बाबू को संकोच मालूम हुआ। इस आशंका से कि बातचीत का सिलसिला कहीं उन्हीं के विषय में न चल पड़े, उन्होंने चट से दूसरी बात छेड़ दी; बोले, ''अक्षय, शायद तुम्हें मालूम हो गया होगा कि हरेंद्र का ब्रह्मचर्याश्रम अब नहीं रहा। राजेंद्र तो पहले से ही लापता है और सतीश भी उस दिन चलता बना। जो कुछ दो-चार लड़के रह गये हैं, हरेंद्र की इच्छा है कि उन्हें संसार के सीधे रास्ते से ही आदमी बनाया जाये। तुम सब लोग बहुत दिनों तक बहुत सी बातें करते रहे, पर नतीजा कुछ नहीं हुआ। अब तुम लोगों का कर्तव्य है कि कमल को धन्यवाद दो!''

अक्षय भीतर से जल गया और सूखी हँसी हँसता हुआ बोला, ''अंत में फल फला शायद इनकी बातों से? लेकिन कुछ भी कहिये आशु बाबू, मुझे जरा भी आश्चर्य नहीं हुआ। यह अनुमान तो मैंने बहुत पहले से ही कर रखा था?''

हरेंद्र बोला, ''सो तो करते ही, क्योंकि आदमी पहचानना आपका पेशा ठहरा!''

आशु बाबू बोले, ''फिर भी, मैं समझता हूँ, तोड़ने की कोई जरूरत नहीं थी। सभी धर्म या मत मूलतः एक ही हैं—सिद्धि प्राप्त करने के अर्थ वे सिर्फ कुछ प्राचीन आचार-अनुष्ठान ही तो हैं? जो उन्हें मानते नहीं या पालते नहीं, वे न मानें या न पालें; पर जिनमें मानने या पालने का अध्यवसाय है उन्हें निरुत्साह करने से क्या लाभ? क्या कहते हो अक्षय?''

अक्षय ने कहा, ''जरूर।''

आशु बाबू ने कमल की तरफ देखा। उनके देखते ही वह जोर से सिर हिलाकर बोल उठी, ''आपका यह दृढ़ विश्वास तो नहीं हुआ आशु बाबू, बल्कि यह तो अविश्वास-उपेक्षा की बात हुई। इस तरह सोच सकती तो मैं आश्रम के विरुद्ध एक शब्द भी न कहती, मगर बात ऐसी नहीं है। यह कहना कि आचार-अनुष्ठान मनुष्य के लिए धर्म से भी बड़ी वस्तु है, वैसा ही है जैसा कि राजा से बढ़कर राजा के कर्मचारियों को बड़ा बताना।''

आशु बाबू ने हँसते हुए कहा, ''माना कि यह ठीक है, पर इससे क्या तुम्हारी उपमा को ही युक्ति मान लूँ?''

यह बात कमल के चेहरे से ही जाहिर थी कि उसने परिहास नहीं किया। उसने कहा, ''क्या सिर्फ उपमा ही है आशु बाबू, उससे ज्यादा कुछ नहीं? इसे मैं मानती

हूँ कि सभी धर्म असल में एक हैं, सर्व कालों और सर्व देशों में वे उसी एक अज्ञेय वस्तु की असाध्य साधना हैं। उन्हें मुट्ठी के अंदर तो पाया जा नहीं सकता। प्रकाश और हवा को लेकर मनुष्य का विवाद नहीं होता, विवाद होता है अन्न के बँटवारे के लिए, जिसे कि अपने अधिकार में लिया जा सकता है या दखल करके अपने वंशधरों के लिए इकट्ठा किया जा सकता है। इसी से तो जीवन की आवश्यकताओं में वह इतना बड़ा सत्य हो रहा है। यह तो सभी जानते हैं कि विवाह का मूल उद्देश्य सभी क्षेत्रों में एक ही है, पर इससे क्या सब उसे मान सकते हैं? आप ही बताइए न अक्षय बाबू ठीक है कि नहीं?''

इतना कहने के पश्चात् उसने हँसकर मुँह फेर लिया।

इसका भीतरी अर्थ सभी समझ गये। क्रुद्ध अक्षय ने इसके जवाब में कोई कड़ी बात कहनी चाही, पर वह उसे ढूँढ़े न मिली।

आशु बाबू ने कहा, ''पर मुश्किल तो यह है कमल, कि तुम कुछ भी मानना नहीं चाहतीं। सभी आचार-अनुष्ठानों के प्रति तुम्हारे अंदर अवज्ञा का भाव है। इसी से तो तुम्हें समझाना कठिन है।''

कमल ने कहा, ''कुछ भी कठिन नहीं। एक बार सामने का परदा हटा दीजिए और फिर कोई समझे या न समझे, आपको समझने में देर न लगेगी। यह नहीं होता तो आपका स्नेह मैं कैसे पा सकती? बीच में कुहरे की ओट न हो सो बात नहीं; मगर फिर भी वह प्रेम मुझे मिला है। मैं जानती हूँ आपको चोट पहुँचती है, लेकिन आचार-अनुष्ठान को मैं झूठा बताकर उड़ा देना नहीं चाहती, मैं करना चाहती हूँ सिर्फ उसमें परिवर्तन। समय के धर्मानुसार आज जो अचल हो रहा है, चोट पहुँचाकर मैं उसी को सचल कर देना चाहती हूँ। यह जो मेरी अवज्ञा है, वह इसलिए है कि उसका मूल्य मैं समझती हूँ। झूठ समझती होती तो झूठ के साथ स्वर मिलाकर झूठी श्रद्धा से सबके साथ मेल मिलाकर ही जीवन बिता देती, जरा भी विद्रोह न करती।''

जरा ठहरकर वह फिर कहने लगी, ''यूरोप के उन रेनेसांस के दिनों की तो याद कीजिए। उन लोगों ने नयी सृष्टि करनी चाही, पर आचार-अनुष्ठान को हाथ भी न लगाया। पुराने की देह पर ही ताजा रंग चढ़ाकर भीतर-ही-भीतर करने लगे उसकी पूजा। भीतर जड़ पहुँची नहीं, और यह फैशन दो ही दिन में गायब हो गया। डर था हमारे हरेंद्र बाबू को कि कहीं उच्च अभिलाषा इसी तरह बिला न जाये। पर अब कोई डर नहीं, वे सँभल गये हैं।'' और वह हँसने लगी।

इस हँसी में हरेंद्र शरीक न हो सका, गंभीर हो रहा। उसने काम तो कर डाला है, पर भीतर से अब भी समर्थन नहीं मिल रहा है, और अब भी मन रह रहकर भारी

हो उठता है। वह बोला, ''मुश्किल तो यह है कि तुम भगवान् को नहीं मानतीं और मुक्ति पर भी तुम्हारा विश्वास नहीं। मगर जो लोग तुम्हारी उस 'अज्ञेय वस्तु' की साधना में लगे हुए हैं और उसके तत्त्व-निरूपण में व्यग्र हैं, उनके लिए कठोर आचार-पालन के सिवा और कोई मार्ग भी तो नहीं है। आश्रम उठा देकर मैं अहंकार नहीं करता; उस दिन जब लड़कों को लेकर सतीश चला गया तब मैंने अपनी कमजोरी ही महसूस की है।''

कमल ने कहा, ''तब तो आपने अच्छा नहीं किया हरेंद्र बाबू। मेरे पिता कहा करते थे कि जिन लोगों का भगवान् जितना ही अधिक सूक्ष्म और अधिक जटिल है, वे लोग उतने ही ज्यादा उलझकर मरते हैं और जिन लोगों के भगवान् जितने ही अधिक स्थूल और सहज हैं, वे लोग उलझनों से उतनी ही दूर, किनारे के निकट हैं। ईश्वर को मानना असल में नुकसान का कारोबार है। कारोबार जितना ही विस्तृत और व्यापक होगा, नुकसान भी उतना ही बढ़ जायेगा। उसे समेटकर छोटा कर डालने में यद्यपि लाभ ज्यादा नहीं होता किंतु नुकसान की मात्रा जरूर घट जाती है। हरेंद्र बाबू, आपके सतीश से मैंने बातचीत कर देखी है। आश्रम में उन्होंने अनेक प्रकार के प्राचीन नियमों का प्रवर्तन किया था, मन की कामना थी कि उसी प्राचीन युग में लौटा जाये। उन्होंने सोचा था कि दुनिया की उमर में से दो हजार वर्ष पोंछ डालने से ही परम लाभ अपने आप आ पहुँचेगा। यूरोप में भी एक दिन ऐसे ही झूठे लाभ की स्कीम बाँधी थी प्यूरिटनों के एक दल ने। सोचा था कि भागकर अमेरिका चले जायेंगे और पिछली सत्रह शताब्दियाँ भुलाकर बिना किसी झंझट के आनंद के साथ बाइबिल का सत-युग कायम कर लेंगे। किंतु उनके लाभ का हिसाब आज बहुतों को मालूम हो गया है; नहीं मालूम है तो मठाधीशों के दल को। पिछले जमाने के दर्शन-शास्त्र से जब वर्तमान विधि-विधानों का समर्थन किया जाने लगता है तभी उन विधि-विधानों के वास्तव में टूटने का दिन आ जाता है। हरेंद्र बाबू, आपके आश्रम को शायद नुकसान पहुँचाया हो मैंने, पर उस टूटे हुए आश्रम से जो बाकी बच रहे हैं उनका मैंने नुकसान नहीं किया।''

प्यूरिटनों का इतिहास अक्षय को मालूम था; क्योंकि वह इतिहास का प्रोफेसर था। इस बार और सब चुप रहे, सिर्फ उसी ने सिर हिलाकर इसका समर्थन किया।

आशु बाबू कहने लगे, ''पर उस युग के इतिहास का जो उज्ज्वल चित्र है...''

कमल बीच में ही बोल उठी, ''चाहे जितना उज्ज्वल हो वह चित्र, पर है तो चित्र ही, उससे ज्यादा कुछ नहीं। ऐसी पुस्तक आजकल संसार में लिखी ही नहीं गयी आशु बाबू, जिससे समाज के यथार्थ प्राणों का परिचय प्राप्त किया जा सकता। आलोचना करके हम गर्व अनुभव कर सकते हैं, पर पुस्तक से मिला मिलाकर

समाज नहीं गढ़ सकते। श्रीरामचन्द्र के युग का भी नहीं, युधिष्ठिर के युग का भी नहीं। 'रामायण' और 'महाभारत' में चाहे जितनी ही बातें लिखी हों पर उनके श्लोकों को टटोलने से उस जमाने के साधारण मनुष्य के दर्शन नहीं मिल सकते; और माँ की कोख चाहे जितनी ही निरापद क्यों न हो, बड़े होने पर उसमें वापस नहीं जाया जा सकता। संसार की संपूर्ण मानव-जाति को मिलाकर ही तो मनुष्य का अस्तित्व है, वह तो आपके चारों तरफ है। कंबल ओढ़कर क्या हवा के दबाव को रोका जा सकता है?''

बेला और मालिनी चुपचाप बैठी सुन रही थीं। इस स्त्री के संबंध में बहुत-सी बातें उन लोगों ने सुन रखी थीं, पर आज सामने बैठकर इस परित्यक्ता और निराश्रया के वाक्यों की नि:संशय निर्भयता देखकर उनके आश्चर्य का ठिकाना न रहा।

दूसरे ही क्षण यही भाव आशु बाबू के मुँह से प्रकट हुआ। उन्होंने कहा, ''बहस में हम चाहे जो भी कहा करें कमल, पर तुम्हारी बहुत-सी बातें हम मानते हैं। जिसे हम नहीं कर सकते, हृदय से उसकी अवज्ञा भी नहीं करते। इसी घर में किसी दिन स्त्रियों का दरवाजा बंद था और सुना है, एक दिन तुम्हारे आ जाने से सतीश ने इस जगह को कलुषित समझ लिया था। मगर, आज हम सभी यहाँ आमंत्रित होकर आये हैं, किसी के आने की रोक-टोक नहीं...''

इतने में एक लड़का दरवाजे के पास आकर खड़ा हो गया। साफ-सुथरी पोशाक पहने था, चेहरे पर आनंद और संतोष का भाव झलक रहा था; बोला, ''बहनजी ने कहा है, रसोई तैयार है, आसन बिछाये जायें?''

अक्षय ने कहा, ''हाँ-हाँ, बिछाये जायें। कहो जाकर, रात भी तो हो रही है।''

लड़का चला गया। हरेंद्र ने कहा, ''जब से भाभी जी आयी हैं, खाने-पीने की चिंता किसी को नहीं करनी पड़ती। उनके लिए तो कहीं जगह न रह गयी थी, पर सतीश गुस्सा होकर चला गया।''

आशु बाबू का चेहरा क्षण-भर के लिए सुर्ख हो उठा।

हरेंद्र कहने लगा, ''सतीश के लिए और कोई उपाय भी नहीं था। वह त्यागी ब्रह्मचारी आदमी ठहरा, उसकी साधना में यह संपर्क विघ्न था। पर मुश्किल तो यह है कि मेरी कुछ समझ में नहीं आ रहा कि वास्तव में कौन-सा काम ठीक हुआ।''

कमल ने तुरंत नि:संकोच स्वर में कहा, ''यही काम हरेंद्र बाबू, यही काम ठीक हुआ है। संयम जब सहज स्वाभाविक न रहकर दूसरे पर आघात करने लगता है, तब वह दुर्वह हो उठता है।'' कहते-कहते उसने लमहे भर के लिए आशु बाबू की तरफ देखा, शायद कोई एक गुप्त इशारा था, पर फिर उसने हरेंद्र से कहा, ''भगवान् के रूप में वे अपने आपको ही बढ़ाकर देखते हैं, अपने आपको ही खींच-

तानकर वे अपने भगवान् की सृष्टि करते हैं। इसी से उनकी भगवान् की पूजा, बार-बार सिर झुकाकर, अपनी ही पूजा पर उतर आती है। इसके सिवा उनके लिए और कोई रास्ता भी नहीं। मनुष्य न तो सिर्फ पुरुष ही है और न सिर्फ स्त्री ही, दोनों मिलकर ही एक होते हैं। आधे को बाद देकर शेष आधा जब सिर्फ अपने को ही विशाल रूप में पाना चाहता है, तब वह अपने को भी नहीं पाता और भगवान को भी खो बैठता है। सतीश बाबू के लिए दुश्चिंता मत रखिए हरेंद्र बाबू, उनकी सिद्धि स्वयं भगवान के जिम्मे है।''

सतीश को लगभग कोई भी देख न पाता था; इसी से अंतिम बात पर सबके सब हँस पड़े। आशु बाबू भी हँसे, परंतु बोले, ''हमारे हिंदू-शास्त्रों में जो सबसे बड़ी बात है कमल, वह है आत्म-दर्शन। अर्थात्, अपने को गंभीरता के साथ जान लेना। ऋषियों का कहना है कि इसकी खोज में ही विश्व की संपूर्ण जानकारी, संपूर्ण ज्ञान भरा पड़ा है। भगवान को पाने का यही एक मार्ग है और इसी के लिए ध्यान का उपदेश है। तुम ईश्वर को नहीं मानतीं, पर जो मानते हैं, विश्वास करते हैं, उन्हें चाहते हैं, वे अगर संसार के अनेक विषयों से अपने को वंचित न रखें तो एकाग्रचित्त होकर ध्यान में सफल नहीं हो सकते। सतीश की बात मैं नहीं कहता, पर कमल, यह तो हिंदुओं का अविच्छित्र-परंपरा से प्राप्त संस्कार है, और यही तो योग है। समुद्र से लेकर हिमालय तक संपूर्ण भारत अविचल श्रद्धा से इसी तत्त्व पर विश्वास करता है।''

भक्ति, विश्वास और भाव के आवेग से उनकी दोनों आँखें छलछला आयीं। सब तरह के बाहरी साहबी ठाठ के नीचे उनका जो दृढ़निष्ठ विश्वास-परायण हिंदू-चित्त निवात दीप-शिखा की तरह जल रहा था, कमल ने क्षण-भर के लिए उसका अनुभव किया। वह कुछ कहना चाहती थी, पर संकोच के मारे कह न सकी। संकोच और किसी बात का नहीं, सिर्फ इसी बात का कि इस सत्यव्रती संयतेन्द्रिय वृद्ध पुरुष को व्यथा पहुँचाना ठीक नहीं। परंतु उत्तर न पाकर जब वे खुद ही पूछने लगे, ''क्यों कमल, क्या यह सत्य नहीं?'' तब उसने सिर हिलाते हुए कहा, ''नहीं, आशु बाबू, यह सच नहीं। सिर्फ हिंदू धर्म में नहीं, यह विश्वास सभी धर्मों में है। मगर सिर्फ विश्वास के जोर से ही तो कोई बात कभी सत्य नहीं हो जाती। न त्याग के जोर से ही वह सच हो सकती है और न मृत्यु वरण करने के जोर से ही। संसार में अत्यंत तुच्छ-तुच्छ मतभेदों के कारण बहुत से प्राणों का बहुत बार लेना-देना हो चुका है। उससे जिद का जोर ही प्रमाणित हुआ है, विचारों की सत्यता प्रमाणित नहीं हुई। योग किसे कहते हैं सो मैं नहीं जानती, लेकिन, अगर वह निर्जन स्थान में बैठकर केवल आत्म-विश्लेषण और आत्म-चिंतन करना ही है तो मैं यही

बात जोर के साथ कहूँगी कि इन दो सिंहद्वारों से संसार में जितने भ्रम और जितने मोह ने प्रवेश किया है, उतना और कहीं से नहीं। और ये दोनों अज्ञान के ही सहचर हैं।'' सुनकर, सिर्फ आशु बाबू ही नहीं, हरेंद्र भी मारे आश्चर्य और दुख के चुप हो रहा।

इतने में उस लड़के ने फिर आकर कहा, ''थाली परोस दी गयी है; चलिये।'' सब नीचे चले गये।

28

भोजन हो चुकने के बाद कमल को क्षण-भर के लिए एकांत में पाकर अक्षय ने चुपके से कहा, ''सुना है कि आप यहाँ से चली जा रही हैं। लगभग सभी परिचितों के घर आप एक-आध बार हो आयी हैं, सिर्फ मेरे ही...''

'आप!' कमल के आश्चर्य का ठिकाना न रहा। सिर्फ स्वर में ही परिवर्तन हो, सो बात नहीं, संबोधन में भी 'आप'! इस बात पर कि क्यों सब लोग उससे 'तुम' कहकर बोलते हैं, उसे न तो कोई शिकायत थी और न किसी से वह नाराज ही होती थी। परंतु अक्षय की बात ही और थी। वह इस स्त्री के लिए 'आप' कहना ज्यादती समझता था; बल्कि उसकी तो यहाँ तक धारणा थी कि ऐसा करना शिष्टता का दुरुपयोग है। कमल को यह बात मालूम थी, पर इस अति तुच्छ ओछेपन की तरफ देखने में भी उसे शर्म आती थी। उसे डर था कि कहीं इसी विषय को लेकर कोई बहस न छिड़ जाये।

कमल ने हँसते हुए कहा, ''आपने तो कभी मुझे बुलाया नहीं?''

''नहीं। यह मेरा कसूर है। जाने के पहले क्या अब आपको वक्त न मिलेगा?''

''कैसे मिल सकता है बताइए, हम लोग कल भोर में ही रवाना हो रहे हैं।''

''भोर में ही?'' फिर जरा ठहर कर कहा, ''भविष्य में इधर अगर फिर कभी आना हो तो मेरे घर आपका निमंत्रण रहा।''

कमल ने हँसते हुए कहा, ''क्या एक बात आप से पूछ सकती हूँ अक्षय बाबू? अचानक मेरे विषय में आपकी धारणा कैसे बदल गयी? बल्कि अब तो आपको और भी कठोर होना चाहिए था?''

अक्षय ने कहा, ''साधारण तौर से वैसा ही होता। लेकिन अबकी बार देश से कुछ अनुभव इकट्ठा कर लाया हूँ। आप ने जो प्यूरिटनों का दृष्टांत दिया न, सो मेरे हृदय में जाकर बिंध गया। और किसी ने समझा या नहीं, मैं नहीं कह सकता, और

न समझना कोई आश्चर्य की बात भी नहीं, मगर, मैं तो उस संबंध में बहुत-कुछ जानता हूँ। एक बात और है। हमारे गाँव में लगभग चौदह-आने मुसलमान हैं, वे आज भी अपने डेढ़ हजार वर्ष के पुराने सत्य पर दृढ़ हैं, वही सब विधि-निषेध, कायदे-कानून, आचार-अनुष्ठान हैं, कुछ भी व्यत्यय नहीं हुआ है।''

कमल ने कहा, ''उनके संबंध में मुझे लगभग कुछ भी नहीं मालूम; जानने का मौका कभी नहीं मिला। पर अगर आपकी बात सच हो, तो मैं सिर्फ यही कह सकती हूँ कि उनके लिए भी अब सोचने-समझने के दिन आ पहुँचे हैं। यह सत्य की सीमा किसी एक बीते-दिन में ही सुनिर्दिष्ट नहीं हो गयी है, उन्हें भी किसी-न-किसी दिन मानना ही पड़ेगा। लेकिन, ऊपर चलिए।''

''नहीं, मैं यहाँ से बिदा लूँगा। मेरी पत्नी बीमार है। इतने आदमियों से भेंट की है आपने, एक बार उससे भी भेंट न कीजिएगा?''

कमल कुतूहलवश पूछ बैठा, ''कैसी हैं वे देखने में?''

अक्षय ने कहा, ''ठीक नहीं मालूम। हमारे परिवारों में ऐसा प्रश्न कोई नहीं करता। पिताजी नौ साल की उमर में उसे पुत्र-वधू बनाकर घर ले आये थे। पढ़ने-लिखने का न तो समय ही मिला, न जरूरत ही समझी गयी। रसोई बनाना, घर के काम-धंधे, व्रत-उपवास, पूजा-पाठ, इसी में लगी रहती हैं। मुझको ही इहलोक-परलोक का देवता समझती है, बीमार होने पर दवा नहीं खाना चाहती; कहती है, पति के पादोदक से ही सब बीमारियाँ अच्छी हो जाती हैं। अगर न अच्छी हों तो समझना चाहिए कि स्त्री की आयु खतम हो चुकी!''

कमल को इसका थोड़ा-बहुत आभास हरेंद्र से मिल चुका था; उसने कहा, ''तब तो आप भाग्यवान् हैं, कम से कम स्त्री के भाग्य से। इतना जबरदस्त विश्वास इस युग में दुर्लभ है।''

अक्षय ने कहा, ''शायद ऐसा ही हो, ठीक नहीं जानता। संभव है, इसी को स्त्री भाग्य कहते हों। पर कभी ऐसा मालूम होता है कि संसार में मेरा कोई नहीं, मैं अकेला हूँ, बिलकुल नि:संग अकेला! अच्छा नमस्कार।''

कमल ने हाथ उठाकर प्रति-नमस्कार किया।

अक्षय एक कदम बढ़ाकर फिर मुड़ पड़ा, बोला, ''एक अनुरोध करूँ?''

''कहिए।''

''अगर कभी समय मिले, और मेरी याद रहे तो एक पत्र लिखिएगा? आप खुद कैसी हैं, अजित बाबू कैसे हैं, यही सब आप लोगों की बात मैं अकसर सोचा करूँगा। अच्छा अब जाता हूँ, नमस्कार।'' इतना कहकर अक्षय जल्दी से चला गया और कमल वहीं स्तब्ध होकर खड़ी रही। भले-बुरे का विचार करके नहीं, उसे

सिर्फ इसी बात का ख़याल हुआ कि यह वही अक्षय है! और मनुष्य की जानकारी के बाहर इस भाग्यवान् का दांपत्य-जीवन निर्विघ्न शांति के साथ इस तरह बहा चला जा रहा है। एक चिट्ठी के लिए उसे इतना कुतूहल, ऐसी विनीत और सच्ची प्रार्थना!

ऊपर जाकर देखा कि नीलिमा के सिवा और सब यथास्थान बैठे हैं। यह नीलिमा का स्वभाव है, इस पर कोई कुछ ख़याल भी नहीं करता। आशु बाबू ने कहा, "हरेंद्र ने एक मजे की बात कही थी कमल, सुनने से पहले तो सहसा वह एक पहेली-सी मालूम होती है, पर बात असल में सच है। कह रहे थे, लोग इतना भी नहीं समझ सकते कि समाज के प्रचलित विधि-विधानों के उल्लंघन करने का दुख सिर्फ चरित्र-बल और विवेक-बुद्धि के बल पर ही सहन किया जा सकता है। मनुष्य बाहर के अन्याय को ही देखता है, अंतःकरण की प्रेरणा की कुछ खबर ही नहीं रखता। और यहीं पर समस्त द्वंद्व और विरोधों की सृष्टि होती है।"

कमल ने समझा कि इसका लक्ष्य वह खुद और अजित है, इसलिए वह चुप रही। उसने यह बात नहीं कही कि उच्छृंखलता के जोर से भी समाज के विधि-विधानों का उल्लंघन किया जा सकता है। दुर्बुद्धि और विवेक-बुद्धि दोनों एक चीज नहीं हैं।

बेला और मालिनी उठ खड़ी हुईं, उनके जाने का समय हो गया। कमल की बिलकुल उपेक्षा करके उन्होंने हरेंद्र और आशु बाबू को नमस्कार किया। इस स्त्री के सामने उन्होंने हमेशा अपने को छोटा समझा है, इसलिए अंत में उसका बदला चुकाया उपेक्षा दिखाकर। उनके जाने पर आशु बाबू ने स्नेह के साथ कहा, "कुछ ख़याल मत करना बेटी, इसके सिवा उनके पास और कुछ है ही नहीं। मैं भी तो उसी दल का आदमी हूँ। सब जानता हूँ।"

आशु बाबू ने हरेंद्र के सामने आज पहली बार उसे 'बेटी' कहकर पुकारा। कहा, "दैवयोग से वे पदस्थ व्यक्तियों की स्त्रियाँ हैं, हाई सर्किल की महिलाएँ ठहरीं। अंग्रेजी बातचीत में, चाल-चलन और पहनाव-उढ़ाव में अप-टू-डेट हैं। यह भूल जाने से तो उनकी मूल पूँजी पर चोट पड़ती है, कमल। उन पर गुस्सा होना भी अन्याय है।"

कमल ने हँसते हुए कहा, "गुस्सा तो मैं नहीं हुई।"

आशु बाबू ने कहा, "सो मैं जानता हूँ। गुस्सा मुझे भी नहीं आया, सिर्फ हँसी आयी। पर, घर कैसे जाओगी बेटी, मैं उतारता जाऊँ तुम्हें?"

"वाह, नहीं तो मैं जाऊँगी कैसे?"

कहीं लोगों की निगाह न पड़ जाये, इस डर से अपनी मोटर लौटा दी थी।

"अच्छी बात है। पर, अब देर करना भी शायद ठीक न हो, क्यों ठीक है न?"

सबको ख़याल हो आया कि अभी वे संपूर्ण नीरोग नहीं हुए हैं।

इतने में जीने में जूते की आवाज सुनाई दी, और दूसरे क्षण सबने अत्यंत आश्चर्य के साथ देखा कि दरवाजे के बाहर अजित आ खड़ा हुआ है।

हरेंद्र ने मीठे स्वर से स्वागत किया, "हेल्लो! बेटर लेट देन नेव्हर। ब्रह्मचर्याश्रम का कैसा सौभाग्य है!"

अजित अप्रतिभ होकर बोला, "लेने आया हूँ।" और पलक मारते ही एक अनचीती दुःसाहसिकता ने उसके भीतर की बात को जोर से धक्का देकर बाहर निकाल दिया। बोला, "नहीं तो फिर मुलाकात न होती। हम लोग भोर में ही चले जा रहे हैं।"

"भोर में? आज की रात बीते?"

"हाँ। सब तैयारियाँ हो चुकी हैं। यहीं से हम लोगों की यात्रा शुरू होगी।"

बात किसी से छिपी हुई नहीं थी, फिर भी सब मानो लज्जा से म्लान हो उठे।

इतने में दबे-पाँव चुपके से नीलिमा आ पहुँची और एक तरफ बैठ गयी। संकोच दूर करके आशु बाबू ने आँख उठाकर देखा। जो बात वे कहना चाहते थे, वह एक बार उनके गले में अटकी, फिर धीरे-धीरे वे बोले, "हो सकता है कि हम लोगों की अब फिर कभी भेंट न हो, तुम दोनों मेरे स्नेह के पात्र हो, अगर तुम लोगों का ब्याह हो जाता तो मैं देख जाता।"

अजित को सहसा मानो किनारा नजर आ गया; वह व्यग्र कंठ से बोल उठा, "यह चीज मैं नहीं चाहता आशु बाबू, यह तो मेरे लिए कल्पना के बाहर की बात है। विवाह के लिए मैंने बार-बार कहा है, और बार-बार सिर हिलाकर कमल ने अस्वीकार कर दिया है। अपनी सारी संपत्ति, जो कुछ मेरे पास है सब, उसके नाम लिखकर मैं मजबूती से पकड़ाई देने को तैयार था, पर कमल, राजी नहीं हुई। आज इन सबके सामने मैं फिर प्रार्थना करता हूँ कमल, तुम राजी हो जाओ। मैं अपना सर्वस्व तुम्हें देकर जी जाऊँ। धोखे के कलंक से छुटकारा पा जाऊँ।"

नीलिमा अवाक् होकर देखती रह गयी। अजित स्वभावतः झेंपू प्रकृति का आदमी था, सबके सामने उसकी ऐसी असीम व्याकुलता देख सबके सब मारे आश्चर्य के दंग रह गये। आज वह अपने को बिलकुल निःस्व कर देना चाहता है। अपनी कहने को कोई चीज अपने हाथ में रखने की आज उसे कोई आवश्यकता ही नहीं मालूम हो रही है।

कमल ने उसके मुँह की तरफ देखकर कहा, "क्यों तुम्हें इतना डर किस बात का हो रहा है?"

"डर आज न सही, पर..."

"पर का दिन पहले आये तो सही।"

"आने पर तो फिर तुम हर्गिज कुछ लोगी नहीं, मैं जानता हूँ।"

कमल ने हँसते हुए कहा, "जानते हो? तो वही होगा तुम्हारे लिए सबसे बड़ा और मजबूत बंधन!"

जरा ठहरकर फिर कहने लगी, "तुम्हें याद नहीं, मैंने एक दिन कहा था कि बहुत ज्यादा मजबूत बनाने के लोभ से बिल्कुल ठोस और निच्छिद्र मकान बनाने की कोशिश मत करो। उससे मुरदे की कब्र भले ही बन जाये, पर जीवित मनुष्य का शयनागार नहीं बन सकता।"

अजित ने कहा, "कहा था, मुझे याद है। जानता हूँ, तुम मुझे बाँधना नहीं चाहतीं, पर मैं जो बँधना चाहता हूँ। नहीं तो फिर मैं तुम्हें किस चीज से बाँध रखूँ कमल? मुझ में कहाँ है इतना जोर?"

कमल नो कहा, "जोर की जरूरत नहीं। बल्कि तुम अपनी कमजोरी से ही मुझे बाँध रखना। मैं इतनी निष्ठुर नहीं कि तुम जैसे आदमी को दुनिया में यों ही बहाकर चली जाऊँ।" फिर पलकमात्र आशु बाबू की तरफ देखकर बोली, "भगवान् को तो मैं नहीं मानती, नहीं तो उनसे प्रार्थना करती कि तुम्हें संसार के समस्त आघातों की ओट में रखकर ही मैं एक दिन मर सकूँ।"

नीलिमा की आँखों में आँसू भर आये। आशु बाबू ने भी अपनी आँसुओं से व्याकुल आँखों को पोंछते हुए रुँधे हुए कंठ से कहा, "तुम्हें भगवान मानने की भी जरूरत नहीं कमल। सब एक ही बात है बेटी। यह आत्म-समर्पण ही तुम्हें एक दिन गौरव के साथ उनके पास पहुँचा देगा।"

कमल हँस दी, बोली, "वह तो मेरी ऊपरी प्राप्ति होगी। हक की प्राप्ति से भी उसकी ज्यादा इज्जत है।"

"सो ठीक है, बेटी। पर यह भी जान रखना कि मेरा आशीर्वाद निष्फल नहीं होने का।"

हरेंद्र ने कहा, "अजित, खाकर तो आये नहीं होगे, चलो नीचे!"

आशु बाबू हँसते हुए बोले, "तुम्हारी अक्ल भी खूब है। ऐसा भी कभी हो सकता है कि अजित बिना खाये-पीये ही चला आये और कमल यहाँ खा-पीकर निश्चिंत हो जाये।"

अजित ने लज्जा के साथ स्वीकार किया कि बात दरअसल ऐसी ही है। वह बिना खाये नहीं आया।

इस बात का स्मरण आते ही कि यही शेष रात्रि है, किसी का जी नहीं चाहता

था कि सभा भंग हो; परंतु आशु बाबू के स्वास्थ्य का ख़याल करके आखिर उठने की तैयारी करनी पड़ी। हरेंद्र ने कमल के पास आकर धीमे स्वर में कहा, ''इतने दिनों बाद अब असल चीज पायी कमल, मेरा अभिनंदन ग्रहण करो।''

कमल ने उसी तरह चुपके से जवाब दिया, ''पायी है? कम से कम यही आशीर्वाद दीजिए।''

हरेंद्र ने आगे और कुछ न कहा। परंतु कमल के कंठ से जैसा चाहिए वैसा दुविधाहीन परम नि:संशय स्वर झंकृत नहीं हुआ और यह बात उनके कानों को खटकी। मगर फिर भी ऐसा ही हुआ करता है। विश्व का विधान ही ऐसा है।

कमल को दरवाजे की ओट में बुलाकर नीलिमा ने अपनी आँखें पोंछते हुए कहा, ''कमल, मुझे भूल न जाना कहीं।'' इससे ज्यादा उससे कहते नहीं बना।

कमल ने उसे झुककर नमस्कार किया और कहा, ''दीदी, मैं फिर आऊँगी, पर जाने के पहले मैं आपके पास एक प्रार्थना रख जाऊँगी कि जीवन में कल्याण को कभी अस्वीकार न करना। उसका सत्य रूप आनंद का रूप है। उसी रूप में वह दिखाई देता है, वह और किसी भी तरह पहचाना नहीं जा सकता। तुम और चाहे जो भी करो दीदी, पर अविनाश बाबू के घर की बेगार करने को अब राजी न होना।''

नीलिमा ने कहा, ''ऐसा ही होगा कमल।''

आशु बाबू गाड़ी में जाकर बैठे तो कमल ने हिंदू-रीति से उनके पाँव छूकर प्रणाम किया। आशु बाबू ने उसके माथे पर हाथ रखकर आशीर्वाद दिया। कहा, ''तुमसे मुझे एक वास्तविक तत्त्व का पता लगा कमल। अनुकरण से मुक्ति नहीं मिलती, मुक्ति मिलती है ज्ञान से। इससे डर लगता है कि तुम्हें जिसने मुक्ति मिला दी है; कहीं अजित को वही असम्मान में न डुबो दे। उससे इसकी रक्षा करना बेटी। आज से इसका भार तुम्ही पर है।''

कमल ने इशारा समझ लिया।

आशु बाबू फिर कहने लगे, ''तुम्हारी ही बात मैं तुम्हें याद दिलाये देता हूँ कमल! उस दिन से मैंने इस बात पर बार-बार विचार किया है कि प्रेम की पवित्रता का इतिहास ही मनुष्य की सभ्यता का इतिहास है, उसका जीवन है। यही उसके महान् होने का धारावाहिक वर्णन है। फिर भी शुचिता की संज्ञा या व्याख्या को लेकर मैं चलते वक्त तर्क नहीं करूँगा। अपने क्षोभ के नि:श्वास से तुम लोगों की बिदा की घड़ियों को मैं मलिन नहीं करना चाहता। मगर इस बूढ़े की इतनी-सी बात याद रखना कमल, कि आदर्श या आइडिया सिर्फ दो-चार आदमियों के लिए ही है, इसी से उसकी कीमत है। उसे साधारण के बीच खींच लाने से फिर वह पागलपन हो जाता है, उसका शुभ मिट जाता है और बोझ दु:सह हो उठता है। बौद्ध युग से

लेकर वैष्णव युग तक इसकी बहुत-सी दुःखद नजीरें फैली पड़ी हैं। क्या तुम फिर से वही दुख का विप्लव संसार में खींच लाना चाहती हो बेटी?''

कमल ने मृदु कंठ से उत्तर दिया, ''यह तो मेरा धर्म है चाचा जी!''

''धर्म? तुम्हारा यह धर्म है?''

कमल ने कहा, ''हाँ। जिस दुख से आप डर रहे हैं चाचाजी, उसी में से फिर उससे भी बड़ा आदर्श पैदा होगा। और उसका भी काम जिस दिन खतम हो जायेगा, उस दिन उसके मृत शरीर के सार में से उससे भी महान् आदर्श की सृष्टि होगी। इसी तरह संसार में आज का शुभ कल के शुभतर के चरणों में आत्म-विसर्जन करके अपना ऋण चुकाता रहता है। यही तो मनुष्य की मुक्ति का मार्ग है। देखते नहीं चाचाजी; सती-दाह का बाहरी चेहरा राजशासन से बदल गया है, पर उसके भीतर की आग आज भी ज्यों की त्यों धधक रही है और उसी तरह भस्म किये जा रही है। यह बुझेगी किस चीज से?''

आशु बाबू से कुछ बोला न गया, वे एक गहरी साँस लेकर रह गये। परंतु दूसरे ही क्षण बोल उठे, ''कमल, मणि की माँ का बंधन मैं आज तक नहीं तोड़ सका, सो इसे तुम कहा करती हो कि मोह है। मालूम नहीं वह क्या है, पर यह मोह जिस दिन जाता रहेगा उस दिन उसके साथ-साथ मनुष्य का बहुत-कुछ चला जायेगा, बेटी। मनुष्य की यह बहुत तपस्या की पूँजी है कमल! अच्छा, अब जायें। चलो वासुदेव।''

इतने में टेलिग्राफ-पियून सामने आकर साइकिल से उतरा। अर्जेण्ट तार है।

हरेंद्र ने गाड़ी की बत्ती के सामने जाकर तार खोलकर पढ़ा। लम्बा टेलिग्राम है, मथुरा जिले के छोटे से सरकारी अस्पताल के डाक्टर ने भेजा है। उसमें लिखा है :

''गाँव के एक मंदिर में आग लग गयी थी। बहुत दिनों की बहुत जनपूजित प्रतिमा ध्वंस होने को थी। रक्षा का कोई भी उपाय न रह गया था कि इतने में उस जलते हुए मंदिर के अंदर राजेंद्र घुस पड़ा और मूर्ति को बाहर ले आया। देवता की रक्षा हो गयी, पर उनके रक्षा-कर्ता की रक्षा न हो सकी। दो दिन चुपचाप अव्यक्त यातना सहता हुआ आज सबेरे वह बैकुंठ चला गया। दस हजार जनता ने मिलकर कीर्तन-भजनादि के साथ जुलूस निकाल कर यमुना-तट पर उसकी अंत्येष्टि-क्रिया संपन्न की है। मरते समय राजेंद्र आपको समाचार देने के लिए कह गया है।''

स्वच्छ नील आकाश में वज्र गिरा।

रुलाई से हरेंद्र का गला रुक गया, और स्वच्छ चाँदनी रात मुहूर्त-भर में अंधकार में एकाकार हो गयी।

आशु बाबू रो पड़े, बोले, ''दो दिन, अड़तालीस घंटे, इतने नजदीक, फिर भी जरा खबर तक नहीं दी?''

हरेंद्र आँखें पोंछता हुआ बोला, ''जरूरत नहीं समझी। कुछ किया तो जा नहीं सकता था, इसी से शायद उसने किसी को दुख देना नहीं चाहा।''

आशु बाबू ने अपने दोनों हाथ माथे से लगाकर कहा, ''इसका अर्थ यह है कि सिवा देश के, किसी आदमी को उसने अपना आत्मीय नहीं माना। सिर्फ देश, समग्र भारतवर्ष। फिर भी भगवान्, तुम अपने चरणों में उसे स्थान देना। तुम और चाहे जो भी करो, पर इस राजेंद्र की जाति को संसार से न मिटाना। वासुदेव, चलो।''

इस शोक की मार्मिक चोट कमल से बढ़कर शायद और किसी को न पहुँची होगी, परंतु वेदना की भाप से उसने अपने कंठ को रुँधने नहीं दिया। उसकी आँखों से चिनगारियाँ-सी निकलने लगीं।

बोली, ''दुख किस बात का? वह बैकुंठ गया।''

फिर हरेंद्र से बोली, ''रोइए मत हरेंद्र बाबू, अज्ञान की बलि हमेशा इसी तरह होती है।''

कमल के स्वच्छ कठोर स्वर ने पैने छुरे की तरह सबके कलेजे को छेद दिया।

आशु बाबू चले गये।

और उस शोक से बोधिल, स्तब्ध सन्नाटे से अपने को विलग करने के लिए कमल भी अजित को अपने साथ लिये-लिये गाड़ी तक आयी और गाड़ी में बैठते ही बोली, ''यहाँ बने रहने का कोई प्रयोजन नहीं, गाड़ी चलाओ रामदीन!''

❑❑